21世纪教师教育课程规划教材

此成果系国家社会科学基金“十一五”规划教育学一般课题：中国优秀传统德育资源的开发与应用研究——“生命·实践”学校德育体系构建（BEA060020）阶段成果

# 德育原理

主　编◎易连云
副主编◎邓　达　李　佳

华东师范大学出版社

**图书在版编目(CIP)数据**

德育原理/易连云，李佳主编. 一上海：华东师范大学出版社，2017
ISBN 978-7-5675-6740-5

Ⅰ.①德… Ⅱ.①易…②李… Ⅲ.①德育一高等学校一教材 Ⅳ.①G41

中国版本图书馆 CIP 数据核字(2017)第 192125 号

**德育原理**

主　　编　易连云
项目编辑　袁子微
审读编辑　王莲华
责任校对　孙　聪
装帧设计　庄玉侠

出版发行　华东师范大学出版社
社　　址　上海市中山北路 3663 号　邮编 200062
网　　址　www.ecnupress.com.cn
电　　话　021-60821666　行政传真 021-62572105
客服电话　021-62865537　门市(邮购)电话 021-62869887
地　　址　上海市中山北路 3663 号华东师范大学校内先锋路口
网　　店　http://hdsdcbs.tmall.com

印 刷 者　浙江省临安市曙光印务有限公司
开　　本　787×1092　16 开
印　　张　19
字　　数　427 千字
版　　次　2017 年 8 月第 1 版
印　　次　2017 年 8 月第 1 次
书　　号　ISBN 978-7-5675-6740-5/G·10524
定　　价　42.00 元

出 版 人　王　焰

(如发现本版图书有印订质量问题，请寄回本社客服中心调换或电话 021-62865537 联系)

# 前　言

自1992年在西南师范大学教育系开始执教“德育原理”这门课程开始，迄今已经整整17个年头。期间多次萌生编写教材的念头，终因诸多原因未能如愿。一则因为自己经验尚不够丰富，所作研究尚不够系统和深入，不少问题仍在困扰着自己，新的问题又不断涌现；再则因为编写上的困难，特别是对德育自身的理解模糊，尤其是对学校的内在要素及其相互之间的关系尚未厘清，故而很难找到一个准确的逻辑起点或者说是基石使整个教材的体系得以完整而不至于落入不能自圆其说之境。

多年来，对学校德育的理解，特别是对德育概念的界定成为德育理论研究与实践操作中的一个重要的、也是热点的问题，不少困惑也由此而生。上个世纪末，我与西南大学教育学院兰英教授参与了中国德育论专业委员会副主任、南京师范大学班华教授主编的《现代德育论》的编写。通过与几位专家的交流，我们受到了不少启发，在讨论过程中，我们也对德育原理学科与教材的建设和发展有了更多的体悟。

出于理论探究与实践教学的需要，我们大胆地开始尝试编写《德育原理》教材。我们试图在梳理与总结改革开放以来学校德育理论研究成果与学校德育实践发展的基础之上，结合我们这些年来所做的德育课题研究，特别是对中国传统道德文化的研究，力争在对学校德育的理解上有所创新。结合教材的编写特点与要求，同时也为了体现这些年来国内外同行们的创新性研究成果，我们在以下几方面作了些努力：

第一，试图确立一种以“大道德”为基础的“大德育”观。与过去人们所主张的包罗万象的大德育观有所不同，我们所主张的大德育观实际上是基于传统道德精神之上的大道德观，以“大道德”界定与限定“大德育”，即：我们认为，传统道德中所主张的道与德的动态意义以及所具有的不同的道德层次涵盖了自然、社会与人生，特别是人的道德实践与领悟活动方面的广泛内容，由此，以道德为基础的学校德育自然也就有了丰富的内涵与内容，并依据不同的领悟水平体现为不同的类型与程度。

第二，强调建立以“生命·实践”为基础的学校德育体系。我们知道，道德是人对世界的一种精神把握方式。个体是以主体的身份参与到道德生活与实践之中的，这种以生命活动为基础的道德实践具有鲜明的目的性、自觉性、主体性与实践性。个体对道德领悟与个体的道德发展无不与其生活实践具有密切的关系。而学生的生活实践正是学生生命实践的展开与张扬，离开了对生命意义的领悟的道德活动是枯燥的，也是没有生命力的。这些年来，参与我所主持的国家社会科学基金课题研究与实验的几所学校的德育实践充分证实了这一点。

第三，注重对传统道德精神的挖掘与开发。自主持国家社会科学基金“十五”到“十一五”规划课题以来，我和我的同事与学生们一直致力于传统道德的课程资源开发，这缘于我们看到了现代社会转型过程中传统道德精神的迷失，也看到了学校德育在培养传统精神方面的失效，此事关乎中华民族之未来。故而，整个教材的中心思想便是引导学生充分认识传统道德的现代意义。

第四，强调了学校德育过程的双向互动特征，特别分析了新的德育活动中，教师与学生的新型关系的构建，突出了德育过程中教师作为教育者，既是德育中道德的施教者，同时也是教育与生活中的道德学习者的新的双重社会角色内涵与意义。

此外，我们在编写体例上也力图有所创新，为了便于引导学生进行拓展学习和自主学习，在每一章的前面加上了内容提要与问题导入，主要章节中均加入了实验学校参与课题研究的部分教师的经典案例，在每章节结束后，加上拓展问题，一方面供学生思考，另一方面也是为了引导学生对中外经典进行广泛阅读。

整个教材由我设计、拟定提纲并对全书进行了修改与统稿，邓达、李佳协助我设计与统稿。

本书的内容框架为前言和四个大的部分，共12章，具体如下：

前言部分；

第一部分　变革与困惑：当代学校德育的境遇。分3章进行论述；

第二部分　谁是教育者：学校德育中的教师与学生。分3章进行论述；

第三部分　“教”与“不教”：学校德育过程的实施、管理与评价。分4章进行论述；

第四部分　继承与借鉴：传统学校德育及发展。分2章进行论述。

具体分工如下：

李　佳（西南大学教育学部）撰写了第一章和第二章；

邓　达（四川成都师范学院）撰写了第三章和第九章；

李清雁（吉林北华大学教育科学学院）撰写了第四章、第五章和第六章；

易连云（海南师范大学初等教育学院）<br>兰英（西南大学教育学部）撰写了第七章；

邱永琼（西南大学政治与公共管理学院）撰写了第八章；

白　勤（西南政法大学马克思主义学院）撰写了第十章；

于洪燕（重庆第二师范学院）撰写了第十一和第十二章。

教材中书写的部分案例由参与本课题的实验学校提供，它们分别是：

贵州省遵义市第五中学、遵义县三中、重庆市巴川中学、重庆市涪陵区第十四中学、重庆市渝北区五星路小学、重庆市北碚区朝阳小学、重庆市北碚区朝阳中学。

此次再版我们根据使用过程中新的理解与体会对部分内容进行了一定的修改，并更换了部分案例。即便如此，我们深知，一方面，我们思维的深度也许无法跟上当今时代飞速发展的步伐，特别是以网络为技术平台在很大程度上改变今天的教育形式与内容，德育自然也不例外。另一方面，如若按照我们今天的理解去进行大的修改，那几乎只能重新写作了。基于此，本教材难免存在众多瑕疵或可商榷之处，敬请同仁与使用本教材的学生们批评指正。

最后，感谢本教材编写中所涉及到的所有参考资料的作者，你们的成果给了我们编写本教材的丰富的智慧，同时这些资料的科学性与学术价值也成为本教材的坚实的学术基础，此外，还要感谢多来为课题研究提供了友情合作与大力支持的各实验学校领导与教师。

易连云<br>
2017 年 7 月 15 日于海南师范大学

# 目录

## 第一篇　变革与困惑：当代学校德育的境遇



## 第二篇　谁是教育者：学校德育中的教师与学生



## 第三篇　“教”与“不教”：学校德育的过程、实施、管理与评价

# 第一篇

# 变革与困惑

# 当代学校德育的境遇

《周易・系辞上》说："日新之谓盛德，生生之谓易。"作为中华古老经典之首的《易经》，用朴素的形象化图像与文字，给世人彰明了世界虽然永远处于变化之中，但是让天下万物自然生长的"天之大德"却永远不变的深邃思想。变与不变，是一个永恒的哲学主题，而如何以理解世界永远变化的不变心态迎接永远变化的世间万象，则是我们今天的教育需要重视的。我们更需要看到的是，数千年来世界的变化、世事的沧桑、社会的更迭并非仅仅是时间的推移，其背后隐含的是整个人类生活的一系列根本性的变化，特别是人类精神的深刻嬗变。

当下，我们面对的是一个复杂多变的世界，而且是一个充满了挑战、困惑与机会的现实生活与虚拟的网络社会相互交织的立体世界。这样的生活世界带给人们的是社会生活方式与观念的难以想象的变化。更让人们惊异的是，社会发展与市场经济体制运行所带来的观念上的变化已对既有的道德价值观念形成了强烈的冲击，这种冲击既包含着正向的、积极的价值观念，同时，也包含着反向的、消极的价值观念。我们看到的是：人们在享受着现代化进程所带来的丰裕物质之时，日益感觉到道德上的失落以及建立在原先"和谐"道德基础之上的精神家园的迷失，尤其严重的是学校德育也在这变化迅速的社会之中逐渐地失去自我[①]。我们不得不正视眼前的世界，认真地分析与理解这个世界中所发生的一切，重新审视这其中存在的问题，寻找现代德育得以有效展开的契机，实现现代德育的科学定位。

① 易连云. 重建学校精神家园[M]. 北京：教育科学出版社，2003.

大道废，有仁义。智慧出，有大伪。六亲不和，有孝慈。国家昏乱，有忠臣。

——老子《道德经》

# 第一章 学校德育的时代背景

## 内容提要

当代道德并不是静态、孤立与单纯的规则规范，它是一个随着社会的发展而不断变化的精神与行为系统。本章介绍了现代社会正在经历的剧烈变迁，同时也描述了现代道德所遭遇的种种困惑与冲突。不同价值思想的冲突与融合，造成的一个重要结果就是思维方式的转换，这些都正在渐渐地改变着道德生成的土壤和学校德育的气候，成为我们研究学校德育问题的时代背景。

## 问题导入

1. 学校德育深受社会环境的影响，只有深刻把握时代的变化，因势利导，才能使学校德育与生活世界接轨。那么，现代社会具有哪些突出的特点？

2. 现代道德正在经历着怎样的社会考验？

3. 现代社会道德遇到了哪些困境？它们又是怎样产生的呢？

## 第一节 社会变迁与社会道德

社会道德的变革离不开现实的社会基础，社会的发展离不开物质财富和精神财富的增长。随着科学技术和组织管理制度的变革与实践，整个世界发生了剧烈的变化，社会系统在不同层面上围绕着世界物质财富的积累作出了应对或质疑。

### 一、日新月异的现代社会

学生文化中一直流行一个词——“穿越”，但主题多为现代人回溯时间来到过去的某个时间来经历历史，其实，不少人也曾试着以古人的眼光和思路看待现代社会的变化。

野比大雄在机器猫哆啦A梦的帮助下带着自己生活于150年前的外号为“吹牛王”

的祖先来到了20世纪，希望祖先给自己表现一下吹牛的本领。老实本分的祖先在现代社会备受惊吓，把玻璃窗户当成了圈禁人的异样空间，把放着台灯和收音机的桌子当成发光吼叫的怪物，把自来水和燃气炉当成魔法，把摩托车当成铁马，把汽车当成铁犀牛，一下子接触到如此多的新鲜事物让野比祖先的神经大受刺激，野比和机器猫不得不把他送回自己原来的生活世界，祖先的神经恢复后向别人讲述自己的“未来世界之旅”，却被他们冠上了“吹牛王”的外号……

儿童和成人看到这段短短几分钟的动画故事都会笑起来，然而，这也以一种诙谐的方式表达了人类历史近150年来的巨大变化。

**（一）高速运转的现代社会**

现代较之于过去，人们的社会生活无论在广度还是在深度上都发生了极大的变化，包括：

1. 社会物质产品的极大丰富，社会物质增长方式的持续革新

现代社会，人类制造、发明的社会物质产品呈几何级数增长。放眼望去，现代社会互联互通的范围之广，程度之深让人惊叹，交通网络在天空、地面、地下和水域呈立体化交错分布，商店里摆放着琳琅满目、品种功能各异的商品以满足不同人群的需要，有关物质产量的数字每天都在增长，经济发展的指数每天都在变化，人类社会的各个领域都渗透着现代技术与物质扩张，庞大的人流来自四面八方又去往世界各地，越来越广阔的地域加入到越来越大的城市群落中，白日的喧闹掩盖了自然的声音，黑夜的明灯足以与月亮争辉，这些都是现代社会最突出的风景，当代许多致力于积极发展的国家中的人们都感受到了物质世界前所未有的繁荣。

2. 日新月异的物质生产技术

马克思曾盛赞，资本主义在它不到一百年的阶级统治中所创造的生产力，比过去一切时代创造的全部生产力还要多，还要大。为如此巨大的社会物质增长提供长久支持力的就是生产技术的提高和物质增长方式的持续革命。自从工业革命以来，科学技术和生产技术就如滚雪球般地不断提高，比尔·盖茨任微软总裁时，对员工的要求之一就是能适应一月一次的技术创新。在强大的计算机指挥运作下的现代化流水线生产的工厂中，生产力不断提高，现代化的生产企业对高新技术的使用普及率已经成为了社会文明程度的重要标志。

3. 持续推进的全球化进程

在强大的经济扩张驱动和高速发展的物质生产技术的支持下，世界各地的人们的现实空间距离缩短，同时，现代信息流通技术如广播、电视和网络等新媒体正使得不同国家和地区的人们的信息互换、对话和互动更容易，在全世界范围内开展生产、贸易、学习、休闲和消费的组织和人群越来越壮大，地球似乎成了一个小小的村庄，纵然远隔海天，也可以鸡犬相闻。在全球化氛围中，以前那些相互远离、差异显著的事物现在不仅彼此接触，而且还可以面对面、肩碰肩地共存一处。这一切都使得人们明白，全球化的时代是一个不同社会制度、不同宗教信仰、不同地区民族、不同利益群体和不同思想价值既共处共享共生又合作竞争互补的时代。

**（二）高度发达的物质社会对社会道德的影响**

现代社会物质财富和科学技术欣欣向荣，深刻地改变着这个世界的地理形貌和人文风

貌，就像《疯狂动物城》中兔子朱迪乘坐的高速列车，作为现代人类社会科学技术发展的重要标志，它纵横奔驰在大地上，飞快地跨越春夏秋冬，将千差万别的思想、习俗、文化和族群连接在一起，但是同时也给社会的发展带来一些意想不到的问题。

1. 高度发达的物质社会丰富了社会道德的需要

随着社会物质产品的增长，人类物质社会不断向世界各个角落和各个生活层面延展，涉及的范围越来越广阔，由物质关系衍生出的道德关系变得日益细化而丰富。现代社会道德领域可以历数出家庭伦理道德、公民道德、职业道德、信息道德、生态道德等道德规范要求，每一个独立出来的道德领域对规范的强调，都说明了传统的道德规范已经不能应对现代社会发展的需要，也说明了统摄整个社会和整个人生的大道精神也随着物质世界的分化而分离开来，并呈现各自的独立性与特殊性。同时，我国正处于社会主义市场经济体制发展的过程中，社会主义市场经济制度及其理念对现代社会的道德发展也产生了前所未有的影响，并提出了新的预期和更高的要求。

**专栏 1-1**

面对着现代化的挑战，我们应弄清这样几个问题：首先，现代化需要什么样的道德；其次，我们的道德与现代化的冲突何在；最后，学校道德教育在何种程度上与现代化发生关联。

现代化在今天已日益受到国人的关注，深化改革，大力推进我国现代化的进程也成为世纪之交我国的基本国策。然而，我们看到的是，在现实的社会实践中，在发达的物质条件的辉映之下，人们精神上的困惑和心灵的日益灰暗。伴随着物质生产现代化进程的并非是社会的全面进步，而是技术与精神的严重冲突与背离。传统的价值观念在“技术至上”思维模式的冲击下已显得摇摇欲坠，学校教育特别是学校德育面临着严峻的挑战，本世纪中期以来，中国的现代化仿佛陷入了一个难以逾越的现代化与传统、中国化与西方化的悖论与怪圈之中，这一问题始终困扰着我们，并使学校德育时有顾此失彼、难以两全之感。因而如何解决我国学校德育同现代化的冲突，同时完成自身的现代化建设便成为世纪之交的重要课题。要建设现代化的学校德育，我们不得不回到现代化本身来对现代化进行本体论的追问，从对现代化的追问中找到现代化与学校德育的结合点。

（易连云《重建学校精神家园》）

2. 高速运转的社会形成了对道德与教育的迫切需要

与社会物质世界高速运转相谐振的是人的生活世界和精神世界的兴奋与紧张。当积淀数千年的传统社会道德在现代社会中被冲击得支离破碎的时候，人们对现代道德和新时代道德教育的渴求变得尤其迫切。然而，由于社会道德的形成必须经过长期而深厚的积淀，当前社会道德发展的现状赶不上高速的社会运转，也不能很好地适应发达的物质社会所产生的种种新的道德需要，人们面对社会道德的现状便感到越来越焦躁。

同时，在强大的生产力支持下，人类扩张自己的高度组织化的社会肌体变得越来越容易，似乎也越来越得心应手，在强大的技术支持下，人们变得日益自信，高速的物质运转也使得人们不满足于忍耐与等待。一步登天，一夜成名，一鸣惊人不仅是不少人的梦想，也被大多数人所极力追捧。社会用人单位和许多家长都不能耐心地接受教育与个人成长循序渐进的过程，忽视“登天”前曲折的九十九步，而特别关注和在意成功的“一步”，总希望可以抢跑，领先于人，或者想要减少等待新一代成长的时间，快速收获果实。因此，教育中的浮躁现象日渐明显，任何的教育努力若不能一蹴而就，儿童道德发展过程中出现的曲折与反复就会成为备受指责的事情。

3. 以物质增长为中心的发展理念对道德的挤压

伴随着物质增长的强大信心，部分社会学科的专家学者逐渐强调以直接享用物质为生活的首要和中心价值，强调物质利益的极端重要性，主张人的最大幸福就是物质享受，并将人们物质福利的改进作为解决社会问题的主要手段和衡量社会进步的唯一标准，把描述社会物质增长的经济指标视为发展的指标，以致产生了物质主义，并将其作为一种普遍的伦理取向，支配个人生活的伦理态度，也支配国家的职能和社会走向。然而，现实表明，日益增长的社会物质财富并不能保证提供给每个人公正公平的发展机会，因此社会问题也不能随着物质产品的丰富而消融，在学校教育中也存在着大楼林立却不见大师的学校、只见数字不见生动的个人评价等问题。将物质增长与技术积累视为通向幸福生活的光明大道，狭隘的成功观念占据了教师和家长的头脑，以道德发展为幸福指路的教育理想则渐渐被冷落到了教育的边缘。

## 二、社会变迁对社会道德的影响

从社会学的观点来看，社会发展的必然结果便是社会的变迁，这种变迁是多方面的，其影响也是广泛而复杂的。

### （一）复杂的社会变迁

社会变迁既泛指一切社会现象的变化，又特指社会结构的重大变化；既指社会变化的过程，也指社会变化的结果；其含义丰富并具有不同的类型和特征。

1. 广泛而快速的人口迁徙与人口流动

联合国教科文组织国际教育发展委员会在《学会生存——教育世界的今天和明天》报告中指出：“从农村迁移到城市，劳动力的转移，商业和旅游业——这种大规模移动的结果是巨大的。个人的平衡、社会生活和制度的稳定性以及传统价值都受到冲击，而这种冲击和变化都要求人们能够以空前规模的变化去适应。”①当今世界各国之间的人口迁移仍然在如火如荼地进行着，随着我国改革开放的深化，庞大的人群在中国大地上流动和迁徙。据上海《新闻晚报》的报道，国家人口计生委副主任王国强指出，我国正在经历最大规模的人口流动，上世纪 90 年代以来，流动人口迅猛增加。在过去 10 年里，流动人口大约增加了 1 倍，目前已经超过了全国人口总数的 10%，接近 1.5 亿，他们在各个城市中迁徙穿梭，给各城市和地区带来了较大的

① 联合国教科文组织国际教育发展委员会. 学会生存——教育世界的今天和明天[M]. 华东师范大学比较教育研究所，译. 北京：教育科学出版社，1996：119—120.

影响。

2. 复杂精细的社会分工

随着社会生产的专精与复杂，从事不同劳动的人群不断细分，产生了大批新兴职业。与此同时，中国的经济发展正在向市场多元化转变，发展出生产技术、管理体制、劳动服务对象和发展目标千差万别的组织团体，过去社会的三百六十行只能大致说明一些传统职业，而新技术、新生产模式则催生了更多的新职业。从最初的畜牧业、农业、手工业，到纺织、机械等轻、重工业，发展到电气、电子工业，进而发展到原子能、电子计算机、空间技术、遗传工程等新兴工业及教育、卫生、金融、信息等第三产业，诸多产业显示出人类社会发展节奏的加快和分工的细密。

3. 人际关系的重构

现代社会逐步由以血缘家族为中心的人际关系转变为以业缘为中心的人际关系。血缘家族关系是人最原初的人际关系，它伴随着人的出生而建立。而业缘关系是伴随着人的社会活动而建立的，是指人们因职业或行业的活动需要而结成的人际关系。业缘关系并不像血缘关系一样是与生俱来的，而是工业革命后，随着大工业生产和人口的大量迁移，围绕着高度分化的具有某学科专业性的生产、服务和产品交换形成的人际关系圈。社会分工既鼓励了专业化的发展，也鼓励了围绕专业的活动，业缘关系的建立对知识、理论和技术的精深进步具有促进作用，也带来了处理专业相关领域事务的道德要求。

4. 现代家庭对社会的独立与依赖的矛盾

传统的基于血缘关系的大家族逐渐瓦解后，现代家庭成了一个个独立小家庭。与传统家庭四世同堂，叔伯姑舅比邻相比，业缘圈和经济相互独立的父母、兄弟和子女更容易进行家庭再分化，家庭规模持续缩小，核心家庭、三代直系家庭、单亲家庭和隔代家庭越来越多。同时，现代家庭不仅规模更小，而且家庭主要时间与精力更指向家庭外部的业缘和学缘，出现了“以孩子为中心”和“以成人为中心”并存的发展目标，以孩子为中心和以成人为中心的发展需求在家庭中产生叠加效果，形成了独特的现代小型家庭教育环境。

**案例 1－1**

红糖水里掺助眠药，15 岁少年骗父母喝下后“出逃”

因为 15 岁的儿子小春成绩下滑太厉害，在靖江打工的曹双平夫妻实在放心不下，这个元旦，他们专程将儿子从老家湖南岳阳接到身边，准备好好教育一番后再把儿子送回去。

然而，棍棒教育之下，处于青春叛逆期的小春实在受不了，他制订了一个“出逃”计划。1 月 2 日晚，小春买了助眠药物“睡安胶囊”，将之掺入红糖水中，假装很乖巧地承认了错误，哄得父母很是开心，父母在毫无防备之下将红糖水一饮而尽，之后呼呼大睡。计谋得逞，小春拿起父亲的身份证和现金，购买车票，登上了回老家湖南岳阳的车。

曹双平今年 40 岁，儿子小春 15 岁。一直以来，儿子都是曹双平的骄傲，因为小春的成绩从来都名列前茅，今年考上了老家一所重点高中。

曹双平觉得，儿子上大学肯定有望，就把小春丢给爷爷奶奶照顾，自己和妻子来到靖江打工。

谁知父母外出才半年，小春就变了。爷爷奶奶太过溺爱，什么都随着小春的性子和喜好来，加上小春到了叛逆期，沾染了社会上一些不良风气，成绩一落千丈。

最近，小春还谈起了女朋友，班主任老师多次要求小春的爷爷奶奶好好管教，但根本没有效果，班主任只得打电话给曹双平，并说如果再这样下去，不要说考名牌大学，就是上普通大学都成问题。

听了老师的话，曹双平怒上心头，元旦专程回了趟老家，将儿子接到靖江来，准备好好教育后再送回去，还专门跟学校请了假。

曹双平的教育方式简单粗暴，先做思想工作，不听就棍棒伺候。1月2日下午5点左右，又一番棍棒教育后，小春默默地出了门。

傍晚6点多，小春回到家，仿佛变了一个人，他主动向爸爸妈妈承认了自己的错误，并表示从今以后要好好学习，不再让父母担心。说话间，小春端上了红糖水，请爸爸妈妈原谅自己。

曹双平夫妇一看儿子这么乖巧听话，高兴得不得了，端起红糖水一饮而尽。曹双平心里美美的，觉得自己的教育方式效果挺好。

一觉醒来，已经是第二天早晨5点多，曹双平感觉这一觉睡了很久，他能够回忆起来的是前一天晚上6点多钟喝过儿子给的红糖水就睡着了。

曹双平在房间里找了一圈，儿子小春不见了，拨打手机也一直没人接听！他叫醒妻子，两人都有种不好的感觉，翻箱倒柜找了一圈，发现少了身份证和现金，此外，抽屉里还多了一盒“睡安胶囊”。

曹双平感觉不安起来，早上8点多来到靖江城西派出所报警，说儿子小春离家出走了，请求帮忙寻找。

民警立刻调阅了曹双平租住地附近的监控视频，发现小春去了靖江汽车站。想到曹双平说少了身份证和钱，民警立刻来到汽车站，调查得知小春买了回老家的车票。

曹双平立刻联系了小春的爷爷奶奶，并让他们在小春回家后打电话通知他。当天下午3点左右，曹双平接到电话说，小春已安全到家，夫妇俩这才松了口气。

电话中，小春承认自己买药放在红糖水中，曹双平这才彻底搞清楚了事情经过。

原来2日下午，接受了又一次棍棒教育后，小春萌生了离开父母、回到湖南老家的想法，但他心里很清楚，父亲肯定不会让他回去，更不会给他钱。

小春跑到了药店，购买了一盒“睡安胶囊”。据民警事后调查，“睡安胶囊”是一种治疗梦多易醒或久卧不眠的非处方药，常人吃下后极易昏睡。

到家后，小春假装很乖巧，父亲让他做什么他就做什么。之后他将两粒胶囊剥开，混入红糖水后，骗父母喝下。父母昏昏睡后，他找到身份证和现金后就离开了。第二天上午，父亲不断打他手机，他都不接。

民警提醒曹双平夫妇，15岁的孩子正处于叛逆期，作为父母应当选择正确的教育方式，望子成龙可以理解，但不能一味使用棍棒教育。曹双平对民警的帮忙连声道谢。

通讯员　杨丹　现代快报记者　尹有文

（新浪新闻 http://news.sina.com.cn/o/2016-01-05/doc-ifxneept3690656.shtml 转载自2016年1月5日《现代快报》）

### （二）社会变迁对现代道德的影响

社会变迁对社会还有一种非常重要的影响，这便是对社会道德发展的影响，包括如下方面：

1. 社会变迁对社会道德环境的影响

（1）社会结构的变化促成了社会的开放与多元。人口流动使得社会不再是封闭和凝固的，而是流动和开放的，同时还促进了不同地域间的政治、经济、文化等全方位的交流。原来在某一区域内繁衍生息的文化在异地他乡生根发芽，并颇具影响力。遍布世界的来自异域的移民社区成为移民迁入区的一道风景，也带来了不同文化的摩擦、碰撞、排挤与融合，具有不同的背景和渊源的价值观在矛盾中共存，并且共同作用于社会。同时，社会内部细致复杂的分工使得不同职业者有自己的专业领域、不同的职业范围和不同的生产服务对象，形成不同的利益群体，并具有自己的利益分配方式。劳动对象和利益分配方式等会影响和改变不同从业者的社会生活习惯与思想观念。这些因素使得传统社会的道德理念和道德规范在冲突和交融中发生变化，带来了道德的多元化。

（2）社会道德从以血缘家族为中心走向以业缘为中心。传统社会道德以血缘家族为中心，具有不同于现代的独特性。血缘家族关系是最早的稳定的社会关系，以血缘家族为中心的传统道德关系保持了道德交往对象的稳定性，每个人一出生就被浓厚的血缘家族氛围所包围，并被牢牢地定位于血缘家族的某个角色上。同时，以血缘家族关系为中心的传统社会以家庭伦理关系为核心展开，并以“孝悌”为基本准则，始终坚定地对家族中的个体产生道德上显著的影响作用，儿童道德成长早期的情感态度和礼法习惯都是在家庭教育中获得的。而传统社会的国家教育则在血缘家族教育的基础上选拔出其中的优秀者，血缘家族教育对国家选拔优秀人才起到了非常重要的作用。

现代社会道德的特点是以业缘为中心的社会道德作用日益显著。产生于社会分工中的业缘关系是随着人在社会中的发展而逐步建立的。在业缘关系中，每个人的角色既不是与生俱来的也不是固定的，而是随着社会发展与个人发展而不断变化的。现代社会出于对专业和技术的依赖，基于专业能力的合作比基于原生的血缘关系的合作更能受到现代大众的信任，人们对道德的评价必然要与专业的技术能力联系起来。例如现代社会良好的师生关系不仅仅建立在教师高尚的个人道德素质的基础上，更为重要的是，人们对师德的评价会直接以教师的专业执行能力为主要指标。

（3）社会道德的监督作用与约束作用逐渐减弱。在流动性较小的传统血缘家族社会中，人们在固定的地域里形成了相对稳定的乡邻关系，相对稳定的乡邻组成的社会与人群被称为“熟人社会”。在熟人社会中，稳定的人群可以形成相对稳定的相互关系，继而产生相对稳定而有力的道德监督和约束作用。然而，随着人口流动的频繁与快速，人们生活环境周围的陌生人多于熟人，依赖于稳定的社会关系的道德监督和约束作用因为隐名匿姓和关系模糊而变得松散，甚至渐渐地失去作用。

（4）专业道德要求的日益丰富与发展。社会分工促使社会中的生产必须通过不同行业的职业劳动来实现，细致的社会分工使处于不同分工中的人群更加依赖彼此，利益联系也更加紧密。现代社会出于对专业化发展的期待与要求，并且为了帮助从业者更好地履行专业的职责，适应特殊的专业生活，处理好与专业相联的特殊的社会关系，尤其是利益关系，便产生了专业道德规范。专业道德是适应和调整专业生活和专业关系的态度理念和行为规范。由于社会分工的细致复杂，专业化程度不断提升，人们对从业者的要求越来越高，不同专业道德的态度理念和规范内容也越来越丰富和完善。

（5）局部区域的道德问题全社会化。社会问题是伴随着人类的发展而生成与变化的，人口的流动将不同的社会问题和文化难题也带到了不同的地区，例如家庭伦理矛盾和公共道德等问题因为其逐步向全社会扩散而变得突出起来。

2. 社会变迁在改变整个社会道德大环境的同时也改变了与儿童成长密切相关的家庭环境

（1）小型家庭需求的变化。不断划分出来的现代家庭是具有独立选择的意愿和需要独立承担相应职责的家庭，因此，小型家庭数量的增加是作为独立责任主体的增加。小型家庭不需要过度在意庞大血缘家族的利益需要，没有了庞大家族势力的束缚，表达独立个性会相对更容易。相对于大家庭统摄的整体利益，更多涌现的独立小型家庭具有更多更独特的发展目标，也对社会提出了更强烈的个性化要求。

（2）儿童成长环境的变化。家庭结构的变化也改变了儿童的成长环境，儿童的成长环境由多个亲族兄弟姐妹的同辈集体生活变为独个与父母相处的独生子女生活，这一变化意味着儿童道德体验场景的改变。父母成为了儿童最依赖并且接触最多的道德体验对象，而因为成人社会的多种原因，儿童既可能是父母特别紧张的注意中心，也可能成为父母忙于工作而疏于亲密交流的“弃儿”，处于总是被满足却总也得不到满足的心理状态中，矛盾的心灵只会阻碍儿童心灵的丰富，弱化儿童道德成长的根基。

（3）家庭能力变化。小规模家庭的生活模式不仅使得儿童成长的原生的人际交往范围缩小，家庭的抗风险能力下降，一旦成员之一有任何的变化，如经济、情感、健康等的波动，都会对家庭产生巨大影响，不良变化甚至会产生剧烈震荡，影响儿童的健康成长。

因此，小型家庭既表现出更强的独立个性，也表现出更强的对家庭外部社会的依赖性。现代国家必须承担起小家庭无法完全独力承担的实现儿童全面社会化的教育与服务职能，国家必须要从每个儿童成长的早期开始就付出制度化教育的努力，为每一个受教育者尽可能公平地提供有效的教育资源以进行全方位的建设。因此，为了满足儿童成长发展需要设立的学校教育也越来越重要，学校成为了社会和家庭依赖的教育中心。

**案例 1－2**

《孩子》

你们的孩子，都不是你们的孩子，
乃是生命为自己所渴望的儿女。
他们是借你们而来，却不是从你们而来，
他们虽和你们同在，却不属于你们。

你们可以给他们爱，却不可以给他们思想。

因为他们有自己的思想。

你们可以荫庇他们的身体，却不能荫蔽他们的灵魂。

因为他们的灵魂，是住在明日的宅中，那是你们在梦中也不能想见的。

你们可以努力去模仿他们，却不能使他们来像你们。

因为生命是不倒行的，也不与昨日一同停留。

你们是弓，你们的孩子是从弦上发出的生命的箭矢。

那射者在无穷之间看定了目标，也用神力将你们引满，使他的箭矢迅速而遥远地射了出来。

让你们在射者手中的弯曲成为喜乐吧。

因为他爱那飞出的箭，也爱了那静止的弓。

——纪伯伦《先知》，冰心译

## 三、社会信息流通的飙升及其对社会思想道德的影响

互联网诞生不足30年，中国加入世界互联网大家庭仅23年，互联网技术便成为推动我们的生产和生活深刻变革的强大力量，在很大程度上影响着人类文明的发展方向。

2017年1月22日下午，中国互联网络信息中心（CNNIC）在京发布第39次《中国互联网络发展状况统计报告》说，截至2016年12月，中国网民规模达7.31亿，相当于欧洲人口总量，互联网普及率达到53.2%。手机网民达6.95亿。中国手机用户使用率前五的应用分别为：微信、QQ、淘宝、手机百度和支付宝。中国互联网行业整体向规范化、价值化发展，同时，移动互联网推动消费模式共享化、设备智能化和场景多元化。在一些细分领域，用户也出现了爆发式增长。比如，网上外卖用户规模达到2.09亿，年增长率为83.7%；网络直播用户规模达到3.44亿，但在2016年下半年增加已经几乎停滞，仅增长1 932万；网络预约出租车用户规模达2.25亿，网络预约专车用户规模为1.68亿。移动互联网的渗透使得互联网用户中低龄和高龄用户增长迅速。[①]

“互联网+”、大数据、自媒体等互联网新兴概念和信息技术将公共事务和个体生活的方方面面紧密地联系在了一起，现如今，每一个有影响力的信息传递平台后面必定拖着一根网线，人们在不经意间已经从传统的旧媒体时代步入了新媒体时代。这是一个以新的技术支撑体系为基础的媒体形态，或者说是一个“互动式数字化复合媒体”时代。这一变化从信息技术上的革命，媒介传播的多元化开始，到网络博客的逐步盛行，正在或已经颠覆着现实生活中人们

① 中国网信网．CNNIC发布第39次．中国互联网络发展状况统计报告［EB/OL］．(2017-1-22)［2017-1-22］http://www.cac.gov.cn.

的思想观念、价值标准乃至生活方式。

### (一) 信息保存与流通的文明意义

在现代信息社会，信息的保存与流通已经超越了往日单纯的信息传递与简单的获取，它已经有了更多新的意义，超越了简单的传承而成为一种重要的推动社会变革的文化力量。

1. 信息是至关重要的社会发展资源

从古到今，信息的保存与流通都是文明发展十分重要的条件。信息包含的内容既有经典知识，也有即时事件。确切地说，谁掌握了知识信息，控制了信息流通渠道，谁就可以享有信息不对称的优势。占有知识信息和信息流通渠道的一方可以利用所获得的信息资源抢夺和垄断其他的发展资源，作出对自己有利的判断和选择，还可以利用渠道制造假象，影响对立方的判断与选择，削弱对方的优势。

2. 教育与学习的过程与信息的流通过程密切相关

古代社会占有重要的书册典籍的人就是占据文化高地的人，而传授典籍更是象征着文化火炬的传承，是隆重的事情，由传承典籍形成的师生关系更是非同一般。现代社会的信息流通依然十分重要。一般来说，信息流通速度越快，含量越大，品质越高，应用范围越广，越能反映社会的教育发达程度和文明程度。保持较强的信息流通能力对社会发展具有持续的增益和推动作用。

### (二) 信息技术的发展以及对社会思想道德的影响

我们不难看到，以互联网为基础与平台的新媒体的发展，正以强大的技术力量推动并彻底改变传统教育的知识传播途径，同时也将在很大程度上改变传统的教学与学习方式。就学校思想道德教育的发展而言，新媒体时代的到来也给我们提出了许多新的问题。

1. 信息技术的发展扩展了思想道德影响的传播途径

漫长的古代社会是依靠口耳相传和骨壳皮、竹石纸等平面载体进行信息流通的。由于信息载体和传播技术的限制，信息流通的成本高昂，效率低下，信息链不稳定。因此，在传统信息流通的方式下，文化的积淀和人类的学习都是非常不容易的事情。在我国传统文化中，有不少如大唐高僧玄奘般不畏挫折磨难，冒着生命危险千里求学的感人故事，这既表现了古人的勤学，也说明了信息流通的艰难与知识典籍的珍贵。由于缺乏信息来源，也就缺乏知识来源，缺乏对外部社会状况的了解。因此，古代社会大多数人的发展进步有限。同时，信息传递的艰难也助长了知识的垄断，保持了特权阶层的优势，更阻碍了民众智慧的启发。

随着科技的进步，广播、电视和网络等新媒体信息传播手段逐步普及，信息的获取、汇集和传播等环节都发生了巨大的变化。在新媒体技术的支持下，信息流通表现出从单向传播到多源多向流通，从精英传播到平民化交流，从缓慢传播到瞬时集散的特点，信息的保存与复制变得容易，信息量变大，信息流通广度、速度增强，信息流通的能力不断提升。人们的视野变得开阔，能更广泛深刻地认识世界，由此，信息技术对人的教育与学习过程起到助益作用。

2. 新媒体技术对社会思想和道德教育的影响

新兴的信息技术不仅是一种可供利用的技术工具，更带来了一种独特的生活方式。信息技术的构建有其规则，而这些规则可以被看作是一种制度环境或文化环境，长期利用网络规则的人必定会使其思维方式和行为习惯受到潜移默化的影响，现代新兴信息技术便成为影响社会道德与教育发展的不可忽视的因素。

（1）现代信息技术的开放性与互动性巩固了开放与平等的思想观念。现代信息技术传承的信息通行于整个信息网络。网络中的每一个结点都是信息源和信息渠道，信息的垄断与控制变得困难，这不仅提高了社会的开放程度，也让人们不再愿意处于信息不畅通的劣势。同时，由于网络的互动性使得每一个参与者都可以成为信息源，生成新的信息进入流通，对他人产生不同程度的影响。在形式上，网络中的每个人都占有平等的一席，拥有同样的宣扬思想观念和发布意见的机会，这将增强人们的平等意识，传统权威的绝对影响力逐渐减弱。2010 年第 1 期的《世界知识》载文说，一名伦敦学生马修·罗布森在摩根士丹利实习时撰写的报告指出，"青少年不使用 Twitter，是因为即使他们注册了账号……由于没有人会看他们的 Twitter 主页，因此他们认为发表 Twitter 信息毫无意义"。可见，身处现代信息技术中的青少年带有更强烈的开放与平等的愿望诉求，封闭和僵化的道德观念和行为日益难于被青少年接纳。

（2）现代信息技术鼓励了人们的主体参与性。现代网络因其开放互动，赋予了人们更广阔的选择范围和更强的选择权利。网民不仅是信息的受众，也拥有传播创造的机会。网络已经成为信息流通和人际互动的必然选择。虽然网络不能完全占有和支配信息互动和人际互动的通道，但其功能将越来越强大，越来越不可忽视。人们不再满足于被动等待信息的传递，而是主张自主选择，自由定制。越来越多的人在现代信息技术的鼓励下，不甘于仅仅成为受众和旁观者，而是参与创造，推动潮流，体会风云随我变幻的感觉。缺乏主体性的道德教育将很难在现代信息技术营造的外部社会环境中争取到青少年的有效注意。

（3）现代信息技术不仅可以帮助人们高效便捷地获取信息，也增加了信息鉴别的难度。首先，据研究，网络中汇集的海量信息并不能提高学习的效率，因为在生理上，过多的信息削弱了大脑的工作能力，将导致学习的中心目标的涣散，还会阻碍学习者集中而深入的思考。其次，现代信息技术助长的并不只是优质的信息资源。网络上的信息鱼龙混杂，而现代信息技术并不能帮助人们对信息进行鉴别和筛选，网络可以带来多少倍的优质信息就可以带来多少倍的伪劣信息，享受便捷的同时也增加了信息鉴别的工作量。第三，现代信息技术既然可以放大信息，自然也可以成为放大某一种思想舆论的强势力量，达到对人的思想的隐形钳制。由此可见，新兴信息技术为现代社会带来的优越条件和险恶陷阱需要整个社会付出更多的努力去鉴别，这样才能恰当地为人所使用。

## 第二节　冲突与融合中的价值理念

面对现代社会的剧烈演变，不同的人从不同的角度提出了如何认识和应对当前社会的理念与策略。然而，这些不同的思想、价值和策略投放到这个激荡澎湃的物质世界后，也会相互碰撞、消融和叠加，变成庞杂繁复的思想和知识体系，在为社会发展提供思路和指引方向的同时，又带来了新的矛盾和问题。

## 一、人本思想的不断深化

"以人为本"已经成为被社会主流文化认可的社会制度、价值和道德方面的重要思想。人们普遍认为，坚持以人为本的价值基准，需要体现出人文关怀，强调尊重人，充分肯定人的价值，人类自身的存在与发展应是决定社会进行取舍和选择发展方向的最终依据，把社会发展控制在有利于增强人文关怀的范围内，以尽量减少其对社会利益的损害。在现代社会，人们逐渐反思出，以物质增长为中心的社会发展理念本身就是有关人的发展的价值观念问题。物质社会的危机问题归根到底还是人的问题，特别是如何处理人与人之间、人与自然之间的关系问题。如果人与人的关系利益化、金钱化、客观化，拜金主义和享乐主义就会盛行，就会造成人性的扭曲和异化。

在教育上，以人为本的思想提出了要以人为中心，尊重人的天性，突出人的发展；帮助人挖掘、发现自身潜能，超越自己；体会作为人的生命的尊严与价值；用全面发展的教育事业来培养全面发展的人等等主张。

## 二、传统文化与现代文化的冲突与交织

由于现代社会生活中经济生活的国际化与全球化，加之国与国之间联系的加强，使得各个国家或民族不可避免地被卷入世界性潮流之中。在今天的社会中，我们正在遭遇多种多样、差异巨大的文化、观念与道德价值。以道德为例，世界各国、各民族间对于道德的见解和理论争论纷纭，很难有一个统一的判断和确定的概念。即使在相对稳定、协调的思想体系中，也依然存在着太多的不同。

### （一）不可避免的传统文化与现代文化的冲突

社会总是发展变化的，发展的历程就是传统和现代既矛盾冲突又交织交融的过程。任何时代都带有传统的脉络，也会表现出显著的时代特点，同时还蕴藏着未来发展的种子。因此，任何当代都是过去、现在和将来的交汇，任何时代都不能把现代与传统截然划分开来，任何时代也都是传统、现代和未来的纷繁交织的表现。因此，每个时代都会不可避免地遇上传统与现代的冲突。

### （二）在传统与现代的冲突碰撞中寻找生机与活力的中国文化

中国拥有数千年的文化积淀，也经历了多次文化的冲突与交融才形成了独特的文化体系，在世界文明中占有不可忽视的一席。这表明了现代中国必须通过传统与现代文化的碰撞才能实现文化的交融与革新，这也是中国社会长远发展必经的过程。

中国当前处于探索具有中国特色的发展之路的激烈变革中，传统文化与现代文化的冲突与碰撞更是不可避免的。值得注意的是，中国当前的传统文化与现代文化的冲突既有外来的，也有自身的。中国近代以来所遭遇的传统与现代的激烈冲突，并不是中国社会内部自然发展的结果，而是志得意满的传统文化被倚恃于坚船利炮的西方文明骤然打断后，中国社会痛苦反思的表现。甲午战争以后，中国许多文化精英对自己的传统文化丧失了信心，进而大力移植西方现代文化。在中国独立自主地发展建设的时期，强调独立的民族文化的思潮在世界发展

中国家里兴盛起来，几番波折后，中国社会开始探寻有中国特色的发展之路，而实现传统文化的传承与革新，让传统文化与现代文化在碰撞冲突中焕发生机是中国社会主动而必然的选择。

## 三、科学思想与人文思想的矛盾与融合

科学思想与人文精神是人们长期关注的焦点，也是一个不断被争论的主题，自古而今，它们不断经历着相互冲突又相互融合的过程。2009 年 12 月，在上映前就被热捧得令人怀疑的电影《阿凡达》终于上映，这个拥有最先进的拟真技术的影片讲述的却是一个反技术反战争，回归自然和心灵和谐的故事。《阿凡达》的导演詹姆斯·卡梅隆极致追求技术并以此闻名于世，但卡梅隆也曾说过，代表技术的电脑不能代表人的精神和思想。这正从一个侧面反映了科学与人文的关系。

### （一）科学思想与人文思想

在人类社会里，科学和人文各有一套认识世界、解释世界和应对世界问题的体系，两者之间既有差异和矛盾又相通互补。科学思想与人文思想在人类思想史上经历了“合一分一合”的过程。人文思想贯穿了整个人类社会的发展过程，人文思想特别注重人自身的价值，关注人的精神追求，并积极探寻人生的真谛，强调教育要促进人身心各方面均衡协调发展，而科学技术和科学思想则探究客观世界的事实真相，寻找物质世界运转的规律，解答客观世界“是什么”的问题。欧洲文艺复兴以来，科学技术和科学思想就被视为人性的光辉来佐证人文思想。如果说科学技术和科学思想帮助人类打造了一台动力十足的跑车，那么人文思想和人文精神就是指引人类安全地驾着跑车奔向幸福的灯塔。

### （二）科学思想与人文思想的分离

早期科学孕育于人文之中，科学自独立以来就飞速发展，最终人类为了追逐科学技术的进步而发展出视科学技术和科学精神为世界的最高真理的极端的科学主义思想。科学主义将探究客观事物规律的方法作为唯一的认识世界、解释世界和应对世界的方法，转而将人变成了科学的工具，用于生产科学的知识，并接受科学的检验。失去了精神价值的人不仅无法好好地体验科学技术发展带来的种种好处，还必须承受科学技术灾难性使用后产生的无数的社会问题。如人与自然关系的紧张，环境污染，生态失衡；人类精神的空虚，轻视生命，生活失衡；社会贫富差距扩大，社会失衡。

### （三）科学思想与人文思想的相互融合

随着社会的发展和进步，科学主义和人文主义各自的片面性使得矛盾对立的双方开始注意从对方思想中吸取养料，出现了科学与人文相互融合的发展趋势，发展出科学的人文主义思想和人文的科学主义思想，形成了以科学为基础手段，重视科学发展的精神，以人文为方向和目的，重视人的精神价值和重视道德的发展观，并在教育上提倡将科学与人文的教育融合起来的教育才是完整的教育。

中国社会当前仍然处于科学思想与人文思想既冲突又融合的过程中，社会对科学技术与科学的求真务实精神的渴求需要学校教育注重科学思想教育和科学精神的培养，而人文价值理念的淡薄则需要学校教育积极运用人文思想进行人生价值教育，提高生活的精神品质。兼

具科学精神和人文精神的个体才是适应社会发展需求和个体发展需求的完整个体。

## 四、价值多元的矛盾与发展之路

与价值多元相协调的是平等开放的现代社会，多元价值是多元文化的一部分。在现实生活中，文化的多元首先是不同文化的差异性存在，外在表现为饮食习惯、服饰建筑、音乐艺术等的巨大差异，更由于生活习俗和文化传统的差异而在深层次上表现为价值与道德观念的差异甚至矛盾冲突。

文化和教育各界在承认和尊重文化多元的基础上，希望透过对不同文化的理解，消除对不同文化的误解与歧视，培养对差异观点的尊重与包容之情，消除优势族群的偏见与刻板印象，提升弱势族群的自我概念。然而，人们越是认识到多元的存在，越是认识到差异，就越是会将差异进行到底，以致于采取极端的做法，弃置尊重与沟通的出发点，远离共存共享共生的目的，一味强化独特的差异性，为了保存差异而采取坚决不妥协不融合的态度。

然而，笼统的多元文化的宣传也可能导致多元文化主义，使道德发展中的青少年产生不同的认识，而有些认识则可能是消极的。有的是因为对某种社会生活所支持的道德价值观念有所体会，而特别认同某种道德价值观念；有的认为现实本该多元，对不同的道德价值观念不置可否，毫无原则地容忍，形成道德相对主义；有的则由于个人无法分辨判断，听了别人的观点后觉得在道理上应该认同，从而导致道德价值观念混乱，随手取之，随意用之。近年来，许多非主流的思想观念正在出现逆向灌输的现象，即一些宗教、小团体思想的传播者在大众的日常生活中，积极地“强说人”，向社会大众宣传自己的思想观念并得到了大家的宽容，而我们的社会主流思想除了在主流媒体和党政部门组织的活动中进行传播外，在大众闲暇的日常生活中传播时却可能引起大家的反感，在这方面缺乏传播的声音和技巧。

## 五、共同理想与信仰的缺失

传统社会通过文化精英建构了一个统一的理想世界，并将之作为社会和人生的高尚追求。中国传统社会的文化精英“士”和“君子”们认为天、地、人由“道”统摄，以伦理道德来建构符合“道”的大同世界，出于对这一共同理想的信仰，“士”和“君子”们将之作为终身奋斗的目标。在近代以来，传统文化中的“道”在猛烈的批判中走向衰弱。在新中国成立以后，代替共同理想的是马克思主义信仰。然而，随着物质技术的不断发展和社会文化价值的多元化，社会成员的生活风格、社会道德和价值观的差异拉大，无论在文化精英层面还是在普通民众中，都再难找到能统摄世界的理想和信仰了。

西方也正经历着没有“上帝”的信仰危机和文化危机。不少学者对此进行思索，并指出这是因为“工具理性”的全面统治与“价值理性”的消褪而造成了“世界的祛魅”这一后果。“工具理性”常常通过实践的途径确认手段的有效性，从而追求事物的最大功效，强调实用性。而“价值理性”则体现出对价值问题的理性思考，强调世界的合目的性，帮助人寻找世界对人的意义、人存在的意义，为人提供信仰和精神家园。然而，随着技术的发展，曾经作为一个有意义的体系而被信任的世界，被人类的技术瓦解了，通过工具理性思考的世界只存在“物”“事实”和“工具”，除了满足人们的工具性目的，世界不具有任何目的，探讨人生价值和目的成为了非理性和毫无意义的事情。因此，对共同的理想和信仰的建构和追求也是毫无必要的。

没有了共同的理想与信仰，世界再也不是一个有意义的整体，人如何发展，人生的意义何在，人的价值追求是什么等意义和价值问题便成为了一件“私人”的事情。不仅如此，在工具理性的主张下，国家和政府还应该对这类问题保持“价值中立”，不应该进行任何的偏袒与干涉。

理想与信仰的缺失使得人们陷入无止境的物质追求和财富追求中，变得急于追求眼前的实惠，偏重于追求当下的利益。然而物质的涌入永远也填不满精神的空虚，陷于眼前和当下，就放不开视野，找不到未来的方向，其结果就是蔑视规范、无视生命、道德薄弱、行为偏颇，社会缺乏凝聚力，整个社会的稳定和存续受到严重的影响。

## 六、社会责任的泛化与不确定

社会的资源和空间是有限的，当所有人的权利和自由都要得到满足时，不免使人们相同的利益出口变得拥堵，从而引发碰撞和剧烈的冲突。

### （一）庞大的社会责任领域和责任主体

现代社会弘扬主体性，提倡个性，关注自我。每个有一定行为能力的人都被视为独立的享受权利的个体，即便是未成年人，都享有相当的被独立尊重的权利，都应当受到个性化的关怀。独立个体的个性特色越彰显，个体与个体之间的区别就越明显，对个人来讲属于非自我的他人就越多，差异性也就越明显。因此，如何处理与个体自我之外的他人间的权利冲突和矛盾呢？许多现代人既不想违反法律，又想保持自己的最大的自由和权利，便将这些问题的处理交给了号称强大的国家社会机构。因此，越来越多的在传统社会中属于“家庭事务”“内政问题”的事件转移到了国家的社会公共事务机构中。

此外，这还是一个社会物质成果和精神成果都非常丰富的时代，而且人们还期望它们能持续丰富下去，以满足不断被激发的需要和不断被建立的关系。社会的多元发展造就了众多的利益群体，社会公共和私人的事务也越来越多，关系越来越复杂，单凭个人和某个团体无法协调和解决许多社会性问题。例如，宏观世界的资源环境问题、贫富差距问题、直接关涉人的发展走向的教育问题等等。许多相关领域的专家学者都提出了自己的解决思路和方案，而无一例外的，这些解决方案都提到了社会系统协作支持，并形成了统筹各方力量应对问题的思路。

因此，必须有相应的得力组织来协调和处理涉及众多领域、地区和人群的社会事务。丰富的结果是，国家机器必须要不断“完善”，不断提高效率，才能更好地面对和解决更多并且还会继续增加的社会矛盾和问题。各种管理部门、监督部门、评价部门和协作部门应运而生，各种新生的专门的法律、法规应对于不同的新生行业和领域，国家组织机构要更广泛更有建树，要承担起国家应有的责任来。责任意识和负责能力成为人们评价国家政府的重要指标。

然而，庞大的国家责任系统不足以独立支撑起巨大的中国社会，庞大的国际协作机构即使毫无私利也不能承担起全世界的协作问题。因为某个正式机构组织的责任要求虽然受到制度的规定，但核心的责任意识和责任能力却是依靠机构中的个体来体现的，负责任的影响与效果是否会扩大，还需要自下而上的每个普通个体的责任意识和责任能力的配合。例如日益严峻的世界性资源环境问题，受到损害的是全世界，而解决问题的方法也在于全世界共同的协调配合，确定如何合理发展的共识。教育问题也是如此，家庭出于对子女成长的关心，将孩子送到社会中的组织机构接受教育，却发现再好的学校也不能把孩子照顾周到，因为来自家庭、社会和学校中的显性和隐性力量都在有意无意地对孩子产生影响，良好的教育效果需要社会整体营造的良好教育环境，即需要每个人负责任地发挥积极的教育影响作用。

**（二）社会责任的分散与不确定**

现代思想提出了主体性的弘扬既需要讲求权利，也需要重视责任，方可达到社会协调的效果的主张。而责任正是在处理自我与他人问题时，对社会和他人有益的事务的认可与维护。社会的任何成员要强调权利就必须承担责任，对社会和他人负责，是社会成员最基本的公共生活准则，更进一步说，在社会中的影响能力有多大，责任就该有多大，具备责任意识，并拥有相应的负责任的能力，做到权利和责任相当，能力和责任相匹配，这便是主体精神。

虽然每个人都该是负责任主体，但是由于主体精神在现实表现中的微弱，真正主体的成立还需要不懈的努力。在现实中，“人人有责”有时会变成人人都寄希望于别人负责，每个人都该思考的问题会变成交给别人思考的问题，责任的担负者变得不确定了。

现代社会拥有庞大的社会责任领域和庞大的社会责任承担主体，却正是由于社会责任意识的缺乏以及责任和能力的不相当，在矛盾冲突激化之前，许多人和许多团体甚至国家组织都会以自认为理性的方式做出最有利于自己的选择，他们将追求自身利益的最大化视为“理性选择”，却忽视了自身的社会责任，导致公共利益受损，转而损害自身，并且还演变出责任主体队伍越壮大，越是可能出现责任对象不明、责任分散的现象。

学校教育虽然有自身的稳定性，但所有这些文化思想的矛盾冲突以及社会对学校教育的迫切期待也将学校教育和教师推上了矛盾舞台。社会要求学校教育发挥出教育的文化传承功能与淘汰功能，以应对不同的文化思想在冲突碰撞中交融革新的现实需求。文化冲突给学校德育带来了负面的影响，但对学校教育来说也是一个在矛盾中不断调整、动态适应的过程，以培养出具有反思批判精神的人，实现现代社会的转型与革新。

## 第三节　个体道德发展的矛盾

社会发展的另一个结果是带来了个体在道德发展中的矛盾，这些矛盾在很大程度上影响了人们对道德的理解，在对学校德育效果的评价上也出现了一些新的问题。

### 一、不确定的道德观念

当物质世界处于高速运转中、社会文化处于多元发展中的时候，人们的价值和道德观念变得越来越不确定了。

道德本是人类社会寻求种族保存与延续，在与自然与其他人和谐共处中获得的实践经验和智慧。当人类还没有把自己和自然完全分离开来的时候，人们出于对自然的敬畏与崇拜，通过对自然的反复观察与实践总结，形成了一定的应对自然，处理与他人关系的经验和行为方式。这些经验与行为方式便是传统道德的前身，人们相信这些都是来自强大而神秘的自然的启示，于是，天道和人伦自然地联系在了一起。

这些道德精神帮助人类经受住了自然一次又一次的考验，也随着它辅佐的人类种族的强大而留存下来，并经过一代又一代的传授与积累而逐步完善，成为了大多数人熟知的，有迹可循的道德规范。随着社会文明的发展，规范体系逐渐形成而汇集成了“礼”。“礼”成为了道德的外显形式，道德因为“礼”而变得可以直接观察和感受，“礼”成为了国家启发道德的途径和验收效果的方法。在国家权力推广“礼”之时，道德不再是少数人探索自然时真心体悟自然运行规律的成果，而是更多地表现为国家权力公开的、强制维护的全体国民的行为准则。以“维护天道”为名义，通过“礼”这种外显形式的不断强化，道德也持久地发挥着协调人际关系，维护国家社会稳定的作用。这样的道德或许是出于真心的信服，但是并不一定出于人的自主发挥。随着人类社会进入到现代，当传统的徒具形态的“礼”变得荒诞可憎时，以之为载体的传统道德也变得陈腐可笑。传承上千年的道德价值体系因其支撑的不力，道德的理想与价值也变得不确定了。

在现代社会中，笼统鼓励多元的宣传也可能使道德发展中的青少年产生不同的认识，而有些认识则可能是消极的。有的是因为对某种社会生活所支持的道德价值观念有所体会，而特别认同某种道德价值观念；有的认为现实本该多元，对不同的道德价值观念不置可否，秉持毫无原则的宽容态度，从而形成道德相对主义；有的则由于个体的分析辨别和判断能力不足，听了别人的观点后受到言辞的吸引，觉得在道理上应该认同，从而导致道德价值观念混乱，随手取之，随意用之。因此，个体道德培养再也不是在一个系统的、连贯一致的社会环境中进行了，个人道德发展的基本定位变得越来越模糊，有关道德的理想和价值观念在普通社会大众中也变得越来越不确定了，道德教育的难度增加了。

## 二、确保共性与崇尚个性的融合

中国社会正在从强调共性走向崇尚个性，并追求共性与个性的和谐发展。中国社会曾经经历过强调服从共性的漫长时代，但也并没有湮灭人的个性，个性被严格地统摄在具有鲜明等级标志的、共性的社会礼法体制下，然而那些具有优秀个性品质的人，依然在经济、政治、思想文化和技术上推动了创新与变革，为中华民族的繁荣发展作出了不可磨灭的贡献。当西方文化中赞扬人的天性与尊重个性发展的思想传入中国后，中国社会开始对强调服从共性的社会进行反思和批判，有的人也开始快速转变，追求极端的、绝对的个性，排斥共性，漠视社会，却又为找不到自己的位置而感到痛苦。

**专栏 1-2**

在电影《马达加斯加》[①]中，马尔蒂是生长在纽约一家动物园的斑马，它会一些受人欢

① 马达加斯加 2：逃往非洲，埃里克·达尼尔、汤姆·麦克格雷斯导演，本·斯蒂勒、大卫·休默、克里斯·洛克配音，派拉蒙影业公司 2008 年出品.

迎的特技表演，它认为自己是独一无二的。当它来到非洲土地上后才发现，这里有着上百万只斑马，马尔蒂觉得自己找到了归宿。兴奋之余，马尔蒂却发现他们不仅和自己长得一模一样，连他自认为得意的技能对大家来说都是与生俱来的，甚至它最好的朋友狮子阿历克斯也无法区分出它和其他斑马。虽然，所有的斑马用同样的姿态同样的声音同样的词句很肯定地告诉马尔蒂："妈妈说，我们每一个都是独一无二的"，马尔蒂却彻底崩溃了，并由此遭遇了一场有关"个性自我"的心理危机。如果"我"和他人并没有区别，我为什么还是独特的、重要的，马尔蒂变得消沉平淡起来。最后，阿历克斯从万千斑马中认出了马尔蒂，因为当阿历克斯说他要离开保护圈去找水的时候，几乎所有斑马都在看着他，只有一个背对着他——那就是因为生气而不想见他的马尔蒂。阿历克斯说，他知道马尔蒂和其他斑马的区别，马尔蒂是黑间白的，而其他斑马是白间黑的。虽然有关个性自我与社会共性的矛盾问题依然存在，但两个好朋友和好了，马尔蒂又恢复了活力。

上面这段故事告诉我们，共性与个性是社会的一对普遍矛盾，每个人都是共性与个性的结合体，共性与个性及其矛盾是与生俱来的。其实，在中西方思想文化中，共性和个性都曾经是矛盾争斗的两极，并且此消彼长。然而即使在崇尚个性的人群中，每个个体又都在寻找共性，"我"和"你"，为了能生存，为了能沟通，为了能扎堆，不想被抛弃在孤独的人群之外；同样，即使在极度强调服从共性的社会里，整个社会也会崇尚优秀的个性，"我是我"，我是独立的，我是唯一的，我是鲜明的，不想被湮灭在无数的人群之中。社会的交流与协作需要有关共通的平台，社会认同需要有关价值的共同基础，父母希望自己的孩子可以融入到社会大环境中去，这些都是共性的表现。对自我潜能的挖掘，某方面突出的才能，与众不同的创新与变革，则是个性的表现。共性就好像具有极强稳定性的 X 染色体，个性就好像充满丰富变异性的 Y 染色体，只有 X 与 Y 的自然搭配，稳定与变异相结合，人类才有机会进化出具备优秀智慧的大脑，才能应对纷繁自然界的挑战。

人始终还是社会中的人，无论是共性还是个性都是人类发展的特点与需要。西方曾经经历过鼓励学生张扬个性，只帮助学生澄清个性的教育改革，不干涉学生的自由思想，不对学生的价值观念进行社会引导，然而其结果是学校秩序的混乱，学生学业水平的严重下降，青少年迷失了方向。20 世纪 90 年代以来，西方教育开始修正目标，为学生开展有导向性的教育课程。反观我国长期的课堂教学以学生对课堂知识达成共识，符合标准、没有问题为目标，培养的却是大多数只能"复制"前人知识的学生，缺乏反思批判精神和独立思考能力，难以创新，这样的共性教育又能在多大程度上满足社会发展的需要呢？中西方通过长期的教育实践与研究，确认了促进学生社会性与个性共同发展的目标。确保共性与崇尚个性的两种社会发展理念的融合为人的全面发展确立了重要原则，如何因材施教，让共性教育与个性培养保持恰当的关系，既保证共同的目标和社会的认同，维护协作和对话的平台，又保持着个性发展的张力，实现天平双方的微妙平衡，成为教育界积极探讨的热门话题。

## 三、平等的权利与责任的日益重视

平等是法律赋予人的基本权利，平等意识是现代社会的文明发展的必然结果。现代社会认为，每个人在人格上都是平等的，因此，每个个体都享有不可剥夺的平等的社会参与权。在社会性上，这种平等参与权是人格平等观念的主要体现之一。人格平等观念承认每个人享有天然的权利，这种权利不因出身、境遇、个人能力和具体特征的差异而丧失，更不能被任何人或权力部门剥夺；个体作为社会的一个分子，其人格尊严不应被差别对待，而必须受到同样的尊重。

因此，现代社会不仅强调权利与责任的对应，还特别重视平等的权利与责任，要求不同的个体或团体组织甚至国家在社会中的影响能力有多大，责任就该有多大，要享有与其他人平等的权利，也需要平等地履行自己的义务，以做到权利和责任相当，能力和责任相匹配。因为人人平等，因此人人可以获得自己的权利；因为具有平等意识，人们更注重与他人之间的相互尊重。

在家庭中，传统家长制的绝对权威已经消解；在学校中，建立平等的师生关系是被大力提倡的。平等、公正的教育环境，可以帮助青少年儿童增强平等意识，是教育为社会培育现代人的基本前提，是使学生身心健康发展的基本条件。如今，青少年儿童的平等意识也越来越强烈，因此也表现得越来越自信，敢于大胆地向家长、社会和教师表达自己的思想观点和个性特点，敢于大胆地提出问题，甚至敢于大胆地说出自己的反对意见及其依据。这为学校教育注入了活力，也对教师的素质提出了更高的要求。

## 四、社会与个人选择的艰难

社会变迁所带来的一系列社会变化，将整个社会置于一个全球化的环境之中，各种不同价值取向的道德形成了一种多元化的态势和氛围，而这就给社会以及社会中的个人的道德与价值观念的选择带来了困难。

### （一）现代社会宽广的选择范围造成了选择的困境

现代社会不仅物产丰富，可以将琳琅满目的产品推到个人面前给予选择，而且现代社会在文化上也是自由而开放、多元而自主的，没有了传统社会中对每个人的角色确切无疑的定位，每个人需要自己来选择许多并非与生俱来的角色，而这种选择的自由并不是轻松惬意的。

1. 选择的责任与必然承担责任的要求

在人的发展过程中，总是面临着一系列的选择。选择的过程是一个主观意愿表达的过程，是价值需求满足的过程。现代社会让个体独立出来，并要求培养起个体较强的责任意识和能力，以承担起主体在选择中产生的社会责任。

2. 更多选择造成的选择困境

如前所述，现代社会的环境是纷繁复杂的，社会责任体系是庞大的，进行选择的环境越来越复杂，牵涉的人与事物越来越广，选择主体的价值理念越来越不能明晰确定，因此，选择的过程并不容易。《道德经》里说“五色令人目盲；五音令人耳聋；五味令人口爽；驰骋畋猎，令人心发狂；难得之货，令人行妨。”相信许多人都有过面对巨大的选择余地，反而无从下手的感觉，想必中国周朝中后期也经历着前所未有的物质财富的生产、聚集和消耗的过程，面对巨大的成果与诱惑，许多人的心境是相同的，意识到自己面临的选择越多，也就会意识到自己要放弃的东西更多，选择的机会越多，犹豫、彷徨、失望也可能越多，于是，选择使人变得痛苦。对一个大学生来说，该选择怎样的专业，选择怎样的学校，选择哪些课程，选择什么样的工作单位，选择考研还是就业等等，都足以令人纠结。

有的人常说自己被迫选择或者没得选择，其实是早已选过了——即为了避免自己所认为的最坏的结果而选择了次坏的结果。可是，如果一个社会总是让其成员从最坏的结果和次坏的结果之间作选择的话，例如，让人时常徘徊在丧失基本生存权利与严重违背良心或道义之间选择，那么这个社会就是一个腐坏的社会。如果在一个正常发展的社会中，某个个体不得不时常作这样的选择的话，那么他就有必要审视自己的生活态度和选择能力了。

**（二）如何确立正确的选择态度**

所幸地球上的选择都遵循的是“用进废退”的原则，除了某些时候单个选择会对未来产生决定性影响外，大多数时候，是由后来的一系列选择对前面某个选择的价值进行追加或削弱才使得事情发生了决定性的转向。其实我们每天的行为都是在为前几年前一天前一刻的某一个选择增加或者减少筹码，这也是在进行选择活动，也能体现出人的选择能力。也正因为如此，每一次选择的成本都得到了分担，每一次选择都不至于孤注一掷。而那些将人生或社会的对错成败归于某一次或几次选择的人，对待自己和社会的态度不可不谓之轻忽。但是在青少年中，钟情和依赖于一次或几次轻忽选择的人不在少数，并且与“一蹴而就”“一夜成名”“一步登天”“一鸣惊人”等浮躁的想法是紧密联系在一起的。看到某几次的选择，一次选择的挫折，便让青少年对社会和人生的态度变得消极被动，这是家庭教育和学校教育都必须重视的问题，只有增强了青少年的选择执行能力，提高有效选择的比率，即培养起持之以恒、长期努力的意志和能力，才能让青年人更有成就感，才能让国家、社会的未来保持持续发展的长足劲头。

根据本章的介绍，现代社会正在经历着剧烈的变化，现代道德的土壤已经不同于传统时代，社会道德的发展和个体道德的养成都不是在封闭孤立中进行的，道德作为社会理想、价值和规范的集合，必须要将其现状和问题投放到社会大环境中去考察，以找到我们继续发展和变革的思路和资源。

## 问题思考

1. 有人说改革开放三十年，中国社会的道德在下坡路上一去不复返，有的学者则认为中国社会的道德在爬坡，道阻且长但总能向前，你怎么看待这两种观点？

2. 2013 年 4 月 27 日在北京师范大学举行的“首届中国传媒公信力论坛”上，有学者研究指出中国媒介整体公信力在下降，但新媒介的公信力在迅速增长①。学者认为，这是因为普通

① 中国新闻网. 调查称中国媒介公信力整体下降 新媒体上升明显[EB/OL]. http://www.chinanews.com/gn/2013/04-27/4772909.shtml，2013-4-27.

人的“站”起来，微信朋友圈、QQ、微博等新媒介平台因其为大众提供了个性化表达与交流的平台而不断提升影响力。然而，网络新媒介助长的谣言、假新闻和社会事件大反转等问题层出不穷，例如微信朋友圈绵绵不绝的各种“十大谣言”与“辟谣”，例如2016年春节期间火热的假新闻“女孩跟男友回农村过年，见到第一顿饭后想分手了”，例如2015年“成都男司机暴打女司机事件”的舆论大反转等，不仅操纵人们的眼球甚至思想，愚弄人们的信任，而且让信息传递的公共媒介的公信力进一步受到质疑。许多人纷纷发出“我们还能相信什么”的呼声。

对于新媒介，你是否有所了解，你的体验和评价是什么？你如何看待问题中所提事件？并请结合此类事件的案例分析，说说新媒体时代对社会道德的影响。

## 拓展阅读

1. “希言自然。飘风不终朝，骤雨不终日。孰为此者？天地。天地尚不能久，而况人乎？故从事于道者，同于道；德者，同于德；失者，同于失。同于道者，道亦乐得之。同于德者，德亦乐得之。同于失者，失亦乐得之。”

——老子《道德经》

2. “我们生活在一个关键时代，处于新旧交替的两个时代的中间。虽然夹杂在两个时代之间的时代是摇摆不定的，但是，这是一个伟大的时代、一个发酵的时代，里面充满了各种机会。如果我们能学会利用它的摇摆不定性，我们在这个时代里所能取得的成果要比稳定的时代里大得多。”

——【美】约翰·奈斯比特《大趋势》

“若把学生确实当作是一个完整的生命体、而不只是认知体，把学校生活看作是学生生命历程的重要构成，那么，就会发现近十多年基础教育改革的主要不足：无论是对时代的认识，还是对学生的认识、学校教育的认识，都只侧重于认知，在一定意义上依然是乐观的理性主义和科学主义。”

——叶澜《时代精神与新教育理想的构建》

# 第二章　学校德育面临的冲突

在剧烈的社会变迁、文化冲突与交融和思维转变中发展的学校德育不适应当代社会的症状，如德育理想失落，德育与生活背离，德育主体间关系失衡，德育的评价失调等问题，对这些问题的发现与思考有利于学校德育的变革。

### 问题导入



1. 在变化的时代背景下，学校德育不能独善其身，它将面临何种冲突？
2. 面对着种种冲突，我们的学校德育能够有所作为吗？
3. 怎么样实现学校德育的有效改革？

## 第一节　德育理想的失落

道德在人类历史发展的长河中，一方面是人对天地宇宙本原的精神把握与体现，一方面是人类生活事实中的主客之间的利害关系的揭示及共同重要的价值选择。德育是通过对道德的把握而让人真正成其为人，是让人更崇高的极具价值的活动。人类社会经历了共同的道德界定、规范传承和德性培养的时期，时至今日，社会组织结构和文化内涵模式已经发生了剧烈的变化，现代社会充满了各种各样强大的推动社会发展的直接的、现实的动力，例如技术进步和生产发展为社会和个人带来的影响是迅速而显著的。而曾被视为具有统摄一切的强大力量的道德则因其传统土壤的流失而在现实社会中处于尴尬的境地，道德的作用与价值既受到质疑又为人所期待，而对于这些问题，学校德育只是仓促应对。

### 一、价值关怀的缺失

人是自然的，也是社会的，在人成其为人的问题上，人不仅会考虑眼前温饱和现实功利的问题，更会思考意义高远和价值永恒的问题，于是人会寻找现实生活的终极性价值，超越有限，达至永恒。道德的作用就在于其崇高的价值意义对人与社会的引导，对未来的和谐发展的前瞻，也正是有了高远与永恒目标的牵引，人可以从变幻繁复的现实中拥有精神支持，保持更高的目标追求。然而，当前学校德育却在对个人的人生价值的引导上有所缺失。

### （一）学校知性论德育范式对人生价值的忽视

在我国学校德育实践中，德育的理想本应该是帮助学生认识到自己应该怎样存在，人生应该如何度过，我们可以超越物质需求寻找的目标到底是什么，并以此来承载人的精神，提升人生品质，合理定位人生，让生活与生命不在精神上枯竭。

在学校教育中，学生可以获得不少知识，然而，即使具备了知识，学生们仍然不能从人的目的是什么，生活的意义是什么，这样的价值问题中脱身。现实的学校德育主要采用知性论的德育范式，道德教育就好像是绝对规范的掌握和人际关系的思维训练，使得人的本质、人的需要、人的生命、人的多样性存在等根本问题被忽视，而脱离了对人生、人性关注的学校德育，只能是让学生的道德发展维持在不违背基本社会规范这条底线上，人生未来发展中更大的心灵空间被荒置，缺少生命的活力和魅力。有人笑言，现在教育让学生有智商无德行，有知识无修养，有欲望无理想，有青春无热血，然而这些问题的背后正是生命的代价和社会的损失。因为纷繁的物质是变幻无限的，而人的生命是有限的，拘于外在物质的追寻，永远也找不到答案。而一旦遭受挫折和打击，轻则产生心理障碍，重则走向自我毁灭。

### （二）社会焦躁与功利思想对人生价值的忽视

社会对教育的实用功利的想法让教育也必须追求功利，作为功利最典型表现的升学教育的机制使德育与智育地位难以平衡。在市场经济的大潮中，教育不可避免地按照市场的模式来运转，分数成为工具，升学就是生存，通过进入高一级学校来实现个人价值的社会潮流愈演愈烈。应试教育中，智育被抬到无限高的地位，德育则无人问津。升学率成为社会衡量一所学校教学质量高低的根本标准，成为关系到学校生存与发展的重要因素。在社会竞争机制的高速运转下，学校和教育者早已不能自主沉浮了，而是不得不无奈地随波逐流，甚至推波助澜。

目前，有的学校德育注重在课程上丰富道德教育的内容，生命教育、挫折教育等主题都在学校德育课程中得到了编制和实施。然而，我们需要注意的是，学校德育并不只是德育课程的职责，而是每个教育者和整个教育环节的任务。在整个社会系统中，社会向学校，教师向学生，父母向子女都在传递着外在物质竞争的急迫和焦虑，停止了追逐外在物质的生命就意味着失望与失败。在学校中，以成绩为参照，以分数论高下的外在竞争非常激烈，学生在生命课程中体验的情感与价值很容易就被成绩竞争的强烈感受所取代，总是被成绩竞争所驱动，只见外在物质，不见生命，那一堂堂的德育课程会是永葆一方净土的安慰吗？

### （三）矛盾的价值观念对明确的人生价值观的损害

面对社会的急剧变迁，开放而流动的社会使人们的经济生活和文化生活产生了诸多变化，传统道德文化所建构的意义世界解体，多元价值与多元道德的观念越来越受到认同，社会中经常被提到的词是“底线伦理”“道德底线”“道德容许行为”等，似乎说明现实社会中的道德只是在于守住底线，最终带来了价值观的混乱和群体间心理的冲突。同时，正如古语云“取乎其上，得乎其中；取乎其中，得乎其下；取乎其下，则无所得矣”。人们对道德的要求仅仅在于维持道德底线上，这既降低了道德的价值标准，又降低了追求道德的积极性，社会道德行为的失范日益加重。

我们的学校教育对于社会中的问题并不能从容应对，而是仓促上阵，缺哪补哪，因此缺乏自身的系统性与稳定性，这就使得学校德育在培养学生稳定的、系统的道德价值观念与道德行为上出现了很大的困难。怀着支离破碎的道德观念的青少年学生常常无法进行正确的道德选择，因而常常出现行为上的偏差。在整个社会精神动荡之时，人们越来越强烈感受到的危机是：随着社会道德价值观念的变化，当代学生的道德价值观念与精神面貌也出现了混乱和失落，他们越来越不能确定自己，也找不准自己的人生价值，他们对人生理想的困惑程度或者忽视程度越来越高，其行为也正在偏离规范的道德要求，离社会期望越来越远。

## 二、德育层次性的模糊

教育未必全知全能，但是教育可以为人的成长提供引导和发展条件。道德发展的过程是一个借助社会提供的经验和德性，依靠成长个体的努力探索、不断建构从而达到自主、自觉的过程，德育的层次性则是道德由现实情境的应对向高层次道德理想境界发展的线索。然而，当前学校德育层次性的模糊，既不能帮助教师找到道德教育的适当目标和要求，也没能对学生的道德发展起到线索引导作用，造成了学校德育实效性的低下。

首先，道德教育是道德理想和道德规范的结合，而学校德育只找到了道德规范的教育途径，对于道德理想的引导常常处于缺位的状态。当然，这与前面所说的共同的理想与信仰的缺失有关，然而道德理想缺失的位置很容易就被多元的价值思想所占据，缺乏了道德理想的规范自然也欠缺依据，难以得到学生的信任。

其次，忽视学生道德水平发展的层次性。即使在同一个道德理想下，德育目标也要随着学生的道德水平的发展进行调整，然而，学校德育的目标要么在最高层次上求“同”，要么在道德底线上求“多元”“自由”，对成长中的学生缺乏持续的导向作用。

再次，学校德育本应该是道德理论层面和道德实践层面相结合的活动，但是学校德育更多地停留在了知识理论层面上，而在实践层面上，学校可以采用将现实生活内容引入课堂，但让学生共同投入现实生活中进行实践体验的机会却大大地减少了，其中不乏学校对集体实践的范围与时间的人为收缩。由于近年学生在学校的集体安全事故时有发生，并对学生造成了巨大的伤害，教育主管部门、社会和家长对发生事故的学校进行问责，许多学校对安全事故的教训的回应便是压缩学生的集体活动时间和空间，限制学生出校门，限制学生自由活动时间，限制学生的自由活动形式等，不仅由学校组织的外出观察游历活动减少，连课外活动也减少了，这自然也限制了学校德育实践活动的开展。一只只保护在笼中的小鸟，纵然可以通过现代信息技术看遍全世界，也依然缺乏亲身的感受和心灵体验。

## 三、教师的“去圣化”

古代的重要知识是有关道德的知识，道德不仅是一种规范，更是天地伦常运转的普遍规律。在寻求天人合一的道德知识体系中，教师作为重要知识与经典的拥有者，更是崇高理想的化身，古代圣贤所希望的人生三乐之一乐——“得天下英才而教育之”就是教师才有资格享有的。可以说，这一人生期望，几乎将教师与圣贤同列。现代社会，“教师”作为一种专门的职业，因为其独特的劳动对象和劳动特点，社会依然对教师角色投入了强烈的情感，希望教师承担起崇高的社会职责，然而教师角色的崇高价值在社会和教师自己心中都在悄悄发生着变化，教师的“去圣化”过程已经开始。

**专栏 2-1**

在工具理性化教育目的观的影响下，教师的角色也被严格限定；而在“应试教育”条件下，教师还必须满足学校、教师对升学率的需求；同时，教学工作又是教师自己赖以维生的唯一手段，所以教师的负担很重。

为了满足来自各方的要求，保住自己的饭碗，他们可能不得不放弃自己的教育理想、教育信念甚至教育良心，来服从自己可能并不认可的某种教育模式，以图让领导、家长、学生满意。而当最初并不认可的行为成为习惯，成为教师的主导文化后，这样的教师就会变成阻碍改革的力量。……

在这种情况下，教师的教学多数也是被动的、单调复制的。这不仅使学生的发展受到压抑，也令教师自身的发展受到遏制，他们不仅不能从工作中享受劳动和创造的幸福和喜悦感，而且也失去了在工作中学习、思考、提高的时间、机会与心境。[①]

**（一）教师称呼的泛化暗示教师“去圣化”**

中国民间习惯称呼教师为“老师”。然而在现代社会的学校教育范围之外，“老师”还是一种对陌生的路人的称呼。走在大街上，零售商业、服务业中，对顾客、对陌生人，“老师”是最常见的称呼，而在高校中，“老板”则成了导师的代名词。由对特定素质要求和工作职责的人的特定称呼转化为普遍泛化的人，暗示着教师的“去圣化”。然而，现实中的教师却在逃避高尚，希望自己“去圣化”，将自身崇高价值的实现从教师职业中剥离出来。

**（二）教师的工具化与技术化的负向影响**

教师的“去圣化”与前文所述的教育整体的价值关怀缺失有很大关系，然而，在教师自身的专业生活中，教师的片面发展致使他们逐步失去自身追求崇高职业理想的情感与意志。

1. 教师“去圣化”与“去权威化”的混淆

现代社会要求学校教育重新发现学生的价值与潜能，因此，教师必须要转变角色观念和行为，必须要淡化自己的权威身份。由于古代圣贤具有基于自身道德素养的权威身份，有的教师便将圣贤的道德理想与权威的绝对不可违抗混为一谈，倒掉传统教育中的脏水时连同里边的婴儿一起泼出去了。教师在卸下凛然不可侵犯的神圣权威身份的同时，也将传统教育对教师的高尚人格和道德情操的要求一并卸下。

---

① 王玉秋. 对我国中小学教师生存状况的反思[D]. 上海：华东师范大学博士学位论文，2006：1.

2. 教育的工具化技术化取向致使教师片面发展

现代社会特别强调学校教育对政治、经济、科技等的功能，教育成为谋求国家富强的手段，而教育对人自身价值的提升和精神的引导功能受到了忽视。学校教育变得工具化、技术化，学校教育最主要、最显著的目标就是对知识与技术的传递、掌握和积蓄，因此，无论教师或学生都只是人力加工的生产线上的要素，知识和技术成为了衡量教师专业发展水平高低的重要指标。

教师单一的职责任务将教师训练成追求知识和考试分数的能手和工具，整日埋首于重复机械的知识讲授中，片面从业经历只能让教师在专业上片面发展，因此，教师自己的精神世界的陶养和精神生活的提升既缺乏条件来实现，教师又对寻求条件来提升自己的意识缺乏主动性。

**专栏 2－2**

### 《教育的信仰》节选

朱自清

“做人”是要逐渐培养的，不是可以按钟点教授的。所谓“不言之教”“无声之诲”，便是说的这种培养的功夫。要从事于此，教育者先须有健全的人格，而且对于教育，须有坚贞的信仰，如宗教信徒一般。他的人生的理想，不用说，也应该超乎功利以上。所谓超乎功利以上，就是说，不但要做一个能干的、有用的人，并且要做一个正直的、坦白的、敢作敢为的人！——教育者有了这样的信仰，有了这样的人格，自然便能够潜移默化，“如时雨化之”了；这其间也并无奥妙，只在日常言动间注意。但这个注意却不容易！比办事严明，讲解详晰要难得许多许多，第一先须有温热的心，能够爱人！须能爱具体的这个那个的人；不是说能爱抽象的“人”。能爱学生，才能真的注意学生，才能得学生的信仰；得了学生的信仰，就是为学生所爱。那时真如父子兄弟一家人，没有说不通的事；感化于是乎可言。但这样的爱是须有大力量、大气度的。正如母亲抚育子女一般，无论怎样琐屑，都要不辞劳苦地去做，无论怎样哭闹，都要能够原谅，这样，才有坚韧的爱；教育者也要能够如此任劳任怨才行！这时教育者与学生共在一个“情之流”中，自然用不着任法与尚严了。法是力量小的人用的；他们不能以全身奉献于教育，所以不能爱——于是乎只能寻着权威，暂资凭借。但权威是冷的，权威所寓的法则也是冷的；它们最容易造成虚伪与呆木的人！操行甲等而常行偷窃的学生，是各校常见的。循规蹈矩，而庸碌无用，但能做好好先生的学生，也是各校常见的。这都是任法尚严的流弊了。更有一件，权威最易造成或增加误会；它不但不能使人相亲相爱，反将使人相忌相恨！我曾见过江苏一个校长，他的热心毅力，我至今仍是佩服。但他任法尚严，却使他的热心毅力一概都埋没了！同事们说他太专，学生们说他太严；没有说他好处的！他于是成了一个孤独的人。后来还起了一次风潮，要驱逐他去职！这就是权威的破坏力！我以为权威绝对用不得；法则若变成自由的契约，依共同的意志而行，那还可存；总之，最要紧的还是人，是人的心！我对于那些号称贤明的教育者所持的功利见解，不以为不好，而以为不够；我希望他们百尺竿头，更进一步！

我的意思，再简单地说一说：教育者须对于教育有信仰心，如宗教徒对于他的上帝一样；教育者须有健全的人格，尤须有深广的爱；教育者须能牺牲自己，任劳任怨。

我斥责那班以教育为手段的人！我劝勉那班以教育为功利的人！我愿我们都努力，努力做到那以教育为信仰的人！

（中国教育报 2007 年 8 月 30 日第五版）

3. 专业片面发展的教师缺乏立志崇高的愿望

在情感上，专业能力片面发展的教师对高尚师德缺乏共鸣。只认识到自身工具价值的教师也并不重视师德在生活中对自己和学生的感染力，而只注重课程知识的传授力，将学校教育工作与自身的生活脱钩，不仅不会把自己与圣贤同列，也不会寻求在道德层次上的升华，而且部分教师在心理上还对此十分排斥，也把自身作为教师的“道德学问”的示范作用和“传道”的职责功能视为一种额外的负担。

因此，在网络教育刚开始兴起的时候，不少人还曾将教师看作注定会被网络取代的职业。因为人们发现，网络信息技术完全可以承担起教师在积蓄知识和传递知识方面的作用，不少教师自己也深以为然，而且他们基本上不从学生的人生引导上考虑自身存在的价值和意义。

4. 教师缺乏承担起崇高职责的自信

在能力上，由于社会的发展需要变得日益复杂，家庭对社会的依赖程度越来越高，父母不能正确履行对子女的教育而希望得到专业人士帮助，并对学校教育寄予了高度的期望，这就要求教师在素质能力上不断提升以胜任自己的工作。在对人的教育上，如何完美的要求和全身心的投入都不为过。然而，教师的精力与能力是有限的，过高的期望让教师觉得自己负担了许多仅用学校手段无法完成的职责，这反而削弱了教师的成就动机，将德育理想视为无法实现的空话，最终造成了教师对自己职责的倦怠，对高尚师德的逃避。教师不仅不再以圣贤为榜样激励自己，更有甚者，还产生了各种各样的道德问题。

## 第二节　德育与生活的背离

生活是感性的，虽然生活中没有直接的真理或理论价值，但它是人的生命意义与精神的承载之所，在生活中进行的道德实践才具有生机与活力，与生活相融合的德育才会有血有肉，在生活中掌握的道德也才更能增长智慧。遗憾的是，长期以来，人们常常过分依赖道德规范的灌输，而学校德育工作与学生的日常道德生活和体验的对接有限，在帮助学生从生活中寻求智慧方面的建树也不多。

### 一、陈旧的德育观念

改革开放的环境之下，我国经济发展迅速，这使人们的经济生活乃至社会生活明显地发生了改变，也使人们的思想观念发生了深刻的变化，学校德育如果发展缓慢，必然不能适应新的形势。当前学校德育与变革的社会现实存在着巨大反差，人们依然坚持曾经的道德传统和要求，以此来评判今日之学生与教育，因而难以和快速发展的社会要求顺利接轨。不少学校无论在德育观念还是实践方面都处在一种自我封闭的状态，均不能适应快速发展的社会要求。

学校德育观念与变革的社会环境相脱节，表现出来的最大特点是封闭性，缺少与社会生活的真实联系，而是充分地进行了过滤和纯净，显示出浓厚的理想主义色彩。不少学校甚至推出了"封闭式的校园、准军事化管理"的办学理念，以此显示自身"纯洁"于社会的决心。殊不知，这样的封闭完全不符合现代德育环境开放性的要求与需要，其结果只能是造成单纯片面的道德。这实际是一种逃避现实与不负责任的行为。这样的封闭式德育也必然显现出极大的脆弱性，它根本无法抵御现实社会的冲击。而且，这种试图将学校变成远离现实生活的真空地，把学校德育置于理想化的完美境界的意图与做法，只会使学生无法对社会进行全方位的了解，进而限制了他们辨别善恶是非的能力的发展。毕竟，纷繁复杂的社会环境比纯净化了的学校德育环境隐藏着更多的可变因素，如果缺乏应对多元社会现象的能力，面对真实环境的现实冲击，学校里的所学毫无回应之力，这自然会遭致学生的怀疑，因而学校德育所建构的道德体系将被学生遗忘和抛弃。

在现代信息社会中，实行封闭式德育显然是不可行的。当今学生的生存环境与封闭的年代相比，已经发生了很大的改变，他们处在对外交流日益扩大、通讯传播手段日益发达、社会活动日趋多样化的环境中，时刻都在接受着广泛的社会信息，他们的思想意识、心理品质、价值标准与以往学生相比已大不相同。在育人的观念上，教育者如果固守着传统思维模式，不能适应日新月异的社会变革，就必然会加大教育者与受教育者在思想观念上的落差，长此以往，会让学生感到困惑和迷茫，直至对学校德育产生怀疑，最终导致教育作用的丧失。

## 二、着力于遵守规范的德育目标

在个人德性成长的初期，学校德育毋庸质疑地需要进行规范的灌输以便引导其发展。学校德育从基础行为规范入手，强调日常行为规范的遵守和反复训练，这本无可厚非。因为，细致明确的规范如同分数一样，具有较强的客观参照性，也便于操作。然而，也正是规范在操作上直观、便捷、可控的特点，这种相对便捷易行的教育手段却成为了占主导的教育目标。学校德育被日益强化为只偏重于道德规范的制定与灌输，而忽视理性道德思维能力和判断能力的培养。

从道德水平发展规律来看，学校德育把目标定格在使学生"明了""服从"学校及社会的要求、规范上，纯然以他律性的道德规范为目的进行学校德育，将学生的道德思维水平的高低等同于其外在行为与道德规范要求的一致性的高低，完成学校德育的学生只需要完成规范的要求，而无需思考自己的道德生活方式。这不仅违背了青少年道德思维的内在发展规律，更限制了他们驾驭自己完整的意义生活的能力的发展。只注重规范遵守的道德发展缺乏内在动力，忽视了个体的内在能力和校园外生活经验的价值和作用，需要在他律性的外在力量的作用下才能生效，这使得校园生活经验与校外生活经验相分裂。随着学生年龄的增长，校园外的生活知识不断增加，思维水平不断发展，自我意识逐渐成熟，简单的外在行为规范训练已经不能充实和丰富一个逐渐细密的心灵了，外在约束力量一旦失去，带有被动遵守规范意味的行为便会土崩瓦解。因此，便会出现有的教育者观察到的大学生的道德行为不如小学生的道德反向发展的问题。

从当代学生的特点来看，当今学生处在改革开放的环境之中，他们的道德观念是在市场经济的影响下形成的。任何简单化、教条式的道德教育都不能纳入学生已有的认知结构、经验系统中，因为它们对于学生的生活世界不具有现实意义，对学生的生活世界也就产生不了任何的积极作用。

## 三、孤立的道德课程设置

### （一）被分割出来的学科德育课程

现实的学校生活是学生生活的重要组成部分。学校教育的目的是促进人的德智体全面发展，但是由于分科设置的教学安排，在学校的生活中，德智体分别被不同的学科所承载，学校教师也按照自己的所谓"专业"理解，将德智体划分为自己的和他人的教育任务，学生的整个学校生活被一个一个的学科课程绝对分割开来了，学生根据精确的时间安排分别接受不同的教育，分别完成或德或智或体的发展，道德也被当成一种孤立的现象来学习，德育课程便脱离开学校其他学科课程，成为学校教育生活中众多孤立的时空的一块。然而，德育课堂生活经验与其他课堂生活经验隔开，便失去了完整的学校生活场景，渐渐失去了道德与学生重要的学校生活之间的联系，道德教育也就不可避免地成为一门教授抽象概念的课程，自然也难以帮助学生在现实生活中去把握道德，作出正确的善与恶的判断。

### （二）陈旧的学校德育内容

改革开放的时代，为学生道德水平的发展赋予了新的内涵，也为学校德育的拓展赋予了时代的新内容。但很多学校的德育内容陈旧且缺乏新意，比如，年年清明节都是去扫墓，年年"12.9"都是出黑板报。而一些具有时代特色的内容，如国际教育、环境教育、应急自救教育等内容都未能纳入日程。来自现实，反映学生道德需要、道德困惑、思想难题的实际情况的内容太少，关注学生中的热点、难点问题，贴近学生生活实际、材料鲜活的内容太少。道德教育只有与当前现实需要相一致才有生命力，德育内容不切合实际，自然难以引起学生的共鸣。内容保守老化，缺乏时代感，学校德育在现实面前必然苍白无力。

## 四、孤独的德育专业教师

为了实现学校德育的专人负责和专业化要求，学校设立了德育专业教师，以便全心完成学校德育任务。正如孤立的德育课程对完整学校生活的割裂，德育专业教师在学校德育的过程中也是孤独的。

一般说来，学校德育是每一个教师的职责，学校中的每位教师都可以通过自身的道德言行对学生产生启发示范作用。然而，现实的问题并非如此简单。社会学中有一种发现就是，人人负责的事情会变成人人都可以指望别人负责的事情，因此，为了避免学校德育的空缺，必须要有专人专职安排。然而，专人专职的限定，似乎便是将道德教育的责任完全委托给了德育专业教师，学校德育成为了德育专业教师的孤军奋战。因此，在学校教育中时常会出现某个学科教师把严重违反课堂要求的学生带到作为德育专业教师的班主任面前要求其教育的现象，似乎这些都只是班主任的事情。

然而，学生在学校中接受的德育影响并不仅仅指向德育专业教师，而是指向他们在全部的学校生活中体验到的道德。无论是专职德育教师的责任还是全体学校教师的责任，其实都是对教师的社会道德责任的要求，没有了道德责任承担意识的教师，无论如何都不能对学生产生良好的道德影响，也对学生的道德成长毫无助益。

### 五、苍白的德育情境

在儿童的成长过程中，最早的德育情境提供之所是家庭。而现代家庭生活模式减少了儿童所急切期望的同辈陪伴和社会化经验。儿童更多的是在和成人相处的过程中成长，儿童获取社会化经验所需的游戏对象也由生动活泼的同龄儿童变成了电子娱乐产品和成人娱乐产品，如电视、网络、电子游戏机、麻将等。儿童通过正常人际相处获得早期道德教育的经验空间发生了转换，现实空间受到了压缩，有效的道德经验空间变得十分有限，而且缺乏交往和行动的可能性。

同时，正如前所述，小型家庭更加依赖于国家的服务功能，这使得由国家社会支撑的正规学校教育也变得越来越重要，学校教育问题成为了整个教育的核心问题。然而，国家对家庭服务的能力越发达，小家庭就越是依赖于国家，就像不断扩建的道路却总是不能改善堵车问题一样，许多家庭不仅在客观上减弱了能力，而且在主观上也逐渐弱化自身的教育功能，将儿童的教育全部推向家庭之外。许多家长过早地将儿童送到各种才艺训练班、技能培训班和补习班中，并将其视为家庭教育的主要方法，自诩为对儿童成长的重视。但是这些分担家庭教育和学校教育的其他社会教育机构只是为儿童提供与同龄人的短暂相处时间，很少给予儿童持久的关注与关爱，不能为家庭教育提供更好的外部环境支持，反而压缩了儿童与父母正常相处的时间，儿童在家庭中得到的情感陪伴、关注体验和社会经验更加不足，家庭在儿童早期成长中对儿童积极的情感、态度和习惯的养成作用更是不断减弱。

由于条件的限制，学校必须要人为开辟出教育的时空情境对学生展开道德教育，本来最好的教育情境资源是学生的生活，但由于家庭中有效的道德经验空间是缺乏的，而精心编制的课堂德育情境又具有特殊性，所以学生感受德育情境时在情感和态度上显得特别的苍白，这让学生难以在学校建造的德育情境中有情感和态度上的共鸣，因此学校德育的效果也不显著。

## 第三节　德育中师生关系的失衡

在学校德育中，存在着“强大教师”与“中立教师”的误解，这两种误解，让学校德育的师生关系失衡，并将学校德育带向了发展的误区。

## 一、“强大教师”与“白板学生”的误解

在学校中，学生似乎都听过教师要求自己“听话”的告诫，并告诉学生“听”自己的准没错，似乎教师的指令就是学生的所有依靠，然而这样典型的教育态度和指令语言真的起到作用了吗？事实上，教师真的能如此“强大”吗？真的有必要如此强势吗？

### （一）对教育功能的自大造就“强大教师”

由于家庭和社会在儿童德育发展方面对正规学校机构的依赖，往往对学校德育和德育教师的能力怀着极大的期待，认为学校教育的作用是强大的，学校中的教师也应该是强大的，教师进行的道德教育必定要取得显著的效果。这种观点主要表现在针对少年儿童的学校德育中。

### （二）“强大教师”设定下的师生关系

所谓“强大教师”是指被预设为在学校德育中占据绝对权威地位和绝对主导地位的教师。在“强大教师”的师生关系设定中，教师被认为是知识的化身，教师的身份与地位常常是和“道”相携而出的，“道”是真理性的存在，而教师是掌握了“道”的人。而与“强大教师”的作用发挥相对应的是“白板学生”的误解。只有学生处于“白板”状态，任人随意绘制时，人们才会对教师在学校德育中的强大作用毫无怀疑。作为“白纸”一般的学生是接受道德知识的对象，是“美德袋”，教师灌输道德规范，就是充实学生的头脑。在课堂上，教师构筑出远离现实的情境，师生都与校园外广阔的道德生活情境相去甚远，只要道德认知具有正确性，其他都是可以忽略不计的。

**专栏 2－3**

“在科学技术和大工业生产的冲击下，现代教育本身也被工业化和技术化。为了有效地培养大工业生产所需要的标准化知识人才，教育把受教育者纳入学校教育的生产过程，用统一的教育技术、统一的课程、统一的教育的工艺流程，把人制造成标准化的教育商品，并且输送给大工业和经济运行模式。一切都按事先计划好的统一程序、目标和过程控制，这就是教育工业的典型特征。教育推行课程、教材、学校、培养目标的标准化，虽然迎合了大工业的效率，但却把受教育者放入教育生产的流水线而加工制作，把儿童的整体生成仅仅变为行为功能的增加，使儿童只能进行机械的输入、输出的过程。这种教育把人的生长变成了呆板的机械性变化，从而抑制了学生的全面发展，剥夺了学生的自主精神和创造性。儿童完全沦为学校和教育的附属品，学生是属于学校的，是属于课程的，教师成为学生的监护人，把学生包裹起来，与日常生活世界隔离开来，并决定着他们的学习和成长，学生从而全部地依赖学校、课程和教学，反而养成了学生的依赖性和惰性。在这种教育中，学生被当作要加工的零件，受教育的控制、操纵和灌输，学生在教育的流水线中被程式化和机器化，他们不再对新鲜事物感到惊奇，不再对日升日落的绚丽景象感到惊喜，不再有创造性和想象力。这种教育把知识的学习与人的精神建构分离出来，把社会角色的指定与人的全面发展分割开来，从而销毁了儿童的有机生长。”①

---

① 金生鈜. 理解与教育——走向哲学解释学的教育哲学[M]. 北京：教育科学出版社，1997：25—26.

在“强大教师”与“白板学生”关系的设定中，教师不仅要担负起学生道德发展的教育，还要以道德权威的标准来作参照进行教育评价。在学校德育中，因为最高的德育层次要求常常是恒定的，权威标准便成为了便捷而恒定的教育参照目标。所以，虽然有的教师对自身的道德示范作用有所迟疑或者排斥，但是在习惯上，这似乎并不妨碍教师用权威标准向学生提出道德发展的要求，对学生进行道德发展的评判。然而，一个并不去主动追求自身德性的提升与完善的教师借用道德权威的身份发号施令，总是给人以并非那么可信赖的感觉。一旦有学生由此来质疑教师的要求，教师便会举出绝对的客观参照标准予以压制，以继续维护自己所认为的教育的合理性与正当性。但是这种做法只会损害师生关系，并进一步损害道德价值标准的吸引力和信服力。同时，这种教育经验使得教师必须把自己作为道德教育者的专业生活从自己的整个生活中剥离开来，专业生活得不到完整生活的养分，在道德教育的过程中很容易枯竭，甚至使教师产生对职业的倦怠与怀疑。

## 二、“中立教师”与德育的放任无作为

### （一）“中立教师”的特点

与相信教育的绝对强大作用的教师相比，另外的一些教师出于对文化多元和价值多元的认同，或者对学校德育功效的怀疑，而在对学生的道德引导上保持中立，在道德教育中放任无作为。这种状况常常出现于高层次的学校教育中。

有的教师认为，青年学生基本已经成熟，其人生观和价值观都已经定型，所以再不需要学校德育和教师的介入，认为青年学生经过长期的学习，必定对社会行为规范了然于心，只需要稍加提醒就可以让青年学生的行为合乎规范，即使介入也收效不大，因而对学生的道德发展疏于更高层次的道德理想与价值意义上的引导。也有教师认为，社会是多元共存的，价值多元正是社会多元的表现，因此在学生的道德发展上，只要处于道德可容许的行为范围之内便应当保持价值中立，无须干涉，因此，也放弃了对学生的道德理想和价值意义的引导。

### （二）“中立教师”设定下的师生关系

“中立教师”理念下的师生关系在道德意义上显得比较松散，教师完全承认学生在德育中的自主性和自觉性，并对此有积极的评价，主张发挥学生道德思维的作用，并将之视为对学生德育主体地位的重视。学生既是德育的主体，又是评价的主体，在实际的学校德育过程中，教师不会引入道德标准来衡量学生，也不会主动采取道德教育措施，而是让学生自己解决问题，自己评价自己，只有在学生寻求帮助的时候，教师才保持价值中立地为其进行思想矛盾的梳理。

在中立教师的设定下，学生被放到了道德主体的位置上，然而处于主体的位置并不等于已经成为道德主体，不加引导地让学生发挥自己的思想、放弃社会对共同的道德理想和价值的引导，会使青年学生对人生的道德意义与价值缺乏深入的探讨，在人生定位过程中难以找到自己的位置，即使处于主体的位置上，也不能把握住道德主体的本质，难以真正发挥道德主体的作用。

同时，由于缺少具有实质意义的德育思想和德育内容作为载体，学生的道德主体精神的发展也处于虚无缥缈的状态，道德思维必须有思维的内容才能展开，主体的道德思维必须与具有特定价值意义的道德教育内容相结合才能培养出较强的道德思维能力，否则就只是形式的训练，而不是教育。

**案例 2-1**

## 我把学生当亲人

初一报名时，同学跟我反映，李响是个坏孩子。

我跟任课老师交流："李响习惯不好，我们要多鼓励多引导，对他的缺点尽量宽容，防止他破罐子破摔。"编座位时，我把他与习惯较好的同学编在一起，同时把李响的组长找来，要求组长帮助李响的学习。开学第一周，李响还比较规矩。

"老师，李响在厕所抽烟。"班上一个学生跑到办公室报告。下午放学时，我把班上近几天的情况作了一个总结，还找了个借口表扬了李响一番，但对李响抽烟的事只字未提。我观察到李响的脸有点红。放学后，我把他叫到办公室，让他站在一旁看我做事。我故意抽烟，他显得局促不安，"烟味香吗?""老师，太呛了!""你怎么在厕所抽烟呢?""老师，我错了，我是想体会抽烟的感觉。""那你以后怎么办呢?""你没在班上批评我，谢谢你！老师，我以后再也不抽烟了。"听到这样的话，我意识到：尊重、宽容、信任拉近了我与他的距离，也收到了预期的效果。

班上要竞选班干部了，我问李响："听说你喜欢踢足球?""是呀，小学时我还想到重庆去读体校，体校老师都要我，爸爸不准去。"李响很得意的样子。"那你足球踢得怎么样?""还可以，在小学是足球队长!""我们班上要竞选班干部了，想不想当体育委员啊?"他沉思了一会，"恐怕当不下来吧。""还没当呢，怎么就知道当不下来？好好准备演讲稿吧!"他轻轻点了点头。

竞选班干部那天，李响走上了讲台，因为演讲缺少亮点，所以得票不多。我想，让李响当体育委员既发挥他的特长，发展了他的爱好，又能让他产生当班干部的自豪感，从灵魂深处严格要求自己，这是从正面对他进行引导。我把班长候选人找来，跟他说明了情况，说明了老师的想法，得到了他的支持。第二天，公布竞选结果，李响当上了体育委员。我观察了当天的体育课，李响还像模像样的，但是有霸道作风，对迟到的、队列没站好的同学动手动脚。下课后，我把李响叫到办公室。"李响，你是当体育委员的料，集合站队组织得像个老师似的。""你看到了?""嗯，我特意在窗台上看你，但你不要踢同学，骂同学!""他们没做好。""没做好也不能这样，你把要求给同学们讲清楚，同学们会做好的。""嗯！我知道了!"

进入初中的时间一长，李响在学习上的不良习惯也逐渐暴露，英语老师反映：李响课堂表现不好，单词背不了、听写不了，昨天把他留下来背单词，他居然跑了。"老师，李响在教室和老师发生冲突了！你快去！”班上一个孩子跑来叫我。我立刻放下手中的工作，跑到教室，只见李响正和老师大吵大闹。我走上前去：“李响，不能影响老师和同学们上课，有什么事我们到走廊去谈。”“她说我不像学生，我就顶撞她。”“你写不出单词，老师牺牲休息时间为你补习，你却跑了，你对得起谁？”“我……我……”李响低下了头，下课后，李响主动找老师承认自己的过错。放学后，我又到李响家里家访，希望家长加强教育。

没过多久，出大事了。李响邀约几个人跟外班的同学打群架，其中一个受了重伤。等老师知道时，李响早已出校门逃跑了，跟家长联系，孩子没有回家。老师急了，家长急了。于是我带着几个班干部配合家长四处找人。一天，两天，三天……还是找不到人，能找的地方都找了。家长失望了：“老师，找不到算了，我就当没有这个儿子！”第四天下午放学后，我把家长找来，把班干部分成几个组，搜遍涪陵城，还是没有寻到李响的影子。天上下着雨，风吹着凉飕飕的，看着城市里逐渐熄灭的万家灯火，疲劳、困倦、失望交织在一起，“走，回家，睡觉！”刚一坐上车，不知哪儿来了灵感：把李响的QQ捆绑到手机上，只要他一上QQ，就能收到短信，查IP就能知道李响的下落！前几天虽然在QQ上找他，但他隐身，没有收获。“唉，前几天怎么没想到呢！”我立即把李响的QQ捆绑到我手机上，就是到了晚上也不关机。

李响失踪的第八天中午，我的手机响起了短信提示音，从IP上看，李响身在丰都，由于下午还有课抽不开身，我立刻通知李响家长，他乘车赶到丰都，在县城的一家网吧找到了李响，但李响拼命反抗，不愿意跟父亲回家。家长给我打电话：“老师，我就当没有这个儿子，不管他了！”“你说的什么话啊，你不要儿子就送给我。你把他稳住，我马上来！”我和几个学生急忙赶往丰都。“我不回家！”李响蹲在网吧的角落里，脸上写满了倔强。“那你当流浪儿吧！”我也生气地说道。“就算是当流浪儿也比挨打强！”李响的情绪突然变得很冲动。“孩子，到我家去吧。师母下的面条可好吃呢！”连说带拉将李响带回了家，就这样，李响在我家一住就是几天。

晚上，吃了饭，李响做完作业。“李响，来看电视嘛！”我想用晚上的时间和孩子好好沟通，“那天你们打架是为什么？”“踢足球的时候，12班的陈冲把我腰杆扫了一脚，你们看嘛，现在都还有点青。”“球场上，伤到人是常事，他也不是故意的。”“他在小学就看不惯我，这次又把我扫了一脚，就有气。”“同学之间有了矛盾，自己要学会沟通，沟通不了，找老师解决嘛，动武就伤和气了。”“以前有了矛盾都是打一架就算了。”“学生之间打架，就违反了校纪班规，长大了打架，就违法啦！”“老师，我再也不打架了”“说话要算数哟，男子汉，大丈夫，说一句，算一双。”

学校开展主题班会优质课竞赛，我们班的主题是“滴水之恩，当涌泉相报”。主题班会上李响痛哭流涕，承认自己打人是错误的，还讲述了流落丰都的苦日子。讲完后，李响朝我慢慢走来，毕恭毕敬地站在我面前，怯生生的，哭着说：“老师，我错了，家长、老师、同学辛辛苦苦地找我，麻烦大家了，对不起！”“你能想到就好了，我们相信你能成为一个乖孩子。”教室里响起了热烈的掌声。李响脸红了，“老师，我在你家里住了这么多天，给你们一家添麻烦了。你们关心我，教育我……我叫你干爹，好不?”说完，“扑通”一声跪在我面前，教室顿时鸦雀无声，我赶忙扶起他，把他搂在怀里：“儿子……儿子……”

从此以后，我把培养李响当成为师的责任，为父的义务，李响开始住校生活，行为习惯也逐渐规矩了，学习也认真起来，三年后升入了重点高中。李响的成长使我深刻认识到，爱和责任是教育者基本的道德素养，我们要用爱与责任，引领孩子们的生命成长。爱自己的学生，就要尊重他的人格，尊重他的个性；爱自己的学生，就要关注学生的精神世界，就要用真诚与热情帮助学生摆脱精神困境，以人文情怀给学生的心灵以慰藉与照耀。通过我们的教育，孩子们能学会真诚、正直、有爱心、负责任，孩子们能形成积极、乐观、健康、向上的精神风貌。

（涪陵第十四中学校　苏明勇）

## 第四节　德育评价的失调

### 一、德育评价标准的多元或双重

在道德文化转型的今天，人们受多元文化思想的影响，学校德育在分化的、不稳定的、充满张力的社会中进行，对于任何一种道德标准，只要站在相应的立场上，总能找到其合理性，以此类推，即使是与前一道德标准相反的标准，只要换一个角度，同样可以具有存在的合理性。在道德评价上，似乎很难找到值得信赖的、普遍适合于全社会的、相对永恒的标准作为参照，道德评价经常处在自相矛盾的徘徊挣扎中。

**专栏 2－4**

就学校的外部影响来看，在社会中流行的物质主义与工具理性至上的思想影响下，有用性成为第一原理，也成为评价生活是否有价值的唯一尺度。追求知识的客观性逐渐成为一种时尚，由科学统一知识并进而统一人生成为社会潮流。科学在被引入生活世界后，很快便主宰了生活世界，人被作为与机器同类的存在而置于科学的视野之下。在人们看来，“人与机械的异点，并没有通常所设想的那么大。人类的行为(意志作用也是行为)是因为品性的结构，与机械的作用由于机械的结构同理。”[①]就这样，人便成为可以用科学方法或科学操作程序来处理的对象，而人生的过程则近乎于机械的运作，在追求科学、弘扬科学的旗帜下，科学成为生活中的一切，个人的活生生的生命活动也逐渐蜕变为僵化的物质运动，人生观与科学被统一地置于相同的以决定论为基础的因果法则之下。学校道德教育也逐步演化为对道德“知识”的教学和灌输，学生成为接受道德规范与教条的容器，成为一个“美德袋”。学生既被视为科学认知的主体，同时也被看作是科学认知的对象，

① 唐钺. 机械与人生[J]. 太平洋，1924，4(8)转引自　杨国荣. 存在的澄明——历史中的哲学沉思[M]. 沈阳：辽宁人民出版社，1998：363.

(问题在于当学生被视为教育研究中的对象"物"时，其道德的生命与情感基础往往被忽略，而其道德意识发展便被认为具有客观的规律性，故而学校德育中的"模式"盛行，就这样，人在双重意义上被科学化了。)表面上看，"科学所面临的世界，是一个千变万化的世界，似很'活动'，但事实上却是一个'死'的世界。不错，这个世界给我们提供生动活泼的'感觉'，但这些'感觉'在自然科学系统里，都要加以'符号化'。"①"总之，在科学化的形式下，人更多地表现为理性的主体和逻辑的化身，人的情感、意志、愿望等等经过理性与逻辑的过滤，已被一一净化了，而人自身在某种意义上则成为一架科学的机器。与这一科学视野中的人相应，人生过程亦告别了丰富的情意世界，走向由神经生理系统及各种因果法则制约的科学天地：科学的公式代替了诗意的光辉，机械的操作压倒了生命的涌动。不难看到，随着科学向生活世界的渗入，人生观似乎变得漠视人本身了。"②在本论文前面部分曾论及的学生中的种种道德困惑以及所表现的非道德行为实际上便与我们教育中所存在的"非人化"的教育有关。这种教育所造成的直接后果是：一方面，以科学为基础的"效用"原则，使得现实的社会(包括学校中的学生与教师)普遍信守着一种"极端的现实主义态度"。这种倾向将人所存在和生活的领域仅仅局限于满足有机体需要的活动发生作用的领域，即一个实物的世界。在这个世界中，个人的生命所面对的是"功利"与"效率"，经济与商业的价值成为最高的唯一的价值并向生活的各个方面渗透，在学校中则具体表现为"分数优先"原则，个体的道德行为在"统计"的诱惑之下产生了许多并非出自内心的"虚假的"成分。个人生命中人文价值追求的理想性因素被彻底抹平与吞没，原本绚丽多彩的人生悄然隐退了，代之而起的是"物欲"笼罩下的灰色人生。肩负着"科学知识"的重压、又被种种"道德教条"裹缚着的是一个个单调、孤独、茫然与冷漠的灵魂。在市场规律支配下的纷繁复杂的商品社会以及"商品"与"交换"意识日益浓厚的学校内部运作面前，我们的学生无力、也无法作出正确、适当的应对。

(易连云《重建学校精神家园》)

受此影响，虽然在学校展开教育之初便已经具有了明确的道德目标，然而，在具体施行中，有时会为了给学生一个"思想开放"和宽容的形象，纵然有唯一的道德标准可用来解释，也会出现对道德标准的解释运用不唯一，双重或多元的情况。这样，即使存在社会共同的道德理想与标准，也不被推行，学校德育变得被动，而无法提供足够的认同社会共性的精神支持，评价的导向作用更无从发挥。

## 二、德育评价主体的分裂

德育评价主体在学校德育评价体系中呈多元发展，包括教师、学生本人、家长和其他学生的共同评价，这只是主体形式上的多元。因为每个评价主体对每个学生的道德发展进行单独

① 叶秀山. 思·史·诗——现象学和存在哲学研究[M]. 北京：人民出版社，1995：95.

② 杨国荣. 存在的澄明——历史中的哲学沉思[M]. 沈阳：辽宁人民出版社，1998：365.

评价的时间和精力是有限的，对被评价者缺乏持久一致的关注；其次，各评价主体表现出较大的知识差异和能力差异；再次，各个德育评价主体在评价的过程中也会由于所持的态度立场不一致而使被评价者产生价值和目标的混乱，因此，多元主体评价的结果并不一定是被评价者整体性道德发展的整合，而是各种分裂的认识的有限融合，多元的评价主体还需要有一个社会整合与价值整合的引导。

### 三、德育评价体系的不完善

道德发展是一个曲折反复的过程，道德知识、道德情感、道德态度和道德能力并不是齐头并进的，但是，也必须要有这几方面的协调发展，才能帮助德育主体获得道德的成长，促进自身和谐发展。然而，除了道德知识外，道德情感、道德态度和道德能力都是不可简单量化的，只能选取多个观察点，通过有组织的实践和无意识的自由活动等进行观察和分析。然而，除了操作性最强的量化手段，其他手段的使用都是费时费力且充满分歧的，如果一名教师要照顾四五十名学生就更不容易做到了。最后，情感、态度和能力的评价又不免转入知识的考察中来。因此，德育评价体系的完善是学校教育永远的难题。

### 问题思考

1. 你认为当前形成学校德育困境的内外因是什么？我们可以从哪些方面去突破困境？

2. 学校中常出现德育实效性堪忧的情况：学生能够绘声绘色地说出甚至背诵出很多道德知识和行为守则，却往往在德育实践中将它们抛之脑后，甚至说一套做一套。你认为我们应该怎样巩固德育教授的效果？

### 拓展阅读

1. “天下之达道五，所以行之者三。曰：君臣也，父子也，夫妇也，昆弟也，朋友之交也，五者，天下之达道也。知、仁、勇三者，天下之达德也。所以行之者一也。或生而知之，或学而知之，或困而知之；及其知之，一也。或安而行之，或利而行之，或勉强而行之；及其成功，一也。”子曰：“好学近乎知，力行近乎仁，知耻近乎勇。知斯三者，则知所以修身；知所以修身，则知所以治人；知所以治人，则知所以治天下国家矣。”

——《礼记·中庸》

2. “当代教育已出现下列危机征兆：非常努力于教育工作，却缺少统一的观念；每年出版不计其数的文章书籍，教学方法和技巧亦不断花样换新。每一位教师为教育花费的心血是前所未有的多，但因缺乏一个统一整体，却给人一种无力之感。此外就是教育一再出现的特有现象：放弃本质的教育，却去从事没完没了的教学试验、做一些无关痛痒的调查分析，把不可言说之事用不真实的话直接表述出来，并不断地更换内容和方法做这种实验。”

——[德]雅斯贝尔斯《什么是教育》

3. “我们认为，在学校教育中应该加强核心价值观和基本美德的教育，但这些核心价值观不是由学校老师或那些权威人物确定的，而是通过在学生、教师、家长甚至一些社会人士中的调查，再通过形式的讨论，确定那些能被大部分人共同认可的核心价值观和基本美德，并在具体表现形式上提出比较明确的要求，经过讨论，最终把它们作为一个班级或一所学校的基本道德要求，所有学生、教师（也包括学校领导、行政人员和员工）和家长都应该共同遵守。”

——杨韶刚《西方道德心理学的新发展》

# 第三章 德育原理课程建设回顾与反思

**内容提要**

学校德育以德育课程及其实施为基本渠道。德育课程的确立取决于德育课程的学科地位的奠定。因此，揭示德育的本质与德育原理特有的研究对象是思考德育课程建设的前提性问题。本章通过反思改革开放30年来我国学校德育原理建设历程，梳理德育原理的研究对象与德育的本质观、过程观，提出德育原理以德育中特有的问题为研究对象；学校德育是在教育者引导下进行的，有组织、有计划、有目的的，贯穿个体生命实践的，通过体道、明道、履道而不断提升人生境界的精神生命成长过程；德育是师生共育共进的过程。

**问题导入**

1. 学校德育在当前的时代背景与面临的冲突之下，如何实施课程化？回顾德育原理课程建设历程，认识德育原理作为课程何以可能。

2. 现代德育的本质是什么？如何理解学校德育概念？

改革开放30年来，教育学获得了长足的发展：学理日益成熟、学科体系日益完备。德育原理从教育学中分化出来，成为一门相对独立的教育学分支学科。德育原理30年来的课程建设值得我们去回顾与梳理，以促进德育原理更好地发展。回顾改革开放30年来德育原理课程的建设历程，需要理清的基本问题是：德育学科何以正当？德育原理课程建设的基本情况如何？反思现状，我们应如何着眼于德育原理课程建设的未来？

## 第一节 德育课程建设的回顾

学校德育是学校教育的一个重要组成部分。学校德育是一门专门的学科还是一项工作？长期以来，这是困扰德育理论研究与实践工作者的一个问题。不少研究者试图探究学校德育的学科建设问题，但是对他们来说，首先要面对的就是这一努力方向的逻辑起点问题，具体地说就是以什么为出发点和基础来建立学校德育课程体系问题。面对此问题，我们不得不回答：学校德育是什么？德育学(即德育原理)的研究对象是什么？之所以必须回答这两个问题，是因为这两个问题是确立德育学科立场的前提性判断基础。对第一个问题的回答，是为了探明德育的本质；对第二个问题的回答，是为了奠定德育学科形成的基础，任何一门独立学科形成的根本标志在于它具有了相对独立的研究对象或问题域。

## 一、关于德育的本质

改革开放以来，学术界和教育行政部门就德育的本质产生了很多的主张，并存在一定的分歧，但同时也形成了一些相对集中的观点。按照对德育内容的划分来看，对德育本质的主张主要存在以下四种观点：

### （一）宏观德育论

这种德育观包含的德育内容最广泛，涉及思想教育、政治教育、法制教育、道德教育和心理健康教育。这类主张主要出于教育行政部门，如《中学德育大纲（试行）》（[88]教中字013号）和《国家教育委员会关于正式颁发中学德育大纲的通知》（教基[1995]5号）指出："德育即对学生进行政治、思想、道德和心理品质教育。"①教育部发布的《中小学德育工作规程》也指出："德育即对学生进行政治、思想、道德和心理品质教育，是中小学素质教育的重要组成部分，对青少年学生健康成长和学校工作起着导向、动力、保证作用。"②《教育部关于整体规划大中小学德育体系的意见》也指出："德育主要是对学生进行政治、思想、道德、法制、心理健康教育。"③

这类概念是教育行政部门从德育工作的角度出发对德育进行的界定，属于德育工作概念，而不是德育学科学术性概念。德育工作概念是德育工作化之后对德育的认识结果。德育工作化在我国真正出现是改革开放以后，从1988年开始，学校德育工作化的倾向逐渐显现，"德育工作"的字眼开始频频出现。1988年的"全国中小学思想政治工作会议"改名为"全国中小学德育工作会议"。同年，国家教委颁布《中小学德育工作规程》，确立了德育工作概念，其后学校普遍设置德育处或政教处。加强德育工作者队伍建设、划拨专项德育工作经费、建立学校德育基地等措施使德育是学校的一项日常工作的观念更加具体化。

无论是在理论上还是在实践上，德育工作化都有明显的弊端。从理论上看，德育工作化错把作为学生全面发展内容的德育、智育、体育等的划分逻辑框架当作学校分工的依据。从德育实践层面看，德育工作化错把德育设置成学校的一项专职工作，妨碍了学校全体教育工作者参与学校德育，造成对学校德育的忽视和削弱，甚至出现越加强"德育工作"，这项"工作"就越难做的局面。因此，以德育工作化为基础形成的德育工作概念只是开展德育工作的认识基础，而不是进行德育学科定位和德育课程建设的依据。

### （二）中观德育论

这类观点认为德育主要包括政治教育、思想教育和道德教育。

如辞典里的观点，德育是"向学生进行政治思想和道德品质的教育"④。德育是指"教育者

---

① 国家教育委员会. 中学德育大纲（试行）[R]. 1988-8-20.

② 教育部. 中小学德育工作规程[R]. 1998-3-16.

③ 教育部. 教育部关于整体规划大中小学德育体系的意见[R]. 2005-4-20.

④ 辞海（教育心理分册）[Z]. 上海：上海辞书出版社，1980：2.

按照一定社会或阶级的要求，有目的、有计划、有组织地对受教育者施加系统的影响，把一定的社会思想和道德转化为个体的思想意识和道德品质的教育"①。德育"旨在形成受教育者一定思想品德的教育。在社会主义中国包括思想教育、政治教育和道德教育"②。

又如，学界关于德育的认识。"德育是教育者按一定的社会要求，有目的有计划地对受教育者心理上施加影响，以培养教育者所期望的思想品德。"又说："思想品德，就其内容说，包括人们的政治立场、世界观以及道德品质等方面。因而，我们所说的德育，包括对学生的共产主义思想教育、政治教育和道德品质教育。"③"就德育的内涵而言，概括地说，德育就是把一定社会的思想观点、政治准则和道德规范，转化为受教育者个体的思想品德的社会实践活动。"④"德育即育德，也就是有意识地实现社会思想道德的个体内化，或者说有目的地促进个体思想品德社会化。"⑤"德育是教育者对受教育者传习一定的社会意识、社会规范，形成受教育者一定品德的活动。"⑥

这类定义揭示了德育是社会与教育者、教育者与受教育者之间的活动，不是自发的而是一种自觉施加影响的活动，指出了德育是把社会意识"转化"为个体意识的教育。

### （三）微观德育论

这类观点从德即道德的简称，德育即道德教育的简称出发，从英语 moral education（道德教育）的翻译对应为德育而言，认为德育就是道德教育。这既体现了词源的要求，也体现了国际话语体系一致，便于对话的要求，并认为基于这一认识才能厘清德育的学科边界。因为思想教育、政治教育、道德教育，乃至心理教育原本就存在各自的规律，不能完全整合在一起。这类认识具体体现有：

"德育即培养学生品德的教育。"⑦

"我们主张在理论上把'德育'界定为'道德教育'，使它与'政治教育''思想教育'区分开来，是出于研究的方便，是为了加强对道德教育、政治教育、思想教育的研究和理论建设。与理论上分开不同，在实践中我们强调'道德教育'与'政治教育''思想教育'之间的有机联系和不可分割。"⑧

"德育是教育工作者组织适合德育对象品德成长的价值环境，促进他们在道德认知、情感和实践能力等方面不断建构和提升的教育活动。简言之，德育是促进个体道德自主建构的价值引导活动。"⑨

### （四）层次德育论

这类主张是一种把德育分成广义和狭义两个层面的综合认识观。如：从词源学和语义学

---

① 中国大百科全书（教育卷）[Z]. 北京：中国大百科全书出版社，1985：59.
② 顾明远. 教育大辞典[C]. 上海：上海教育出版社，1998：249.
③ 南京师范大学教育系. 教育学[C]. 北京：人民教育出版社，1984：230.
④ 胡守棻. 德育原理[M]. 北京：北京师范大学出版社，1996：3.
⑤ 班华. 现代育德论[M]. 合肥：安徽人民出版社，2001：9.
⑥ 胡厚福. 德育原理[M]. 北京：北京师范大学出版社，2002：104—105.
⑦ 陈桂生. 教育原理[M]. 上海：华东师范大学出版社，1993：1.
⑧ 黄向阳. 德育原理[M]. 上海：华东师范大学出版社，2000.
⑨ 檀传宝. 德育原理[M]. 北京：北京师范大学出版社，2006：6.

角度对“德”和“育”分别进行阐释。“德育”概念分为狭义和广义两种，狭义的德育即道德教育，广义的德育由四部分组成，即思想教育、政治教育、道德教育和法纪教育。①

## 二、关于德育原理的研究对象

德育原理，顾名思义就是探究进行德育或育德的道理，涉及德育是什么、为什么、怎么办、谁对谁等问题域。德育原理是随着社会的发展而发展的。从历史演进的角度来看，德育原理表现为德育思想、德育论、德育学等多种形态。在古代，德育原理散见于哲学和政治伦理学说中。在近代，教育学发展为一门独立的学科，德育原理也成为教育学的重要组成部分。在现代，许多德育学家就德育问题撰写了专著。在当代，德育原理逐渐发展成教育学的一门相对独立的分支学科。

近30年来，我国教育学界对德育原理的研究对象问题进行了积极活跃的探讨，并提出了各种看法，大致包括以德育现象或活动及其规律、德育规律、德育或德育问题等为研究对象的不同主张。具体体现如下：

第一，研究德育现象或活动及其规律性。此种主张认为，学校德育原理是研究学校德育现象及其规律的科学，它研究的是学校中培养学生思想品德的规律和方法的教育理论，属于教育学科范畴。

第二，研究德育规律。德育学是研究德育规律的科学，德育学的研究对象是德育规律。

第三，研究德育问题。德育原理所特有的矛盾决定其研究对象就是德育问题。

## 三、学校德育课程的变迁与近30年来德育原理教材建设状况

现代德育理论从道德理性出发，形成了核心价值导向，强调培养理想道德人格，强调道德教育的永恒性和超越性，并设立了专门的学科课程，实现德育的系统化和专门化。德育的学科设置即德育课程。所谓德育课程，是指学校德育内容与学习经验的组织形式。

学校德育课程主要包括两大类。第一类是专门的德育学科课程，旨在通过有关道德知识、道德行为训练等方面的教学，培养学生的道德观念、情感和行为。人们称之为直接德育。它起源于古希腊，苏格拉底曾指出：“美德即知识。美德由教育而来。”②这一理论后来得到理性主义者康德、黑格尔等人的推崇。近代以来的学校德育课程就在模仿数学、语文等学科教学的基础上建立起来。目前世界上许多国家都是通过这种方式对青少年进行道德教育的。第二类是通过各科教学和学校生活的各个层面对学生进行道德渗透，这就是间接德育，又称为隐性课程。德国著名教育家赫尔巴特十分重视学科知识教学与德育的联系，他主张通过学科知识教学对学生进行德育。他认为教育和教学是密不可分的。教育是教学的最高目的，而教学是教育最主要、最基本的途径。他说“我想不到有任何‘无教学的教育’，正如在相反方面，我不承认有任何‘无教育的教学’”③。“教学如果没有进行道德教育，只是一种没有目的的手段，道德教

① 赵玉英，张典兵. 德育原理[C]. 济南：山东人民出版社，2008：2.

② 张法琨. 苏格拉底论教育[A]. 古希腊教育论著选[C]. 北京：人民教育出版社，1994：15—16.

③ 张焕庭. 西方资产阶级教育论著选[C]. 北京：人民教育出版社，1979：267.

育如果没有进行教学，就是一种失去了手段的目的。"①这就是说，在文化知识的教学中必须进行道德教育，道德教育也只有在文化知识的教学中才得以进行。我国的学校德育一直采用的是学科课程与隐性课程相结合的方式。

### （一）学校德育课程的变迁

学校德育课程的变迁大致经历了古代、近代和现代几个阶段。

#### 1. 古代学校课程内容与德育的融合

在奴隶社会和封建社会时期，由于社会生产力和科学技术发展水平相对低下，学校课程内容基本以维系人际关系和谐，促进社会秩序稳定的古典人文道德教育内容为主。作为与人们的生活方式、道德观念密切相关的道德自然被渗透到学科教学之中。所谓"教学即育德"，形成了学校课程与伦理道德的同构。

#### 2. 近代人文学科的兴起与学校德育的昌盛

文艺复兴以后，理性主义的道德教育成为当时教育的主流。一方面，人文主义者从反对中世纪宗教道德对人性的压抑出发，主张彻底改变经院主义强制灌输的教育方式，恢复古希腊教育的传统，注重在道德教育中把"德性与知识统一起来，促使人们在追求知识中实现德性。在实践德性中追求知识"②。另一方面，由于科学仍处于启蒙时期，学校开设的课程仍然以古典的文法、修辞、哲学和宗教等学科为主，道德教育也相应地建构在知识教学之上。"在意大利，较为重视课程的审美功能，注重古典语言在发展人的心智方面的价值，诗歌、散文成为人们享受生活的一种手段。在德国，古典文学所具有的批判性和独立性，吸引着越来越多的人通过阅读大量的古典作品以提高心智。"③近代理性主义启智的教育思想带来了欧洲学校德育的繁荣。

#### 3. 近代科学的繁荣与现代学校德育的衰落

发生在18世纪中叶的第一次工业革命，引起了社会制度及人们思想观念、生活方式的巨大变化，也引发了教育的变革。唯智论者首先呼吁教育世俗化，追求国民的启蒙，逐步确立了实用功利的教育目的。早在18世纪的法国，孔多塞就主张废除学校教育中宗教与政治的内容，建立新的学校课程体系，对国民实施智育。他认为，"古典充斥着谬误，把古典当作文体的典范也是危险的。因为在当今的时代，重要的是培养理性，而古典则是诉诸感情的。"④斯宾塞从功利主义教育观出发，提出了"什么知识最有价值"这一命题。他关于科学知识的分类方法，极大地影响了现代课程设置。如果说斯宾塞在课程结构、内容选择上极大地推动了科学教育的发展，那么赫尔巴特则使得欧美国家的教育全面走向科学教育时代。科学主义在教育上的典型表现是，教育以学习科学知识为中心，知识经过科学的组织编排构成系统的课程和连贯的教材，通过教学活动来有效地完成科学知识的学习。学校课程内容的变革，使得智育的比例越来越大，而德育的比例则越来越小。

---

① 张焕庭. 西方资产阶级教育论著选[C]. 北京：人民教育出版社，1979：177.

② 金生鈜. 德性与教化[M]. 长沙：湖南大学出版社，2003：44.

③ 瞿葆奎. 教育学文集：课程与教材[C]. 北京：人民教育出版社，1988：54.

④ [日]佐藤正夫. 教学原理[M]. 钟启泉，译. 北京：教育科学出版社，2001：101.

### （二）近30年来德育原理教材建设状况

新中国诞生后，中国共产党高度重视德育。从建国到20世纪60年代中期，学校德育取得了一定的成绩和经验。10年动乱期间，学校教育受到摧残，德育成为“阶级斗争的工具”。1978年经过拨乱反正，学校德育走上正轨，德育理论研究逐步正常开展，德育实践中也出现了许多新鲜经验，形成了一些符合时代要求的新思想、新理论，为德育学科的现代化建设提供了丰富的实践基础。从20世纪80年代初开始，高等师范院校在总结以往学校德育和高师教育学科教学的基础上，根据当时需要开设了“德育原理”课程。这是把“德育原理”作为独立学科来建设的重要开端，对于推动德育理论研究具有重要意义。1983年开始编写、1985年正式出版了建国后第一本《德育原理》教材。该教材由北京师大、华东师大、南京师院即现南京师大等校协作编写，由北京师范大学出版社出版。

改革开放以来，随着教育学体系的分化，以及人们对德育学科认识的深化，在高等教育领域的教育相关专业逐步开设了德育原理课程，用作教材的《德育原理》达几十种之多。各版本《德育原理》的内容框架大致包含了德育的本质、德育原理的研究对象、德育目标、德育内容、德育过程、德育原则、德育方法、德育管理等要素，形成了德育原理的基本研究变量，德育原理的内容体系基本形成。

## 第二节　德育课程建设的反思

### 一、对德育本质的认识

德育概念是对德育本质的揭示，是构建德育原理的基石，是现实德育研究与实践的认识基础。上述近30年来对德育界定的争论所引发的最深刻的反思是：德育理论上的说服力不足与德育实践效果的低下，在很大程度上是因为对德育本身缺乏必要的、清晰的认知。因此，有必要对“德育是什么”加以明确与厘定。

综观德育界定的四种类型，主要存在的问题是：

第一，德育工作型概念使德育显得过于宽泛。工作概念与学术概念本身就存在冲突，因此，德育原理作为学术性课程不宜采用这一概念。

第二，把德育的边界框定为思想、政治、道德等社会意识形态的教育，这沿袭了德育的传统，但问题是：(1)我们很难从“德育”词源本身推导出这一概念；(2)社会意识形态教育的边界很难等同于德育的边界，因此存在德育泛化之嫌；(3)学术性概念追求内在逻辑的高度一致性和统一性，它应是一种“类属＋种差”式的规范性定义，而不是便于实践运用的操作性定义或经验性定义。因此，把意识形态教育等同于德育仍然脱离不了德育去学术性的概念取向。

第三，德育即道德教育一说仿佛回到了“德”本身，但问题是这里的“道德”已然被抽空了，只剩下束缚人行为的静态的“道德规范”，颠覆了传统道德生动的生命实践内涵。这是由于长期以来我们对道德的理解片面化，对传统文化中“道”与“德”关系理解的单一和僵化，使原本层次丰富、内涵深刻、动态发展的道德停留在层次和内涵单一的、静态的道德规范上。

为了规整学术性德育概念，从对现实的审视中，我们找到了一条基于传统道德观的德育认识路线，贯通“德育是什么”的历史认知与现实回响，形成了一个德育概念的新视角。

“道”是中国传统哲学范畴系统中的一个核心范畴，是一个具有多层次、多结构的整体结构。“道”字首见于金文，其原始意义为道路，反映的是道所具有的最初的、也是最基本的涵义。随着社会实践活动范围的扩大和人们思维能力的提高，“道”的含义也逐步丰富。“道”体现了丰富的层次性：从本体论上的“道”和秩序、规律之“道”，到政治主张与思想体系意义上的“道”和规范意义上的“道”。“道”的多层次性也决定了其内涵的丰富性与复杂性，如何理解“道”的层次性也成了后世道德观变化的基本依据。

所谓“德”，实际上反映的就是个体的“得道”之“得”。“道”是“德”的根据，是“德”得以产生之根源，而“德”是“道”的实践，是具有丰富层次性与结构性的“道”的具体表征，两者密切联系。实际上，“德”就是一种对“道”的把握与理解方式。这里的关键在于，个人对“道”的理解绝不是对一些准则与规范的简单把握与操练，而是一种以运动变化为基础的个体的动态理解过程。①

在中国传统哲学中，“道德”既是一个概念，又是指两个概念。将“道”与“德”分开来看，“道”是指人的一切行为应当遵循的基本的、最高的准则；既指人的自然本性，也包括社会的道德伦理规范以及群体的典章制度、组织原则等等。“德”则指人对“道”的领会与理解，是指人的德行、品德，是对合理的行为原则的具体体现。最深厚的“德”，也就是完全体现了“道”的自然本性。因此，只要“道”的思想普遍贯彻于社会人生，那么，“德”也就真正地统行于天下了。因而“德”与“道”获得了内在的一致性。

由此，“我们看到，中国传统文化中的道德并非仅是机械的外在行为规范，它实质上是一种涵括自然、社会与人生的多层面、多维度的动态生存方式。道德教育的目的应是引领人们在这种涉及多层面的生命活动之中展开，领悟其丰富与复杂性，而不是相反，变复杂而深刻的领悟为简单与外显的行为操练”②。

基于对传统道德层次丰富、动态转化、主体自觉生成的认识，我们认为学校德育是在教育者引导下进行的，有组织、有计划、有目的的，贯穿个体生命实践的，通过体道、明道、履道而不断提升人生境界的精神生命成长过程。该概念反映了对德育本质认识的几层含义：第一，德育是一种个体生命实践活动，是关联精神生命成长的价值实践活动；第二，德育作为价值实践活动内含认识活动、情感活动与行为表达等多种实践形态；第三，德育着眼于人生，关怀个体精神生命，指向生命价值的实现。

这一概念超越以往对德育边界、德育内在运动的纷争，从个体精神生命成长的视角确立了对德育本质的认识。德育作为精神教育形态与西方国家对于德育的认识有较大的相似性。西方国家学校德育从20世纪早期的道德教育转向品格教育，进而转向价值教育，目前又更多地关注精神教育。

## 二、对德育原理研究对象的认识

通过上述对当代德育原理的研究对象与课程框架的分析，一方面我们可喜地看到，学者

① 易连云.“道”、“德”的层次性与学校德育改革[J].高等教育研究，2003，(3)：92—95.

② 易连云.传统道德中的生命意义解读[J].教育学报，2005，1(5)：63—67.

们的德育学科意识增强了，能自觉地通过厘清德育原理的研究对象确立德育学科的立场，并且以此为基础拟定德育原理课程框架，即内容体系。另一方面，我们也可以看到德育原理因自身发展的不足而存在其研究对象和内容体系简单模仿教育学的痕迹。

研究对象的独特性是学科独立的重要标志。德育原理之所以从教育学体系中分化出来，正是因为它存在内部的特殊矛盾，要独立面对自己的研究对象。具体而言，德育原理要解决教育对象的道德问题，即通过德育提高其道德水平，达到社会的道德要求。从这个意义上讲，德育原理的研究对象主要包括如何认识德育、如何认识德育对象、如何进行德育等问题。概言之，德育中特有的问题就是德育原理的研究对象。

### 三、对德育过程的认识

在德育过程中，德育的现实困境在于德育工具论目的取向的片面性，导致德育过程中主体与客体的严重对立。

由于人们认为德育的目的在于培养适应一定社会的政治人、经济人，由此形成了德育工具价值论，导致在德育过程中表现出教育者根据一定社会政治、经济的要求规范受教育者的、“我打通你”的、主体与客体二元对立的局面。

德育课程以组织和呈现德育内容为己任。在现实德育课程的实施中，传递道德知识是必要的，但是，道德知识与其他课程知识，尤其是与自然科学知识相比较，具有其独特的个性。道德知识具有精神性、价值性特质，是“我者”与“他者”的意义关联，属于意义性知识；道德知识是客观性道德关系的主观性认识，所以也是关系性知识。因此，德育过程是教育者对受教育者的价值范导的过程，同时也是二者互施影响、相互监督与激发、实现共育的过程。在这一过程中，教师和学生既是教育者又是受教育者，不存在绝然的“主——客”二元对立。事实上，德育过程就是师生时空共在、心灵在场的，探寻情感共鸣与价值认同的精神教育活动。

德育过程的目的指向师生不断拓展认识的边界，不断增进对世界的精神理解，不断提升人生的境界，这一过程使得师生共育而共进。

总之，对德育原理的认识在人类思想长河中有着长长的过去，但在形成独立学科并实施课程化的今天，还只是一个相对短暂的过程。因此，随着德育实践活动的丰富、德育经验日益增多，以及对德育原理的学理探讨愈发深刻，我们有理由相信德育原理课程建设会更加美好。

### 问题思考

1. 结合实际，试分析德育本质观在德育课程中的作用。
2. 查阅有关文献，了解德育原理课程的基本内容体系，并作出比较分析。

### 拓展阅读

1. “道，可道，非常道；名，可名，非常名。”
2. “上德不德，是以有德。下德不失德，是以无德。上德无为，而无以为。下德无为，而有以为。上仁为之，而无以为。”

——老子《道德经》

3. “学校的任务不仅仅在于授给学生从事劳动及合乎要求的社会活动所必备的知识，而且也在于给每个人以个人精神生活的幸福。没有丰满的内在精神世界，没有劳动和创造的欢乐，没有个人的尊严感、荣誉感和自豪感，就不可能有幸福。”

——[前苏联]苏霍姆林斯基《帕夫雷什中学》

# 第二篇

# 谁是教育者

# 学校德育中的教师与学生

在学校中，教师与学生是互相以对方的存在为前提的，这样教师和学生就天然地构成了以教育活动为中介的特殊性交往关系。自古以来，教师树立的是“一身清贫，两袖清风”“捧着一颗心来，不带半根草去”的社会形象，“春蚕至死”“蜡炬成灰”之牺牲精神成为教师的人格与道德精神的光辉写照。在绵延数千年的中外教育史中，不难看到，一代又一代教师的默默奉献，托起了人类社会发展的脊梁，教师的辛勤劳动换来了世界的前途和光明。然而，随着信息社会的来临，知识转型和互联网等新技术在学校中的运用，师生之间的关系正在悄悄地发生着变化，教师不再是知识权威和道德典范，“师不必贤于弟子，弟子未必不如师”屡现屡见，教师将随着道德科学的发展和社会的不断变革而被赋予新的、体现时代精神的内涵；另一方面，在社会主义核心价值观的主旋律下，教书育人和立德树人依然是新时期教师的历史使命和在肩责任，新型的、民主的、平等的师生关系成为学校各项活动的基石。学校德育工作由于道德教育的特殊性和道德品性随人存在的特性，德育中的师生关系也就变得更加具有风险性和不确定性，这一切都源自谁是德育者的追问，似乎教师是合法的德育者，但是当教师以不道德的方式进行道德教育时，虽然此时他以德育者的面貌出现，但实质上他已经不是德育者了，因为受教育者心里感受到的不是道德的沁润，而是不道德的示范，怎样才能以合乎道德要求的方式来进行道德教育，这一切还得看现代社会变迁所带来的人们对教师这一社会角色的重新理解与定位。

在现代社会中，学生的地位发生了很大的变化，随着主体思想的广泛深入，对主体性的强调已经成为现代教育中的主流，无论人们是否真正了解与掌握了它，但是言必称主体已经成为教育中的时尚。一是德育活动过程中，如果没有学生能动主体的参与配合，德育效果就无从体现，德育效果最终体现在学生的人格健全和道德品质上；一是在某些新事物面前，师生双方同时是学习者，谁学得快，率先把握事物的性质，谁就拥有了话语权，师生之间是在相互讨论与澄清的过程中来交流学习的，这样一来，学生的地位和道德发展的特点就不可避免地成为学校德育关注的重点。需要特别指出的是，教师角色的演化与学生主体性的张扬使得这两者之间的关系在当代发生了前所未有的变化。现代德育过程中的师生互动与道德上的相互影响与关照，均使得现代德育具有了新的特点与规律。

天地之所贵者，人也；圣人之所尚者，义也；德义之所成者，智也；明智之所求者，学问也。虽有至圣，不生而知；虽有至材，不生而能。故志曰：黄帝师风后，颛顼师老彭，帝喾师祝融，尧师务成，舜师纪后，禹师墨如，汤师伊尹，文、武师姜尚，周公师庶秀，孔子师老聃。若此之言而信，则人不可以不就师矣。夫此十一君者，皆上圣也，犹待学问，其智乃博，其德乃硕，而立况于凡人乎？是故工欲善其事，必先利其器；士欲宣其义，必先读其书。

——王符《潜夫论》

# 第四章　教师的角色审视及德育修养

## 内容提要

教师是学校德育的主体，其角色认同与角色定位关系到学校德育的根基。教师角色受到时代价值观和教育观的影响，传统德育中教师是社会道德的代表者、道德教育的主导者，新型德育中教师既是道德教育者又是道德学习者，教师既是道德示范者又是道德实践者，教师既是道德知识的传递者又是学生习德的合作者。教师在学校德育中的作为有两方面内涵，一方面是“言教”，要求学生的知情意行要合乎道德要求，教师不仅要向学生传递道德知识，还要对学生的道德进行监督，促进学生道德品质的形成和发展；另一方面是“身教”，教师作为德育主体要体现自身的道德性，给学生做道德示范，用实际行动对学生进行德育的无言之教。

## 问题导入

1. 教师是一个古老又现代的职业，人类社会对教师的要求既有普遍性又有特殊性，教师专业化是世界范围内的普遍趋势，随着教师是从事教育工作的专业人员这个身份的确定，教师的角色也会相应地发生改变，传统意义上的教师身份与角色正逐渐被新型的教师身份与角色所取代，你如何看待和理解这种教师身份与角色的变化？

2. 教师作为学校中的德育者，是否应该是个在道德上没有争议的人，否则教师就没有资格教育学生？或者说教师自身的道德修养和教师的道德教育水平之间有怎样的关联？

3. 教师作为一名社会公民，除了职业之外还将扮演多种社会角色，你认为教师的职业角色和社会角色之间有冲突吗？如果有，应该如何协调各种角色之间的冲突？

古今中外的思想家和教育家都曾经对教师下过许多的定义，都把教师对学生的育德工作作为教师不可或缺的内容，“师也者，教之以事，而喻诸德者也。”“师者，所以传道、授业、解惑也。”在学校德育中，教师作为德育工作者，扮演什么样的角色，自身有着怎样的修养，既受到社会变迁的大环境的影响，也受到教育改革和德育观转变的制约，同时还是教师自身不断深化对德育规律认识的结果。学校德育的目标是培养学生成为有道德的人，教师所具备的崇高的思想、良好的道德形象、文明的言行都会对学生起到教育、引导和催化的作用。“经师易得，人师难求”。每一位人民教师都应加强自身修养，不断学习，提高思想认识和道德觉悟，平时严格要求自己，以良好的师德形象为学生作表率，以自己的人格力量为学生形成良好的思想道德贡献一份力量。

## 第一节　学校德育中的教师角色

### 一、教师角色概述

“角色”这一名称由戏剧而来，后引入社会学理论之中，角色理论现在已经成为社会学理论中的重要部分。我们在此谈论的教师角色，应从如下几个方面进行理解：

#### （一）什么是角色

角色源于人们对个人与社会关系的认识，社会上没有抽象的个人，只有承担着各种社会角色的具体的个人。一个人在社会中会有很多角色，按照类别划分可以有家庭角色、职业角色、社会活动角色等等，角色是个人与社会的结合点，也是社会网络中最小的纽结。人类学家拉尔夫·林顿(Ralph Linton)最先使用角色(role)这个概念，他认为角色是围绕身份而产生的权利义务和行为规范、行为模式，是人们对处在一定地位上的人的行为期待(Ralph Linton, 1936)。传统的社会学理论认为：“角色是指与人们的某种社会地位、身份相一致的一整套权利、义务的规范与行为模式，它是人们对具有特定身份的人的行为期望，它构成社会群体或组织的基础。”根据这种观点，社会角色就是社会文化中固定和相对不变的部分，个体要学习并获得特定文化中的社会角色预期，同时依照这种预设从事有关活动。比如“教师”是身份，教育教学则是围绕“教师”这个身份而产生的规范性行为期待，而体现这一规范性行为期待的便是角色。角色并非是自己认定的，而是社会或群体所赋予的。

#### （二）教师角色界说

当人们进入某一社会地位以后，其价值观念，心理因素都被其角色位置所限制，其行为举止无不受到社会为这一位置预先安排好的规定的制约，即角色规范的制约。当然，对同一个角色，不同时代，不同社会所规定的行为规范会有所不同，同样，教师角色是教师在职业生活中所体现出来的行为规范总和，教师角色会受到时代价值观、教育观的影响。在学校德育中，教师角色受到德育观的限定，每一次德育观念的转变都会相应地要求教师角色发生改变，在灌输式德育占主导地位的传统德育中，教师角色曾经在相当长的一段时间内保持稳定，因为没有受到外来的冲击与挑战，也就不可能发生改变；而当知识经济到来之后，在全球化浪潮的冲击下，道德环境发生了很大的改变，德育观念也处在变化之中，新的德育观要求教师扮演新的角色。在多元文化的背景中，在后现代思潮的影响下，教育既要发挥其在社会发展中的先导作用，又要回应社会发展的要求，改革成为教育的一种常态，教育观念、教育内容和教育方式正在渐进地发生着改变，学校德育观也随之发生了根本性的转变，学校德育中的教师形象也正从传统的“权威式”向新型的“平等中的首席”转变，对教师角色认识的转变就是情理之中的事情。

## 二、教师角色在学校德育中的历史演变

在中国传统教育中，教师的社会地位和角色定位在社会不同发展阶段与历史时期不断经历着变迁与演化，从古代社会、近代社会到现代与后现代社会，教师的角色地位与人们对教师这一地位的内涵的理解均有很大的变化。

### （一）传统学校德育中的教师角色

传统德育中教师角色是建立在哲学上的主客二分论基础上的，哲学的主客体论把事物的关系划分为主体和客体，强调人改造客观事物的主体性。主体性是西方哲学基于对人性的肯定而确立的一种哲学范式，指的是主体在对象性的活动中，能够运用自身的力量，能动地作用于客体的特性。在传统德育中，教师被看作是道德教育的主体，学生是道德教育的客体，教师作为主体对作为客体的学生具有优先性和至上性，这不可避免地陷入了“教师中心论”，忽视了学生的主观能动性。在德育内容上，注重知识的传授，对人性的理解和关怀不足；在德育方法上，以灌输为主，缺少师生间的沟通和理解。传统的教育形式是一种囤积式教育，教师是道德教育的权威，学生则处于失去主体性的被动地位，难以发展出道德自我。传统的教师角色是事先预设的，教师通过职前教育的培养，系统地掌握教师所应具有的知识和技能，形成对自己应该做什么和怎么做的角色认同，并将其付诸实践。传统学校德育中，教师通常扮演着如下角色：

#### 1. 教师是社会道德的代表者

教师是接受社会委托、对学生的身心施加特定影响的职业人，从社会学意义上而言，教师代表了社会的年长一代，是一定时代社会意志的代理人，社会会把自身的期望以身份、角色和规范等形式赋予教师，教师被社会期望为理性的典范、道德的示范、知识的权威和价值的辩护者。教师应反映社会中最美好的东西，教师的职责是促进青年一代的思想行为符合社会的价值观、规范和习俗，换句话说，教师就是社会道德的代表者，是社会道德的象征，教师的行为成为社会道德的集中体现，人们需要从教师那里学习社会所需要的知识和行为规范，加快完成个体的社会化。教师作为社会代表者，把学生看成是被控制和受教育的对象；不仅要对学生明示社会规范性的要求是什么，同时自身也要作社会规范性的典范。

#### 2. 教师是道德教育的主导者

道德的教育者，包含两层意思，教师作为道德知识的传授者和道德教育的主导者，肯定教师在道德教育过程中的权威作用。整个 20 世纪是一个主知主义盛行的时代，道德教育强调对学生道德知识和认知能力的培养，受西方理性主义的影响，认为道德是可以被认识和理解的，人可以凭借自身的理性，利用自己的智慧获得对道德的真理性认识，达到道德上的完善，成为道德人。苏格拉底“美德即知识”的命题拉开了主知主义的序幕，在道德教育中，将知识和正确的思维看作是个体道德发展必不可少的条件。知性德育也决定了教师的角色，他们所进行的道德教育就是知识的传递，教师有着绝对的权威，主知主义道德教育在理论上达成的共识极大地影响了学校道德教育的实践。在学校开设专门的道德教育课，从事直接的道德教育教学

的核心就是试图通过讲解、说服、灌输等形式向学生传授社会所公认的行为准则，并希望他们以此来行动。道德教育课把对道德知识的理解、发展道德推理能力和认知技能作为教育课程的重要内容。教师作为知识传递者角色的一个前提就是在知识占有方面尽可能多于学生、优于学生和先于学生，尽可能拥有对学生而言的知识权威的地位。

**案例 4－1**

### 教学导向与行为暗示

新学期刚开始，我有幸去听了经验丰富的教师讲五年级上册的语文课《相濡以沫》，整堂课的教学环节丝丝入扣，教学方法多样，教师讲课收放自如，确实给我们青年教师带来了很大的教学启发。学生自学生字，自由读课文“泉涸，鱼相与处于陆，相呴以湿，相濡以沫，不如相忘于江湖”。通过小组合作学习的方式，利用书下注释，运用学习文言文的方法，理解课文内容，感受文言文的特点。学生利用工具书翻译课文“与其在干涸的陆地上如此友爱，不如在江湖水中各自游走，相互忘却”。此时，老师出示主题图“相濡以沫”，并提出问题“谈谈你对‘相濡以沫’的理解”，大多数的学生回答是“同甘共苦、相依为命、生死与共”，而教师总结全文，也以“我们要学习这种同处困境，互相帮助”为落点，达到本课情感态度与价值观的德育目标。然而，这种教学导向是否是对这篇课文德育目标的片面追求呢？教师出示主题图的这种行为暗示，是否起到对学生全面理解课文内涵、建立人生观和价值观的反向作用呢？由于心中怀有这样的疑问，因此，我在教授本节课时，采用了一种开放式的讲解方法，当学生们已经掌握了字词、初步理解了课文后，我并没有出示主题图，而是以角色扮演的方式，让学生发挥想象，把自己当成其中的一条鱼，在小组内表演，从而体会鱼儿的心境。最后提出问题“如果你是鱼儿，你会怎样选择？”而此时学生的回答，出乎我们所有老师的意料，有的学生说：“朋友要讲义气，同生死共患难。我们应该选择相濡以沫。”有的学生说：“与其两个人一起死去，不如分开去找各自能够生存下来的方法，我们应该选择相忘于江湖。如果为了义气抱团死去，岂不是意气用事？”有的学生说：“看是什么情况而定，我们不能大难临头各自飞，也不能盲目地意气用事”……我的这堂语文课就在学生们的争论之中落下了帷幕，看似没有得到确定的答案，但是在我看来，学生对于人生的认识与人生的选择，在此堂课中都找到了自己心目中的答案。

（吉林永吉经济开发区中心小学校　王乐）

**（二）新型学校德育中的教师角色**

社会急剧变化，伦理观念亟待调整，教师在知识、阅历、修养等方面未必优于学生，教师不再是道德的绝对权威。在后现代思想中，教育者与受教育者各自坚守与主张着自己的话语权力。在很多方面教育者认为如何行动才是道德的，而在受教育者那里可能被认为是不道德的。现代德育的特点是要教育者与受教育者之间通过合作、交往和对话，共同处理生活中的种种道德矛盾和冲突。在这个过程中，教育者与受教育者双方的道德共同得到成长，而传统的师生观则很难适应这种变化了的道德教育要求。现代的道德教育处在一种多元化的、全球化的、后现代的、相对主义的奇特文化环境之中。随着哲学与其他社会科学理论研究中对人的认识的不断深入与改变，特别是人的主体身份与特性得到前所未有的凸显，教育者与受教育者之间的主体间性得到强调。教师的角色定位也随着教师身份内涵的转变而发生改变。在当代社会中，教师依然是从事教育工作的职业身份，名称没有改变，但教师身份的内涵却发生了很大的改变，需要对教师角色进行重新认识。当前，学校德育中的教师的角色发展有了如下改变：

1. 教师既是道德教育者又是道德学习者

教师身份的获得并非意味着教师是个已经成型的人，教师仍是需要不断成长和发展的人。教师和普通人一样有自我发展的需要，需要在认知、情感和社会化等方面得到不断的提高和发展。同时，教师作为专业的教育工作者，在专业能力、专业情意和专业伦理等方面也有进一步发展和提高的需要。教师的发展需要不仅来自社会时代的变迁与教育内部的变革，也来自教师自身。现代社会正处于一个迅速变革的时代，每一个人都是社会变革的参与者，教师通过培养未来的社会公民而成为社会变革的推动者。网络化、信息化的普及改变了传统的教育方式，对教师的角色提出了很大的挑战，教师要不断地发展自己，改变自己的知识结构、教育观念和工作技能，以此来适应社会发展的需要。教师角色的转变过程也是教师发展的过程，从知识的传递者、道德教育的权威转向儿童学习的支持者、儿童道德成长的促进者；从教育任务的完成者转向教育实践的研究者，教师在角色转变之中也促进了自身的成长。从教育生活的视角出发，教师是教育生活的同构者，教师在教育教学过程中、在与学生交往的过程中会不断地充实和完善自身的发展，教师与学生情感的交流、生命的互动、经验的分享，都能让教师自身有所触动，因此，教育过程也是教师自我教育与自我成长的过程，自我成长的过程也是个体学习的过程。

教师的职业要求教师做一个合格的道德教育者，但是人的本质的不确定性和发展的无限性，决定了任何人都不可能是既定的道德完人，教师也是一样，同样需要不断学习、进步和成长，教师不是已成的人而是成长中的人。从教师职业生涯发展的角度看，教师也是成长中的人，其在职业中的自我成长贯穿于教育生活的整体领域，是不断获得发展的人。现实社会中教师道德被简单化地理解，认为教师只要遵守道德规范，教师的行为不违反道德要求，教师就是具有了道德的人，“人们将道德仅视为外在的纲常礼仪与行为规范，进而强调对这些规范的模仿和操练，忽略了道德作为人的一种生存方式所具有的内在主体性和动态生成性，其后果是导致了道德整体性中的一个重要维度的缺失，即道德价值观念形成过程与道德行为实践中生命意义的缺失。道德中的生命维度被忽视，其直接结果便是道德整体性被肢解。”道德不是静态的规范，而是和生命一体的动态生成过程，生命的本质是其生长性，教师与生命一体，成长是教师的应有特性，道德如果远离了教师生命，也就不再具有发展的意涵。

2. 教师既是道德示范者又是道德实践者

教师不是完美的人，而是完整的人，教师是有着人的一切需要的、在生活中存在着的人，教师的生存状态和生活方式与其他角色的人有所不同，那就是教师的身份所带来的权利、义务和责任，教师所做的工作性质——培养人，决定了而教师应发展成为优秀的人。“提高整个人类道德风尚是每一个人的最终目标，也是学者在社会中全部工作的最终目标。不仅要用言教，还要用身教，身教的说服力大得多。学者应当成为他的时代道德最好的人，他应当代表他的时代可能达到的道德发展的最高水平。”一方面，教师受社会委托，是社会性表意角色的扮演者，社会要求教师应当是学生的道德榜样；而另一方面，教师的自我体认是“生活中的凡人”，这意味着教师在生活中也要进行道德实践，才能获得道德发展和体验。教师是完整的人，正是因此，教师也是有情有欲、有各种需要的人，教师也是一个道德实践者。教师总是居于道德常人的状态向道德榜样进发，在教师身上既存在着道德榜样的品质，也存在着道德常人的品质，因此说教师是一个完整的人，而不是完美的人。人之所以为人，还在于人的精神性需求，只有人的精神属性得到发展，人的道德发展才有自身的根据，才是属人的，是生命的人。“作为一个完整的生命体的人，教师有生理的需要，即物质生活的保障；心理的需要，期待尊重和爱的浸润，渴望心灵自由的空间；社会性需要，有自我实现的梦想和追求。只有这些需要得以满足，教师才可能营构幸福的教育人生，凸显主体的生命意义。”人的最高追求是自我实现，人本主义学者马斯洛的需要学说将人的需要分为五个层次，最高的层次就是自我实现的需要。教师的自我实现就是通过完善自身以育人成人，教师是作为一个完整的人来实现自我的成长。教师道德一方面作为一种教育力量在教师身上存在，另一方面教师道德还有提升教师形象的效应，在教育者自身价值实现过程中起着推动作用。从教育效果看，教师作为道德示范者具有影响学生的社会价值；从教育主体看，教师作为道德实践者具有自我实现的价值，教师要实现社会价值和自我价值的统一。

3. *教师既是道德知识的传递者又是学生道德学习的合作者*

教师的身上肩负着神圣使命：传播人类文明、开发人类智慧、塑造人类灵魂。教师素质影响着人类社会的未来，因为教师的价值取向、精神风貌和德性等综合素质直接影响到学生的素质。在个人的一生中，离不开教师的影响作用，在社会的存在和发展中，教师负载着体现一定社会时代性的伦理价值，并向下一代传递。“将教师视为知识分子，有必要强调，教师必须承担积极的责任，提出有关他们教什么、他们准备如何去教以及他们准备追求的更大的目标是什么这样一些严肃的问题。”教师应该抱有质疑技术性、工具性的教学取向，反思学校课程，教师不仅仅是教育专业的实践者，更应该为传递知识的价值、为增进学生的批判能力而努力工作。道德教育的目标不是事先预定的，而是由教师和学生在教学过程中通过相互作用、相互协商而动态生成的。在这个意义上，教师的角色就不是一成不变的所谓“知识权威”，不能用统一和普适的观点，千篇一律地教育学生，因为学生主体本身具有多样性和差异性，具有不同的个性特征，教师应该是帮助学生学习和培养学生各种能力的探究者、促进者和引导者。教师并非是以一种客观的方式传递一套共同的价值与知识，教师在传递知识、道德规范时都会带上自己理解的烙印，教师不可能采取中立的立场。教师在反思和行动中不仅教给学生观察、批判社会的能力，变革社会的权能，还应该使他们能够用道德手段去影响社会。

**案例 4－2**

### 从第一次认错中得到的

当我刚刚成为一名人民老师，站在讲台上面对学生时，一种“权威感”“指挥感”油然而生，儿时那让几十双眼睛满怀尊敬地看着我，听我发号施令的梦想终于成为现实，我是多么地得意和骄傲。那时的我觉得自己应该是高高在上的，学生们都应该听我的话，直到有一天，发生了一件让我一生难忘的事——第一次给学生认错，我才开始慢慢懂得了我与学生的关系应该是民主、平等、和谐的。

那是一个星期一的下午，一个叫王仪军的孩子跑到办公室来，带着哭腔告诉我他的笔被陈恬分给同学们了，其中有一支钢笔是他妈妈送他的生日礼物，现在找不到了。看他伤心着急的样子，我三步并作两步地来到教室帮他找，可不管我怎么努力，都找不到那支笔。于是，我对大家说："陈恬故意把王仪军的笔拿来分发，现在笔弄丢了，该不该赔?"他们齐声回答："该赔!"

可在这整齐的回答中却夹杂着一个粗大而难听的声音："不——该——赔!"同学们都笑了起来，教室里严肃的气氛一下子没有了。我循声望去，这声音竟是我平时非常关照的陈增润同学发出的。我顿时火冒三丈，铁青着脸疾步走向陈增润，心想：我平时这么关心你，今天你却来无端生事。这时，有的同学说："把他的笔扔了，看他说赔不赔。"陈增润听到了其他孩子的话，把手一摊，满不在乎地说："我没笔。"不知是受了同学们的怂恿，还是陈增润的神情激怒了我，我非常生气地提起他的书包就向窗外扔去，边扔边气急败坏地嚷道："看你说赔不赔!"

那书包划着一道美丽的弧线飞出窗口，我的心下意识地跟着紧了一下，孩子们瞪大了眼睛看着我，我有些后悔，可已经来不及了。

我头脑一片空白地走回讲台，这时，陈增润冲出教室，出门时狠狠地踢坏了门边的垃圾桶，并大声地吼道："我没见过你这样的老师!"

他的话像一根带刺的鞭子无情地抽在我的心上，我知道自己做了一件错事，怎么办?向孩子们认错吗?我的权威呢?我的面子呢?学生传出去会多丢脸啊!不认错?我刚才的行动的确错了，的确伤了孩子的心。

一秒、两秒、十秒、二十秒……时间在悄悄地流逝，没想到平时辛辛苦苦工作的我，今天却做了一件这么糟糕的事，后悔、委屈、难受交织在一起，化作泪水盈满了我的眼眶。此时的我面对孩子们一句话也说不出口，我怕自己一张口就会让那满眼的泪水像瀑布一样倾泻下来。

孩子们看出了我的难受，全低着头不作声。这时，陈增润提着书包站在门口，他也发现了气氛的不对。"陈增润，去给老师道歉。"有孩子在下面说。"老师哭了，都是你气的。"有孩子在埋怨。我被孩子们的懂事深深地感动了，这更使我说不出话来，我情不自禁地转过身子，在黑板上写起来："我不是一个好老师!刚才我不该发那么大的火，更不该把陈增润的书包扔出去，对不起!"

我不想让孩子们看到我的难过，迟迟未转过身来，这时，班长田欣走了上来，伸出小手，递给我一张纸巾。当我再次面对孩子们的时候，我发现有的孩子也流下了眼泪，包括陈恬和陈增润。我艰难地挤出一句话："孩子们，你们想对我说些什么就写在纸上吧!"他们都埋头刷刷地写起来。这时，已经是泪流满面的陈增润走了过来，向我深深地鞠了一躬，说："对不起，老师，是我的错。"我抚着他的肩膀摇摇头，"不，不怪你，是老师太不冷静，主要错在老师。"

我挥手示意孩子们自己出去玩。孩子们都静悄悄地走出教室，全然没有了往日的喧闹，每个孩子走过我身边时，都默默地递给我一张纸条。

宽敞的教室里只有我一个人了，孩子们会怎样评价我刚才的所作所为呢？陈恬写道："看到你难过，我也很难过，一切都是我引起的，是我不对。我只是看到王仪军的笔漂亮，想和他开个玩笑，没想到会弄丢。对不起！"一个平时有些调皮的孩子这样写道："老师，陈增润不是故意气你的，他只是想逗大家笑笑。我有时也喜欢这样捣蛋，我以后再也不这样了，您不要生气了。"陈增润则在纸上写满了"对不起"三个字。还有一个孩子在纸上写着："许多老师犯了错都不会当面给我们道歉，而您不这样，您能当面给大家承认错误，所以，您还是一位好老师！"

看着这样真诚的话语，激动的泪水再次充满我的眼眶。我没想到自己的认错会有这样好的结果，也从未想到自己和孩子们的距离是这样近。这是我第一次向学生认错，它非常深刻地印在我的脑海中，这件事使我的"权威感"开始改变，我意识到了平等对待学生的价值——你对学生平等，学生会更加尊敬你、爱戴你。

（重庆市渝北区五星路小学　王小锋）

教师作为知识分子必须承担他们作为公民和学者的责任，无论对哪个社会来说，道德状态的最终的检验，就是这个社会中孩子们的状态。教师要把学生教育成积极的、具有反思批判性的公民，他自己首先就应该是转化型知识分子。现代社会是民主化的社会，民主社会需要民主化的教育，教师通过培养民主社会的未来公民参与到社会变革的进程之中。教师作为转化型知识分子须反对学校内外经济、政治与社会的不义，努力创造条件，让学生有机会成为有知识、有勇气的公民。从社会的角度看，教师因为从事特殊职业而在社会中占据独特位置，作为知识文化的传递人和社会文化的诠释者，教师担当承上启下、链接过去与未来的角色，是社会发展的中间人。教师的使命是通过服务学生来为社会服务，这比任何一个阶层都更能真正地通过社会而存在，为社会而存在，教师是受社会委托来从事教育的，传授价值观念、知识文化和技能是教师必备的技能，教师掌握这些不是为了自己，而是为了社会。从超越个性化的视角来看教师，可以说教师是整个社会的教师。雅斯贝尔斯说过，"一个民族如何培养教师，尊重教师，以及在何种氛围下按照何种价值标准和自明性生活，这些都决定了一个民族的命运。"从德育的本质来看，德育就是教师和学生的交往和互动，离开了交互关系，也就不存在教师和学生的角色身份。教师不仅是知识的提供者，也是与学生进行学习主题、意见、思想和情感的交换与分享的合作者，这就要求师生之间形成真正的交流。教师的角色转向意味着教师从固有的知识"传话筒"和课堂话语的"霸权"转变为教学活动的变革者和创新意义的建构者，以动态、多元、开放和平等的态度来对待教育教学活动，而教师角色的这些转变也需要现代的德育教师具备专门的德育修养。

## 第二节　学校德育中的教师修养

教师在学校德育中的作为有两个方面的内涵，一方面是要求学生的知情意行要合乎道德的要求，不仅要向学生传递道德知识，还要对学生的道德进行监督，促成学生道德品质的形成和发展；另一方面是教师作为德育主体要体现自身的道德性，以德养德、以德育德，人们常说"学高为师，身正为范"，教师自身具备良好的道德素质是教育好学生的前提。德育就是培养学生形成良好的道德品质，使人成为道德人的过程。要完成这个过程，不仅需要教师修养自身道德品性，还需要教师有进行德育的素质，这样才能成为一个真正的德育教师，教师要具有表现自身道德和进行道德教育的素养。总而言之，学校德育中的教师修养包括两个部分，一是教师要进行自身的道德修养，一是教师要具备科学与有效实施德育的修养。

### 一、教师的道德修养

关于教师的道德修养，我们可从教师道德的概念、教师道德修养的内容、意义与方法等方面进行理解。

#### （一）教师道德修养的含义

1. 教师道德的含义

理解教师道德修养，需要先了解教师道德的界定，教师道德不单单指教师的职业道德，还包括了教师的个体道德，是教师个体道德和职业道德的综合一体，这二者在教师个体身上是不可分的。鲁洁教授指出："教师的职业道德是教师整个道德品质的重要组成部分，教师的职业道德一旦形成，可以影响教师的整个生活目标、道德理想、道德标准，还可以影响他的全部个性品质。"前苏联契尔那葛卓娃等将教师道德概况为四个层面：第一，教师道德是一种规范体系，它作为社会意识而存在；第二，教师道德作为个人的意识而存在；第三，教师道德作为教师的论证和选择具体行为的基础而存在；第四，教师道德是教师的实际行动，它作为具有客观意义的现实的道德关系而存在。这四个层面实际上是从两个方面对教师道德进行了界定，一是从整体宏观的角度，对教师群体而言，它是反映社会意识的规范体系；一是从教师个体的角度而言，它包含了教师个体的道德意识、道德认知和实际行动。总体来说，对教师道德的认识包括了两个方面的内容：一是关于教师在从事教育活动时所必须遵守的调节各类教育关系的道德规范和行为准则，是社会对教师职业行为的基本要求和规范体系，是外在的，有待于行为主体的内化，我们可以称之为规范伦理；一是关于教师的必备品德，指教师在从事教育活动时所表现出来的职业行为，在职业行为中表现出来的比较稳定的品德特征与倾向，这种品德使教师在教育实践中可以不断地发展和超越自己，我们可以称之为德性伦理。无论是规范伦理还是德性伦理，最终都要落在具体的个人身上，个人的道德就成了教师道德的底色。由此我们将教师道德界定为：作为职业活动行为主体的教师在个体一般道德基础上，发自内心地对职业生活的各种要求的认同，是教师所秉持的职业道德认识、职业情感以及在从业活动中所表现出来的职业行为，是教师对职业伦理规范的自觉遵守并以德性的面貌展示出来的一种品质，是对教师职业生活的一种整体把握。

2. 教师道德修养的含义

“修养”一词，在现代汉语里是学习和锻炼的意思。在古代典籍中，“修养”一词中的“修”和“养”各有所指，“修”是整治提高的意思，“养”是培养涵养之意，道德修养的意义则十分的广泛。依据教师道德的界定，教师的道德修养应包括两个方面的含义：教师个人的道德修养和教师职业道德修养，可以统称为教师道德修养，因为教师的个人道德修养和职业道德修养在实践上是密不可分的。所谓教师道德修养，就是指教师在道德意识、道德情感、道德意志、道德行为等方面进行自觉的自我学习、自我锻炼、自我培育和自我陶冶的功夫和过程。教师道德修养包含了教师遵照道德原则和规范所进行的学习、体验、反思、修炼和提高等一系列心理活动和客观的实践活动，以及在每一阶段所能达到的道德境界。

**（二）教师道德修养的内容**

教师道德修养的内容主要包括两个方面：一是教师道德规范；一是教师德性。教师的职业道德规范给教师指明了道德修养的范畴和方向，教师的德性条目给了教师具体的修行品质和操练行动，教师德性条目包括教师的善、公正、仁慈、幸福、良心等。教师道德是随着时代的发展而逐渐变化的，现代社会和当今时代的发展要求教师具备先进的道德意识、道德观念，建构教师的职业理想，树立正确的教育理念，转变教师观、学生观和师生观，完善合理的师德内容。教师要自觉加强师德修养，坚持以德立身、自尊自律，以自己高尚的情操和良好的思想道德风范教育和感染学生，以自身的人格魅力和卓有成效的工作赢得社会的尊重。教师道德规范和教师德性条目引领着教师的道德修养，其中的核心要义是教师要用自身的学识魅力和人格魅力来行走职场，具体来说，可以分为以下三个方面：

1. 充满爱心，忠诚事业

作为一名教师，他首先应是一个充满爱心的人，把追求理想、塑造心灵、传承知识当成人生的最大追求。要关爱每一名学生，关心每一名学生的成长进步，努力成为学生的良师益友，成为学生健康成长的指导者和引路人。教师选择教育作为自己的职业，就要尽职尽责，要尊重这份职业。梁启超先生曾说过，劳动和生活是合二为一的，一个人对自己的职业不敬，是亵渎职业之神圣，从事实上说，就会把事情做糟，结果是自己害自己。忠诚教育事业就是要发自内心地热爱自己所从事的教育工作，找到教育职业的尊严感，找到职业所赋予个人的生命意义之所在，把教书育人看成是自己的天职和使命，全身心地投入到教育工作当中，不断增强自己对教师职业的认同感和责任意识，在平凡的教师岗位上实现个人的生命价值和人生追求。

2. 努力钻研，学为人师

当今时代，知识更新换代的周期越来越短，每个人都需要不断学习才能适应工作要求。教师更要不断地用新的知识充实自己。教师只有学而不厌，才能做到诲人不倦。教师要崇尚科学精神，严谨笃学，做热爱学习、善于学习和重视学习的楷模。要如饥似渴地学习新知识、新科学、新技能，不断提高教学质量和教书育人的本领。要积极投身教学改革，把最先进的方法、最现代的理念、最宝贵的知识传授给学生。在信息社会里，教师不再是知识的权威，但是应该是专家型、学者型和研究型的教师。教师要在自己的专业领域里有所特长，就要不断地孜孜以求，在专业上达到一定的高度，才能学为人师。

3. *以身作则，行为世范*

教育是心灵与心灵的沟通，灵魂与灵魂的交融，人格与人格的对话。教师个人的范例对于学生心灵的健康和成长而言，是任何东西都不可能代替的。好的老师是孩子最信任的人，甚至他们有些话不愿对父母讲但愿意跟老师讲，因为老师能帮助他们解决思想问题包括实际问题。教师要做到这一点不容易，没有爱心是不可能的。唯有教师人格的高尚，才可能有学生心灵的纯洁。教书者必先强已，育人者必先律己，“经师不易得，人师更难求。”我们不仅要注重教书，更要注重育人；不仅要注重言传，更要注重身教。孔子说“其身正，不令而行；其身不正，虽令不从”“不能正其身，如正人何”。教师职业的特殊性就在于它是培养人的活动，教师通过自己的人格和品行来影响和引导自己的劳动对象，而且这种影响是深远和持久的，这就意味着教师要能为学生的成长和发展提供引导和帮助，并能为学生作表率和示范，即教师要为人师表，它是教师德性内涵的表达，也是教师良好的个性修养的展现，是真善美在教师身上的集中体现。

**案例 4－3**

### 弄清事实，善待学生

在繁忙的日常教学工作中，我们每天都会面临思想、行为各异的学生。教师的言行、生活作风、人生态度、教育方式方法直接影响着学生的成长。我常遇到这样的情况：有的学生脾气很倔强，你越是运用教师的权威对他进行批评，他的叛逆性就越强，就像一个皮球一样，你拍得越重，他弹得就越高。有时候虽然表面上假装虚心接受，但实际行动上却坚决不改。长此以往，很容易造成师生关系的对立与紧张，进而使得自己在学生中的威信降低，很难管理好整个班级。这时候班主任需要调整一下自己的心态，放下教师的权威，运用积极主动的谈心形式与学生进行心理沟通，仔细观察学生的动态，认真倾听学生，在倾听过程中帮助学生分析，了解学生的内心难处，推断学生的感受。还要深入到学生的烦恼中去，细心地注意他的一言一行，注意他如何表达自己的问题，如何作出反应等；然后设身处地地为学生着想，把握他的心理，帮助学生建立起正确的信念和态度。对他的困难和迷惑加以正确的心理指导，并定出恰当的目标，这样效果就会大不一样。有时甚至会让学生终生受益。

学生的心是稚嫩而脆弱的，被伤害了就很不容易愈合。在今年的班主任工作中，我在班会上严厉批评了一位学生，可这位学生却“强词夺理”，坚决不承认自己的行为有错，这使我更生气了，直接利用“班主任老师的权威”把她叫了出去。在这个过程中，我也仔细地观察了学生的变化，在出教室时，该生流出了悲伤的眼泪。事后，我才发现自己犯了一个特大的错误——以经验办事，这带来的是对学生的极大伤害。从这件事中，我得到了深刻的教训，不能轻易批评学生，在批评教育前，一定要先问问自己，事情搞清楚了吗？实事求是了吗？我批评得有理有据吗？学生愿不愿接受？我是在帮助学生还是在刺伤学生？千万不能凭主观想象就草率地批评、处理。这件事对我触动很大，作为班主任，我们一定要树立正确的学生观，学生都是可教育可塑造的活生生的人。我们不能用一成不变的眼光看待学生，而应该用发展的眼光对待学生，特别要注意学生取得的每一点进步。学生犯了一点小错误，那算得了什么？只要改正了，就应该原谅，而不应总挂在嘴边，如总是揪着学生的小毛病不放，这不但不利于学生的改变，长久以后反而会打击学生的自尊心，引起他的自卑感。我们不是总拿"失败是成功之母"来教育他们吗？我们成人不也是这样成长的么！批评更应就事论事，每天的事情是不一样的，老把以前的事挂嘴边，学生心里会想："我就算改好了，老师也不会忘记我以前犯的错，也不会相信我！"这样一来学生会觉得自己怎么努力都得不到老师的认同，这很不利于学生改正错误。有时老师会由于情绪急躁或一时不冷静说出一些过火的话，如："我怎么会遇上你这样的学生！""咱们班有了你算是完了！""你真是无药可救了，还是回家自学去吧！""你永远也学不好，你要能及格，太阳就从西边出来！"作为老师，这些定性的话决不能说，一定要以一颗冷静、宽容之心去对待每一位学生，因为我们从事的工作是"育人"，因为我们是人类"灵魂的工程师"！我们所从事的工作是至高无上的。我们肩负着培养人才的使命。有时，教师一句伤害学生的话，就可能使学生永远不能原谅老师，甚至与老师产生对立的情绪，这样，教育工作就更难进行了。所以，我们的工作需要我们仔细和耐心、需要我们具有宽容之心，要用真诚的爱心去抚育每一位学生。

（贵州省遵义市第五中学　杨彬）

### （三）教师道德修养的意义

1. 教师道德助力教师个人的职业生涯

道德作为把握世界的一种特殊形式，是以实践和精神的双重方式发挥作用的。教师道德鲜明地表达了教师的义务、责任以及教师行为方面的准则，这些准则是所有教师都应遵从并执行的，它们具有较强的稳定性和连续性，使得教师与其他职业的人在道德面貌上表现出不一样的特征。教师加强自身的道德修养，能够更好地理解教师的职业，从而更好地从事教师工作，获得职业人生的意义和幸福感。

2. 教师道德对教育事业具有促进作用

教育事业的发展离不开每位教师的辛勤工作和努力付出，教师能否正确认识自己在教育事业中的作用，认识自己在教育活动中应尽的社会义务和责任，是与教师的思想境界和道德水平分不开的。教师道德能激发教师对教育事业的热爱，全面、科学地认识教育活动，调节教师的工作态度，激发出对教育事业的使命感、光荣感、责任感和无私奉献的精神。同时，教师道德也会提升教师对教育事业在促进社会发展和人的素质全面发展过程中重要作用的认识，增强教师从事教育工作的自觉性。

3. 教师道德对未成年学生具有示范作用

教师是培养未成年人的特殊性职业，教师道德中的职业道德部分主要对教师群体发生作用，既可以更好地调节教师队伍内部的关系，加强教师队伍的凝聚力，又可以调节教师和学生之间的关系，塑造教师良好的形象。教育教学活动不仅是向学生传递知识和技能的过程，更重要的还是教师以其自身的品德修养、道德情操、作风仪表、治学精神对学生产生潜移默化影响的过程，教师的示范作用是任何其他教育因素都无法替代的。俄国教育家乌申斯基说过，“教师的道德个性是任何教科书、任何道德箴言、任何奖惩制度都无法取代的内在教育力量。”以身作则和为人师表成为教师的一项基本要求，教师的言行应成为学生的表率。

4. 教师道德对社会生活具有导向作用

在社会生活中，教师是良好社会风气的倡议者和代表者，教师道德是维护职业信念和职业尊严的基础，教师道德一旦形成，就会表现出相对稳定的职业心理和职业习惯，在社会上表现出良好的职业风范。由于教师是受社会尊敬的职业，教师在社会上代表着积极正面的价值取向，是人类文明的传播者和体现者，因此教师表现出良好的道德面貌，也是对社会公德的促进。

**专栏 4-1**

### 教师“道德意识”淡化

少数教师在课堂上或校园里，或衣着不整，或浓妆艳抹，或语言粗俗，或乱扔弃物，且悠然自得，并自嘲曰：“真实便是一种美”，全然不讲教师应具有的语言与举止的文明，反讥笑他人为学究与酸腐，或“假面的人格”。在如此心态之下，部分教师的行为便发生了严重偏差。

更为严重的是部分教师有严重违反道德与法律的行为，这些行为本身已经使教师的威信受到很大威胁。

### 贪图安逸，不思进取

当为师者正为如何提高学生的听课率苦思良策时，校园内却流传出“逃学为了读书”这一令为师者尴尬的说法。这一说法折射出学生们对部分教师不思进取、缺乏职业精神的深深失望与强烈的谴责。教师要获得学生的尊敬与爱戴，不仅应具有高尚的人格，同时，也应具备扎实的理论基础与不断进取的科学精神，从而不断给学生以新知。然而，“当有人正哀叹江河日下，因为教授卖起了馅饼，却有深受其害的学生忍无可忍地呐喊道：‘某教授早该去卖馅饼了！’备课本是二三十年前的老皇历，知识结构是早掉了牙的老古董，教学模式是几十年如一日的不倒翁。”有的教师则面对学生胡吹神侃，口若悬河，令学生听得云里雾里，待到下课铃响，方知该讲的没讲，久而久之，学生困惑之余，无奈集体要求其“下课”。

### 八仙过海，生财有道

不知从何时起，曾经令广大教师引以为豪的“安贫乐道”与“君子忧道不忧贫”的儒者遗风悄然地从某些老师心中淡去，取而代之的是拜金主义的浮躁。对心灵高洁的追求，渐为膨胀的物欲所取代。一些教师在社会浅层文化的表面繁荣的诱惑之下，逐步丧失了自我，下意识地放下了心中那神圣的教鞭，加入了追逐“孔方兄”的行列，从而将自己肩负的历史责任抛到了九霄云外。

君不见，一个个传销网络已经或正在校园内张网结丝，或“健身”，或“美容”，众传销者巧舌如簧，充分展现了其演说之才能。迅速致富的承诺，惹得捉襟见肘的“师们”怦然心动……

君不见，一支支股民队伍正在教师中壮大，或“熊市”或“牛市”，言必称股成为某些教师追逐的时髦，股市的升迁与跌落也成为校园内的另一热门话题。赢者喜笑颜开，赔者捶胸顿足。殊不知，在股市涨落的曲线后面，掩盖的是教师心灵的倾斜与失衡……

君不见，一部分教师已经或正在加入“生意人”的行列，他们或“专职”或“业余”，在走向市场的口号下，他们将师者的“传道授业”理解为对知识的“出售”。教育与市场在几十平方米的教室内实现了直接的对接，从而在学生面前完成了从教师到知识小贩的角色转换。师者如此，学生中的有偿劳动、花钱请人写作业的现象也就不足为奇了……

很久以来，老师在人们心中一直是个神话，从“天地君亲师”到“一日为师，终身为父”，根深蒂固的传统无不在宣传老师神话般的权威性。可是，老师也是凡人，也食人间烟火，也有七情六欲，自然也会做错事、说错话。问题是，当我们的老师做得不对、说得也不对的时候，我们的家长，我们的社会仍然要求我们要“听话”。

（易连云《重建学校精神家园》）



**（四）教师道德修养提升的方法**

道德修养的提升是个十分复杂的过程，是需要个人付出努力才能实现的。教师是具有道德规定性的存在，教师首先是作为人的存在，无论人具有怎样多重的规定性，道德性的存在是人的规定性之一。“道德既是人存在的方式，同时也为这种存在（人自身的存在）提供了某种担保”道德成为了人存在的方式及生活实践过程中的本体论规定。“人的存在是物质存在、精神存在和道德存在的三位一体，人的道德存在是人的最深层、最本质的存在，它的终极形式是良心，只有把人的道德存在也纳入到认识的视野中来，关于人的全面发展和完善的思考才是有价值的。”教师作为职业存在，还是学生成长的重要他人，是改变社会的知识分子；教育就是人与人心灵的沟通，生命与生命的对话，教师不但要用自己的学识育人，还要用自己的品德化人，教师的道德责任要求教师在教育过程中要承担教育引导和道德示范作用；教师作为学者还应该用道德手段去影响社会。教师的道德修养的提升需要掌握正确的途径和方法这是教师道德修养的核心问题。

1. 学习与实践

学习是教师提升自身道德修养的基本方法，一方面指学习道德知识，了解道德规范和道德要求。从古希腊的“知识即美德”开始，人们就意识到了知识和道德之间的内在联系，知识意味着文明、理智和高尚，学习是获取这些内容的重要手段。教师的学习内容很多，首先要学习的就是关于教育发展和教师发展的正确认识，为树立良好的世界观、职业观和善恶观奠定基础，指引自己对道德行为作出正确的选择和评价；其次就是学习教师道德的知识，掌握教师道德发展的实质和特殊规律，帮助自己进行道德修炼；再次就是要学习广阔的人文背景知识，提升自己的文化素养，促进道德的提高。总之，学习是教师提升道德修养的一种基本方法。

实践是完善教师道德和人格的根本途径，教育实践体现着教师的道德关系，教师只有在教育实践所产生的人与人的关系中，才能认识和改造教师自己的主观世界。教师道德修养的高低不仅表现在教师的认识和言论上，更表现在教师的教育实践上。按照马克思主义"实践是检验真理的唯一标准"这一观点，那么教育实践就是检验教师道德修养的唯一标准。在教育实践中，教师要积极行动起来，认真对待教育教学工作中的每一环节，实现自我改造。教育实践能够促进教师道德修养的提升，因为一切知识、经验最终都是为了落实到真实的教育实践中去的，只有这样才能感受到教育过程中的各种实际情况，才能发现教育中存在的问题，寻找到解决问题之道，才能不断更新道德观念，树立起新的道德。

2. 自省与交流

自省是自我自觉进行道德反思的过程，孔子曾说过"吾日三省乎吾身"，他将内省作为道德修养的重要方法，教师应学会和养成自我深刻反省的习惯。自省包括分辨事实、比较利弊、体验情感、激励意志和评价行动效果等方面。自省是人们由道德他律向道德自律转化的一个最重要的标志，人能够自省表明个体道德心理的发展已经进入到自我约束的自觉自律阶段，这要求教师有针对性地找出自身存在的不足，并进行积极的改进。教师个体通过不断的自觉内省，将外在的教师职业道德规范内化到对自身的要求上，这不仅表明教师已经能够较准确、全面地认识职业道德规范及其客观性，而且说明教师道德的情感性和道德意志作用显著增强。实践证明，教师只有通过对自身的反思和体察，总结经验，才能明确未来发展的方向。教师通过制订发展规划和记载师德日记，定期地反思批判，这是道德自省的有效手段。

教师的劳动具有个体性，但教师是教育集体中的一个成员，通过别人的评价来了解自己是获得道德提升的重要方法。教师在提升自我道德修养的过程中，一方面要注意自省，另一方面要善于与其他教师或教育集体进行交流。交流是个体之间以一种共同的、可理解的方式分享想法，信仰、思想和感情的过程。教师通过交流才能获得关于自身的多种信息，从他人那里获得多种经验的交流、切磋和碰撞，从而发现问题、启迪智慧，寻找和创造出促进师德成长的正确方法。同时教师还要善于与学生、家长等进行多方面的交流，这样有利于教师获得良好的道德情感体验，从而促进教师道德的发展。交流的过程有利于教师吸收和接纳新的信息，并且具有监督约束力。

3. 认同与发展

身份是教师道德发展的逻辑起点。亚里士多德主张：道德随着践行道德的能动者而发生变化。不同身份的人所遵循的道德是不同的，身份的确立既是个体在心理上的首肯，也是社会给予承认的凭据，在这个凭据之上，身份伦理才能获得发展，教师身份的获得是教师道德发展的前提。当个体获得了教师这个身份后，它就变成了一个和自己息息相关的内部信息，处于个体意识活动的中心。个体就会据此来界定他自身和一定社会群体的关系，即使面临不同的情景，这种身份感也会一直伴随着他，即使个体对教师身份不认同，甚至在某种情境下隐匿自己的教师身份，但是已经获得的教师身份感作为一种稳定的心理状态仍将相对长期地获得维持。身份认同作为一个过程，是个人的主观性建构，但身份认同建构的内容则是来自于一定的社会和文化的要求，对于教师来说，身份认同就是对教师的一套行为模式、价值观的认同。教师的身份认同就是教师自己给自己立法，自己对自己进行本体性的定位，教师属于这个社会类型，就必须做与这个社会类型相对应的事情，教师的行为就必须符合给定的行为规范，而不管有没有人监督。教师通过身份认同来追寻有意义的教育人生，确认自己的人格和尊严，以此来促进教师道德发展。

身份认同和教师道德发展共生，一方的发展提高就促成了另一方的发展提高；教师的身份认同内容可具体划分为自我认同、他者认同和群体认同这三个部分，其划分依据是教师在其职业生活中所要处理的三种主要关系，即教师与自我的关系、教师与学生及学生家长和社会的关系、教师与教师整个共同体的关系。这三个方面的关系是教师职业生涯中不可回避和不能脱离的关系，它们构成了教师职业生活的整体世界和生命流动的样态。任何道德都不能离开道德主体的自我能动性，都是道德主体的主观选择，教师作为道德主体，依据他的身份对道德产生认同。身份认同是教师道德发展的内源性基础，身份认同是主体的自我建构过程，在这个建构的过程中，主体本身是开放性的，不仅有来自于主体本身的自我认同，也有来自于与主体发生关系的他者认同和确认主体性质的群体认同，主体所面对的生活世界也是开放性的，不仅有教师确立道德自我的意义世界、现实世界，还有确定教师归属的符号世界，教师道德发展的过程就是在身份认同的框架下进行自主建构的过程。

**案例 4-4**

### 与学生同一个视角，创造属于他们的荣耀

有一回我领着自己的小外甥去商场的五楼，欣赏特别漂亮的圣诞树。从五楼往下看，能看到圣诞树的全景，特别梦幻，我特别开心，还不停地拍照，可是照片中的小外甥却一直闷闷不乐。在我蹲下来要问他原因的时候，我才发现，以他的身高，他的视线刚好被栏杆扶手挡住，他什么都看不到。我把他抱起来，他立刻开心地拍起了手。这件小事对我的触动很大，我这才明白，你想走近孩子，看他所看到的世界，就要和他站在同一个高度，采用和他相同的视角。

作为一名特岗教师，我知道，我的身上担负着发展农村义务教育事业的伟大使命，也承载着无数名渴望知识、期盼上学的农村淳朴孩童们的希望与未来。“教育”是一种实践活动，作为一名充满活力的年轻老师，我并不觉得是什么难事，然而，当我走进这些乡村的学生们时，他们各种各样的经历和家庭，深深地触动了我。也让我这个从小在优越环境中长大的城市人下定决心，要与我的学生们为伴，一同去创造属于乡村孩子们的荣耀。

在城市中生活的我们，也许从未想过，有爸爸妈妈陪伴的家庭是多么的奢侈，而当我走进这个班级时，我才知道，这个班级居然有1/3的学生生活在父母离异家庭中，而且他们是留守儿童。每当我讲到赞扬母爱、歌颂父爱、寻找自信的文章时，我都会变得小心翼翼，生怕哪句话会不小心触碰到孩子们心底最柔弱的地方。然而，小心翼翼地讲课，并不能真正治愈他们的伤口，于是，作为他们的班主任，我决定与他们站在同一个高度，去看同一个世界，走近他们，找到治愈他们的良药。

这个班，还有一名极特殊的学生，他所在的家庭关系极其复杂。他的父母离异，母亲没有能力抚养他，所以他只能跟着爸爸生活，而他的爸爸给他找了继母，这个继母对他十分苛刻，当他买错咸菜时，继母会把咸菜直接扔在他的脸上。后来，爸爸把他送到了爷爷家，可是好景不长，爷爷也再次结婚，给他找了一个后奶奶，而后奶奶对他更是严苛。也许，命运的曲折，决定了这名学生极端的性格特点，他不爱说话，不听劝告，不会表达自己的情感，拒绝与人沟通，情绪起伏大，十分敏感，脾气暴躁。对于一名五年级的小学生来说，这种情况是十分令人担忧的。作为他的班主任，我深知也许我是他在这个世界上的一棵救命稻草，无论如何，我都要带他走出黑暗，走向光明。

然而，他拒绝了我的关心，拒绝了我的走近，并且用不写字的行动告诉我，他不希望我管他，不需要我的关心。于是，我每天都会留心观察他的爱好、他在班级和谁比较要好、他更关注什么，在这个过程中我也终于发现了他的优点：热爱读书、善于思考、热爱科学、心地善良，并且在他的世界里，一定要公平、一定要扬善惩恶。于是，我丰富班级的读书角图书，还和他的好朋友聊天，告诉他们有什么解决不了的事情，一定要来找我，我会帮他们解决；我让他当科学课代表，发挥他的长处，班级有什么难题，都让他想办法，提意见；有什么事情发生了，我也会私下找他，问问他对这件事情的看法。渐渐地，他开始活泼起来，也更愿意举手发言，并且，他比以前更愿意关心、帮助同学。

而有一天，他突然在课堂上大骂另一个同学，只是因为那个同学多说了一句话而已。他的突然爆发，把同学们吓坏了，也让我有点不知所措，但我马上冷静了下来，将他带到办公室，看得出他十分害怕我会发火训斥他，然而我没有，我对他说："以老师对你的了解，你是不会因为同学的一句话而大发脾气的孩子，之前到底发生了什么事情？你是不是被人欺负了？或者说你受了什么委屈，导致你不知道如何表达自己的情绪，才会突然爆发的？"话音刚落，他就像被触碰了按钮一样，大哭不止，我知道，他被我说中了，他一定是之前受了委屈，也许是在家里，也许是在课间。我只是拍了拍他颤抖的肩膀，在他的耳边说："以后，不知道如何发泄自己的情绪时，可以来找我，如果不愿意说，可以拿笔写下来给我看，我会帮助你解决的。"这件事情就这样淡淡地过去了，谁也没有再提，而他也真的改变了。至于他到底受了什么委屈，他不想说，我也没有再追问，我相信，他已经长大了，慢慢地在学习如何让自己放轻松，让自己快乐，让自己能够好好地控制自己的情绪。

我站在他的角度，和他看同一个世界，在他的眼中，也许很多事情是不如意的，但是他不是孤独的，因为他还有我，我是了解他的、懂他的，也是相信他的人。

对我的学生来说，我不仅仅是他们的班主任，更是一个懂他们的人，相信他们的人，是一个他们可以依靠的人。我将继续与学生共同学习和成长，用心倾听与交流，和他们站在同一个高度，从他们的视角出发，听他们所听，看他们所看，想他们所想，帮助他们创造他们想要的未来，帮他们赢回属于他们的荣耀。

（吉林永吉经济开发区中心小学校　王乐）

## 二、教师的德育素养

教师德育修养是教师教育教学素质的内容之一，对一名专业教师来说，教师的教育教学素质应包括教师的专业知识、专业能力和专业精神等方面，从德育工作的角度来看教师的专业素质，教师应具备科学与有效地实施德育的必备素质。

### （一）教师德育素养的结构

教师进行德育需要具备一定的德育知识和完成德育工作的能力，教师要有德育工作所需要的素质才能将德育工作做得更好。教师德育修养是教师实施德育的素质的一种综合性体现，需要教师认真学习和逐步积累经验，以提升德育工作的水平。教师的德育素养包括如下要素：

1. 教师的德育意识

唯物史观认为，人类社会的每一种实践活动都是在一定社会意识的指导下进行的，德育活动也是如此，要受到教师的德育意识的指导和调控。意识是对客观对象的一种反映，这种反映可能是正确的也可能是错误的，正确的意识对实践活动起着积极的调控作用，使其达到预期的目标，错误的意识产生消极阻碍的作用，对活动目标的实现起阻碍的作用。德育工作也是如此，教师要形成积极正确的德育意识，就需要不断地学习，强化自己的德育修养，检查自己的德育意识是否与德育工作的要求相一致，使德育意识保持积极正向的功能。教师德育意识的形成，取决于教师在德育过程中的感性体验和理解升华，包括四个方面：第一方面是教师对自身道德意识现象的体验，所谓教师的道德意识现象，就是指教师在一定的道德活动中形成并影响教师道德活动的各种具有善恶价值的教师道德心理和教师道德思维。它包括各种自发自在的教师道德心理（如教师道德认知、情感、意志和风尚等）和自觉的教师道德思维（如教师道德思想、观念、观点、信念和理论体系）。教师应增强自我体验能力，保持良好的意识状态。第二方面是教师对学生道德实际表现的体验，德育的对象是学生，学生的思想面貌，道德水平、学习态度和生活习惯等直接体现了德育的效果，这些必然反映在教师的头脑中，形成教师德育工作的基本状态；而且只有从学生实际出发，获得学生道德的实际体验，才能获得德育意识的感性材料，并通过一系列思维的转换，形成教师的德育意识。第三方面是教师获得对德育活动的体验，德育活动是将主观和客观统一在一起的过程，在德育活动的动态过程中，会暴露出一些矛盾，这些矛盾构成了意识反映活动的基础。第四方面是对德育环境的体验，德育总是在一定的环境中进行的，任何的教育活动都会随着生活条件的改善和社会关系的改变而改变，德育环境有家庭、学校和社会三个层面，这三个层面构成了德育意识的内容和直接土壤。

### 2. 教师的德育知识

教师的德育知识包括两个方面，一是被称为“本体性的知识”，即关于什么是道德和道德相关的知识；二是被称为“工具性的知识”，即关于如何才能让学生发展道德的知识。教师须具备一定的道德哲学和人文社会科学方面的专业知识与专业修养，对道德的本质和规律有专门的研究，对道德生活有较好的、合理的理解，对道德教学有具体的、深入的认识与训练，此外，广阔的文化背景知识是对德育知识的支撑，也是德育取得最佳效果的、不可缺少的知识体系中的一部分。

教师德育的“本体性知识”是教师胜任德育工作、实施教书育人活动的基本保证，教师的德育本体性知识指的是专业化的德育学科内容，包括关于道德的认识和相关的理论，道德的概念、原理、理论和事实及其发展变化等。教师因个人能力和其他原因的限制，可能做不到对每门学科样样精通，但任何一名教师都应对德育的知识有所了解和掌握，教师不应只会教书不会育人，德育的本体性知识是教师必备的知识之一。

教师德育的工具性知识是指帮助教师进行教育教学活动的教育学科知识和实践知识。教育学科知识是能够进行迁移的，虽然德育的内容及方式方法与智育、体育、美育等不尽相同，但是又有共同之处，它们都要根据学生的身心发展特点和发展规律，形成正确的教育思想和教育理念，具备从事教育教学工作所需要的能力，如与学生沟通对话的必要技巧和注意事项，了解组织学生活动的成功经验，知晓进行德育研究的程序和环节等。教师的德育实践知识是基于教师个人的经验积累，表现为教师对待和处理德育问题时体现出来的个人特征和教学智慧，有些是可以明确意识到的，有些是以缄默知识的形态存在于教师的知识体系之中的，教师个体的实践性知识具有较强的情境性特点。

### 3. 教师的德育能力

能力是人完成某种活动所必备的一种个性心理特征，德育能力是教师符合德育要求、影响德育效果的个性心理特征的综合。教师的德育能力属于教师的专业能力之一，与教师的德育知识和技能密切相关，是在德育的认识和实践活动中形成、发展并表现出来的能动的力量。教师的德育能力是影响德育教学效果的重要因素，教师除了需要具备先进的德育理念和德育知识外，还需要具有称职的德育能力，才能有效地在教学中进行德育，开展德育活动，从而让学生顺利地发展自己的道德品质。

在传统的教师能力中，人们普遍关注的是教师的教学能力、人际交往能力、课堂管理能力等教育教学能力，而忽视这些能力中所包含的德育能力，事实上，教师在学校中的所有活动都具有教育性，都蕴含着德育的契机和资源。但是，发展教师的德育能力是在德育活动中实现的，不是任何一种教育活动都可以的。教师在德育活动中发展德育能力还要依存于一定的条件：

第一，掌握必要的德育知识与技能是发展德育能力的先决条件，教师在掌握德育知识和技能的过程中，与德育活动有关的心理机能就能受到锻炼，由此形成特殊的心理活动系统，发展特殊的能力，这个过程就是教师的一般教育教学能力向德育能力转化的过程，而且在掌握德育的知识和技能的过程中，教师的教育教学能力也会得到提升。

第二，德育能力的发展依赖于德育活动内容的正确选择，学生的道德发展是有一定阶段性的，在不同的发展阶段应为学生选择适当的德育内容，这样才能收到理想的德育效果，教师的德育能力才会得到锻炼和提高。

第三，德育能力的发展还有赖于德育活动过程的合理安排和德育方法的恰当运用，教师应从学生的实际出发，将学生引到道德世界，实现与学生共同的道德成长，在德育活动中逐步培养起教师德育的智慧，达到对德育工作的通达。

4. 教师的德育行为

行为是人在一定理智、愿望和意志支配下的活动，是有目的有意识的行动。亚里斯多德被誉为“行为科学的鼻祖”，他把人的活动同人的目的性和意志联系起来，认为行为是“人的心灵遵循着或包含着一种理性原理的主动作用，是具有主动意义的活动。”通常从社会活动方式的角度来看，人的行为是能动的自主活动，是受意识支配的自觉活动，是受社会条件制约并具有某种社会倾向的社会性活动。以此类推，教师德育行为就是教师在一定道德意识支配下，对学生进行的有利于学生成长的活动。教师的德育行为应当是出于对学生和教育事业的自觉态度，对自己所实施的德育行为有清醒的意识，对行为方式和行为的结果所应有的道德价值和意义有比较明确的认识。教师的德育行为既是教师个人主观意愿选择的结果，也是教师受社会委托实施德育的义务，正因为教师实施德育是基于社会的要求和自己的意志，所以教师的德育行为就要具有道德意义，教师德育行为的结果要体现学生和教育事业的利益，从而体现出教师德育行为的价值，当然教师德育行为应避免负作用和负影响。

首先，教师德育行为应符合道德的要求。教师德育行为由一系列要素构成，教师德育行为价值的大小，取决于构成德育行为的各个要素是否符合善的要求，是否都具有道德性。一般来说，教师的德育行为至少包括三个方面的要素：行为的动机、行为的目的和行为的结果。行为动机是教师实施德育的内在动力，如看到高年级同学在欺负低年级的小同学，教师想要对学生的错误行为进行纠正，于是产生德育行为的动机，当他把这种想法付诸实施以后，他的行为动机就已转换为行为结果，如果行为结果是经过教师的批评教育，学生认识到以大欺小是错误的行为，并明确表示自己以后不会再发生这种行为，这种德育行为的结果就是善的，与教师实施德育行为的目的——让学生形成好的道德品质是一致的，这样，教师德育行为的动机、目的和结果就具有了一致性，从善的愿望出发，为了善的目的，最后达到善的结果，教师德育行为符合道德的要求。需要注意的是，有时德育行为的动机、目的和结果之间，并不具有一致性，不是一一对应的关系。

其次，教师德育行为应避免负面的作用。在教师德育行为中，由于受到主客观条件的影响，教师德育行为可能会取得好的效果，也可能会收不到好的效果，避免负面影响的出现是教师实施德育的主观愿望，但实际效果如何，既取决于教师实施德育行为的当时情景，也取决于教师所处的一定外部环境和教师自身的主观条件。教师德育行为受到多种因素的制约，一定社会的政治、经济、文化状况不仅决定了德育的目的、内容和方法，还制约和规定了教师实施德育的主观能动性，教师德育行为不可能脱离当时的社会历史条件，教师德育行为还受到当时社会的道德价值观念和教育规范体系的制约，教师德育行为最终受制于整个社会的道德体系，更离不开教师所工作的具体职业环境和条件，它影响着教师德育行为的选择方式。另一方面，教师个人的道德素质也决定着教师德育行为的发生，教师对德育重要性的认识，对德育工作的态度和情感，教师在德育工作中的意志品质都会影响到德育行为的效果。教师道德素质越高，对德育行为的调节和控制就越自由，越能符合德育工作的要求；教师道德素质越低，就越难把德育行为调整到符合德育工作要求的标准以内，越容易出现不利于德育工作的行为选择。所以，教师要提高自身的道德素质和德育工作的素养，减少德育行为的副作用。

第三，教师的德育行为应选择适当的手段。德育行为的手段是指教师为了实现德育行为的目标而采用的方法和途径。教师不应选择不当的手段来达到施教的目的，简单粗暴的德育行为不会取得好的德育效果，同样，不正当的教育手段也不会让学生心悦诚服，教师德育行为应该是在善的目标指引下，选择善的途径和方法，达到善的目的。教师德育行为是教师在进行德育过程中发生的行动，教师在教育工作的过程中，经常会遇到各种道德关系和矛盾，会拥有几种可供选择的行为方案，教师应按照德育工作的规律和学生身心发展的特点，采取适当的德育行为进行施教。教师在进行德育方案的选择时，应考虑德育的目标和学生的道德需要，在理智的指导下选择合适的德育方法和途径。教师德育行为的完成，从德育目标到德育结果，中间需要采用某种适切的方法和途径，才能使教师的施教行为获得圆满的效果。

**案例 4-5**

### 班主任的示弱与学生的主人翁意识

有人说："敢于主动暴露自己的弱点是自信的另一种表现。"敢于在学生面前示弱是班主任教育教学走向自信的另一种表现，是教师教育教学艺术走向成熟的标志之一。

这次期中考试，我班成绩大幅下滑，我感到了空前的压力。因为在我看来，经过本学期开学时的整顿，这半个学期中学生的学习热情、学习积极性、同学之间的互助意识等显著增强，整个班级学风浓厚，按理说学习成绩应该是稳步上升的。然而考完后的结果却大大出乎我的预料，同学们也情绪低沉。我该怎样帮助学生走出低谷呢？我该怎样做才能重新激发学生的学习积极性呢？况且，我自己的情绪也很低沉。突然，一缕思绪在我阴郁的心空中闪烁：告诉学生我的困惑，向学生真实地展现我此时的无奈甚至无能，让他们为班级思考，为自己选择。也许只有自己作出了选择，才能真切地感受到责任，才能真正自觉自愿地履行责任。

新的一周开始了。我神色凝重地走进教室："同学们，这几天我心里很乱，很茫然，甚至有些心力交瘁。我不明白，在我看来，前半学期我们采取了很多措施来促进我们的学习，我也明显地感受到了我们班空前的学习热情，各科老师也感受到了，但期中考试却无情地告诉我，我们在大幅后退！我无法接受这个现实。我不知道为什么，我不知道下一步该怎么走。我想知道大家是怎么想的，我想知道如果你是班主任，你会怎么做。现在，你们就是班主任，拿出你们的智慧来吧！"

接下来同学们的表现令我感动，他们踊跃地发言，分析原因——我的、科任老师的、同学们的，积极寻找办法。同学们越说越有劲，越说感觉我们的前景越明朗。先前教室里凝重的氛围，已经被希望驱走。下课了，有的同学还到办公室来谈他的看法，给我出主意。他们不仅仅考虑自己个人的学习，更是在为班级整体着想。这就是主人翁意识，这就是我想要的。这以后，同学们抛弃了沮丧之情，重新投入到学习中去，后面的考试证明，我们慢慢地爬起来了，尽管慢，但特别有力。

我认同这样的说法：示弱应该成为教师的一种有意识的教育教学意识和行为。之所以如此说，是因为从“人”的角度思考，每个人都希望得到肯定，得到承认。一旦在这个方面获得了认同，他就能在这个方面，进而在其他方面建立起自信。同时，只有将它变成教师教育教学的自觉意识和自觉行为，它才可能称得上是艺术。如果一种教育教学方法能够帮助学生建立自信，那么这种教育教学方法就成功了一半。当教师能够很好地运用“示弱”这一教育教学艺术时，他就帮助学生打开了改变思想、改变态度的大门，他就帮助学生获得了一个伟大的发现。

（重庆市北碚区朝阳中学　石孝全）

### （二）教师德育素养的提升

学校德育形式的变化使得德育教师也发生了相应的改变。在古代教育活动中，学校教育基本上就是德育，学校教师全部都是德育教师。随着社会的发展，分科教学的出现，在学校教育里，德育作为一门独立的课程从其他课程中分化了出来，出现了所谓的“专门的德育教师”和“非专门的德育教师”的划分，专门的德育教师指学校专门进行德育学科教学的教师、组织学生德育活动的辅导员和教育管理人员，学校里其他的教师就被称为非专门的德育教师。这种分化带来积极的和消极的两个方面的影响，积极的一面是学校德育的特殊性得到认可和重视，德育需要专门的知识和专门的训练；消极的一面是德育似乎只是专门的德育教师的事情，忽视了其他教师的道德教育责任。而事实上，学校德育是一个全方位的立体工程，虽然在形式和内容上有直接德育和间接德育之分，有德育显性课程和隐性课程之分，有专门德育教师和非专门德育教师之分，但学校所有的教育活动都包含着德育的内容，学校里所有的教师都肩负着教书育人的使命。从这个意义上说，所有的教师都是德育教师，都要提升德育素养，教师德育素养的提升主要通过培训、自修和实践锻炼等基本途径来实现。

1. 教师的培训

教师的培训分为职前教育和职后培训两个阶段，职前教育由大学教育中的师范类教育专业担当培养师资的任务，在职前教育阶段通过专业课程的学习和专业技能的培养，相应地获得一些德育素养，主要包括开设德育课程群，进行教育见习和实习，参与教育实践活动等；在职后培训阶段主要是提炼教学经验，并将其转化为教学的实际能力，通过观摩、借鉴和有针对性的训练达成目标，由继续教育培训或校本培训来完成。另外，在教师取得任职资格时必须获得一定的道德教育课程学分，这也不失为一个提升教师德育素养的有效保证。

2. 教师的自修

教师德育素养提升的内在要素是教师发挥自身的主观能动性，通过自修来涵养、孕育德育的知识和能力，不仅让自己成为一个德才兼备的经师，更让自己成为能教书育人的人师。教师要通过自修来提升德育素养，首先要把德育工作当作教师职业的一项使命来做，教师所从事工作的最伟大之处就是能影响学生的心灵，让学生朝向善的方向成长，教师对此负有义不容辞的责任，这样才能激发教师提升德育修养的动机和自觉意识。其次教师要在教学和教研过程中，将德育作为一项必要的内容来进行研究，只有研究型的教师才能不断地发现问题、解决问题，在研究中将理论与实践结合起来，提高德育工作的实际能力。

3. 教师的实践

实践是教师提升德育修养的根本途径，教师不仅要通过学习来掌握德育的知识和技能，更重要的是身体力行，在实际的教育教学工作中实施德育，在教书中育人，在育人中教书，将教书育人融为一体。实践是教师实施德育的认识和经验的来源，只有在德育实践工作中，才能获得对德育效果的真切感知，才能对德育工作进行反思，进一步纠偏补缺，完善教师自身的德育工作素养；同时，实践也是教师提升德育素养的动力，在德育实践过程中遇到的德育难题、产生的德育困惑与面临的德育问题，能让教师不断地进行思考、解决问题和改变行动，增强德育的实效性。教师在德育实践的过程中，往往要克服各种困难和障碍，这是对教师德育素养的综合考验，也是教师积累德育工作经验、提高德育工作水平、提升德育素养的过程。随着社会发展变化的进程加快，学校德育工作会不断地面临新问题和新要求，这就要求教师在德育实践中进行新的探索，不断更新德育知识，增长德育工作的才干，德育实践既是教师德育修养的源泉，也是教师德育修养的目的，同时还是检验教师德育修养所能达到客观效果的一个标准。

## 问题思考

教师道德不具有原初性质，是之后建立起来的，建立的根基就是教师的身份，身份构成了教师道德的内在框架，并使得个体能在这个框架内进行思考、感觉和判断，能够尝试在不同的情况下判断什么是好的或是有价值的，什么应当做，应赞同或反对什么，并由此获得稳定的意义。这个框架规定着什么对我们重要以及什么对我们不重要，规定着我们在其中生活和选择的性质差别的空间。

1. 结合实际谈谈你对教师德育者身份的理解和认同。
2. 你如何理解教师的德育角色意义？

## 拓展阅读

1. “凡学之道，严师为难，师严然后道尊，道尊然后民知敬学。”

——《学记》

2. “故中学之师，尤当选贤达之士，行谊方正，德性仁明，文学广博，思悟通妙，而又诲人不倦，慈幼有恒者，方当此任。”

——康有为《大同书》

3. “国将兴，必贵师而重傅；国将衰，必贱师而轻傅。”

4. “君师者，治之本也。”

5. “上事天，下事地，尊先祖而隆君师，是礼之三本也。”

——荀子

6. “有些职业是这样的高尚，以致于一个人如果是为了金钱而从事这些职业的话，就不能不说他是不配这些职业的。教师所从事的，就是这样的职业。”

——卢梭《爱弥尔》

7. “一个精神丰富、道德高尚、智力突出的教师，才能尊重和陶冶自己的学生的个性，而一个无任何个性特色的教师，他培养的学生也不会有任何特色，他只能造成精神的贫乏。”

——[前苏联]苏霍姆林斯基

8. 叶澜. 教师角色与教师发展探析[M]. 北京：教育科学出版社，2001.

9. 檀传宝. 教师伦理学专题——教育伦理范畴研究[M]. 北京：北京师范大学出版社，2003.

10. 唐凯麟，刘铁芳. 教师成长与师德修养[M]. 北京：教育科学出版社，2007.

11. 李清雁. 困惑与选择——基于身份认同的教师德性养成论[M]. 北京：人民出版社，2016.

“人之气质美恶与贵贱夭寿之理，是皆所受定分，如气质恶者，学即能移。今人所以多为气所使，而不得为贤者，盖为不知学。古之人在乡闾之中，其师长朋友日相教训，则自然贤者多。但学至于成性，则气无由胜。孟子谓‘气壹则动志’，动犹言移易，若志壹亦能动气。必学至于如天则能成性。”

——张载《理窟·气质》

# 第五章　学生的身心特点及道德发展

## 内容提要

学生是正在成长、发展中的人，道德发展是学生的社会性表现之一，学生的道德发展受到生理和心理两个方面的影响。学生个体的道德发展依赖其生理和心理的成熟度，学生的成熟为学校德育提供了物质基础和发展的可能性。儿童发展是有关键期的，不同时期有不同的年龄特征，学生的年龄特征限定了对学生的道德要求和学校德育内容。教育学对儿童道德形成和发展的看法，逐步形成成熟论、扩展论、内生论、外铄论、阶段论、内化论、建构论等代表性的观念。二十世纪以来，对道德发展的研究又形成了精神分析、行为主义、社会学习、道德认知发展等理论流派。

## 问题导入

1. 根据自身的成长经历，谈谈你是如何理解不同年龄阶段有不同身心特点的。

2. 你认为学生的道德发展水平与他们的年龄和心理状况有关联吗？

3. 你知道多少关于学生道德发展的理论？能说出每种理论的主要观点吗？能说出每种理论的代表人物吗？

学生是正在成长发展中的人，研究学生的品德形成与发展是学校德育的独有课题，学校德育的对象是学生，教育者面对的是活生生的人、整体的人，是有独特个性的人。学校德育对学生的认识是以对人类个体的基本性质的认识为前提的。学生是人，人都有自然性和社会性两个方面，而且是自然性和社会性的统一。人的自然性是生命机体的自然属性，是人的一切发展的物质基础，是由机体器官及器官功能构成的，与人的社会性发展相互作用，是人的社会性发展的生理基础；人的社会性是人出生后在社会活动中逐渐形成的各种能力与特征，主要表现在人的各种心理品质以及由此构成的个性之中。学生的道德发展是学生的社会性表现之一，受到学生生理和心理两个方面的影响。教师持有什么样的德育观和他对个体道德发展观的理解密切相关，个体道德发展是贯穿于生命全程还是生命中的学习阶段？个体道德发展是内发的还是外铄的？对问题的不同回答反映了不同的道德发展观。道德发展是人的综合性、整体性、社会性的发展，因此，既要研究身心各作为一个系统的发展变化对道德发展的影响，又要研究身心两个系统间的整合对道德发展的影响，这样才能具体、完整地把握个体道德发展的基本特征，才能对学生施以有针对性的学校德育。

## 第一节　学生道德发展的生理基础与心理特征

学生道德发展是一个复杂的矛盾斗争的过程，在这一过程中，学生的道德每达到一定的时间或程度，就会发生质变，表现为道德发展的阶段性。不同年龄阶段学生的道德认识、道德情感和道德行为有着明显的特点和质的区别。学生道德发展的促进可以从各个不同方面进行，既可以从培养学生道德行动和习惯开始，也可以从激发他们的道德情感着手，还可以从提高他们的道德认识做起，学生的道德发展并不遵循由道德认识到道德情感再到道德行动和习惯的顺序，但是只有当学生道德基本的心理成分都得到相应发展时，学生的道德品质才能更好地形成。由于生理和心理的活动特点，学生的知识经验及生活阅历的限制，学生的道德认识、道德情感和表现出来的道德行为，都有其自身年龄阶段的独特性，因此在对学生进行道德教育时，还必须考虑到他们的生理和心理特点及规律性，道德发展是内外因素相互作用的结果，并不是由社会影响和教育要求直接转化的简单过程，学校德育的效果不仅依赖于各种外部条件，同时也依赖于学生本身的各种内部条件。

### 一、学生道德发展的生理基础

学生的道德发展是个整体性的身心综合过程，它不仅是一项社会性的活动，其发展也必须与儿童的生理发展阶段与特征相适应，而这一思想在过去常常被忽略。

#### （一）生理成熟与道德发展

人类行为遗传学的研究和实际的德育活动表明，个体的道德发展依赖其生理的成熟，对一个正常儿童太早或太晚实施德育都不会得到好的效果。实施太早，儿童做不到，不会形成良好的品德习惯；实施太晚，错过了最佳德育时机，可能会事倍功半。学生的道德发展不是先天而来的，而是在社会化过程中通过道德学习和道德转化而获得的结果，人的学习能力和转化能力都需要人的生理机能提供基础条件，在条件不具备或不成熟的情况下，学生的道德学习和转化是无法进行的。人无法回避自己的身体，身体是人的精神的物质基础。人的大脑是思想的器官，心跳加速等生理现象能引起人心理的改变。德育作为一个社会品德的传递系统，学生在这个系统活动中是否能接受，能否完成这个学习过程，形成社会所需要的品质，促进自身的发展，必须以学生个体生理的一定发展为前提，即学生的生理成熟为前提，生理的成熟为德育提供了物质基础和发展的可能性。

心理学表明，人类行为的某些特征受到遗传因素的强大影响，儿童最初的气质特点是儿童个性发展的基础，是个性发展的起跑线，儿童的气质特点是有差异的，这些差异制约了父母或教师与儿童相互作用的方式，制约了父母或教师对儿童制约的效果。如有的学生性格热情，有的学生性格执拗，这就决定了教师在进行德育时要采取不同的策略，学生总是带着自身的个性接受教育的。另外，青少年达到身体成熟的年龄存在着很大的个体差异，身体成熟得早或晚会让同年龄的学生拥有不同的社会心理环境，从而影响学生的情绪、兴趣、能力和社会交往，也影响学生的道德认知和道德行为的养成。

### （二）学生道德发展的阶段性

学生发展是有关键期的，不同时期有不同的年龄特征。从六七岁入学至十八九岁成年，学生经历了小学和初高中阶段。这一时期学生从相对平稳的童年期到快速变化的青春期再到相对平稳的青年期，他们的生理发展出现了较大的起伏和变化，生命能量的增盈决定了学生在此基础上的心理的变化发展，也对德育提出了相应的要求。学生在小学阶段，身体缓缓地生长，十二岁儿童大脑的重量虽然已接近成年人，但是儿童的各种器官及其功能状态还是比较脆弱的，德育不仅要向儿童进行道德教育，还要保护儿童的健康，对学生的道德要求要量力而行，要分层次，不能用道德绑架孩子。进入青春期后，学生的身体发展出现了“日新月异”的变化趋势，特别是体态上出现了性特征，这是体内性机能萌动并趋向成熟的表征。在发育方面，男女在起始时间和持续期限上有所区别，女性早于男性一至两年而持续时间短于男性两至三年，男女学生对自己的体态产生了从未有过的自我敏感，常有不自然的羞涩感，身体的新陈代谢特别旺盛，精力也特别充沛，生命力迸发出的能量让学生冲动性的行为增加。同时，学生的大脑和神经系统的发展转向微观层次，神经系统的网络在具有适当刺激的条件下逐渐细密化。有研究表明，在性成熟期进行品德教育，收效甚大，效果甚好。在高中阶段，学生身体的发展已达到成熟状态，其发展速度进入到相对平缓时期，体态匀称健美，男学生肌肉发达有力，女学生婀娜多姿，精力充沛旺盛，洋溢着青春之美，学生不仅不为身体所困惑，而且愿意展现自己的青春美，在人际交往上会出现新的需求，引发新的道德教育问题。因此可以说学生的生理基础限定了对学生的道德要求和学校德育的内容。

**案例 5－1**

#### 雷夫：道德发展的六个阶段

【嘉宾档案】

雷夫·艾斯奎斯(Rafe Espuith)是美国洛杉矶市霍巴特小学的一名五年级教师。他的《第 56 号教室的奇迹》成为美国最热门的教育畅销书。他获得了美国“总统国家艺术奖”、1992 年“全美最佳教师奖”、英国女王颁发的不列颠帝国勋章(M. B. E)等。

【对话内容】

问：您说，以信任为基础、毫无恐惧的教室，是孩子们学习的绝佳场所，事实上，您的“第 56 号教室”便是这样的一个公认的好教室。而在这间教室里，“六阶段”是引导学生学业和人格成长的基础建材。您能向我们简单地说说什么是“六阶段”吗？

雷夫：从踏进校门的那一刻起，大多数的孩子就开始接受第一阶段的思考训练，一切行为几乎都以“不惹麻烦”为原则。但是，我们要孩子们有良好行为表现的最终目的，是让他们相信这么做是对的，不是因为害怕惩罚而已。

道德发展的第二阶段是“我想要奖赏”。任何学生都需要老师的鼓励和表扬。小孩做家务就给零用钱固然很好，但用礼物或金钱换取孩子良好行为的做法就很危险。我们应当知道，行为得宜是应该的。

“我想取悦某人”，是道德发展第三阶段。在上课时，我会告诉学生，你的看法很重要，不要太在乎别人怎么想。有位老师在请假隔天回到学校时，看到代课老师留的纸条，因为得知班上学生表现良好，因而兴奋不已。其中，一个叫罗伯特的学生，表现尤其突出。他帮老师维持秩序，告诉代课老师各项物品放在哪里，就像个小老师一样。这位老师替罗伯特感到骄傲，并表示要奖赏他。但讽刺的是，罗伯特拒绝了。他说，那么做不是为了奖赏。

道德发展第四阶段是“我要遵守规则”。很多学校采用的是第四阶段的行为方式，学生们必须遵循一些规则和守则。但我告诉学生们，不是必须去遵循这些规则，但学生守则这些东西都会被学生自觉地记在心里，在我的教室里并没有任何的规定，因为好好学习本身就是我们应该去做的，而不是因为规定才这样做。

如果你“能体贴别人”，那便上升到了道德发展的第五阶段。比如，学生在酒店里保持安静，并不是因为他担心有麻烦，不是要讨好别人，不是因为有规定，而是他知道，在另外一间房子里可能有人想休息，如果吵闹会让其他人感觉不舒服。

“我有自己的行为准则并奉行”，是道德发展的第六阶段，也是人格、道德境界的最高阶段。我有一个学生长得很漂亮、头发很长，两年后她来拜访我。我看到，她的头发都剃掉了。其他的老师都感到非常惊讶，我问她到底怎么了。她告诉我，学校里有一个女生做化疗时，头发都掉了，她把自己的头发献给患了癌症的那个女孩。这就是我所说的道德发展的第六阶段，人生境界的最高阶段。

（摘自《现代教育与生命成长》http://mp.weixin.qq.com）

## 二、学生道德发展的心理特征

学生道德的发展不仅受着生理发展状况与水平的制约，在很大程度上同样也受着心理发展特征的影响。

### （一）心理发展水平与道德认知

学生的道德发展主要表现在心理方面，心理学上将人的心理分为认知、情感、意志和行为四个方面的结构，学生的道德发展也表现在这四个方面。所谓道德认知包括道德知识的获得，道德评价的发展，道德信念和道德理想、世界观的确立等相互联系的复杂过程，道德认知是指对行为表现上的善与恶、好与坏的认识，道德认知的形成主要包括道德概念的掌握、道德评价能力的发展及培养。学生的道德情感在其发展过程中经历了由外露到内敛，易变到稳定，肤浅到深刻的过程。道德意志是指人在产生道德行为过程中所表现出来的意志，它是道德行为的一个重要组成部分。学生在道德行为中所表现出来的道德意志有两个方面：一是道德动机的斗争，表现在道德动机经常战胜非道德动机，二是表现在排除障碍，执行道德动机引起的行为的决定，道德行为是学生的行动表现。不同阶段的学生有不同的年龄特点，其道德发展的心理特点也各不相同。

**（二）不同发展阶段的道德认知特点**

小学阶段，学生在道德认知方面已经有了较大的发展，他们逐渐理解了社会的道德规范，能根据行为的实际效果或用道德规范来评价别人的行为与思想，已经懂得什么是对的，什么是错的，什么是美的，什么是丑的，什么是善的，什么是恶的，并且知道对一些事情应该怎样行动，为什么要这样行动等。小学生初步形成了对自己行为的道德评价，但是小学生的道德认识与实际行为还不能做到完全一致，对道德规范的认知还没有达到高度抽象的水平，往往带有情绪色彩，认知还处于较粗略的水平。小学生的情感体验开始复杂化，能从他人的遭遇、感受和书中的人物命运、故事情节中激起自身的情感反应，但小学生的情感易随情景的变化而变化，情感的表现是直接的，还不会掩饰自己的情感。这个时期也是道德意志发展的最佳时期，小学生的意志力已经有了很大发展，学校生活已经能让小学生为完成各种形式的学习活动和克服困难付出努力，他们在逐渐习惯学校生活的同时也在培养锻炼意志品质。在行为方面，小学生已能够按活动要求计划自己的行为，对自己的行为能加以注意，能反思自己的行为过程及其后果，重视老师或成人的评价，在比较评价中来作出自己的行为选择，小学生道德品质发展的关键是要养成言行一致的道德习惯。

**案例 5－2**

### 给予关注　给予爱

雪莱说过："道德中最大的秘密是爱。"已上五年级的女学生×××，每天打扮得很漂亮，神采奕奕地来上学，可是在课堂上却经常走神，一副得过且过的样子。于是，我找到机会询问她原因，她对我说："我很讨厌我的妈妈，因为她抛弃了我，只有我奶奶管我，但是她不识字，所以我怎么学都学不好。老师，你放弃我吧！"她的这一番话，让我知道儿时的经历对她的打击很大，也使她自暴自弃，于是，我便把她曾经写了一半的日记拿来，和她说："老师觉得你写得特别好，用词准确，情感真实，只是因为你对自己的信心不足，所以你没有坚持写完。我当你的班主任才两个月，我都对你充满信心，你怎么能允许自己先灰心丧气呢？"听我说完这些话，她低头不语。当我捧起她的脸时，我看到她的眼中有泪光，但她却没有让泪水掉下来，我笑笑说："加油吧！你在第三个月的时候成绩就会有所变化！"

从那天起，课堂上的她开始有了活力，愿意试着听讲，虽然也时常会懵懂地挠挠头。课上听不懂的地方，也愿意课下主动来问我，有时放学时也会留下来让我出几道同类型的题目让她做。两周过去了，课堂上的她已经能够发现别人的错误并指正，她变得越来越积极，也越来越有自信。当第三个月的月考成绩出来时，她开心地拿着卷子让我看，我在她的卷子上贴了一张大大的笑脸！她的成绩真的提高了，其实，我只是把自己当成了她而已，我知道被人抛弃过一次，心里就会觉得怎么学都没有人会关注，又何必去努力。因此，作为班主任，我要让她知道，哪怕所有人都忽视她，我也会是时时刻刻关注她、相信她的那个人；只要她想进步，我就会尽最大努力帮助她完成心愿；只要她有心里话想说，我就会抽出时间，认真倾听并且站在她的角度，帮她分析、解决问题。我要让学生们从一点一滴中感受到关爱，希望学生们能够相信，老师是带他们走向光明的人。列宁说："判断一个人，不是根据他自己的表白或对自己的看法，而是根据他的行动。"

（吉林永吉经济开发区中心小学校　王乐）

中学阶段，学生的思维向着更为抽象、概括和注重逻辑的方向发展，他们的道德学习能力具有较大的提高，可是个人的道德倾向和道德行为方式、女生和男生的道德认识兴趣和道德认识的方式开始有了差异，学生已经能够作出道德的独立判断和思考，不会轻易放弃自己的观点，经常会和教师或是成人产生观点上的矛盾和冲突。这个时期也是学生的道德情感变化迅速和激烈的时期，敏感、强烈而脆弱是其情感表达的独特方式，中学生开始企图掩饰自己的情感，对来自他人或社会方面的肯定以及自我肯定，会产生满足和幸福的感觉，但是面对内心的道德冲突，也会有痛苦的表现，倘若情感强烈而无法掩饰时，往往会有爆发式的反应方式出现。在道德意志方面，中学生能够控制自己的行为和情绪，并且能够自觉努力地掌控行动目标，为实现目标付出意志和努力，克服一些困难；但是在外界不良环境的作用下，或是感觉到自尊心受到严重伤害时，也会出现激情迸发、失去理智乃至行为失控的现象。在此阶段学生已经开始进行社会交往，学生之中出现各种"小团体"现象，对集体活动兴趣不大，更愿意与自己的伙伴在一起活动，喜欢新鲜和带有刺激性的活动，行为上表现出不愿受成人束缚但又需要成人的帮助，能独立又不能完全独立的特点。这个时期学生的各种欲望增加而精力又很充沛，显示出青春期的躁动不安的特征，容易受到不良引诱，导致各种劣迹的出现，青春期的学生犯罪率增多，这是需要警惕和注意的现象。这个时期的学生面临着双重的选择，这个阶段既是他们人生起飞的阶段，也是人生的危机阶段，更是奠定迈向社会的基础阶段。

**案例 5 - 3**

### 鼓励促成长　呵护造自信

实习时，我发现这样一个女孩，她十分沉默寡言，同学对她也是视而不见，老师上课也不向她提问。经过几天的观察，我发现全班朗读课文时，她只是张张嘴巴，而不发出声音。她的作业做得挺认真，简单的抄写作业完成得非常好，就是难度大的作业做得差些。于是我就直接找她谈话，向她问了一些问题。她说话声音小得像蚊子，即使站在面前也听不清，而且头低垂着，眼睛不敢正视我，双手总是扭着衣角。我要求她大声地回答我，至少能够让我听到她在说什么。经过几次谈话，我觉得她基本能够开口发声了，就给了她一项任务，每天至少用 15 分钟的时间大声地朗读英语或语文课文。这以后，我每天向她了解是否完成了我布置的任务。刚开始时她在课堂里的表现并没有起色，不过后来有一次全班齐声朗读课文时，我站在她身旁，居然听到了她微弱的声音。后来我就让她在我面前朗读课文，尽管显得很不自然，但她还是一口气读完了。这之后，她就经常一个人坐在位子上读书，有时也与同学说几句话。我实习结束时，她是第一个拿本子让我写留言的。

刘心武曾说："一个人的心态，犹如一条线，而人身上的优点，就像一颗颗珍珠。良好的心态会将珍珠串成一串美丽的项链。而一条脆弱的线，会使珍珠散落在地，失去价值。"青春期的女生天性敏感、脆弱，容易变得内向、不自信、不合群，更易边缘化，这时就需要教师的肯定和鼓励，唯有教师的用心灌溉与呵护，才能培育出娇艳欲滴的花朵。

（一位外语系实习生口述　摘自李晓文《学生自我发展之心理学探究》）

高中阶段，学生个体在身心两个方面都已逐渐成熟，社会化逐步完成。大多数高中生都已对世界、社会、事业和自己有较清晰和深入的思考，有自己的独立见解和核心的价值观念，对个人的未来有相对稳定与明确的选择，有个人的理想和信念，是人生由准备期向定型期转变的关键阶段。在认知上，他们具备了逻辑思维和辩证思维的能力，对事物的分析和综合能力、创造性及解决问题的能力都已达到较高的水平，高中生已经能够按照自己的意愿对未来的人生和生活世界进行规划，对主客关系有了更清晰深刻的认识，对自我的认识也更加全面和客观，能够进行自我设计、自我体验和自我发展，能够从独立的自我向独特的自我发展，在内心构建出个人的意义世界，而且，道德观也已成为他们内心世界的重要组成部分。在情感上，高中生的情感更加丰富复杂，而且也走向稳定深沉，能够控制和掩饰自己的情感，也能够表演情感。在这个阶段，内心世界的挣扎和斗争往往是很激烈的，但是一旦决定了就能表现出惊人的意志力，并表现出行动的自主性，开始承担责任，而且在行动中能根据实际情况调整自己的行为，设计自己的活动，并对行动进行反思和调控。

**案例 5 - 4**

## 在选择中成长

在一次全校运动会上，我带的 8 班和 10 班、14 班竞争非常激烈，分数咬得很紧。学生们似乎都红了眼睛，紧盯着攀升的分数，赛场的任何风吹草动都牵动着他们紧绷的神经。在男子 4 × 100 米接力赛中，我班第四棒的吴东奇处在第一的位置上，正全力向终点冲刺，而紧跟在他身后的一名同学不慎摔倒在跑道上。吴东奇停下来扶起那名同学后又向终点冲去。那次运动会，我班以微弱的差距位居第二。这时，我听到两种截然不同的声音：一种是埋怨，说吴东奇不应该去管别人的事，班级的荣誉是最重要的；另一种则是赞赏，支持吴东奇的做法，认为精神品质不能丢。这两种意见互不相让，吴东奇也感到很纠结。针对这件事，运动会后，我在班级召开了一次关于荣誉与精神的主题班会。通过讨论，学生们对这个问题有了新的认识，并最终达成一致意见，那就是：荣誉之于人，就像树叶之于大树，而精神品质则是树根。吴东奇在同学们的掌声中绽开了笑容。

（作者：吉林省桦甸市第四中学　庞洪南　摘于《学子——教育新理念》）

因此教师在进行德育时，要注意区分不同年龄段学生的特点，进行有针对性的道德教育，提高德育的实效性。要注重澄清各种道德观念，积极的观念要加以赞扬、肯定，消极的观念要加以反对和否定，使学生能够清楚地认识到什么是好的，什么是坏的，什么是对的，什么是错的。在对学生的品德教育中，更重要的是让他们参加一定的教学实践和社会实践，在实践中把情感和行为完美地统一。成年人要经常肯定学生好的言行，批评和否定那些不良的言行，以在学生心中加深道德观念，并产生情感共鸣，从而使学生的道德情感向着积极的方面发展，使学生的道德情感体验不断概括和深化。成年人要及时地向学生提出道德要求，要求学生为家庭或集体做点事情，激发学生去完成某种道德行为，使其在完成的过程中，体验着为亲人或集体做好事的义务感、责任感，学校还要为学生创设积极的道德环境。

## 三、学生道德发展的过程特点

学生的道德发展归根到底是指学生在成长中逐步获得对道德的认知，然后将道德规范进行转化，形成自己的道德品质，并将个人所获得的相关道德经验付诸实践的过程。这个过程不是一蹴而就的，而是伴随着学生的身心成长而发展变化，随着社会的变迁、科技的革命、人们生存状态的转变而变化。学生的道德发展是一个动态的生成过程，要完成的是从一个自然人向社会人的转化，即俗话常说的“做人”过程。由于学生自身即道德主体处在不断的变化之中，学生的生存生活环境这个客体同样变动不拘，构成学生道德的结构因素——道德认知、道德情感、道德意志和道德行为之间又是相互影响、相互促进、相互作用的，因而学生的道德发展是一个复杂的过程，更是一个长期的、反复的发展过程。

### （一）做人与成长

成长是摆在我们每个人面前的课题，人的自然生理的发展称作生长，人的心理变化过程称作成长，成长伴随着人的一生，在人生发展的不同阶段，人的成长重心是不同的，在人生的不同时期，成长的内涵也不相同。道德作为对人与自然、人与社会关系的一种把握，是人的成长过程中自觉的内在需要，是人们自我肯定、自我发展、自我实现的一种社会形式。人具有意志的自由，具有主观能动性，能够按照自己所认知的行为规范进行活动，通过对真、善、美的追求来实现精神世界的自我完善，获得人格意义上的成长。学生的成长通过在学校里的学习和实践活动，开启智力，发展能力，是德智体美劳等方面的和谐发展。提升学生的全面素质、为社会培养人才是学校教育的根本任务。学生在成长中成人，在做事中学会做人，这是学校德育的首要任务。

人生在世，重要的无外乎两件事：一是做人，一是做事。做人固然没有一定的法则和标准，但它存在一定的通则。怎样做人？做一个什么样的人？这是一门艺术，更是一门学问。我们经常听到“做人难，难做人”的感慨，也经常有“先做人，后做事”的领悟。可见做人不是个小问题，而是大问题，是每个人一生的必修课，做一个有道德的人，是人的成长过程中重要的内容之一。学生的成长过程也是受教育的过程，是获得教养的过程，学生要学做一个有教养的人。所谓的教养就是应该知深浅、明尊卑、懂高低、识轻重；应该讲规矩、守道义。有教养的人，往往不以术而以德，不以谋而以道，不以权而以礼；有教养的人在自己独处时，超脱自然，会管好自己的心，在与人相处的时候则为他人着想，与人为善，淡然从容。学生的成长过程是学习的过程，是通过学习各种知识获得生活智慧的过程，学生要学做一个有道德智慧的人。学生有道德知识不等于拥有道德智慧，道德知识掌握得再多，若没有道德智慧加以应用，道德知识也就失掉了价值。道德知识是静态的，学生通过学习拥有了道德知识，还应该明白如何正确地将所掌握的道德知识在生活实践中加以应用，没有道德智慧，就不可能有做人的通达，不可能有人生的大智慧。道德智慧是学会生活、处理事物的智能，是一种道德洞察力和判断力，是一种改变事情的勇气，是一种接受不可改变事情的胸怀。一个有道德智慧的人，知道有所为，有所不为，知道什么时候为，什么时候不为，知道做什么事，知道怎么去做事，知道能把什么事做成什么样。一个人在运用道德智慧把握人生方向时，就会用中庸拒绝极端，用理智拒绝冲动，用冷静分析情景，用务实发挥影响，用自觉端正态度。如果一个人缺少道德智慧，就会在做人做事方面有欠缺，所以学生道德的发展，实际上就是道德智慧的渐成，是在学会做人中的成长。

**案例 5-5**

### “偏爱”是替“问题”学生疗伤的良药

教育是一门艺术，运用之巧，存乎于心。要教育好学生，首先要热爱、了解、理解学生，教师要善于走进学生的内心世界，要把整个心灵献给学生。每一个孩子，都是一个独特的精神世界。教师要善于根据学生的个性特征，运用恰当的方法教育学生，这样才能取得好的效果。特别是针对“问题学生”，由于他们受到了家庭、社会某一方面的负面影响，所以在心灵深处会产生“排斥”现象，教师，特别是班主任更要对他们“偏爱”一点，才能疗治他们心灵的创伤。

2007 年元月的一个周末，寒风瑟瑟，晚上 10 时左右，我的手机传来一阵阵急促的铃声。“喂！祝老师吗？我是×××的爸爸，我女儿怎么还没到家呀？她的手机又关机了。”“早下晚自习了，应该到家了呀，今晚的自习她在的呀，会不会到同学家去了？我帮你问问吧。”我打遍了班上所有能联系到的同学的电话，都说没与她一起，也不知道她去哪里了。我的心一阵阵收紧，该不会出什么事了吧，我忙起床，穿衣，打算到学校叫上几个同学。一起去网吧找找。刚出家门，我的手机铃声又响了，我忙掏出手机，一看正是×××打来的。“祝老师，我怕你担心，给你打个电话，我在到贵阳的火车上。”“你到贵阳干什么？”“我不想读书啦，我想到广东打工。”×××在电话里吞吞吐吐地说。我忙安慰她：“你千万不要这样，再有半年就高考啦，这可是人生的十字路口呀，这样，你到贵阳后，先在车站附近找个宾馆住下，我明天过来帮你参谋参谋好吗？千万记住啊，住的地方别离车站太远，晚上不安全，随时保持联系呀。”挂了电话，我还是很担心，于是就叫我贵阳的同学把×××接到家里住下，这才放心下来。

×××是一个“特殊”的学生，小时父母就离异，人虽聪明，但性格孤僻，不善与人交往。继母又带有一个孩子，复杂的家庭结构，使本来就缺少父母关爱的孩子，又增添了对继母的排斥心理。刚上高一时，我召开主题班会，让每个同学作个自我介绍，多数同学谈到了自己的家庭，口若悬河，兴高采烈。唯独×××，站到讲台后自我介绍道：“我就是我家，独来独往。”针对这样一个特殊的学生，只有采取特殊的办法，对她“偏爱”一点，才能治好她心灵上的创伤。

第二天，我带上两个平时与她“要好”的同学，赶到贵阳，通过一番耐心细致的思想工作，终于解开了她的心结，她同意回来继续读书参加高考。从此我除了在学习上关心她外，有时还把她带到家里给她做点好吃的，以致有同学还对我有意见，说老师“偏心”。也许正是因为我的“偏心”，她不仅性格渐渐变得乐观开朗了，而且最让人欣慰的是她在08年的高考中还考上了一本线，被贵州师范大学录取了。

教师本应该公平对待每一个学生，尊重每个学生的个性特长，珍爱学生的每一份自尊。教师要在教育教学工作中融入一种博大而深沉的爱。这种爱可以引导学生，陶冶学生，感化学生。原苏联教育家赞可夫说：“当教师必不可少的，甚至几乎是最主要的品质就是热爱学生。”然而由于各种因素的影响，现在的学生都喜欢张扬自己独特的个性，都有自己结交的朋友群。在一个班集体里，有的乖巧听话，成绩优异；有的性格孤僻，脾气暴躁；有的自由散漫，沉迷网络。班主任要善于抓住学生的闪光点，因势利导；又要善于查找学生的缺点，对症下药。爱因斯坦曾说过：“只有爱，才是最好的老师。”采取“偏爱”的方法，给特殊学生更多的、特殊的爱，才能滋润他们干枯的心田，消除他们的心理障碍，打开他们紧闭的心灵大门，只有这样才能达到“亲其师，信其道”的效果。

陶行知说：“捧着一颗心来，不带半根草去”。教育是爱的艺术，爱是教育的钥匙，教师尤其是班主任只有让爱与教育相随，才能与学生共享教育的美丽。

（遵义市第五中学　祝怀怡）

### （二）明理与习德

孔子讲“学而时习之，不亦说乎”。学生的道德发展的实质是一个学习道德和实践道德的过程，也就是明理和养成道德习惯的过程。明理指明白一个道理，习德指遵循着这道理来进行实践，道德发展过程可以看成是学习道德规范并将道德规范变成个人的行为，形成个体的道德品质，并在生活中对其进行运用和操作的过程。学生的道德发展需由道德知识经验的领会和掌握而引起品德的发展，这是一个由量变到质变的过程，其中要经过很多阶段。学生的道德发展是在掌握和运用道德知识、联系和重复道德行为的过程中完成的。道德认知能力包括道德理解能力、推理能力以及道德判断和选择能力，最终要形成道德习惯。

明理是学生的道德发展过程中不可缺少的，任何一种道德现象，只有在人们对它形成了正确的认识之后，才有可能内化为情感和意志，外化为行为和习惯。道德首先是人的一种思维和理念，它体现在人的语言和行为上，而语言和行为是可以成习惯的，当道德的行为成了人自动化的表现后，人的道德习惯才形成。明理形成人的道德理性，理性含着道德智慧与道德思维。这些充满智慧与理性的道德行为在当今竞争激烈的社会中应该得到肯定和弘扬。德育工作要改革传统的道德习惯培养方式，对类似与过去的教育观念不相符甚至相悖的观念和行为要加以鼓励和倡导，以适应社会的发展和教育的要求，而量化、模式化的、技术至上的做法降低了教育的艺术性，也不同程度地束缚了青少年学生主观能动性的发挥。道德习惯是"养成的"而不是"速成的"，对青少年良好行为习惯的训练，并不一定要用规则教育，因为规则总是会被他们忘掉，而是应该利用一切时机甚至在可能的时候创造时机给学生一种不可缺少的练习，使他们养成道德习惯，因为只有通过行为训练才能使他们知行统一，而言行统一的高尚品德习惯的养成也必须经过实践和锻炼，必须经过长期的磨炼。

**案例 5 - 6**

### 让你的学生自信快乐

英国剧作家萧伯纳说："有信心的人，可以化渺小为伟大，化平庸为神奇。"的确，自信是成功的第一秘诀。在人生道路上我们每个人都需要自信，需要有支撑我们行动的力量和信心。因为自信，我们才更加坚定，更加坚定，我们才会有所收获，有了收获，我们才会更加快乐。我想，人人都有这样的愿望，也都希望自己能够拥有自信和快乐。然而，自信的人并不多，尤其是我们的学生，他们正处于思想成型时期，也处于心理很脆弱的时期。在成长的过程中，他们的心理和情绪都极易受外界的刺激，一旦遭遇了挫折就很容易产生自卑自弃的念头。所以作为老师的我们，在关注学生学习状况的同时，更应该多注重他们的情感、思想和内心世界，要帮助他们重建信心、重获快乐。

小秦（化名）是我所教文科班中的一名女生。她是一名文静、内向的学生，刚分文理班的一个月，我对她的印象不是很深。她平时不怎么说话，上课也不积极发言，学习成绩平平，很少与同学和老师交流。开始注意她是在两个月后，那一段时间她交上来的作业总是满页的错误，连课堂上讲的基础知识也没能答对。连续几天都是如此，我开始观察她在课堂上的学习状况，经过几天的观察，我发现她上课的时候注意力没在黑板和书本上，两只眼睛无神地盯着一个地方发呆。原来，她的心思全然没有在学习上。那么她究竟在想些什么呢？我认为是该找她谈谈的时候了。但我又担心她不愿意告诉我。要怎么才能让她信任我，告诉我她的心思呢？如果直接叫她来说，她肯定会不好意思对我说。要怎样才能了解她厌学的真正原因呢？一般来说，大多数学生不愿直接和老师交流，更愿将想说的话写在纸上。于是我决定叫全班同学写一张分科后的学习总结，主要写自己的所得、不足以及在学习中遇到的困难，给老师的建议，或者需要得到老师的哪些帮助。

第二天学生们便将他们的总结交上来了，我迫不及待地看了小秦的总结。果然，我在她的总结里看到了这样一段话："上了高中以来，我的学习成绩下降了。以前在初中时期的辉煌已经不见了，在老师眼中我不再是一个优秀的学生，同学们也看不起我，不愿理我……本以为分了文理科后，我就可以好好学我的优势学科，争取把成绩提高。可是一次又一次的打击让我对自己失去了信心，我对自己的未来已经不抱希望了……我也曾努力过，可得到的仍然是令人失望的结果，我该怎么办？”看来，小秦是因为进入高中后，没有适应高中的学习和生活，没有找到正确的学习方法，没有得到老师和同学们的关心和帮助而导致了成绩的下降，所以她产生了心理落差，并陷入深深的自卑之中，进而在面对困难和挫折时选择了逃避和放弃。她希望得到帮助，希望得到老师的喜爱和同学们的欢迎。怎么帮助她重建信心呢？我现在要做的就是让她改变现有的想法。在接下来的学习中，我应该不断给予她肯定和鼓励。在给她的回复中我这样写到：“认真去做吧，我相信有付出就会有收获，没有行动、没有付出就一定不会有收获。别人能学好，你同样能够学好。只是你现在还面临着一些困难，但只要找到了克服这些困难的方法，有毅力和决心，那么一切难题都可以迎刃而解。用你的行动和努力去证明你能行！‘深窥自己的心，而后发觉一切的奇迹在你自己。’老师相信你！你也应该相信自己。”

给学生的回复发下去了，我再观察小秦的表现时发现，她开始集中精力听课了，也许我的几句话对她有启发吧。经过一段时间的努力，小秦的成绩慢慢提高了。无论是课后作业、测验考试还是课堂练习，她都有了很大的进步。我知道这是她努力的结果，我应该对她的努力给予肯定，让她更加坚定决心、树立信心。于是，在一次课堂练习中，我当着全班同学的面表扬了她，并要求其他同学学习她这种拼搏向上的精神、坚持不懈的毅力。这是一个重要的机会，我要让她、让我更多的学生们勇于克服困难，坚定理想和信念。于是我又在黑板上写下了这样一句话：“自信是一根柱子，能撑起精神的广漠天空，自信是一片阳光，能驱散迷失者眼前的阴影！”这样的肯定和鼓励对其他同学也产生了很大的影响，这种力量会激励他们勤奋、努力。

进步的喜悦、老师的关心让小秦渐渐开朗起来，不再将自己的内心封闭。我注意到她开始与同学们愉快地交谈了。他们交流学习的心得和方法，交流高中生们的课余爱好，幸福地享受着他们如花的青春时光。小秦变得自信了，快乐了！我想，作为老师，这一定是让我们感到最高兴、最幸福的时候。

快到期末了，小秦的练习册中夹着一张漂亮的信签纸，上面写着：“谢谢您，老师！没有您的鼓励我不会看到自己的希望。是您的关心、鼓励和支持让我重拾信心。这是我们每个学生都渴望的！”

（重庆市北碚区朝阳中学　陈静）

**（三）长期与反复**

人的道德是一个动态的发展过程，学生道德发展的过程是道德认知、道德情感、道德意志和道德行为等道德要素共同发展的过程。构成人的道德的这些要素是不稳定的，经常处于变化之中，而且各个要素之间的发展也存在着不平衡。学生的身心正处在成长和发展的时期，外界环境的变化和学生自身的发展变化，都会导致学生已经形成的道德面临新的考验和挑战，学生的道德品质也将发生改变，旧的问题解决了，还会出现新的问题，好的道德品质需要巩固，不良的道德品质需要改正，而学生的道德品质不是线性发展的，任何道德品质的形成都不是偶然一现的道德认识和偶尔一次的道德行为的结果，而是需要经过长期的修炼和学习，在与社会和环境的相互作用过程中，逐步树立起关于道德的正确认识，并将这种认识内化到自身品行之中。这个过程是个长期的过程，伴随着人的成长和思想意识的成熟而不断进步和提高。那种认为道德发展是短时间之内就可以达成的，甚至认为一朝一夕的教育活动就可以见效的思想是不切合实际的。

学生是社会中的一员，虽然在学校里度过了大部分的时光，但是学生与社会生活的方方面面还是发生着广泛的联系，在接受学校教育的同时，也受到家庭和社会的深刻影响。当学校、家庭和社会的道德教育相一致时，学生的道德发展是顺畅的，而事实上，家庭和社会对学生的道德影响是自发的，有些道德影响和学校的道德教育相一致，有些道德影响却是相反的，有些对学生的道德发展起积极的作用，有些对学生的道德发展则起消极的或是毁坏的作用，学校里的道德教育无法完全控制与其不一致的、来自家庭和社会的消极影响。在当今时代，信息社会的知识技术给社会生活带来很大的变化，社会正处于由旧的存在状态向新的存在状态转型的时期，人们的思想观念、道德意识和精神文化都发生了很大改变，显现出多种道德观并存、道德相对主义盛行的现象；家庭结构也发生着重大变化，传统的大家庭被核心家庭所取代，离婚率上升，新型的家庭形态如单亲家庭、再婚家庭的出现也给学生的身心带来了影响。道德教育环境的变化必然会给学生的道德发展造成冲击和影响，客观现实的状况是矛盾和复杂的，对学生的影响经常是多种因素的综合性作用，影响不一致的情况是客观性的存在，这就使得学生的道德发展会出现反复。学校道德教育的任务就是要帮助学生自觉抵制各种不利因素的影响，促使学生的思想道德品质向积极方向转化。

**案例 5－7**

### 修身立德，细节育人

一天，我来到一(3)班教室上课，刚走到教室门口，班上就有一个叫刘祥源的小男生跑过来，急切地告诉我："倪老师，我刚才在教室外捡到一副眼镜，不知道是谁的，丢了的人上课看不清楚怎么办哟？"这副眼镜不大，蓝色的边框，看得出来肯定是学生佩戴的，于是，我拿着眼镜问了问教室里的孩子们："看看，谁的眼镜掉了？刚才刘祥源小朋友在外面捡到了一副眼镜，这是谁的？"问了好几遍，也没人认领。于是，我顺手把它放在了讲台上，心想：待会再问问这层楼的其他几个班吧！可是，下课以后，我就拿着书和教案急急忙忙走到下一个班做课前准备去了，把这副"小"眼镜给忘掉了。两天后，当我再来到一(3)班教室上课时，刘祥源拿着眼镜走到我面前："倪老师，这副眼镜是我捡到的那副吗？怎么还在这儿呢？"听到这话，我猛然一愣，似乎意识到了什么，再看看刘祥源脸上失望的神情，急忙安慰他："对不起，前两天是老师忙糊涂了，忘了帮它找失主了，是老师错了。"说着，我又当着刘祥源的面把那副眼镜放进自己的包里。当天午会，我在广播里播出了失物招领，一下课，一个二年级的男生就来认领了这副眼镜，我带着他来到一(3)班教室找刘祥源，当刘祥源看到眼镜架在二年级哥哥的鼻梁上时，脸上又露出我熟悉的灿烂的笑容……

一个孩子，做了一件好事，在成人看来，可能很不起眼，但对于幼小的孩子来说，它却是件了不起的事，孩子可能会为自己做了一件好事而骄傲，并希望得到老师的肯定和表扬。在我们的教育教学工作中，在各种不同的场合，我们常教育孩子“拾金不昧”，而实际上，当孩子拾到的一个发卡、一粒纽扣、一支钢笔……却经常受到我们教师的忽略。是啊，仅仅从经济价值来衡量这些东西，这些东西的确微不足道，没有多大意义，然而，在生活中有许多事物，它们存在的实际意义是不能单用经济价值来衡量的。像我起初那样，对孩子捡到的东西不以为然，没有妥善保管和处理，没有顾及到孩子的心情与感受，这不是伤了孩子纯洁美好的童心了吗？我在心里责备自己：太粗心大意了，怎么能这样做？教师是孩子们学习的榜样，教师处理问题的方法和态度更是会潜移默化地影响孩子。教师是孩子的一面镜子，教师的一言一行、一举一动，孩子都看在眼里，记在心里。不过，令我欣慰是，后来我意识到了自己的错误，向孩子承认了错误，在一定程度上弥补了错误。

教育家加里宁曾说过这样一句话：“教师每天仿佛是蹲在一面镜子前，外面有几百甚至上千双精细的、敏感的、善于折射教师优点和缺点的孩子们的眼睛在不断地盯视着你，世界上没有任何人能对年轻的心灵给以如此深刻的影响。”

是啊，教师这一职业与其他职业的不同之处就在于，我们所面对的是一群鲜活的生命，而他们正处于对一切事物都充满好奇、急于模仿而又缺乏辨别能力的年龄。在他们的心里，教师是神圣的，教师的威望是至高无上的。教师的每一言每一行，每一举每一动，都对学生有着巨大的影响，都会直接或潜移默化地影响着学生的言行举止，甚至会影响学生的一生。因此，作为一名教师，在传道、授业、解惑的同时，更应该注重用自己的一言一行去引导学生，用自己的品德情操、处世态度去影响学生，因为身教的效果永远强于言教。

作为一名普通的教师，我当然没有资格发表宏篇大论去谈如何做好一名教师，我能做的就是不断地告诉自己要做好一件件小事，尽管不可能事事完全做好，但定要尽力为之。不仅如此，我还要告诉我的学生们，人贵在能做好小事，不要空谈爱国主义，不要空讲理想情怀，做好一名合格的小公民就不错了：不要乱扔一张纸屑，不要浪费一点资源，不要闯红灯，不要说谎话……尽好自己的一份责任，这样对自己、对别人都能有一个交代。

（重庆市北碚区朝阳小学　倪莉）

## 第二节　个体道德发展的观念论

道德是怎样形成和发展的，这一直都是人们探讨的问题，而且基本形成了两大派别的学说：一是强调外部要素在人的道德形成和发展中的主导作用，认为人的道德形成和发展要靠社会习俗的教化，靠教育的灌输和训练，靠行为习惯的养成；一是强调人自身的内部要素在道德形成和发展中的作用，认为人的理性和人的主观性是道德形成和发展的本源，人总是在总结个体道德经验的基础上，让道德逐渐成熟和发展起来的。综观关于道德形成和发展的看法，有以下几种代表性的观念：

## 一、成熟论

美国著名发展心理家格塞尔和汤姆逊做了一个著名的同卵双生子爬梯学习的实验，说明生理成熟的状态不同，对学习效果的影响就不同，这个实验同样也可用来说明品德学习的问题。这个实验选择了在很多重要点上都是一样的46周双生子，对其中一个A做爬梯的学习实验，让A必须学习爬过一个阶梯，才能到一个高栏小床上拿到吸引他的东西。对另一个B则暂时不做这个学习实验。结果发现，在A的第一次爬梯学习中，他的动作既迟缓、又笨拙，而且需要一些帮助。此后让他每天用10分钟的时间进行爬梯练习，经过6周的练习，到第53周停止。这时，让同样是53周的B第一次开始做相同的爬梯学习实验，结果观察到B的第一次爬梯动作比A在第46周时的爬梯动作的成绩要好得多，而且B不需要任何帮助；让两人从地板爬到梯顶，A用了25秒的时间，B用了45秒，B的爬梯动作不如A那么熟练，因为A已经有了6周的训练，而B缺乏这种训练；此后让B进行两周的爬梯学习，其成绩明显提高，他从地板爬到梯顶只需要10秒钟，B的2周的学习远远超过了A的6周学习，B在学习爬梯时比A晚了6周，生理成熟状态比A好，因此，A和B的学习效果也就不同。这个同卵双生子的爬梯比较实验为成熟论提供了实证性证据，他在研究了一些儿童的早期发展之后认为，儿童的神经系统是按照阶段和自然的程序成熟的，儿童的各种能力包括道德都受成长规律的支配。成熟论虽然看到了道德发展要受到生理因素的影响，是认识上的一种进步，但没有完全走出道德发展由先天因素决定的阴影。

## 二、阶段论

人的发展是有阶段性的，这是人的发展的一个显著特征。古今中外的思想家、教育家都曾对人生阶段进行过划分，并具体提出了在不同的阶段要进行不同内容的教育，每个阶段的教育重点不相同，需要进行的教育手段也不相同这一观点。这一派认为，个体道德发展是到了一定阶段才进行的，个体发展的每一个阶段都有一个发展的重点，每个阶段的主要方面都是不同的。如法国卢梭认为，2岁以前的儿童的发展重点是身体的健康生长，2岁到12岁的儿童的智力尚处于睡眠期，只能进行感官的训练，12岁至15岁才是进行理智教育的时期，15岁至20岁时主要的教育任务是情感和意志的培育，道德教育要在此五年内进行，卢梭非常推崇情感教育在道德形成中的作用。卢梭开了把个人成长历程作为教育理论研究重点的先河，凭借其自身的深刻觉察和直觉能力，提出了一系列不同于当时教育传统的主张，在人类思想史和教育思想史上产生了深远的影响。个体道德发展虽然与其他方面有不平衡性，但就总体而言，这种说法未免太绝对了。

## 三、扩展论

这一派认为个体道德发展由孩子到成人没有什么质的变化，只是量的增长，道德随着个体的长大而发展，在人生的不同阶段，道德教育内容没有什么区别，只是程度的不同而已，道德发展就像水波纹似的扩散，道德的起点好似圆心，道德发展在不同阶段只是圆的半径长短的不同，道德发展犹如圆的半径的不断延长，是圆的面积的不断扩大，是圆心的不断提升，整个道德发展过程是螺旋式的不断上升和扩展。捷克教育家夸美纽斯就持这样的观点，他认为教育要适应自然的原则，一是要适应自然的顺序，自然界的万事万物都有生长法则和秩序，并遵循着一定的顺序，教育也要服从这个顺序；一是要适应人的自然本性，遵循人的年龄特点。因此，夸美纽斯主张教育应从易到难，从近到远，从简单到复杂，从具体到抽象。品德教育应将贤明、节制、勇敢和公正作为基本德性。儿童要获得这些品行就必须要进行实践，教师和成人要为儿童做好榜样，要为儿童安排合理的生活使他们无暇去违德。

## 四、内生论

孟子从性善论出发，认为人皆有先天的恻隐、羞恶、恭敬、是非之心，只要努力发挥这四个善端，人就能够去除私弊，成为圣人。正所谓“尽其心者，知其性也；知其性，则知天矣。存其心，养其性，所以事天也。”人的心中就有天理，道德规范和人的主体意识在本源上是同一的。王阳明心学继承了孟子的思路，提出“心即理”，心是道德主体的代表，理是道德之理，是人之所以为人之理，他认为“心外无理”，道德的形成和发展要靠人的“致良知”。王阳明从道德主体出发来讲道德本体，指出二者本源的同一性，道德主体具有个性化和感性化的非理性因素，他尊重人的个体性和差异性，突出了个体的道德情感和道德自主，这是“内生论”。

## 五、外铄论

先秦儒家道德思想以人性论为基础，荀子从性恶论出发，提出“化性起伪”，遵循社会的外部礼制，达到对人的本性的约束，通过“隆师、道问、强学、积学”等过程，整治人的恶之本性，使之合乎礼义。程朱理学发展了荀子的思想，从其性体论出发来论述道德的形成和发展，程颐认为“在天为命，在人为性，论其所主为心。”朱熹认为“心与理一，心与性为体”，心是人的本性，代表着天理的社会道德规范表现在人的身上就是“性”，要“化心为性”，变求得肉体物欲满足的“人心”为从天理和道义出发的“道心”。道德的形成和发展要靠外在力量的灌输和权威的教导，要确立人的理性本体地位，从“理”出发，化气质为义理，化个体性为普遍性，具有本质主义的特点，这一派学说代表了中国传统道德教化的大方向，是“外化论”。

## 六、内化论

所谓内化，指的是道德主体把外部的道德要求通过认知与情感的作用而变成内部的需要的过程。马克思主义的辩证唯物观认为，道德的形成和发展受人们所处的物质生活条件的影响，既不来自抽象的人性，也不来自道德本身。道德作为一种意识形态，是由人们的经济基础决定的，道德作为个体的存在方式，是社会道德规范通过主体的内化而表现出来的行为结果。“人不是被动地服从社会道德的约束，而是主动把握道德规范的要求，自主地选择道德活动，也就是说，道德是在一定社会关系的基础上通过人的自由自觉的活动表现出来的。而人的这种自由并不是独立于社会和人自身的没有经验内容的空洞形式，而是人在认识、把握两种必然性——外部自然界的规律和人本身的肉体存在和精神存在的规律基础上支配自己行动的能力。马克思主义进一步认为，个体对道德规范的把握，一旦离开道德的社会决定性和客观制约性，道德的主体性就失去了表现的场所。"人的本质是一切社会关系的总和，人的道德准则不能离开一定社会的经济关系，道德总是反映了社会历史的必然和现实利益的要求，具有普遍性的特点，个体道德是对整体道德的反映。马克思主义的道德发展观既看到个体道德是对社会道德准则内化结果的本质，重视个体的主观能动性，又看到了社会道德是不以人的意志为转移的客观社会关系的要求，在社会实践中发展人的道德行为是马克思主义的基本观点。在影响道德形成和发展的内外因关系上，马克思主义强调外因是条件，内因是根本。

现代道德发展观强调由他律转向自律，将外在规范内化为自我约束，是从外向内的转化，由于现代性认为理性是人的本质，是人认识世界的标准，重视秩序的建立和稳定，因此，现代性必然重视认知和训练在道德发展中的作用，忽视对意义和价值的揭示。现代道德发展的内化观是建立在一种确定性基础上的，道德的时空是确定的，道德的内容和规范是不变的，在价值取向上，这种内化观追求普遍性、客观性、必然性，个体的、偶然的、独特的道德经验、情感和意义是不在考虑之内的。主客二分的方法论，把道德发展的主体看成是教育的对象，从而将道德从道德自我的属性中分离出来，成为与道德主体相对的、外在于道德主体的存在。以一致的道德秩序与道德准则来规范道德主体的日常生活行为，所遵奉的是道德一体化秩序的道德约束，是以纪律为形式的强制的训诫、评价和奖惩，体现为一种道德的管制，并把这些手段看作是道德内化的必要性存在，是促进道德个体内化不可缺少的外部的制约要素，从而有意或无意地遏制个人道德的主体性。现代道德发展的内化观看似强调了道德个体的主观能动性，但在实际运作上却是把道德主体当成了被动接受和转化的工具，其潜在意图是把道德主体训练成或塑造成能遵守特定秩序的，具有特定功能的，而失去反思、判断、自主的理性能力的道德工具人。

## 七、建构论

后现代强调个体道德不具有原初性质，是后来建立起来的，建构既然是后天建构的，它就要有一个建立的根基，这个根基就是人的身份。自我性和道德是难解难分的主题，人可能焦虑地怀疑生活是否有意义，或者对它的意义是什么感到困惑，但是，没有任何框架为所有的人共有，能够被统一当作唯一的、最重要的框架，而这个框架又是无法逃避的，框架的东西体现着一套关键的性质特征，在这个框架内的思考、感觉和判断，就是这样的一种意义在起作用，即某些行为，或生活方式，或感觉方式无比地高于那些我们更加乐于实行的方式。认同是由提供框架或视界的承诺和身份规定的，在这种框架和视界内，个体能够尝试在不同的情况下决定什么是好的或是有价值的，或者什么应当做，或者应赞同或反对什么，换句话说，这是个体能够在其中采取一种立场的视界，这个框架或视界可为事物提供稳定的意义，认同或允许我们规定什么对我们重要以及什么对我们不重要，规定着我们在其中生活和选择的性质差别的空间。

**案例5－8**

## 那一次，我哭了

2005年9月，我接任了班主任工作，遇到了这样一位学生：数学课上，他不专心听课，而去摸女同学的手；英语课上，他不好好念书，却阴阳怪气学“鸟语”；语文课上，他不是东瞅瞅、西望望，就是呼呼大睡……你说，学习成绩差点也罢了，可他的道德品质也让人不敢恭维，下课后居然俯下身子去看实习老师的超短裙，简直是“色胆包天”。同学们见了他，就像老鼠见了猫，当面尊称他为“李老大”，背后却称他为“李杂皮”。

这孩子是怎么啦？我和几位老师一筹莫展。讲道理，摆事实，软硬兼施，可他就是屡教不改，思想、学习、态度……似乎什么都差，屡次家访也无效，家长根本无可奈何。干脆放弃他！我曾一度有这种想法。不去理睬他，也让同学们不要与他计较。我甚至断言：“他无药可救，简直就是一堆‘垃圾’。”

直到有一天，我看到这样一则故事：纽约州大沙头是一个黑人聚居的贫民窟，这里不仅穷困，而且声名狼藉，这儿出生的孩子长大后很少有人能够获得体面的职业。皮尔·保罗担任了诺必塔小学的董事兼校长，当他走进这所小学后，他发现这里的孩子终日无所事事，旷课、斗殴，甚至砸烂黑板这样的事，对于他们而言也是家常便饭。当罗杰·罗尔斯这个孩子从窗台上跳下，伸着小手走向讲台的时候，皮尔·保罗说：“我一看你修长的小手指就知道，将来你就是纽约州的州长。”当时罗杰·罗尔斯大吃一惊，因为长这么大，只有他奶奶让他振奋过一次，说他可以成为五吨重的小船的船长，这一次校长竟说他可以成为纽约州的州长，这大大出乎他的意料。他记下了这句话，并且相信了它。从那天起，纽约州的州长就成了高扬在精神领域上的一面旗帜。他的衣服不再沾满泥土，说话也不再污言秽语，走路也挺直了腰杆，他成了班长。此后，他一直以州长的身份要求自己。五十一岁那年，他真的成了纽约州的州长。在就职记者招待会上，他没有提及个人的奋斗史，他只是提及了一位“点燃”过他信念的校长——皮尔·保罗。

看了这个故事，我心中触动不已。“不良儿童乃是失败了的教师的象征。”马卡连柯的话又在耳边响起。扪心自问，我真的就这样失败？不！去年，学校举行运动会，一向喜欢打篮球的李旭（化名）跑来找我，坚持要我让他参加这次篮球赛。我下意识地感觉，教育的时机来了。我故意很为难地说：“你这样调皮捣蛋，就是我同意，恐怕同学们也不会同意呀！”他听了着急地央求道：“只要您让我参加球赛，今后我一定听您的话，遵守纪律。”我看他态度很诚恳，就进一步问他：“你为什么一定要参加这次球赛？”他的回答很让我吃惊，“我想为集体争光。”我把手一拍：“好哇！就冲你的这句话，我不但要你参加，还要任命你为球队队长。”他听后非常疑惑地望着我，以为是我又打趣他。当我诚恳地告诉他这是真的时，他激动地说：“不不！我……我不行，我怕辜负您的期望。”我拍着他的肩膀说：“你行！你肯定行！”随后，我在班上表扬了李旭的这种想法，也肯定了他的球技，并宣布了这一个大胆的决定。顿时全班哗然。随后，李旭走上讲台，含着泪说：“请你们相信我，我一定不会让你们失望的！”在我的带领下，教室里响起了雷鸣般的掌声。事后的几天，我发现他真的很守纪律，和同学的关系也处理好了，还主动和他的队员商量对策。业余休息时间，他也不再在教室捣乱，而是带上队员到操场认真练球。比赛正式开始了，他和他的队员在赛场上团结一致，奋力拼搏。有一次，他不小心扑倒在地，手脚都蹭破了皮。同学们都蜂拥而至，劝他别上了，他却笑笑，说：“没事！”真的很让人感动，多好的孩子啊！他的内心也有上进心，也有集体荣誉感啊！在他的带领下，我们班最终取得了这场比赛的胜利。在总结会上，我激动表扬：“李旭，多么勇敢，多么有集体荣誉感！那敢于拼搏的精神难道不值得我们学习吗？他的学习、思想也一定会赶上来的！因为他本来就是个好孩子！”

也许就是被这种表扬鼓舞了，也许就是被这种信念点燃了，孩子的内心潜能被激发了，虽然有时马虎捣乱，但他明显变得安稳多了，做的惹是生非的事明显少了，学习上也能做做作业了……在孩子逐步改变自己的同时，我和老师、学生们给予他更多的关心，一次次把他当好孩子来看待，一次次地帮助他、激励他；他也把自己当作好孩子来看，一次次改变，一次次进步、提高……学期结束时，他的成绩竟然由以前的1 000多名考到了500多名。在期末的表彰大会上，我让他发表获奖感言，让我万万没想到的是，他转过身来对着我，恭恭敬敬地鞠了一个躬，然后，他对着全班家长和同学说：“今天，我要感谢一个人，她就是我的班主任张老师。没有她的那次鼓励，就没有我的今天，是她点燃了我心中熄灭已久的信念。谢谢！”说完，他流着泪再次向我深深地鞠了一躬。不知在什么时候，教室里已经响起了一片雷鸣般的掌声。这突如其来的举动，深深地打动了我，我禁不住热泪盈眶。此时，我才真正感受到，作为一名教师是多么的幸福啊！我为我所从事的教育工作而感到无比自豪。

（重庆市涪陵第十四中学校　张译方）

## 第三节　个体道德发展的相关理论

关于道德的学说纷繁复杂，并且经历了两千年的发展变化。道德是怎样在个体身上发生的？这是人类自我意识觉醒和发展的必然结果，也是人类文明和社会发展进步的必然产物。人的道德终究是人的身心发展的一个社会性结果，按照其结构的组成，可以分为知、情、意、行四个方面，不同的理论学派对道德发生、发展的研究也是从这几个方面分别进行的。二十世纪以来，对道德发展的研究形成了精神分析、行为主义、社会学习和道德认知发展流派，它们分别从道德的不同结构要素进行了研究，并取得了丰厚的成果。

### 一、道德认知发展的理论

从认知的角度来思考道德认知的发展情况，其核心是分析从儿童初期到成年期人类发展的各个阶段或水平中的思想方式的结构。这种阶段性的发展既被认为是自然成熟的过程，又被看作是在周围环境的影响之下实现的。

### （一）皮亚杰的道德发展阶段论

瑞士心理学家皮亚杰(J. Piaget 1896—1980)在研究儿童道德发展方面作出了突出贡献。他主要从儿童道德判断能力的发展来研究道德发展的特点，所以他的有关理论也称为道德的认知发展理论。皮亚杰从大量的实证研究中揭示了儿童道德判断的发展进程，并于1930年出版了《儿童道德判断》一书。

皮亚杰采用的主要方法是对偶故事法，即根据所要研究的道德现象，设计、编制出一些包含道德价值内容的对偶故事，要求儿童对故事中主人公的行为作出是非对错的评价，然后从中揭示儿童的道德发展水平。

**案例5-9**

**对偶故事举例**

在研究儿童过失行为的判断时，向儿童叙述了下面一则故事，然后要求儿童说出评定的理由。

A. 一个叫约翰的小男孩在他的房间里，家里人叫他去吃饭，他走进餐厅，但在门背后有一把椅子，椅子上有一个放着十五只杯子的托盘。约翰并不知道门背后有这些东西，他推门进去，门撞倒了托盘，结果十五只杯子都撞碎了。

B. 一个叫亨利的小男孩，一天，他母亲外出了，他想从碗柜里拿出一些果酱，但是放果酱的地方太高，他的手臂够不着，他试图去拿果酱时，碰倒了一只杯子，结果杯子掉下来打碎了。

问题：1. 这两个孩子是否感到同样的内疚？2. 这两个孩子哪一个问题更严重？为什么？

（资料来源：皮亚杰. 儿童的道德判断[M]. 傅统先，陆有铨，译. 山东：山东教育出版社，1984)

皮亚杰通过分析儿童对这些问题的回答，把儿童的品德发展划分为四个阶段：

1. 自我中心阶段(2—5岁)

在此阶段，儿童是以自我为中心的，他们对规则缺乏意识，规则对儿童来说没有约束力，他们没有把规则看成是应该遵守的。如在打弹子的游戏中，儿童是按照自己的想象去执行规则的。因为他们还不能将自己与周围环境区别开来。他们的游戏活动只是个人独立活动的任意行为，与成人、同伴还没有形成合作关系。

2. 权威阶段(6—8岁)

此阶段又称他律阶段。在此阶段儿童开始对规则表示关注，他们的道德判断受外部价值标准的支配和制约。他们服从外部规则，绝对服从权威指定的规范。如绝对遵从父母、权威者或年龄大的人，认为服从权威的孩子就是好孩子，否则就是坏孩子，并且把规则看成是固定的、一成不变的，违背规则是绝对错误的，并应受到惩罚。这一阶段的儿童对行为的判断只看客观的效果，而不考虑主观动机。

3. 可逆性阶段(8—10 岁)

此阶段又称自律阶段。此阶段的儿童已不把规则看成是一成不变的东西，他认识到规则具有一定的变通性，是同伴之间的共同约定，因此也是可以修改的。这一阶段的儿童已经意识到同伴间的一种社会关系，即应该相互尊重共同约定的规则。规则对儿童来说具有一种保证相互行动、互惠的可逆特性，这标志着儿童具有了一定的判断是非的能力，其道德判断由他律转向了自律。

4. 公正阶段(11—12 岁)

此阶段儿童的公正观念是在可逆性的自律阶段上发展起来的。他们开始倾向于维护公正、平等，体验到公正和平等应当符合各个人的具体情况，公正感成为情感领域的核心、规范。这一阶段的儿童已过渡到真正的自律阶段，他们进行道德判断时已具有了自己的行为准则和判断标准。

总之，皮亚杰认为，儿童的道德发展是从他律向自律转化的过程。他律道德是根据外在的道德法则来作判断，只注意行为的外在结果，而不考虑行为的动机，是非标准取决于是否服从成人的命令或规定，这是一种受自身之外的价值标准支配的道德判断；自律道德已能从主观动机出发，用平等或不平等、公道或不公道等新的标准来判断是非，这是一种受儿童自身已具有的主观价值支配的道德判断。皮亚杰认为，儿童只有达到这个水平，才能有真正的道德。

### (二) 柯尔伯格的道德发展阶段论

美国心理学家柯尔伯格(L. Kohlberg 1927—1987)继承了皮亚杰的理论，认为儿童的道德发展是分阶段的，但他又扩展了皮亚杰的理论，对儿童道德判断的研究更加具体，并于 20 世纪 60 年代提出了道德发展阶段理论。

柯尔伯格采用道德两难故事法对儿童的道德问题进行了大量的、卓有成效的研究。道德两难故事法是皮亚杰对偶故事的发展，这种方法是虚拟一些故事，用问答的方式讨论故事中人物行为的道德性质，以此测量儿童道德判断能力的发展状况。他采用这种方法测试了十几个不同国家六、七岁至二十一岁的被试，发现尽管种族、文化和社会规范等各方面存在着不同，但道德判断能力随年龄发展而发展的趋势却是一致的。

**案例 5 - 10**

#### 道德两难故事

"海因茨偷药"的故事

在欧洲，一名妇女得了一种特殊的癌症，快要死了。医生说只有一种药或许能挽救她的生命，这种药就是本城药剂师最近刚发现的一种镭。每一剂药的成本是 400 美元，药剂师要价 4 000 美元。患病妇女的丈夫叫海因茨，他找他所认识的每一个人去借钱，并尝试了每一种合法的手段，但他最终也只能筹到 2 000 美元，这仅是药价的一半。他告诉药剂师说他的妻子快死了，求药剂师将药便宜些卖给他，或者他以后再付清钱。但是药剂师说：

"不行，我发明这种药就是要用它赚钱。"所以，在走投无路的情况下，海因茨感到绝望，并砸开药店为他妻子偷药。

向儿童提出的问题：

(1) 海因茨该不该偷药？为什么？

(2) 他偷药是对的还是错的？为什么？

(3) 海因茨有责任或义务去偷药吗？为什么？

(4) 人们竭尽所能去挽救另一个人的生命是不是很重要？为什么？

(5) 海因茨偷药是违法的。他偷药在道义上是否错误？为什么？

(6) 仔细回想故事中的困境，你认为海因茨最负责任的行为应该是做什么？为什么？

(摘自 C. B. McCormick 等 1997)

柯尔伯格通过分析儿童对两难问题的回答，探讨了儿童道德判断能力发展的一般状况，并根据其特点将儿童的品德发展分为三种水平六个阶段：

1. 前习俗水平

学前儿童和小学低中年级学生处于此种水平。这一时期的儿童道德水平是最不成熟的，他们的道德观念是纯外在的，道德判断仅着眼于人物行为的具体结果和自身的利害关系。这一水平又分为两个阶段：

(1) 服从与惩罚的道德定向阶段

这一阶段的儿童缺乏是非善恶观念，儿童对行为好坏的判断并没有固定的准则观念，只是怕受惩罚而服从规范，或服从成人和权威。道德判断的根据是是否受到惩罚，认为免受惩罚的行为都是好的，遭到批评指责的行为都是坏的。

(2) 相对的功利主义的道德定向阶段

这一阶段的儿童对行为好坏的评价往往是按行为的后果带来的赏罚来定的，得赏者为是，受罚者为非，没有主观的是非标准。或是能满足自己的需要，对自己有利就好，不能满足自己的需要，对自己不利就是不好。

2. 习俗水平

这是在小学中年级以上出现的，一直到青年、成年。这一时期的个体逐渐认识、了解并接受社会行为规范。他们着眼于社会的希望和要求，认为道德的价值在于为他人和社会尽义务，以维护社会秩序。这一水平又分为两个阶段：

(1) 人际和谐的道德定向阶段

这一阶段的个体是按照人们所称"好孩子"的要求去做的。因为他们认为一个人的行为正确与否，要看是否能取悦于人，是否有助于人，是否能得到别人的赞赏。所以，他们判断行为好坏的主要根据是看是否被人们赞许。

(2) 维护权威或秩序的道德定向阶段

这一阶段的个体更加深刻地认识到维护普遍的社会秩序的重要性，开始强调每个社会成员都应当遵守全社会共同约定的某些行为准则，即强调对法律和权威的服从。这时判断是非已有了法制观念。

3. 后习俗水平

这个水平的个体不仅接受和遵守某些行为准则，而且有自己判断是非的标准，并发展到超越现实道德规范和法律的约束，达到完全自律的境界，即道德判断以普遍的道德原则和良心为行为的基本依据。年龄至少要到青年期人格成熟之后，他们才能达到这一境界。这个水平是理想的境界，成人也只有少数人才能达到。这一水平又分为两个阶段：

（1）社会契约的道德定向阶段

这一阶段个体的道德判断特别看重社会道德规范和准则。同时，他们看重法律的效力，认为法律可以帮助人们维持公正。但同时，他们也认识到法律、社会道德准则仅仅是一种社会契约，是大家商定的，是可以改变的。一般他们不违反法律和道德准则，但不用单一的规则去评价人的行为，表现出一定的灵活性。

（2）普遍原则的道德定向阶段

这是进行道德判断的最高阶段。这一阶段的个体判断是非有其独立的价值标准，不受外在的法律和规则的限制，而是完全诉诸个人的良心和人类普遍的道德原则和道德规范，如正义、公正、平等、个人的尊严、良知、良心、生命的价值、自由等。

**柯尔伯格的道德发展阶段**

| 三种水平 | 发展阶段 | | 心理特征 | |
|---|---|---|---|---|
| 一 | 前习俗水平（9岁以下） | 1 | 服从与惩罚的道德定向阶段 | 只从表面看行为后果的好坏。盲目服从权威，旨在逃避惩罚。 |
| | | 2 | 相对的功利主义的道德定向阶段 | 只按行为后果是否带来需求的满足以判断行为的好坏。 |
| 二 | 习俗水平（10—20岁） | 3 | 人际和谐的道德定向阶段 | 寻求别人认可，凡是成人赞赏的，自己就认为是对的。 |
| | | 4 | 维护权威或秩序的道德定向阶段 | 遵守社会规范，认定规范中所定的事项是不能改变的。 |
| 三 | 后习俗水平（20岁以后） | 5 | 社会契约的道德定向阶段 | 了解行为规范是为维护社会秩序并经大众同意而建立的。只要大众取得共识，社会规范是可以改变的。 |
| | | 6 | 普遍原则的道德定向阶段 | 道德判断以一个人的伦理观念为基础。个人的伦理观念用于判断是非时，具有一致性与普遍性。 |

**儿童对“海因茨偷药”的反应**

在儿童对海因茨偷药的反应中，海因茨该不该偷药并不重要，重要的是他们给出的理由。柯尔伯格正是根据这些不同的理由将儿童的道德判断划分为不同的水平和阶段。

| 阶段 | 对海因茨行为的态度 | 理　由 |
|---|---|---|
| 1 | 赞成 | “如果你让你的妻子死掉，你将会有很大的麻烦，你将会因不花钱挽救她的生命而受到谴责，而且你与药剂师将为你的妻子的死而接受调查。” |
| | 反对 | “你不该偷，因为如果你这样做，你将被抓住并被关进监狱。即使你跑掉了，你也将不得安宁，每时每刻都担心被警察抓到。” |

| 阶段 | 对海因茨行为的态度 | 理由 |
| --- | --- | --- |
| 2 | 赞成 | “如果你被抓到，你可以把药还回去，这样就不会受到过多的刑罚。如果你从监狱出来后还能拥有妻子，那么短期服刑不算什么。” |
| | 反对 | “如果他偷了药可能也不会被判刑很长时间，但他的妻子可能在他出狱之前就死掉了，偷药对他没有好处。如果他的妻子死了，他也用不着责备自己，因为她自己得了绝症，而不是他的过错。” |
| 3 | 赞成 | “如果你偷药，没人会认为你不好，但是如果你不偷，你的家人将会认为你是一个没有人性的丈夫。如果你让你的妻子死掉，你将永远没脸再见任何人。” |
| | 反对 | “不仅仅是药剂师会认为你是个罪犯，任何人都会这样想。你偷药后，会给你和你的家庭都带来耻辱，这将使你没有脸再见人。” |
| 4 | 赞成 | “如果你有点责任感的话，你就不会因为害怕做能够挽救你妻子性命的事(偷药)而让你妻子白白死掉。如果你不能履行对她的责任而导致她死亡，你将永远有一种犯罪感。” |
| | 反对 | “你处于绝望中，因此，当你偷药时，你可能没有意识到自己做错了。但是，当你被惩罚并被送进监狱之后，你就会知道自己做错了。你将会因为自己的不诚实和破坏法律而感到罪恶。” |
| 5 | 赞成 | “法律没有考虑到这种情况。在这种情况下把药拿走并不是很正确，但这样做应该得到辩护。” |
| | 反对 | “不能因为一个人感到绝望就允许他去偷。动机是好的，但好的动机不能说明手段是正当的。” |
| 6 | 赞成 | “海因茨应偷药，因为人类生命的尊严必须无条件地优先得到考虑。” |



第六阶段的人能够理性地作出决定而不考虑个人利益。柯尔伯格将这种在理性基础上作出的正义的决定看作是道德的最高理想。

(摘自 C. B. McCormick 等 1997)

柯尔伯格通过研究提出以下几点：

① 每个人的发展都要经历这几个阶段，但发展速度有快有慢，美国 9 岁儿童中有 94%的人处于第一水平；10 岁儿童中有 60%的人处于第一水平，有 38%的人处于第二水平，只有 1—2%的人达到第三种水平；16 岁儿童中有 21%的人处于第一水平，有 56%的人处于第二水平，有 23%的人达到第三水平。因此，柯尔伯格认为：0—9 岁大致属于前习俗水平；9—15 岁大致属于习俗水平；16 岁以后部分人向后习俗水平发展。但达到这一水平的人数并不会很多，即并非每个人都能达到道德发展的最高阶段。

② 各发展阶段具有质的差异和不变的顺序，不能跨越任何一个发展阶段。

③ 道德发展与逻辑思维发展有关，即道德推理发展阶段不能超越思维发展阶段。

④ 道德发展与不同环境的刺激及儿童与社会环境的交往有关。柯尔伯格调查发现：生活在孤儿院的儿童到了青少年阶段还不能达到第 3 阶段，而生活在适当的集体农庄的青少年则能达到第 4、第 5 阶段。他通过跨文化研究发现，美国城市中产阶级儿童 16 岁时有 25%的人达第五阶段，而墨西哥只有 10%的 15 岁儿童达第 5 阶段，土耳其则只有 2%。

⑤ 道德认知发展与道德行为有一定的关系，即成熟的道德判断是成熟的道德行为的一个

必要条件，但不是充分条件。在一项研究（Kohlberg，1975）中发现，前习俗水平中有70%的人有欺骗行为，习俗水平中有55%的人有欺骗行为，后习俗水平中有15%的人有欺骗行为。在另一项研究中发现，道德判断发展处于习俗水平而又有欺骗行为的人中，意志坚强的只占26%，而意志薄弱的却占74%。

根据我国心理学家韩进之等（1986）的观点，柯尔伯格与皮亚杰在儿童道德判断发展上的主要差别在于，前者认为儿童道德判断的发展比较迟缓，后者认为比较早。这也许是由于两位研究者调查儿童道德判断的课题不一样。皮亚杰主要是通过儿童的现实课题对品德发展阶段作了考查，而柯尔伯格则完全是通过两难故事进行考查的。

皮亚杰和柯尔伯格的卓越研究已使众多研究者接受了品德发展阶段论说。我国心理学家李伯黍等人从1978年起，对皮亚杰和柯尔伯格的理论作了系统的验证性研究与客观评价。研究表明，我国儿童和青少年的道德判断，也经历着由他律到自律的发展过程，由低阶段、低水平向高阶段、高水平发展的过程等等。研究发现，我国中学生的道德发展水平大多数处于柯尔伯格道德发展阶段论的第三、四阶段。在对行为后果和原因的道德判断上，我国儿童从小学三年级起，绝大多数已能根据行为的动机意向或行为的因果关系作判断，而且已有半数以上的儿童能把行为原因和后果两个方面联系起来进行比较判断。在某些特殊行为的判断上（如人身损害与财物损害比较），我国儿童的两种判断形式的转折年龄比国外已有研究中的要早。我国学生的品德发展水平与执行行为的规范程度之间有显著的相关。研究还指出，道德判断水平受到个体发展年龄阶段的制约，但是可以通过教育得到促进。教师应培养学生在面临社会道德问题时的判断推理能力和道德决策能力，这是极为重要的。

**（三）吉利根的关怀道德取向理论**

尽管柯尔伯格的道德发展理论产生了重大影响，并且得到了众多研究者的支持，但是也有许多人对该理论提出了异议，其中就有他的研究生及助手吉利根（Carol Gilligan）。

皮亚杰和柯尔伯格的道德发展阶段理论，都假定公众是以“公正”作为道德取向的，但是吉利根在利用柯尔伯格的海因茨偷药故事进行研究时发现，被试除了有以“公正”为道德取向这一类反应外，还有以“关怀”为取向的另一类反应。例如，有的被试在陈述海因茨不应该偷药的理由时说：“因为如果他侥幸成功地偷到了药，也未必能救活妻子；若被抓住，我想他的妻子更没希望用上这药。这两种选择，都无助于海因茨的妻子。”可见，该被试关注的是当事人的选择是否会解除海因茨妻子的痛苦，这是一种“关怀”而非“公正”的取向。

吉利根及其合作者（1982）经过一系列研究，得出如下结论：

（1）在道德判断和推理中存在公正和关怀两种类型的道德取向，女性是典型的关怀取向，男性是典型的公正取向。

（2）男性更重视诸如公平和尊重他人权利这样的抽象、理性的道德原则，而女性看待道德时，更加倾向于关注人类幸福。

（3）女性关怀道德的发展具有自己的特点，它一般要经过自我生存定向、善良、非暴力道德三个发展水平。

吉利根的道德关怀取向理论，在一定程度上揭示了道德发展的性别差异，这不仅是对传统道德发展理论的重要修正，而且为我们针对不同性别学生开展道德教育提供了一条重要思路。

### （四）艾森伯格的亲社会道德理论

同样对柯尔伯格的道德发展理论提出异议的，还有美国亚利桑那州立大学的艾森伯格（Nancy Eisenberg）教授。与吉利根的视角不同，艾森伯格（1989）注意到，柯尔伯格研究所用的两难故事在内容上主要涉及法律、权威或责任等问题。例如，在海因茨偷药故事中，海因茨必须在违法和履行丈夫的责任之间作出选择。艾森伯格认为，这些问题在一定程度上会限制儿童的道德推理，使他们的推理局限于一个方面，即禁令取向的推理（prohibition oriented reasoning）。

为了弥补这一不足，艾森伯格设计出不同于柯尔伯格两难情境的另一种道德两难情境，即亲社会道德两难情境，以此来研究儿童的道德判断发展。亲社会道德两难情境的特点是一个人必须在满足自己的愿望、需要与满足他人的愿望、需要之间作出选择。例如，一名同学面临这样的情境：他必须在帮助学习困难的同学与牺牲自己的学习时间之间作出选择。

经过大量研究，艾森伯格总结出儿童亲社会道德判断发展的五个阶段：

阶段1：享乐主义、自我关注的推理。助人与否的理由包括个人的利益得失、未来的需要，或者是否喜欢某人。

阶段2：需要取向的推理。他人的需要与自己的需要发生冲突时，儿童开始对他人的需要表示简单的关注。

阶段3：赞许和人际取向、定型取向推理。儿童在分析助人与否的理由时，涉及的是好人或坏人、善行或恶行的定型印象、他人的赞扬和许可等。

阶段4：移情推理。儿童分析助人与否的理由时，开始注意与行为结果相关联的内疚或其他情绪体验，初步涉及对社会规范的关注。

阶段5：深度内化推理。儿童决定助人与否，内化的价值观、责任、规范以及改善社会状况的愿望。

艾森伯格的亲社会道德发展阶段论，得到不少跨文化研究者的支持。我国学者程学超、王美芳（1992）参照艾森伯格的设计，研究了幼儿园大班到高中一年级学生的亲社会道德推理的发展，其研究结果也基本上支持该理论的观点。这说明，艾森伯格的亲社会道德发展阶段理论具有一定的普遍适用性。

艾森伯格关于儿童亲社会道德的研究提示我们，儿童面临的情境不同，产生的道德认识、道德情感、道德行为都有可能存在差异。我们对儿童的道德教育，必须注意因势利导，针对不同情境，采用不同策略。

## 二、道德情感发展的理论

道德情感是品德心理结构的动力机制，了解道德情感形成和发展的相关理论，有助于科学地培养学生健康的道德情感，进而促进学生形成良好的品德。

### （一）精神分析学派对道德情感的研究

品德是个性的一个方面，在讨论道德心理发展时，我们不能不介绍弗洛伊德个性理论中有关道德的重要概念。弗洛伊德认为，个性是一个整体，由彼此相关的本我、自我和超我构成。这三部分相互作用形成的内在动力，支配了个体的行为。个体道德行为的原动力来自超我的支配。

本我(id)是个性结构中最原始的部分，包括一些生物性或本能性的冲动，弗洛伊德称之为“力必多”(libido)。在力必多的冲动之下，个体寻求即时的满足，没有任何自制力。所以，由本我支配的行为，只是冲动，毫无道德可言。初生婴儿的行为即属此类。

随着年龄的增长，个体与环境中的人、事、物发生交互作用，在本我之外增加了自我成分。自我(ego)是意识的结构部分，它处在本我和外部世界之间，根据外部世界的需要而活动。它的心理能量大部分消耗在对本我的控制和压抑上。自我的力量好像还不足以控制本我。经过幼儿期，个体生活进入了社会化的历程，个体的需要和满足需求的方式，都要受周围其他人的批评和纠正，必须符合社会规范的要求。于是又出现了超我(superego)。超我具有主宰全局，支配个体趋向社会规范的力量。

弗洛伊德认为，儿童道德发展的过程是一个逐步内化的过程。父母很早就向儿童提出了社会化的要求。儿童将父母的批评和社会的批评内化成超我(俗称“良心”)。良心或超我代表了内化的父母，它是相当严厉的、具有惩罚性的。良心的发展可以帮助儿童在父母不在眼前时也能以道德规范的要求来行动，抵制外界的诱惑。如果个体的行为违反了超我的意向，就会产生自责和内疚的心理压力。因此，在弗洛伊德看来，自居作用(identification with aggressor)、自我惩罚(selfpunishment)、内疚(guilty)是儿童道德发展的强大推动力。自居作用使儿童以这些大人为榜样，建立了自己所仰望的一种理想的自我。内疚源于严厉的超我和附属的自我之间的紧张关系，它作为一种惩罚的需要而表现出来。

在弗洛伊德看来，道德情感的形成导致了儿童内在的双重性，一方是超我的力量，另一方是本能需要。遵从超我力量，儿童就要把遵守社会规范当作一种义务，恰当的超我将使儿童形成合理内化的道德情感，这是一种稳定的、不可改变的道德情感。

埃里克森后来发展了弗洛伊德的理论，更多地从文化对个体个性的影响上考虑个性的发展。他认为，儿童的发展要经历8个阶段。在每一个阶段，个体均面临一个积极的选择与一个潜在的消极选择之间的冲突，这一冲突就是这一阶段儿童所面临的发展危机，个体解决这一个危机的方式对个体的自我概念以及社会观有着深远的影响。各个阶段互相依存，后一阶段发展依赖于前面阶段危机的解决。他的理论对道德情感的养成也有重要的作用。

**（二）人本主义情感取向的道德教育研究**

与认知理论家、行为主义乃至社会学习理论家在道德教育领域坚持的“理智主义”相反，人本主义学派主张“情感主义”。他们强调道德情感在道德教育中的重要作用，认为“情感构成行为模式的动力系统”。

在罗杰斯看来，道德的发展(价值采纳)是一件不断增长自我意识的事，或者用马斯洛的话说，就是自我实现。人本主义心理学家提出发展自我是教育的重要任务，认为学校要将道德教育的理念与实践融入各科教学活动中，在潜移默化中，使学生养成健全人格。这样就能从情感的领域来发展道德的观念和行为。

价值教育作为道德教学的代表，其主要目的在于增强学生的六种能力：沟通(communicating)、移情(empathizing)、问题解决(problem solving)、批判(critical)、决策(decision)和个人一致(personal consistency)(Casteel & Stahl, 1975)。价值教育主要是为了培养独立自主、慎谋能断、重视人类价值和尊严的有道德的人。人本主义发展出来的治疗原则或称教育原则对道德情感的促进有着重要的意义。

1. 真诚

即人的真实的需要和情感不被误解。如果教师——学生之间的关系是掩盖教师和学生的真情实感的一种表面现象，那么就不可能促进知识的自我意识和他人意识的形成。一个教师给学生作出的最好的榜样就是他在形成和表达自己的决策时所体现出来的坦诚。因为道德决策必须以一个人自己的思想和情感为基础。

2. 接受和信任

教师和学习者形成良好的交流的特征就是接受和信任，罗杰斯称之为"诊视的学习者"。教师必须尊重学生的完整性，只有这样才能接受他们的思想和情感，学生才可能与教师分享他们的思想和情感。双方的信任是交流的保证，学生不会因为教师的权威而觉得害怕，教师也不必认为学生的提问是对自己知识的挑战。

3. 移情性理解

这是一种根据学生的观点来解释世界的态度。这种态度和常见的评价性理解极不相同，移情性理解是非判断性的，它是一种与理智洞察力一样的感受或直觉体验。有时候学生的考虑在教师看来是肤浅和不成熟的，但这对于他们自己而言已经足够了。移情性理解为成人的世界和年轻人的世界架构了一座桥梁。如果在一个团体中发展出这些关系，人们就可以感觉到一种全新的课堂气氛。在这种真诚和坦率的气氛下，学生将更能清楚地表达他自己的观点和决策。

4. 主动倾听

特别是学生在进行道德问题的讨论时，他们真实的感受会被表达出来。主动倾听是鼓励和利用这种情况的重要手段，是一种对正在被表达出来的感受作出反馈的行为，以便使说话者觉得你有理解其感受的能力。这并不一定意味着你要接受或者反驳他的陈述，而是表明你认可这个人及其感受的存在。

### (三) 凯根的五种基本道德情感

凯根认为普通人的道德状况更主要的是受情感而不是受理性支配。凯根指出，那些根据推理和演绎形成道德学说的理性主义哲学家无法理解，不同历史时代和文化中的普通人主要是通过他们的情感来判断是非的。虽然情感是稳定的，但它可以通过历史环境和文化导致道德内容的变化，由此造成一种形式与内容的区别。例如，人们认为，启蒙运动后西方文化中建立在自由基础上的道德是一种"根本的善"，这意味着一个人有以下的自由：与他人签订契约、拥有私人财产、发表言论及维护个人利益。但是，在此前的历史时期(如公元 4 世纪雅典人对野蛮人的占领，公元 6 世纪法国僧人宣布完全忠诚于上帝)，或在当代社会的其他文化中，个人自由并不是道德的一部分。从这种观点出发，自由并不比关心他人或群体合作的义务更能促进社会的和谐。在拉丁美洲和非洲地区的小农业村落就可以发现这些义务感。正是西方文化倾向于形成抽象的道德理论，其道德标准被认为能应用于不同的情境和不同的人。

在凯根看来，道德的不同内容和五种具有进化基础的情感同时存在。这五种情感多数是不愉快的情感：(1)焦虑(过度害怕受到惩罚、社会的否定评价和失败)；(2)移情；(3)责任和内疚；(4)“疲乏”或厌烦；(5)困惑和不确定感。避免不愉快，得到愉快，这是最主要的道德动机，这一机制支持了一个假设：不同时代和不同文化的道德，其内容也不同。凯根举了一些例子说明社会对产生愉快和不愉快情感的作用。他指出，被归属于意义重大而且不可侵犯的“道德原则”的道德内容，是由社会中情感反应的强度决定的。如果对道德标准的情感反应强，例如可能造成肉体上的折磨，其内容就会保持道德标准的性质。另一标准是“常规性的”，如父母告诉孩子吃饭时应该怎么拿筷子，这些规则只会给人们带来较弱的情感反应，所以他们是常规性的。

道德内容总是相对的。如果社会的情感反应决定了一种行为是道德行为还是社会常规行为，那么在特定的社会体制中任何行为都可能成为常规行为。例如，经常看暴力电视片可能使儿童对暴力的情感反应变得“迟钝”，以至于“关于暴力的原则性标准变得更为习俗化”。而且，迄今为止，这些观点所提供的证据不是表现在情感和道德的关系上，也不是这些情感的进化基础方面，已有的证据只是表明，年龄很小的孩子就意识到了“标准”。但是，这些证据主要说明了儿童关心非社会领域和非道德领域的规律性(如，幼儿关注破碎的物体、破烂的衣服和丢失的纽扣，或者为面孔和身体扭曲的人的照片感到焦虑)。

**(四) 霍夫曼的移情理论**

20世纪六七十年代，关于道德情感的理论出现了一个大的转折，依恋、爱、同情和移情开始受到人们的重视。移情(empathy)就是对事物进行判断和决策之前，将自己放置在他人的位置上，考虑他人的心理反应，理解他人的态度和情感的能力。在道德培养的过程中，移情是最具有动力特征的因素。移情被一些人认为处于道德发展的核心地位。与凯根不同，这些人并不十分注重愉快和不愉快情感与道德内容之间的联系。

移情是亲社会行为(prosocial behavior)的动机基础，能激发与促进亲社会行为的发展。亲社会行为具体指人们在社会交往中表现出的那些有利于他人和社会的行为，一切积极的、有社会责任感的行为，如助人、分享、谦让、合作、自我牺牲等。许多研究者都把移情看作是亲社会行为的内部中介。表现出亲社会行为的孩子，无论男女，都比未表现出亲社会行为的孩子具有更高的移情分数。亲社会行为的儿童比攻击性的儿童更有办法对付糟糕的社会处境(Warden & Mackinnon, 2003)。移情是维系积极的社会关系的重要社会因素，是人们内心世界相互沟通的桥梁，不仅是人际互动的良好补充，而且在人际关系中必不可少。有研究指出，移情作为亲社会行为(如助人、慰抚、分享等)的动机基础，能激发与促进个体亲社会行为的发展。还有研究发现，不吸毒者的移情能力显著高于吸毒者的移情能力，无违法行为的在校大学生的移情分数显著高于被监禁的违法大学生。

移情的作用不可忽视，它作为一种替代、分享他人情绪情感状态的心理过程，对侵犯行为甚至违法犯罪行为也具有显著的抑制作用。研究者(Mehrabian & Epstein, 1972)曾对88名加州大学的学生进行移情反应测验，然后请他们在一周后参加另一项研究。

实验者把每一名被试与同性别的一名实验助手配对，指定助手为“学生”，被试为“教师”。然后，让“学生”阅读一段材料，并告之要进行测验。同时，给“教师”一份测验答案，要求“教师”在“学生”出错时予以惩罚。惩罚方式是由“教师”选择七个电压强度之一来电击“学生”。实际上，“学生”并未真的受到电击，而是通过仪器模仿出被试在遭到相应水平的电击后会产生的痛苦反应。实验分为两种条件，在直接的条件下，“学生”与“教师“只相隔八尺远，彼此能看见。在非直接的条件下，双方避开视线，但能清楚地听见对方的声音。实验结果表明，低移情的被试在两种条件下的侵犯数目(电击次数、电击水平)相同；高移情的被试在直接条件下比在非直接条件下的侵犯数目要少，比低移情的被试也要少得多。

霍夫曼是较早提出移情理论的研究者，他把进化而来的情感与一种内化的假设结合起来提出了自己的理论。所谓内化的假设是指，“社会道德规范和价值观是个体动机系统的一部分”。除了情感和内化以外，这种理论还包括了动机、认知，以及有关关怀和正义的道德原则和观点采纳。但是，虽然人们努力把所有这些方面整合在一起，但由于移情的核心地位，情感仍然处于首要地位。

霍夫曼认为，他的理论与皮亚杰、柯尔伯格等强调道德判断的理论是不同的，他是从动机的角度来界定道德行为的。他认为，道德行为是“为了另一个人的利益而行动的倾向”。道德的判断定义和道德动机定义的差异并不是模糊不清的。可以说，一个人作出的道德判断，例如“一个人应该帮助感到痛苦的另一个人，因为任其痛苦是错误的”，可能会促使他去行动。差异的关键表现在道德行为定义中的“倾向”这个术语上。此时，倾向指推动行为的情感反应。道德动机的主要来源是移情，移情被界定为一种情感反应，“她不一定和另一个人的情感状态完全相同，更主要的是对另一个人的境遇而不是对自己境遇的反应”。通过用情感动机来描绘道德，霍夫曼提出了这样一个问题：“人为什么会有道德行为？”他回答说，“这是道德情感的需要促成的。”

虽然移情是一种生物学倾向，是自然选择的产品，但其发展过程仍然要依次经过四个阶段，认知发展是移情发展的主要原因。

移情发展第一阶段：婴儿(0—1 岁)所感到的“全身性”的焦虑，其中同时混杂了个体自己的感情和另一个人的感情。这种早期移情的一个例子是，11 个月大的女孩一看到一个小孩摔倒和哭叫，她自己就好像要哭，她把自己的大拇指放在嘴里，把脸埋在妈妈的大腿上。

移情发展第二阶段：“自我中心”的移情阶段(1 岁时)。客体永久性的出现使婴儿意识到别人和自己的身体是不同的，并开始关心(“同情式的痛苦”)处于痛苦中的另一个人。但是，儿童并不能区分他人和自己的内部状态。例如，一个 18 个月大的男孩让他的妈妈去安慰一个哭泣的孩子，虽然那个孩子的妈妈也在场。

移情发展第三阶段：“对另一个人情感的移情”。霍夫曼指出，角色采纳技能大约出现在两三岁(这是一个尚有争议的问题)，这种技能使幼儿能够把自己的情感和他人的情感区分开来。因此，在第三阶段，儿童能对有关另一个人情感的线索进行反应，对痛苦之外的各种情感进行移情(如失望感、背叛感)。

移情发展第四阶段：出现在童年晚期，叫作“对另一个人生活状况的移情”。第四个阶段有关的社会认知状况是儿童开始意识到自我和他人“都能以各自独立的经历和身份生活”。这些观念使儿童能够认识到，根据他的生活经验，别人能知道他的苦与乐。在这个阶段，儿童不但能在自己熟悉的情境中体验到移情，而且能在自己不熟悉的人和群体（如在穷人或受压迫阶级）生活的环境中体验到移情。

霍夫曼提出的儿童移情发展的四个阶段是否准确描述了儿童移情发展的真实情况，仍然是一个有待实证研究来验证的问题。目前已有的证据是，一个婴儿直接面对另一个正在哭泣的婴儿时的反应比面对类似于婴儿哭的声音（婴儿哭声的录音或电脑模拟的婴儿哭声）时的反应更强烈。但是，这种反应是否是一种很早的移情形式还不完全清楚。其他几个阶段都没有得到实验的检验，霍夫曼是使用生活中的实际事例来做依据的。

但值得一提的是，霍夫曼提出了关于道德原则的“冷”认知和“热”认知之间的差异问题。他认为，道德判断、道德推理和道德原则是所谓的冷认知。而移情与道德原则相联系使这些原则“热”起来，也就是说，使之具有道德意义，并促使相应道德行为的产生。这一观点是很令人感兴趣的，因为过去的道德哲学家和强调认知的道德发展心理学家都认为，道德原则是人的信仰系统和心理作用的一部分，它们可以直接影响人的行为，而不必通过移情的中介作用使这些原则具有道德意义。

## 三、道德行为发展的理论

道德行为的发展理论涉及诸多理论，本部分主要介绍班杜拉的社会学习理论和雅可布松的道德行为的心理机制调节理论。

### （一）道德行为的社会学习理论

班杜拉（A. Bandura）是社会学习理论的创立者，其代表作《社会学习理论》于 1977 年出版。班杜拉对品德问题的基本观点是：道德行为的决定因素是环境、社会文化关系以及各种客观条件、榜样和强化等。他认为只要利用一定的条件与方法，奖励学生的适当行为，就有助于学生良好行为的形成与发展。班杜拉等人主要采取实验来研究品德形成问题，在实验研究的基础上，他们提出了三个有关道德行为获得的基本概念。

#### 1. 抗拒诱惑

这是社会学习论的基本概念。他们认为生物界的弱肉强食现象说明有机体为了生存必须在环境中寻求一切能满足其生存的东西，如果人类只保持生物性的求生本能的话，就谈不上道德。作为社会的人，有组织、有规范、有纪律，要在社会中求得生存必须学会两种求生的方式：(1)满足自己的需求，(2)学会如何不违反社会的约定。第二种方式的学习就是“抗拒诱惑”。所谓“抗拒诱惑”（resistance to temptation），就是在具有诱惑力的情境之下，个人能依据社会规范的禁忌，对自己的愿望、冲动等行为倾向有所抑制，使自己在行动上不致于做出违反社会规范的行为。抗拒诱惑实际上就是个人将学得的社会规范在生活情境中的运用。如何抗拒诱惑？榜样的作用是十分明显的。此类实验很多，例如阿隆弗里得（Aronfreed，1968）做了这样一个实验：

在小学年龄儿童面前放有两个玩具，一个新奇好玩，对儿童极具诱惑力；另一玩具则是儿童玩过、熟悉的、无吸引力的，实验者要儿童取其中一个并编一个故事说明该玩具的特色，实验分三种情境，每次让一个儿童进行，一、二两组为实验组，处理情境不同，三组为控制组。第一组儿童取新奇玩具时（正想取，还未取到），实验者立即厉声制止，说："不行，那是留给大孩子的！"被试只好取另一玩具；第二组则在儿童取到玩具后再以同样的方式来制止。目的是了解不同情况的惩罚对抗拒诱惑自制力所产生的效果，第三组是控制组不给予限制，这一实验等于是进行抗拒诱惑的训练，儿童自己明明喜欢那个玩具，但因为要留给大孩子，只好控制自己。

训练后再在无人监管情况下，任凭儿童拿喜爱的玩具以检验训练的效果。主试只在暗中记录，结果是在抗拒诱惑的自制倾向上，第一组最大，第二组其次，第三组最差。根据实验结果，实验者建议，为了使儿童能抗拒诱惑，惩罚不仅要适度，而且要适时。

2. 赏罚控制

运用赏罚的办法培养品德，当行为合乎道德标准时，给予奖赏，以期同样情景重现时能出现同样的行为；当行为不合乎道德标准时，给予惩罚，使学生从害怕惩罚到学会逃避惩罚，从而建立道德。这一基本概念来自行为派的联结理论。但这一概念并不重视道德行为认知成分。这一种方式同班杜拉后来自己一再强调的学习中认知成分的重要性是不一致的。赏罚控制的实验是班杜拉和罗斯在 1965 年做的。

他们选择了 66 名四岁的儿童作为被试，并随机分成三组，每组 22 人。不同组的儿童观看电影中对同一攻击行为的不同对待结果。第一组是攻击——奖赏组：一个成年人采取攻击行为后，另一个成人对他进行奖赏，称赞他，并给他巧克力糖和汽水等食品；第二组为攻击——惩罚组，一个成人采取攻击行为后，另一个成人对他进行指责，骂他是暴徒，打他并迫使他低头逃跑；第三组是控制组，一个成年人采取攻击行为后，既没有受到奖赏，也没有得到惩罚。然后，实验者把儿童带到与电影里相同的实验情境中，让儿童玩 10 分钟，通过单项玻璃屏观察儿童的行为。结果发现，与其他两组相比，攻击——惩罚组几乎没有人模仿攻击性行为。他们认为替代惩罚降低了对攻击性行为的模仿概率。

3. 模仿学习

模仿学习（imitative learning）也称观察学习。榜样学习的关键在于对他影响最大的人所表现出的以身作则的"身教"的作用。有些不良行为也可通过榜样学习而养成。如下实验（张春兴、林清山，1982）具体说明了模仿学习不良行为的情况。

实验者找来一些大学生到实验室做实验，说明实验将分两个阶段进行，在前一阶段，主试拿出各种品牌的饼干，要学生品尝，他们吃下很多饼干，自然都感到口渴。此时，主试宣布将他们分成两组，分别到两个休息室，让他们等待后一阶段的实验。休息室内各有一个饮水器，但旁边挂的一块牌子上写着"禁止使用"。其中有一组有一人（是主试的同谋）带头犯禁，结果大家都去引水；而另一组虽然同样口渴难忍，但因无人带头犯禁，所以始终没有饮水。这一实验结果说明，团体中一个人的行为可以成为所有其他人的榜样，引起众人模仿学习。

**（二）雅科布松论调节道德行为的心理机制**

当个人利益与社会利益发生冲突时，个人一般会通过法制调节和非法制调节（道德调节）

来调节自己的行为。雅科布松设想:“把自己的行为与道德标准相对照是道德调节心理机制的主要环节之一。”于是,他设计了以下实验,探讨儿童在把自己的行为同善与恶这两个对立的标准同时进行对照时的心理特点,探讨用哪些方法可以促使儿童把自己的行为与道德标准相对照(陈琦,刘儒德,2003,第225—227页)。

实验设计了3种方法:(1)让儿童熟悉两种对立的道德标准,请他们按这两种标准与自己的具体行为相对照;(2)让别人用道德评价的公式,对儿童行为作出客观的评价,并把评价结果告诉儿童;(3)让别的儿童评定该儿童的总体行为是好的,但让儿童认识自己的个别“恶”的行为是否符合恶的标准。

让儿童做完游戏后分玩具,考查儿童是否“公正”。三个被试用屏风隔开,一个主要被试把一定数量的玩具分发给另外两个被试,这两个被试看不见分发者自己留下了多少玩具。然后,实验者撤掉屏风,让儿童对分发者说出自己的看法。采用上述三种训练方法后,各进行一次诊断性测验。经过几周再复测一次。

实验选用了托尔斯泰小说《金钥匙和普罗提诺奇遇记》中的两个人物作为“善”与“恶”、“好”与“坏”对立道德标准的代表。结果表明,采用第一种训练方法的儿童都知道小说中的两个代表谁是好的,谁是坏的(“卡拉巴斯小气,自己拿得多,普罗提诺是好人,总是平均分配”),但是他们自己依然按不公正方式分配;采用第二种训练方法的儿童已发现了小说中的代表与自己行为的关系,但20个被试中只有2个转为公正的分配;采用第三种训练方法最为有效,许多被试很快转为公正的分配。

雅科布松对这一结果作了如下解释:第一种方法没有效果并不是因为儿童不懂得客观标准,而是根本就没有把两种分配方法与对立标准间建立任何联系;第二种方法从儿童极力申辩自己不是坏的代表中可以看出,别人对他这样的评价会引起他极大的不愉快;第三种方法之所以最有效,是由于在选择道德行为的情境里加进了一个新的成分——儿童自己的形象。这样,使原来存在的道德价值与个人利害关系的外部矛盾变成了自己整个形象与个人(局部)利益之间的矛盾,使儿童感到自己整个形象是好的,又感到某个具体行为是不好的,两者不能相容,就迫使他要克服不好的行为。雅科布松的实验研究告诉我们,每个儿童都有积极肯定自己、希望得到他人表扬的强烈愿望,这是儿童遵守道德规范的条件之一。

## 四、道德学习的意识水平分类

人的道德不是先天习得的,而是通过后天学习获得的,学生的道德发展也是一个学习的过程,将学习理论运用到道德学习过程中,事实证明是能够通用和迁移的,其中关于学习的意识水平理论对道德学习有较大的适用性。

根据学习的意识水平可以将学习分成内隐学习和外显学习。内隐学习(implicit learning)这一概念最早是由美国心理学家阿瑟·S·雷伯提出的,它是指有机体在与环境接触的过程中不知不觉地获得了一些经验,并因之改变其事后某些行为的学习。例如,人们能够辨别哪些语句符合语法,却不一定能够说出这些语法规则是什么。相反,外显学习(explicit learning)则类似于有意识的问题解决,是有意识的、作出努力的和清晰的、需要付出心理努力并需要按照规则作出反应的学习,包括一个试图形成任务的心理表象,搜寻同功能系统的知识的记忆,以及试图建立和检验任务操作的心理模型。例如,学习道德规则内隐学习的现象出现在很多领域,如第二语言的学习、社会行为的习得以及运动技能的完善等。内隐学习的研究表明,学习复杂任务时,人们常常以内隐的直觉方式进行,所以,道德教育应当适当地引入内隐学习。

## 问题思考

学校中有一种普遍的现象,德育工作是每天都不能缺少的,"教书育人""立德树人"的标语口号在学校中随处可见,但是教师们宁愿谈成绩,也不愿意谈道德教育;学生们宁愿写作业,也不愿意谈道德成长,对学生发展有重要影响的品德课没有教师愿意上,特别是在欠发达地区的学校,品德课经常被语文、数学等学科挤占,尤其是到了期末,品德课成了其他学科提高考试成绩的复习课,在相当数量的学校中,品德课被挤占、挪用的现象很严重。

1. 你认为品德课对学生的道德发展有直接的影响吗?

2. 你认为学生需要知道道德知识才能更好地发展自身道德吗? 理论学习对学生的道德发展有促进作用吗?

3. 道德理论对学校教师帮助学生道德发展有指导作用吗? 如果有,你认为学校教师应如何掌握学生的身心发展特点和相关道德理论?

## 拓展阅读

1. "为学大益,在自能变化气质。不尔,卒无所发明,不得见圣人之奥。故学者先须变化气质,变化气质,与虚心相表里。"

——张载《理窟·义理》

2. 漫游花园和田野、草地和森林的人啊,为何不打开你们的心扉去听听大自然以无声的语言教诲你们的一切。看看被你们称为杂草的,在压力和强制中成长的,几乎捉摸不到其内在规律性的植物吧,在大自然中,在田野和花圃中看看它吧,看看它显示出何等的有规律性以及在一切方面和一切外表上协调一致的多么纯洁的内在的生命吧,这生命犹如从大地上升起的灿烂的太阳,一颗闪闪发光的星星。

——[德]福禄倍尔《人的教育》

3. 易连云.重建学校的精神家园[M].北京:教育科学出版社,2003.

4. [美]霍尔,戴维斯.道德教育的理论与实践[M].陆有铨,魏超贤,译.杭州:浙江教育出版社,2003.

5. [美]柯尔伯格.道德教育的哲学[M].魏超贤,柯森,等译.杭州:浙江教育出版社,2000.

子曰:“后生可畏,焉知来者之不如今也?”“学而不厌,诲人不倦,当仁不让于师。”

——孔子《论语》

# 第六章　学校德育中的师生关系

## 内容提要

师生关系是德育过程中最基本和最重要的方面,是学校中人与人关系的核心,也是道德关系在教育领域中的反映和体现,谁是道德教育的主体决定着师生关系的不同性质,关于德育主体问题,在理论界存在着“单一主体论”“双主体论”和“复合主体论”的论争,师生关系的主体间性是对主体性的超越和扬弃。在德育过程中,教师如何呈现自己的价值,有教师权威说、教师中立说和师生对话说,学校德育的师生关系是教师和学生的生命之交流,教师和学生的创造之生成,教师和学生的情理之互动,教师和学生的活动之协同。建构和谐的师生关系,需要消除教师和学生之间存在的个性、目标和规范等矛盾和冲突,遵循目标趋同、尊重信任、心理相容和智能互补等原则,教师要通过向学生表达教师之爱、和学生进行对话沟通、向学生展现民主作风、与学生进行道德合作等方法来实现和谐的师生关系。

## 问题导入

1. 谁是道德教育的主体?德育过程中的教师地位同其他教学过程中的教师地位一样吗?

2. 若说教师既是道德教育者又是道德学习者,那么,德育中的师生关系会是一种怎样的关系?

3. 你心目中的师生关系是什么样子的?在今天的社会背景之下,你如何理解“师道尊严”?

师生关系是教育过程中人与人的关系中最基本和最重要的方面,也是道德关系在教育领域中的反映和体现,是教师职场生活的重要内容之一。学校德育更要重视师生关系的和谐发展。联合国教科文组织在一份报告中说,“我们应该重新评价师生关系在这个传统教育大厦中的基础,特别是当师生关系成了一种统治者和被统治者关系的时候。这种统治与被统治的关系，由于一方的年龄、知识和无上权威等方面的有利条件和另一方面的低下与顺从的地位而变得根深蒂固。”学生在这种师生关系中形成了消极的体验，感到了一种被控制感和无力感。师生关系不应该以知识的授受为中心，而应是学生完整的人格与教师完整的人格相互交流形成的一个“教育性关系”。师生关系不是道德教育关系的副产品，而是德育工作得以进行的前提。

## 第一节　学校德育中师生关系的理论

### 一、学校德育主体论说

学校德育是发生在教师和学生之间的道德形成和发展的活动过程。在这个过程中，教师和学生是一种怎样的关系，谁是道德教育的主体？对这个问题的不同认识，决定着师生关系的不同性质，也是德育理论中争议较大的、难以有统一定论的一个命题。德育中的主体是指道德认识活动和实践活动的承担者，是有意识的、有能动性的人。人作为主体，是唯一能够主宰自己命运的一股力量，人的主体性是人在同客体的相互作用中所表现出来的能动性、创造性和自主性，教育在本质上就是培养个体主体性的活动过程。

关于德育主体问题在理论界存在着“单一主体论”“双主体论”和“复合主体论”的论争，不同主体论的出现，既说明德育过程中的师生关系问题是复杂的，也说明对德育过程中师生关系的地位和作用的认识逐步深化。单一主体论把教师作为德育工作的主体，学生和德育环境作为客体，强调了教师在德育过程中绝对的权威作用和领导权力，同时在这种思想的指导下，教师也被奉为道德上的圣人，对教师来讲是一种道德的负担，对学生来讲是一种道德的压迫；双主体论把学生既看作主体同时也看作客体，教师也同时是主客体，教师和学生互为主客体。而在德育过程中，教师与学生的关系则是主体与主体的关系，认识到了教师和学生的主体性在德育过程中的重要性，这种主体论强调的是一种教师和学生平行的双主体；叶澜教授则提出复合主体论，认为应该把教师和学生称为教育活动的复合主体，因为在教育活动中，教师和学生是不可分割的两个方面，师生之间有着十分复杂的相互关系，是互为存在的条件，互为活动的主客体。在德育过程中，教师和学生承担的任务不同，其地位有一定的相对性，但都是组成德育活动的承担者，都处于主体地位，师生共同的客体是德育内容，又因为在德育过程中，师生的活动是密切联系、相互影响、共时交织或前后相干的，是一种双边交互的互为主客体和条件的复杂关系，因此教师和学生是一种复合主体。

总之，教师主体性与学生主体性是既对立又统一的。教师主体性的发挥是为了学生主体性的发展，学生主体性的发展更多地依赖于教师主体性的引导，而学生的主体性发挥、发展又可促进教师主体性的发挥和发展。在两个主体性的相互作用中，学生不断得到改造、进化和发展，教师不断得到充实、丰富和提高，双方共处于一个和谐、协同的活动统一体中。

### 二、师生关系的主体间性

作为以培养全面发展的人为目标的道德教育，其主客体都是人，要达到德育目的，必须在教育者和被教育者之间建立起一种平等、交流、对话、理解的主体间关系。但当下的德育活动从理念到实践，从目标到方法都还停留在“主—客二分”的思维模式中，主体间性缺失。何谓主体间性？现象学大师胡塞尔在《笛卡尔的沉思》一文中最先提出“主体间性”。胡塞尔认为交互主体性一方面指“主体间”的相互关系，涉及自我作为主体是否以及为何能认识另一主体（他我），“他我”的存在如何对自我成为有效事实；另一方面是各个主体之间存在着共通性。哈贝马斯的交往合理化理论认为主体间性就是个体在保持个体化基础上的社会化和在社会化基础上的个体化。海德格尔认为主体间性是我与他人之间生存上的联系，是我与他人的共同存在以及我与他人对同一客观对象的认同。主体间性下的主体是超越主体任何一方、又包容了双方的“公共主体”或“交往主体”，是主体突破封闭的自我，走向“他者”并与之构成互为主体或互为主客体的一种存在关系。

德育中的教师和学生可以看作是一种主体间性的存在关系。教师作为德育主体是以教育实践为特征的，是实践主体性和发展主体性相统一的、人类职业角色分配中的个体主体性；而学生则是未成熟主体，是实践活动和个体活动相统一的认识主体和发展主体，他们的认识目的和自身的发展是相统一的。因此，学生主体性是认识主体性和发展主体性相统一的、人类个体性生成与发展过程之中以认识发展性为特征的个体主体性。虽然教师与学生分别具有各自的个体主体性特征，但二者又都是教育活动系统意义上的活动主体，集中表现在教师主体性与学生主体性这两种个体主体性的协同、融合、统一上，是一种主体间性的关系。在现代的教育活动里，需要弘扬的既不是教师和学生之间相互剥夺性的个体主体性，也不是相互排斥性的个体主体性，而应是更高层面上的个体主体性之间相通、相融的个体主体性，是具有教育共通性的个体主体性，是以教师主体性和学生主体性两种个体主体性融合于教育活动过程为标志的个体主体性间的协同与融合，因为教育活动中教师的个体主体性与学生的个体主体性的发挥都是为了一个共同的目标——学生的发展。师生关系的主体间性是对主体性的超越和扬弃，师生关系绝对不是二元对立的，而是处于共生关系之中，体现一种“主体间性的意义关系”。

## 三、教师在学校德育中的地位与作用

在德育过程中，教师如何呈现自己的价值，这既是一个德育理念的问题，也是一个德育操作的方式问题。无论持有什么样的观点，不可否认的是，学校德育离不开教师的作用，关于此问题的认识，关系到德育的指导思想和有效性，在理论界一直存在着几种不同的看法：

### （一）教师权威说

持有教师在德育过程中起权威作用的观点，其代表人物有我国古代的荀子和西方近代的洛克与涂尔干。我国古代的荀子认为教师是社会伦理秩序的维护者，他特别强调了教师的作用。他对教师的作用提出了很多论述，诸如“礼者，所以正身也，师者，所以正礼也。无礼何以正身？无师，吾安知礼之为是也？”强调了教师推行“礼”的作用，并且指出，“国将兴，必贵师而重傅，国将衰，必贱师而轻傅”。因此国家要重视教师的作用，学生要遵从教师，严守师道，最终实现教师“化性起伪”的作用，师道尊严的观念也正是从荀子开始明确起来，这对教育和道德教育的传统产生了巨大的影响。

英国的经验主义哲学家洛克则认为，人的一切观念，包括道德的观念和知识都是环境、后天经验和教育的结果，一切都源于经验，建立在经验的基础上，他从“白板说”出发，把人心看成是白纸，没有任何的特性和观念，道德价值和规范都是做导师的人灌输进来的，导师要用一切办法使人懂得知识和彻底信服。涂尔干认为教育主要是一种权威的活动，是年长的几代人根据国家和社会的要求对各方面尚未成熟的人施加影响，进行社会强制的过程，而教师是这个权威活动的执行者。教师的权威基于两个方面的原因：一是儿童自然地处于一种被动状态，极易受教育者的影响；一是教师拥有经验和文化的优势，自然地要对学生施加影响。因此教师是道德的权威，对学生的影响具有绝对性的力量。

教师权威说过分强调了教师在道德教育过程中的地位和作用，这虽然反映了教师在道德教育中不可或缺的事实，但势必会弱化学生在道德教育过程中主体能动性的发挥。权威主义是以教育的社会本位论、行为主义心理学和经验主义哲学为理论前提的，由此形成了道德教育灌输的模式，忽视学生自觉、自主的本体功能，把学生看成是完全被动的对象，这与现代道德教育中强调学生的主体作用的观念是格格不入的，现代道德教育正是在否定权威主义的进程中获得发展的。

**（二）教师中立说**

教师中立说是指教师在道德教育过程中采取一种价值相对主义的立场，在师生关系上保持价值中立的态度。这一观点的主要代表人物是美国价值澄清学派的倡导者和英国人本主义课程代表人物劳伦斯·斯滕豪斯等人。

价值澄清理论认为，我们生活在一个复杂的社会里，经常在人生的转折关头和处理事务时面临着选择，从理论上讲，人们的选择依据他们的价值观，但实际上常常是在不清楚所持价值观是什么的时候就已经作出选择了。价值观应源于个人的经验和生活，是个人的、自由的、审慎的选择，是个人思考和选择的结果。因此，教师在价值澄清过程中的地位和作用应是“中立的”，即教师不能将特定的价值观强加给儿童，教师的作用在于发展儿童的澄清技能技巧，教师也不能把自己的价值观渗透到教学活动之中。坚持教师中立的根本目的就是要学生自己形成价值观和生活方式，教师尤其不能将自己的价值观传递给学生，价值观本身就是个人的。

斯滕豪斯则强调教师由“权威角色”向“中立角色”的转换，认为现代价值教育更强调学生在解决价值问题时的自主性。他认为教师的中立相对于教师服从校规和提出自己的观点是最理想的方式，教师不发表自己的意见，对学生的观点和教材中所包含的价值不予评论。坚持教师中立，一方面是为了避免教师把自己的观点强加给学生，一方面是为了让学生自由探究从而有利于形成自己的价值观。教师中立的原则不是让教师放弃所有的价值，而是让教师拥有一种更为重要的教育价值观。

教师中立说显示了充分尊重学生在价值学习过程中的主体性作用，这是对传统的教师权威角色的反对，可以避免道德教育过程中的灌输学习方式。但是绝对的价值中立是不可能实现的，教师的职责就是要把合理的价值观念传授给学生，教师中立看似使教师摆脱了这样的职责，但事实上教师自身总是带着一定的价值倾向在对学生进行道德教育的，保持绝对中立的教育是不存在的。

**（三）师生对话说**

教师权威主义和中立的立场都有各自的局限，加拿大当代道德和价值教育理论家克里夫·贝克提出了师生对话说的观点。

贝克极力反对传统的权威主义的教师角色，他认为传统学校里教师控制价值学习的进程，教师向学生传递对价值的看法时依赖于教师个人的兴趣和对内容的把握程度，教师感觉他们给了学生很多东西，而没有从学生那里得到什么，这种感受强化了他们作为教师的身份优越感。而事实上，学生学到的并不多，教师低估了学生的能力，也错过了向学生学习的机会。贝克认为，教师和学生是共同学习的，价值教育应是教师和学生之间展开的一种对话，在对话的过程中，教师和学生互相提问题并共同解决问题。教师不仅仅是施教者，同时也是受教者；反之，学生在受教的同时也在施教。教师和学生都对共同发展的过程负有责任，教师和学生之间是在相互教。贝克认为在价值教育过程中教师和学生没有什么不同，如果有差别，那仅限于他们的职业角色和具体技能的不同，而不是价值成熟度上的不同。教师进行价值教育是为了完成教育计划，这些教育计划对教师和学生都适用，如果教师不能不断地进步，那么他就会阻碍其他人的学习。贝克把进行价值教育的教师比作曲棍球教练，教练打球不一定比队员打得好，但是教练有杰出的教练技巧，仍能获得很高的评价。有的教练可能具有高超的实际打球技能，但这并不是教练所必备的，他所具备的是教育所需要的各种知识和能力。

尽管贝克反对教育过程中教师的权威性，但是由于教师的职业角色，教师不仅是课程目标和计划的制定者，也是学习内容的确定者，而且是学习的评价者，教师的权威性在教育教学过程中是不可能被完全消除的，但这种权威一旦失去控制，就会削弱价值教育的效能。所以应当使非权威性的和对话式的教学成为理想的教学，教师应尽其所能地为学生服务，与学生一道努力，确保对话的实现。

师生对话说向我们展示了一种新的探索观点，对辩证地看待教师在德育过程中的地位和作用具有很强的启发性。教师要在德育过程中和学生共同成长，以"教师——学生"身份出现在学生面前，这样可以为学生营造一个更加平等、自由、宽松的学习心理空间，能积极鼓励学生的探索性学习，可以避免以不道德的方式来进行道德教育的危险。

综观对教师在德育过程中的地位和作用的看法，可以总结出以下几点认识：首先，对师生关系性质的认识决定了对学校德育中教师地位和作用的看法。道德是人存在的规定性之一，道德教育表现为人的主动积极参与的过程，没有人的主体性发挥便没有道德，任何道德教育要取得满意的成效，都要考虑学生的自由意志、积极参与和自主的发展与实践，考虑学生的内在需要和现实的发展水平，不考虑学生主体性发挥而只强调教师权威说的理论是不完善的。其次，学校德育总是要把前人的道德成果或当下的道德价值传递给正在学校接受教育、正在成长的一代，教师作为德育主体其价值体现在对学生道德成长的引导上，要使学生少走弯路，教师有责任将自己个人对整个人类社会的道德经验的认识提供给学生，因此教师和学生在教育过程中的平等并不是责任与地位的对等，教师不能放弃作为学生成长的引领引导者的使命。第三，学生的主体作用不是一开始就形成的，而是随着学生的成长而逐渐形成的，在形成的过程中需要教师的帮助，需要教师在教育过程中培养学生的主体性，这意味着教师和学生之间复杂的亲密接触，只不过是尽可能地减少教师所施加的束缚，并转化成教师和学生之间的合作。

## 第二节　学校德育中师生关系的性质

师生关系与社会上一般的人际关系不同，它是教师按照预定方向对学生进行有目的地影响的一种教育过程。在教师对学生产生影响时，学生也必定会反过来影响教师，在这样相互影响的交往活动中，教师要实现自己对学生的影响，就要在德育过程中不断地与学生交流知识、观点、情感、意向和兴趣，进行直接或间接的接触，进行相互的认识、理解和评价，这是一个相互知觉的过程，同时也是教师和学生生命之交流、创造之生成的过程。

### 一、教师和学生的生命之交流

教育学中“生命”的概念可以从不同的角度进行理解，在师生关系的维度上是指与人的自然生命相对应的生命关怀和尊重，又是指与人的生理相对应的精神生命的生成与发展。道德与人的生命是不可分割的，生命是道德的基础，道德提升生命的质量，道德发展与人自己的生命成长是融合为一体的。教师的生命存在，意味着教师对职业人生做何种意义的追求？教师的职业人生可以看作是教师的生命体验过程。“生命体验是生命时空获得的内在体现。它在个体生命活动中生成，同时又是对个体生命活动的内在鼓励、对生命的自我确认。作为一种向往、追求、态度，引领着生命走向新的境界。”历史上教师职业价值的认定主要停留在社会功用上，把这种劳动的性质看作是传递性而非创造性工作，“红烛”“园丁”“春蚕”成了教师的象征。但这种歌颂并未涉及到教师职业劳动对教师本人现实生命质量的意义，从而并不能使教师感受到因从事这一职业而带来的内在尊严和欢乐。职业和教师的生命是不可分割的整体，“用生命回应职业的需要”，还是“用职业实现生命的价值”，这是完全不同的两种状态。前一种状态的人活着是为了外在的职业，是要应付职业的要求，教师职业所带来的苦闷、挫折等等负面的情绪都会变成生命的烦恼源，对教师认同度比较低，把忠诚于教师职业看作是一种奉献和牺牲，是个体生命对职业的献祭；后一种状态的人活着是为自己，通过职业体现生命的价值，教师职业是个人生活的一种存在状态，把从事教师职业看作是有价值、有意义的事情，是人生的乐趣，在教师职业中实现自我，张扬生命的活力。教师对生命的态度又决定了教师职业生活的生存水平，教师职业生活的状态又决定了学生的生命成长状态。每个人都有独一无二的生命价值，每个人的生命成长历程都要从实然的状态向应然的状态转向和进发，教育的价值之一就是要让学生在这个生命潜能不断实现与发展的过程中成为优质的个体，也就是达到个体成长发展的最佳状态。生命的成长离不开滋养与哺育，生命作为一个开放的系统，需要与外界环境不断地进行交流和能量的交换，生命的充盈不是自身的独自生长，而是在与他人建立的“人——人”关系中获得丰富与升华，是具有人类共通特征的，从这个意义上看，教师和学生之间的关系就是生命和生命的对话与交流。

### 二、教师和学生的创造之生成

现时的教育已经不能只停留在完成传递文化、知识、技能上，停留在让学生只知学习与继承，不会思考也不会创造的水平上。把学生探索的欲望燃烧起来，创造的潜能开发出来，让他们拥有一个充满信心、勇于开拓发展的积极人生，树立为中华民族伟大复兴而奋斗的高远志向，才是当代中国教育特有的历史使命和社会价值。叶澜教授指出，在这样的教育背景下，人们找到了教师职业对于社会而言的外在价值与对于从业者——教师而言的内在生命价值之间的统一基点，找到了教师可能从工作中获得外在与内在统一的尊严与欢乐的源泉，那就是两个大写的字：创造。马克思论及职业选择时的一句名言："能给人以尊严的只有这样的职业，在从事这种职业时，我们不是作为奴隶般的工具，而是在自己的领域内独立地进行创造。"康德认为人不是被决定的、既成性的，人是有选择性和创造性的。叶澜教授指出，教师要成为自觉创造教师职业生命和职业内在尊严的主体，教师的创造才能和引导作用，正是在处理教育的这些活的情境中得到发挥的。这些活的情境向教师的智慧与能力提出了一系列挑战：当学生精神不振时，你能否使他们振作？当学生过度兴奋时，你能否使他们归于平静？当学生茫无头绪时，你能否给以启迪？当学生没有信心时，你能否唤起他的力量？你能否从学生的眼睛里读出愿望？你能否听出学生回答问题中的创造性？你能否察觉出学生细微的进步和变化？你能否让学生自己明白错误？你能否用不同的语言方式让学生感受到被关注？你能否使学生觉得你的精神脉搏与他们一起欢跳？你能否让学生的争论擦出思维的火花？你能否使学生在课堂上学会合作，感受和谐的欢愉、发现的惊喜？教师的创造性带动了学生的创造性，教师和学生之间正是基于这种创造性的活动才让学生得以成长和发展，而德育的目的就是让学生创造性地把握生活。

## 三、教师和学生的情理之互动

认识和情感是人类共有的心理现象，但是认识和情感都是产生在具体的个人的头脑里的，都受个人已有的知识、经验的影响，带有鲜明的个人特点。师生之间的交往离不开相互间的认识和感情的联系。人是情感的动物，情感是指与人的社会性需要相联系的体验，是人所特有的，情感总是与具体的社会内容相联系，如尊师爱生的情感，感情是连接教师和学生关系的一个纽带，情感是在认识的基础上产生的，没有认识就没有情感，情感的产生与变化依从于认识，这是情感与认识密切联系的一方面，另一方面，情感也会左右人们之间的相互认识，可以说，教师和学生之间是情理交融、情理相互策动与相互影响的关系。

认识和情感对人的行为活动具有推动作用，在道德行为选择上十分重要，道德教育的主要功能就是要帮助学生形成健康向上的道德认识，并陶冶学生的道德情感，使情与理一致。因此，在学校德育过程中，教师和学生间的情理互动本身就是一种教育形式，道德情感在学生个体道德品质形成的过程中需要教师的引导和交流，将低级情感向高级情感转化，从具体情感向抽象情感转化，当学生的道德认识和道德情感遇到矛盾或者面临与外部世界的冲突时，教师应引导学生理智地作出最佳选择，而这个教育的过程也是教师和学生情理交流并升华的过程。德育实践证明，如果教师热爱学生、对学生抱有较高的期望，学生便会受到感染和鼓励，变得更加自信向上和富有进取精神，道德面貌也会发生很大的改观，同时，学生对教师的热爱，可以激发教师的事业心和责任心；相反，如果师生间是消极的认知和情感关系，则会引发师生间的冲突和对抗，教师和学生都不能从中受益，而是产生消极的态度和不良的后果。师生之间的情理互动能够缩短师生间的心理距离，取得较好的德育效果。

### 四、教师和学生的活动之协同

教师和学生之间的关系是为了完成一定的德育任务而产生的关系，具有工具性的目的，以德育活动为纽带，服务于道德教育的任务，是德育工作中的一种客观存在。教师和学生之间的关系主要表现在德育活动的过程中，教师和学生要在道德上协调一致，这种一致性取决于教师的德育素质水平，如果教师有较高的德育水平，就能够有效地组织德育活动，协调教师和学生的关系，使学生在德育过程中乐学、善学，获得应有的道德品质。

教师和学生的活动协同还表现在师生之间的交往方面，交往需要是作为人的一种独立的和主观的需要而客观存在的。无论是教师还是学生，在德育过程中都会有强烈的交际需要，教师希望得到学生的认同，学生希望得到教师的关爱和肯定，这种需要的不易满足性成为师生双方发展的一个动力要求，教师只有具备高尚的品德和精湛的教育艺术，才能赢得学生的信赖与崇敬，同时，学生要有良好的道德修养和强烈的发展愿望，师生之间才能在相互尊重和相互关爱的氛围中形成和谐的师生关系。

**专栏 6-1　教师对学生的引导与创作**

当学生精神不振时，你能否使他们振作？当学生过度兴奋时，你能否使他们归于平静？当学生茫无头绪时，你能否给以启迪？当学生没有信心时，你能否唤起他的力量？你能否从学生的眼睛里读出愿望？你能否听出学生回答问题中的创造性？你能否察觉出学生细微的进步和变化？你能否让学生自己明白错误？你能否用不同的语言方式让学生感受到被关注？你能否使学生觉得你的精神脉搏与他们一起欢跳？你能否让学生的争论擦出思维的火花？你能否使学生在课堂上学会合作，感受和谐的欢愉、发现的惊喜？

——叶澜

## 第三节　学校德育中和谐师生关系的建构

在学校德育中，建立起和谐的师生关系不仅是德育本身的要求，也是德育取得成效的重要保证。和谐产生于不同质的事物，是具有差异性的不同事物之间的结合、统一和共存，是人们所追求的事物之间存在的最佳状态。人和人之间的和谐是一个关系范畴，教师和学生之间的和谐是指双方处于相互联系和共同促进的关系之中，是一种良性的发展状态而不是处于对抗、紧张的状态之中。同时，和谐是人类对事物发展状态的期待，是人类的价值追求，这两个方面是统一的。教师在建立和谐师生关系中起主导作用，学校德育从根本上说是学校中师生的人际关系的教育，忽视师生之间的人际关系的德育，其消极后果是严重的，也不可能培养出学生良好的德性，因为道德就是对人与人关系的一种把握。在学校德育中，和谐的师生关系具体体现在：一方面，学生在与教师相互尊重、合作、信任中全面发展自己，获得成就感与生命价值的体验，获得人际关系的积极实践，逐步完成自由个性和健康人格的确立；另一方面，教师通过教育教学活动，让每个学生都能感受到自主的尊严，感受到心灵成长的愉悦。和谐的师生关系就显得尤为重要。

## 一、影响和谐师生关系的矛盾与冲突

教师和学生的交往是一种互动性的人际关系，在交往中，教师和学生之间在个性、态度、价值观等方面的差异都可能构成师生之间的矛盾和冲突，了解这些可能产生的矛盾和冲突才能让师生之间求同存异，在德育目标的引导下，与学生共同营造和谐的师生关系。

### （一）个性冲突

教师与学生是在个性基础上的相互交往。教师与学生的交往看似是面向全体的，但是教师和每一个学生的交往才是师生关系的基础，教师和学生在双方个性的基础上进行交往，受到个体需要、动机、兴趣、气质、性格和才能等多方面因素的影响。如果师生之间的个性相悖，或是缺乏沟通和理解就容易发生矛盾，造成师生之间感情上的排斥，互不接纳。现行德育中还存在着内容枯燥、脱离实际等现象，引起了学生对道德学习的消极情绪，使德育工作成效不佳，这就有可能产生师生交往的矛盾冲突。教师的个性也是一种德育力量，而且这种力量是任何其他德育资源都无法取代的，教师加强自身的修养就显得尤为重要。

### （二）目标冲突

德育过程是师生的双边活动过程，师生双方在德育过程中的活动积极性及其方向的协调一致性是德育活动有效的前提。师生在德育过程中的需求和目标的协调一致是双方积极性趋向同一方向的条件。如果双方的需求和目标不一致或不协调，那么师生相互影响的冲突情境便不可避免地会出现。师生各自都在社会生活体系中占据着一定的地位，扮演着不同的社会角色。教师与学生都会自觉或不自觉地认识到自己所扮演的社会角色，他们都能不同程度地按教师或学生的角色要求来表现自己，这些角色间本身存在着许多矛盾，如果角色之间没有目的的一致性就会发生冲突。

### （三）规范冲突

在学校德育过程中，教师的角色任务决定了教师应具有鉴定学生品行好坏、实施奖惩等的教育权力，教师必须按照教育规范和准则来运用自己的权力。从学生方面来看，每个学生都是学生群体的一员，学生群体的规范与教育规范有许多矛盾的地方，有些学生往往不理解学校为他们制定的各种规范，虽然经过多次教育和引导，但与规范相冲突的行为仍时有发生。例如，虽然学校制定了严格的考试规范，不允许作弊，但学生考试作弊的现象仍然屡次发生，而且学生们协同作弊的现象也是经常发生的。另外，在现实学校生活中，教师与学生都有各自的多种正式或非正式的群体，他们所属的群体都有一些成文或不成文的信条，教师集体要求每个教师有共同的见解，有共同的信念，彼此间相互帮助，彼此间没有猜忌，学生集体也是如此，但是在班级竞争中就会出现教师偏爱自己所带的学生，学生偏袒和他们亲近的教师这样的现象，因主观的情感因素而有损公平，在师生交往中出现不和谐的音符。

## 二、建立和谐师生关系应遵循的原则

要在教师与学生之间建立和谐的师生关系，教师是关键要素，教师需要遵循一定的工作原则，讲求工作的艺术性，才能够实现此目标。

### （一）目标趋同原则

目标决定着人的行为方向，构建和谐的师生关系，最重要的是要处理好教师工作目标与学生发展目标之间的相互关系。目标趋同原则，就是要求教师的工作目标和学生的发展目标须与学校教育的整体目标在总的方向上一致或趋同，都要以达成教育目标为重，要以学校教育要求为最终结果，不断修正师生双方的目标。只有这样，师生才能互相合作，团结一致，共同努力，去争取达到共同的目标。

### （二）尊重信任原则

教师在德育过程中，要以尊重学生、热爱学生、理解学生和信任学生为出发点，向学生提出道德要求，使道德要求容易为学生理解和接受，并变成他们的自觉行动。教师只有尊重学生，热爱学生、理解学生、信任学生，学生才会尊重教师、亲近教师、愿意接受教师的帮助和指导，从而与老师形成融洽的师生关系。

### （三）心理相容原则

所谓心理相容，是指师生相互吸引、和谐相处、相互尊重、相互信任和相互支持。教师和学生的心理相容度高，师生关系表现为更良好的状态，德育内容和要求就容易被学生接纳和吸收；心理相容度低，师生关系就容易处在紧张状态中，学生对教师的德育工作易产生抵触情绪和不合作的态度。在德育过程中，师生之间是否心理相容，对整个德育活动过程影响很大，决定着德育效果。心理相容作为师生关系的心理基础和德育活动的心理氛围，为师生关系的和谐、融洽创造了条件，在此情景下，师生可以充分发表自己的见解而不必有所顾虑，人人心情舒畅，从而提高德育效果。

### （四）智能互补原则

所谓智能互补，就是指在师生群体内，由于师生所担任的角色不同，因而需要相互合作、互为补充。智能互补的主要内容包括知识水平互补、思维类型互补、能力专长互补、知识构成互补等。德育活动是一种极其复杂的智力活动，针对教师个体来说，构成智力的各要素和创新能力的发展往往是不均衡的。教师要善于发挥学生的长处，调动学生的积极性，充分发挥每一名学生的智力和才能，形成最佳的互动和互补的师生结构，才能有效地促进师生之间的和谐关系。

## 三、构建和谐师生关系的方法策略

师生关系是德育工作的基础，建立和谐的师生关系是进行有效德育的必要前提，建立什么样的师生关系取决于教师的教育理念、个性特征和工作方式等多种因素。和谐的师生关系不是教师对学生的掌控，也不是教师对学生的放任自流，更不是教师和学生之间的相安无事，而是教师和学生之间的一种平等的、对话的、相互作用的新型关系的逐步建立，建立和谐师生关系需要教师运用正确的方法，用实际行动作出努力。

### （一）教师要向学生表达教师之爱

爱是教育的灵魂，没有爱就没有教育，这是实践证明了的真理。师爱，教师对学生的热爱，是基于对教育事业本身的敬重而产生的一种发自内心的情感。教师的工作对象首先是学生，每个学生都是具有情感的活生生的人，是有着无限发展可能的成长中的人，是与教师有着同等人格尊严的个体，这决定了教师的工作不仅是教育技术性的投入，更是一种情感的付出，这种情感承载着教师的教育情怀，是对学生进行教育的基础，教师的爱作为一种外部的情感因素，能够转化为学生自身的道德动机，成为学生推动自己不断进步的动力。师爱可以作为一种教育力量，能够给学生以温暖，提供给学生成长中所需要的稳定、安全和一般性的支持。它能增强学生的自信心，使学生受到鼓舞，影响学生的身心发展和人格形成，强化学生对教师的向师性。师爱也使教师成为真正的教育者，促进师生之间的互动和师生之间的融合，学生会接纳教师、亲近教师，把教师作为一个他尊敬的人来对待，由此达成师生之间和谐交往的关系。不能向学生表达师爱的教师往往得不到学生的欢迎，和谐的师生关系也就难以建立，而失去了和谐的师生关系这个德育工作得以展开的基础，德育的实效性就会大打折扣。

**案例 6－1**

#### “孩子，其实老师仍然是喜欢你的”

第一节晚自习下课，我在初一(23)班辅导完自习，刚跨进办公室，就见班上黄英旭(化名)同学低头站在英语老师邓老师面前，手里拿着一张试卷。邓老师正声色俱厉地对他说着什么。我想：怎么了？是上节英语晚自习没遵守纪律？还是最近的英语小测试考得不好？

黄英旭是班上很优秀的一个孩子，单纯、活泼、可爱，与同学相处时很友好，对每位老师也很有礼貌，每晚放学离开教室时总要甜甜地对我说声“老师，再见”。他很爱学习，学习成绩也比较优秀，很受同学和老师的喜欢。特别是邓老师时常在我面前眉飞色舞地夸这孩子如何如何的乖，我也打心眼里喜欢这可爱的小男孩。

放好课本，我走了过去，拿过黄英旭手中的卷子，一个鲜红的“86”映入我眼帘。原来是这么一回事，100 分的题就考了 86 分。这孩子最近怎么了？是不是因为每位老师都喜欢他，而使他学习松懈了？

黄英旭抬起了头，满脸的泪痕，怯生生地望着我。

我立即故意装出一副严肃的神色瞪着他：“你这段时间在干嘛？考得这么差？”边批评边用手在他头上轻轻敲了两下。

他没言语，只是紧张地望着我和同样严肃的邓老师，眼泪哗哗地往下流。看着他那可怜样，我想我是否批评得太重了，在漫长的学习生涯中，学生一两次成绩考差不是很正常的吗？

“响鼓不用重锤敲”，马上要上第二节晚自习了，我和邓老师又温言细语地批评了他几句，让他回教室去了。

第二节是我的语文晚自习，我边评讲练习题，边观察着黄英旭，他有时也认真听讲，但总是不敢和我对视，显得心事重重的样子，更多的时候是低垂着头望着桌上的练习册。

放学了，我站在讲台上送孩子们离开教室。黄英旭背着书包低着头从教室后门回寝室去了，没像以往那样走到我面前道一声“再见”。

当晚寝室那边恰好轮到我值班，在办公室里待了一会儿，我就往寝室那边赶去。爬到六楼的男生寝室，我走进了黄英旭他们的寝室。进门左边就是黄英旭的床，只见他已靠在床上，手上拿着一本课外书在随意翻着，我知道他还在想刚才挨批评的事。我正想像平时那样与他说几句什么，突然我的手机铃声响了。

来到走廊上，我接通了电话，原来是黄英旭妈妈打过来的。

我心里“咯噔”了一下，怎么了？批评了她孩子，家长找来了？这年头，家长为孩子受了一点小委屈就找老师“兴师问罪”的可不少。

只听黄英旭妈妈在电话里说道：“张老师，对不起，打扰你了。刚才黄英旭在电话里跟我说他这次英语考差了，受到了老师的批评。他说‘老师不喜欢我了’，为这他特别伤心。张老师，麻烦你开导他一下，这孩子特别在意老师对他的看法，我们怕他以后对学习失去兴趣了。”

喔，是这么回事！孩子，老师可并没有不喜欢你了呀。多可爱的孩子，心思还很敏感。

与黄英旭的妈妈简单地交流了一下意见，此时睡觉铃声已响了一会儿，孩子们都已安静地睡下了。

我再次走进黄英旭他们寝室，静静地站在寝室中央，我的脑子快速转动着，我想叫黄英旭起来到外面去交谈一会儿，以打消他的顾虑，可又一想，不妥，这么冷的天，孩子感冒了怎么办？而且，直接与他交流的话，他就会知道妈妈给老师打了电话，这反而会让他感到尴尬，他也不会相信老师的话了，而是会觉得老师是在敷衍他；如果明天再与他交流，我想他今晚会睡不好觉的。想了一会儿，我想还是今晚尽量先稳住他的情绪吧。

我站在寝室里，压低声音对大家嘱咐道：“大家把被子盖好，别感冒了。”边说边走到每位孩子的床边，像以往一样摸摸孩子们盖的被子厚不厚，为他们掖好掀起的被角。

走到黄英旭床边，我故意多停留了一会儿，轻轻拍拍他被子的四边，边为他掖被，边故意小声地嗔怪他说：“你看看你，这么大了，还不会照顾自己。晚上别踢被子，裹紧点，别感冒了，生病了又要影响学习。”我还轻轻地摸了摸他的头。他“嗯”了一声，望了我一眼，乖乖地合上了双眼。在窗外昏暗的路灯照射下，我分明看见了他眼睛里闪过的一丝光亮，与以往一样是那么纯净。

第二天早上，我像往常一样匆匆赶往学校。走到教室后门，我悄悄地观察孩子们的早读情况。只见同学们一如既往，精神饱满，专注地读着语文课本。再观察黄英旭同学，只见他手拿语文书，大声、忘情地朗读着，时不时地还左右摆动一下脑袋，一点也没有昨晚那萎靡不振的样子了。

我走到讲台上，在黑板下写下：“早读最认真的同学——……、黄英旭、……。”一会儿后，也许是不经意间，黄英旭看见了黑板上他的名字，只见他读得更大声，更卖力了。

我知道，他已经明白了：“孩子，老师其实仍然是喜欢你的。”

（重庆市巴川中学　张中海）

（二）教师要和学生进行对话沟通

师生之间教育交往的主要形式就是对话，通过对话形成真正的沟通和交流，从而达到理解，即精神获得沟通。教师的角色理应是对话者和理解者，平等地看待学生、尊重学生，以角色换位来“移情”和理解学生，并达到共情从而给予学生指导和帮助。教师要通过各种形式、各种方法来建立和培养与孩子们之间的感情。心理学家认为，人是理性的，也是非理性的。当一个人持理性的观念去看待事物时，就会对事物作出适当的反应，若是以非理性的观念看问题，则会产生情绪的困扰，导致失败的行为。师生之间加强对话与沟通才能建立和谐的师生关系。因此教师要倾听学生的声音，通过与学生交谈和说理，进一步建立起理性的行为。教育过程中起主导作用的教师应以积极的态度，设法避免和排除师生之间人际关系的障碍，教师要善于把自己置于学生的位置，设身处地为学生着想，通过换位思考，以求实现与学生心理上的相通。同时教师要对学生的需要予以充分的了解和谅解，教师和学生各有长处和短处，教师要对学生的长处有所了解，对学生的短处有所谅解。教师应时时关心学生，处处帮助学生，增进师生团结，消除师生隔阂；要尊重学生的人格，保护学生的自尊心，一般不要当众揭学生短处，有事与学生共同商量，争取达成共识，促进师生关系和谐地发展。

**案例 6-2**

## 一个眼神　拯救一生

人们都说，眼睛就是心灵的窗户。

作为一名语文老师兼班主任，我喜欢阅读学生的眼睛。

那是春节过后开学的第一个星期，我上语文课，给学生讲小说《祝福》。全班同学兴致很浓，研读课文很积极，但有一个同学例外。他盯着黑板，眼神迷离，明显在开小差。我看到他的眼睛后，知道他已游离在课堂之外，便想通过提问的方法来为他收神。

“张波（化名），请你概括一下这篇小说中祥林嫂的形象特点。”我开始提问。

张波没有反应，他的同桌急忙提醒他：“老师在提问你呢！”

他慌忙站起：“我，我……”他分明连问题是什么都没听到。

我直视着他的眼睛，看到的是慌乱，奇怪的是还有些痛苦的神情。我本想批评他一顿，但转念一想，这个学生肯定是遇到了什么事情，简单的批评是解决不了什么问题的，于是我叫他坐下，并要求他下课后到我办公室去一趟。

下课后，张波来到了我办公室，我开门见山地说：“张波，你上课在开小差，给我讲一下原因吧。”张波沉默了。

“你上课在想什么呢?”我耐着性子问道。

“没想什么。”他开口了。

“没想什么!你不要欺骗老师,你的眼睛已经告诉我了,你心中一定有事,你把它说出来,看老师能不能帮你。”

“我……”他欲言又止,抬头看了看我,我觉得他似乎有点不相信我,我想,要他说实话,就一定要取得他的信任。

“你放心地讲吧,我不会告诉任何人的,这一点你应该相信老师。”

他似乎有点相信了,看着我,吞吞吐吐地说:“我家里面出事了……”原来很多年以前,他母亲被村里的一个邻居欺辱了,在假期里他无意当中知道了这件事情,越想越气愤,课堂上一点听课的心思都没有了。他还主动给我讲,他已经买好了一把刀,并约好了一个同学,准备回到家乡去报仇,要那个邻居“付出血的代价”!

我心里倒抽了一口凉气。十几岁的孩子是最易冲动的,他们常常无法正确地控制自己的情绪,我必须解开他心里的这个结。于是,我首先对他母亲的遭遇表示了深切的同情,然后问他:“你想过你回去报仇的后果了吗?”

“没有。”他无助地回答道。

“那么,我们一起来分析一下吧。”我对他说。

“第一种情况,你成功了,把那人弄伤或者弄死了,你和你的同学就犯了故意伤害罪,你们的人生轨迹就改变了,大学自然考不成了,你们的家庭也会残破不堪;第二种情况,你们没成功,或者反被那人弄伤了,别人会说你自讨苦吃,甚至会嘲笑你。这两种情况对你和你的家庭都没有好处,也连累了你的同学,因此,都不可取。但是,坏人确实需要受到惩罚,如果有证据,我们可以通过法律手段来伸张正义,如果年代久远没有证据,你们家又不愿声张,你就更应该努力学习,考上大学,用你的智慧去让坏人受到惩罚,而不是去做违法的事……”通过两个小时的疏导,张波终于想通了,并且主动提出把砍刀交给学校保卫科。

后来,这个学生学习非常努力,毕业时考上了一所理想的大学。

回想这件事,我感到一丝后怕。如果我没有及时发现这个学生的异常,或者发现了没及时处理,或者处理不当,后果均不堪设想……作为一个班主任,读懂每个学生的眼神,确实是我们必须具备的一项基本技能啊。

(贵州省遵义县第三中学　陈绍红)

### (三)教师要向学生展现民主作风

教师应为学生创造一个和谐、快乐的环境,让学校充满友爱、和谐的气氛,让学生们能在老师面前畅所欲言,这不仅体现了教师与学生之间的平等关系,而且也能锻炼学生的各种能力,如语言表达能力、思维能力和想象力等,这与教师的影响有着密切关系。教师要用一颗真诚的心去理解学生,这样才会使学生感到教师既是自己的长者,又是自己的朋友,在情感上与教师达到交融。此外,教师要有意识地树立良好的班风、校风,这对孩子的成长有着很重要的作用,还有助于教师和学生之间的相互尊重,有助于把班级建成一个友爱的、生气勃勃的集体。教师要尊重学生、相信学生，还要与学生做朋友，使学生在思想上树立起良好的品德观念，使他们懂得教师是学生的好朋友、好伙伴。教师在与学生的各种交往中，要建立起诚挚、平等、互敬、互爱、互尊、互重的友好关系，教师要把成长的自主权还给学生，从而把学生培养成能够自主地、能动地、创造性地进行认知活动和社会实践活动的主体。

**案例 6－3**

## 学生教我的事

我的班级里有一名特殊的男孩子叫×××，他性格孤僻、不善言辞，但是心地善良，乐于助人，总是为班级默默地付出。五年级的学生已经开始有了自己的判断和选择能力，作为班主任，当我意识到这些时，已然从学生身上收获良多。

一个秋日的下午，校领导在操场上开总结大会，十五分钟过后，学生们都像打蔫的茄子，无精打采。“会议结束”的话音刚落，学生就大步走回教室，而我也回到办公室喝水休息。突然走廊里传来了“老师，暖气管子断了”的喊叫，当我赶回教室，只见教室地面已经被从暖气管中喷涌而出的水淹没了，水还从走廊里流出来，顺着楼梯蔓延到二楼、一楼。作为年轻班主任的我，也有点不知所措，而班长却已经组织学生“火速救援”，我这才缓过神，通知后勤校长拧紧水闸，全班全力以赴“救援水灾”。借扫帚，借水桶，借拖布……一楼、二楼、三楼、走廊、教室、楼梯，只要有水的地方，都能看到我班学生打扫的身影。用了大概一节课的时间，才把这些污水打扫干净，教学楼又恢复了平静。看着学生们一个个汗流浃背的样子，我在心里会心一笑，看来学生们真的长大了，知道要团结一致，承担后果。然而，接下来的一幕，却给我上了一课。

当我严肃地回到教室，询问是谁闯的祸时，×××第一时间站了起来，我还没有说话，另一名男生马上说：“他是看大家都口渴，自己去搬了一桶纯净水，没拿住，水桶砸到了暖气管，不小心弄断了暖气管，里边的水就喷出来了。”我还在思索如何教育他们时，班长站起来说：“老师，这次的事不能怪他，他看到水管断了，第一时间用身体去堵住，全身都湿透了，他很努力地去补救了。他也不想这样的。”作为班主任的我，此时才发现他从头发到鞋子都在滴水，我真恨自己不细心，更恨自己作为教师的惯性思维。于是，我马上递给他毛巾并且帮他擦头发，他却低头不语，看得出他很自责。于是，我问全班同学，这件事情应该如何评价解决？全班同学一致认为：“闯了祸，一起想办法解决，犯错的人，已经知道错了，不必再提，不必追究。”我毫不掩饰地笑了，真的是开心地笑了，我和学生说：“很感谢这次水灾，让我看到你们的团结和宽容，感谢你们，我们能够一同成长。”班级里响起了持续很久的掌声。他也慢慢地抬起头，露出了我从没看到过的笑容。

正如苏霍姆林斯基说：“要让每一个学生都抬起头来走路。”我们要允许学生犯错，从犯错中体会道德准则和规范，从犯错中体验他人给予的宽容和理解，从犯错中培养自己的道德品质。

（吉林永吉经济开发区中心小学校　王乐）

**（四）教师要与学生进行道德合作**

教师和学生的道德合作，就是指教师在道德教育活动过程中与学生之间协同的意识和心态的反映。师生之间是相互影响的，教师与学生之间交往方面发展的期望对学生的日后学习和品德行为影响都很大。合作是以师生关系为中心的诸多教育关系的健康与协调；是教师正确处理个人与集体、个人与个人之间关系的基本道德要求，也是集体主义原则的具体表现。美国心理学家罗杰斯提出了人际关系的三个基本要素：真诚、接收、理解。应用在师生关系中就是教师要本着表里如一的真诚原则来对待学生，反对虚伪；教师要对学生无条件接纳，接收来自学生的信息，允许学生表露自己的真情实感；要求教师能从学生的角度来理解学生，设身处地为学生着想。苏联的《合作教育学》认为在教育教学过程中，应该使每一个学生都感到自己的个性受到尊重，都能受到教师的关怀，都能在学校里受到保护，师生之间应摒弃权力与服从的关系，这样学生的个性和人格才能获得发展。

教师与学生的道德合作，给学生的道德成长提供了自主发展的宽松环境，平等、合作、健康的师生关系，为实现学生的道德发展提供了广阔的可能性和发展的平台。学生在年龄较小的时候，缺乏知识和经验，教师与学生的合作更多地是依赖教师作出决策，并认真地参与学生的活动，随着学生的成长与成熟，教师应逐步消除支配性的交往方式，而是作为“平等中的首席”的身份与学生进行平等、合作式的交往。这种合作精神不仅能促进教师道德素质的提高，也能让学生在合作精神的指导下，争相向他人学习良好品德、克服自身存在的缺点。教师和学生在合作过程中能够学到仅靠自身学不到的知识，并能加强相互理解，这样更有利于教师和学生之间的和谐关系的建立，并最终使学生通过合作方式培养起独立自主的能力，形成自我负责的态度，拥有与他人协同活动的能力，能尊重不同的价值观念，从而使师生关系更加和谐。

**案例 6 - 4**

### 放大亮点　点燃希望

有一位教育家说过：教育的本质就是“激励，唤醒和鼓舞”。细细想来，这句话真是说出了教育的真理。学习是一个艰苦的过程，就如同一个正在进行马拉松长跑的人，当他跋涉在最艰苦的一段路程时，他多么需要有人为他呐喊，多么需要有人为他鼓劲！你若在这时给他力量和勇气，其实就是给了他巨大的希望！

学习是一个勇敢者的劳动，能够真正从中体会到乐趣的人并不多，尤其是对于那些饱受成绩打击的学生而言，学习几乎就是痛苦的，学生几乎就是苦行僧，他们没有体会过成功，没有感受过快乐，留给他们的大多是困惑和绝望，就如一个在绝望的大海上航行的人一样，他多么需要一个指路的航标灯啊！假如有人能够在这时给他一点光亮，可以想见，那是多么大的鼓舞啊！这个给他们呐喊的人，这个给他们鼓劲的人，这个给他们力量和勇气的人，这个给他们一点生命光亮的人，那就是我们教师！

没有什么比扼杀一个人的希望更残酷！学习是智力的比拼，是意志力的比拼，在这个比拼的过程中，就如同马拉松比赛一样，获得冠军的永远是那么一个或几个人，多数的人只能是带着希望在奔跑。试想,那些长期没有获得过冠军的人,我们如果连希望都不让他们看到,那他们会感到多么绝望!因此,我们教师的职责就是给那些看不到前途的人以希望!就是给那些没能获得冠军的人带上桂冠!就是让那些没有亮点的学生也闪光!

我想起了一位学生,易仕君(化名),他是遵义五中某届高三(4)班的学生。该学生刚进高一时,由于是高费生入校,在班上的成绩排名总是十分靠后,每次考试完,该生情绪都十分低落,对自己非常没有信心,一度迟到、旷课、违纪,甚至到网吧寻求解脱,该生情况令人担忧,父母更是忧心忡忡,十分苦恼。

一次,我在评改学生作文时,无意中发现该学生写在作文本扉页上的一句格言:"创造平等,绝不追求平等!"作为老师,我震惊了,一个看似平庸的学生竟然会有如此的思想境界!我思考着这位学生的心思,心想:他遭受的打击太多了,他这是在呼唤别人的尊重啊!他在渴望老师赞美的目光啊!他渴望有一次与同学平等的机会。我该怎么帮他呢?我想,那就先给他一次展示的机会吧。明天的作文课就从他的这句"创造平等,绝不追求平等"开始吧。于是我和他先私下讨论了这句话的含义,他谈得很有见解。之后我给他布置了一个任务:准备一下,明天的作文课你当一次老师,由你组织全班同学讨论这句话的含义,并谈谈你自己的见解。他欣然接受了。看得出来,这位同学太需要展示自己的机会了,太需要同伴赞许的目光了,作为老师,我不应该吝啬这一次机会。

一个在困苦中的人,最需要的是别人的一声呐喊!今天我要给这位学生一次呐喊的机会。上课了,我在黑板上用大号的字写下了"创造平等,绝不追求平等"这句话,全班学生一片茫然。我问同学们:"有谁能说出这句话的含义?说对的老师有奖励!"同学们更加茫然了,时间一秒一秒地过去,教室鸦雀无声,同学都不敢贸然回答。我观察到,只有一位同学显得十分自信,他正在准备给全班同学一个惊喜!

于是我说,这句话出自于我班易仕君同学之手,我们请易仕君同学来给我们做最权威的解释吧。出乎我的意料,他准备得很充分,手稿就写了两大张,他摆事实,讲道理,论据充分,以理服人,讲得头头是道,其中有这样几句话,至今我还记忆如新:"我们无法选择出生在都市还是乡间,我们无法选择降生在富贵之家还是深巷陋户,我们不能要求生而平等,但是,我们可以掌控自己的命运,我们可以改变自己的命运,我们可以创造平等!"这一精彩的展示,博得了同学的阵阵掌声。看得出来,他好久没有得到这样的掌声了,他太需要这样的掌声了。最后,我请同学们把这句话写在笔记本的扉页上:"创造平等,绝不追求平等——易仕君"。

本节课上,易任君显得异常兴奋,精神十分振作。此后,他像变了一个人似的,上课时,你总是能看到他那双与众不同的眼睛;教师办公室乃至厕所门口,你总是能看到一个追着老师问问题的身影。我看到了一个不一样的易仕君,一个朝气蓬勃、充满激情的易仕君!

人的成长,不仅需要同伴的认同,老师的认同,家长的认同,还需要不断拥有成功的体验和展示优势的机会。今天,这位同学获得了这些,他建立了自信,他的亮点被放大,他的激情被点燃。

此后，易仕君的作文水平不断进步，他的作文在班内多次被作为范文推荐。每次，我都能看到他脸上的自豪，看到他身上的激情与希望。在这种力量的带动下，他的其他学科也齐头并进。2005年高考，易仕君取得了理科527分的高分，顺利地被成都武警指挥学院录取。

对一个连高中都是靠交高费入学的学生而言，能取得如此的成绩，充分显示了激励、唤醒和鼓舞的巨大效果！

作为一个近乎自暴自弃的学生，是什么改变了他的人生，那就是希望！当然，希望本无所谓有，无所谓无，就看有没有人去点燃他。

——我愿做一个点燃希望的教师！

结束语：2007年7月30日早晨，我带着儿子在凤凰山散步。突然，一个帅气十足的军人出现在我的面前，一个标准的军礼差点把我弄蒙了！“老师，易仕君向你报到！”凤凰山，见证了这令我终生难忘的一幕！

临别，他十分神秘地告诉我一个秘密：“其实我一点都不喜欢读书，一切都是因为你的那节课！”

（遵义市第五中学　郑涛）

## 问题思考

人的一生中，青春年少的时光都是在学校中度过的，学校总是在我们长大后，在我们进入到社会工作以后，成为令人怀念的地方，因为那里有我们的成长见证，有我们敬爱的老师和亲爱的同学。每个人的心中都有一段关于自己和教师之间的记忆，都有着教师影响和触动我们的印记，师生关系构成了学校教育的主旋律。

1. 根据你的理解，关于教师在学校德育中的地位与作用的主张，你更认同哪一种？

2. 和谐的师生关系是师生共同追求的理想目标，那么在学校德育过程中建立和谐的师生关系应遵循哪些原则？

3. 在学校德育过程中，若想建立良好的师生关系，如果你是学生，你该怎样做？如果你是教师，你该怎么做？

## 拓展阅读

1. “弟子不必不如师，师不必贤于弟子。闻道有先后，术业有专攻，如是而已。”

——韩愈《师说》

2. “我们要向小孩子学习，不愿向小孩学习的人，不配做小孩的先生，一个人不懂小孩的心理，小孩的困难，小孩的愿望，小孩的脾气，如何能教小孩？如何能知道小孩的力量，而让他们发挥出小小的创造力？”

——陶行知《陶行知教育文选》

3. “我的基本原则永远是尽量多地要求一个人，也要尽可能地尊重一个人。实在地说，在我们的辩证法里，这两者是一个东西；对我们所不尊重的人，不可能提出更多的要求。当我们对一个人提出很多要求的时候，在这种要求里也就包含着我们对这个人的尊重，正因为他完成了我们的要求，所以我们才尊重他。”

——马卡连柯《马卡连柯全集》

4. [美]斯特蒂文斯. 零距离师生关系[M]. 重庆：西南大学出版社，2016.

5. 史金霞. 重建师生关系[M]. 北京：中国轻工业出版社，2012.

6. 庞丽娟. 教师与儿童发展[M]. 北京：北京师范大学出版社，2001.

# 第三篇

# “教”与“不教

“导而弗牵，强而弗抑，开而弗达。”

——《学记》

# 第七章　学校德育过程

## 内容提要

德育过程是学校德育实施的中心环节，包括多种要素，它们以不同的方式发挥自身的独特作用，各种要素之间既相互独立又相互联系。除了分析德育过程的要素以及相互之间外，本章还将重点论述德育过程的本质，德育过程中存在的各种基本矛盾及其运行规律；德育过程的性质与特点以及德育过程的组织与调控等。

## 问题导入

1. 德育与德育过程两者等同吗？如果是，为什么会有两个概念，如果不是，那么两者的区别又是什么呢？

2. 德育过程有哪些基本要素？是不是每个学校成员都担负着德育的责任？

3. 你如何理解“全员育德，全过程育德，全方位育德”？

4. “失败是成功之母”这话放在德育中你觉得合适吗？

## 第一节　德育过程概述

过程是指事物进行或事物发展所经过的程序。具体而言，过程乃是现实世界中的事物或活动产生、发展、变化的连续性在时间和空间上的展开。十九世纪德国哲学家黑格尔曾经对过程进行过论述，他认为，世界不是一成不变的事物的集合体，而是一个过程的集合体，其中各个似乎稳定的事物以及它们在我们头脑中的思想印象即概念，都处于生成和灭亡的不断变化之中。这其中，黑格尔特别强调了过程的动态生成特性，这一思想得到恩格斯的高度认可。恩格斯指出：“黑格尔第一次……把整个自然的历史和精神世界描写为一个过程，即把它描写为处在不断的运动、变化和发展中，并企图揭示这种运动和发展的内在联系。”①

① 马克思恩格斯全集(第3卷)[M].北京：人民教育出版社，1972：63.

任何一个活动都表现为活动主体与客体按照一定的目的与要求，以适当的方法，并通过适当的途径，在一定时间、空间条件下，相互联系，相互作用的运动形态。按此理解，我们可以将学校德育过程作如此理解并定义：即学校德育过程就是在特定的时间与空间中展开的教育者与受教育者之间传授与接受道德及相关教育的活动，它是一种动态的、双向互动与立体的品德影响与发展过程，现代学校德育过程具有明显的社会主流价值观念导向性。与传统德育过程相比，现代德育过程展开与实施的平台已经从专门的、封闭性的学校场所扩大到开放的社会与网络空间，现代德育过程也就具有了更大的开放性与复杂性。为此，要认识现代德育过程的特点和规律，不能停留在对德育过程作静态的、单一的考察水平上，而是对其作动态的、全方位的考察，在现代德育过程的运动、变化、发展中，找出其中运动、变化、发展的本质特点与基本规律。

现代社会历史条件下的学校德育过程，与传统的德育过程相比，无论是从形式还是内容，从途径还是方法上看，均有了比较大的变化。特别是进入新媒体时代，新媒体时代具有开放性、平等性、双向和多向互动特点，“在线生存”方式使现代学校德育过程打破了过去时间与空间上的限制。“全球化”德育、“全方位”德育、“全过程”德育、“全员参与”德育无论从时间上还是空间上都比过去有了更大可能性，并具有更为复杂的特点。总之，现代德育过程不再是一种孤立与封闭的现象，也不再是一个单纯与单向的片面活动，而是一个历史的、发展的、开放的运动过程，是其普遍本质在新的社会历史条件下的全面展开。因此，现代德育过程也包含着德育过程的一般普遍本质规定。正因为如此，要认识现代德育过程，我们还必须从德育过程的一般性质出发。



## 一、德育过程理论研究的对象、任务和意义

德育过程的理论既是德育的基本理论，也是德育展开的重要环节，因此，对德育过程进行研究是德育研究的重要内容。但是，在学习德育原理的过程中，在探讨了“德育”的概念，认识了德育的一般本质之后，学生们往往感到很难区别“德育”和“德育过程”的概念。搞不清德育过程的理论究竟要解决什么问题。由此，需要进行简要的说明与解释。

### （一）德育过程理论研究的对象

任何一种理论都有其特殊的研究对象，这也是一种理论得以成立的基础。在德育原理中，德育过程研究与其他方面研究的不同之处，就是在于研究对象的差异。所以，搞清德育过程研究的性质，也就是搞清德育过程研究的对象是什么。

就一般意义而言，德育过程理论的研究对象自然是学校德育过程及其展开与实施的内在机理、各因素之间的联系与互动规律与特点等。在现实的教育实践中，人们常常将“德育过程”与学校德育活动等同起来，有时甚至就将德育活动的实施等同于德育过程。这是缘于在人们的观念中，这两者往往被视为同一事物，故而疏于作出深入的阐述和精确的区分。

事实上，作为日常教育中的“德育”活动与德育理论研究中的“德育过程”两者确实联系紧密，但又存在着区别。作为活动的“德育”，教育者更多地考虑活动的结果与效用，也就是我们通常所追求的实效性。在这个过程中，教育者考虑更多的不是如何科学地、合规律性地进行德

育，达到目标成为活动的基本，甚至是唯一的要求。而作为研究对象的德育过程则不同，对过程的研究，其重点在于，教育者要懂得在德育活动的展开与实施过程中，如何利用受教育者身心发展的规律与特点，特别是受教育者品德形成的规律与特点，科学合理地展开与实施具体的道德与相关内容的教育。它不是随心所欲的活动，也不是可以随意操作的道德行为训练。可以这样说，德育过程理论的研究对象就是德育的客观运动过程或者说就是探讨学校德育活动的具体展开的环节以及基本特点与规律。

#### （二）德育过程理论研究的任务

德育过程理论研究的基本任务就是揭示德育过程的本质、特点及其基本规律。

需要注意的是，德育过程理论研究旨在揭示德育活动内在的客观规律，而德育过程是一种社会活动过程，其规律属于社会规律范畴。这也是德育过程与其他活动过程相区别的重要特点。

社会规律与自然规律都是客观的，但又有所不同，不仅运动的方式有所不同，而且揭示的方式也有所不同。自然规律是纯粹的宇宙运动规律，而社会规律则是具有主观意志的人的活动规律。自然规律可通过实验发现，而社会规律则具有两重性，既可以通过实验发现，又不可能完全以实验的方式发现和把握，甚至在一定程度上具有不确定性。

#### （三）德育过程理论研究的意义

要正确而有效地实施德育就必须遵循德育的规律。德育过程作为人们的实际德育活动的展开，不仅已发现的规律在支配着它的运动，而且，德育过程作为一个伴随人类社会、人类的教育活动发展的过程，又在不断地提出新问题，这就要求我们去发现支配德育活动展开的新的规律。特别是在现代新的形势下，学校德育过程无论从形式还是内容上都有了前所未有的改变，学校德育过程的展开也从单纯的校园德育、课程德育发展到了社区德育与网络德育，这些都需要深入的研究。这也是德育过程研究的实践意义所在。

德育过程研究在理论上也有十分重要的意义。一方面，对其进行研究可以丰富现代德育理论研究；另一方面，它可以为正确地实施现代德育提供较为科学的理论依据。

德育过程理论是德育理论中的基础理论，它是制定德育原则，确定德育内容，选择德育方法、组织德育活动的理论依据。要正确地开展现代德育活动，不能不掌握现代德育过程的理论。

## 二、德育过程的一般性质及基本规律

德育过程有着自己的特殊性质，其展开与运行也有着相对稳定的基本特点与规律。对这些特点与规律的把握在一定程度决定着它是否能够科学、有效地展开。

#### （一）德育过程界说

对德育过程的探讨通常是从概念、本质以及内涵的解读开始的，这是分析德育过程的基础，除此而外，还包括德育过程的各种要素及其相互关系，德育过程与其他教育过程的关系，德育过程中的基本矛盾与运行机制等。

1. 德育过程概念

过程概念具有抽象和具体两种属性。从宏观角度来看，它表示一事物在整个时空中的运行和展开，是一个总体过程，表现出开放性与无限性。从微观角度来看，它指事物在局部时空中的运行与发展，是一系列具体的过程，表现出渐进性与阶段性。从两者的关系来看，宏观过程与微观过程是相互联系的。两者构成一对包容与体现的关系，即总体过程包含着各个具体的过程，每个具体过程的运行又使得总体过程最终得以体现。

一般认为，德育过程即教育者对受教育者实施的思想品德教育过程。具体来说，德育过程是以促进受教育者思想品德形成、发展为目标，教育者与受教育者共同参与、双向互动的教育活动过程。现代德育过程更强调教育者与受教育者在德育过程中共同接受道德影响并促使自身道德发展的特点。就普遍意义而言，社会主义学校德育过程是教育者根据社会主义条件下受教育者自身的生理心理特点与发展的要求和受教育者思想品德的形成规律，以及社会主义社会对年轻一代在思想道德方面的要求，启发、引导和指导受教育者能动地认识、体验和践行道德精神，接受社会主义思想道德，培养良好的思想品德心理，发展其道德判断、道德选择能力的教育过程。

德育过程从宏观上看，贯穿人的一生，涉及到人生活的方方面面，从微观上看，则专指学校教育中具体的道德教育过程。而且，从过程的特点来看，学校德育过程不仅仅只是受教育者接受思想道德教育的过程，而且也是一个教育者与受教育者双向互动的教育与受教育过程，其间也包含了教育者在德育过程中接受道德影响并提升自身道德境界的过程。

2. 德育过程和其他各育过程的区别和联系

从学校的整体教育过程来看，教育过程是一个多方面、多层次的复杂系统，按照不同的分类可以划分为具有一定内在联系的各具体教育过程。如按学校教育的基本组成部分划分，学校教育过程可分为：德育过程、智育过程、体育过程、美育过程、劳动技术教育过程。

对德育过程的研究正是要探索其独特的内在规律性与区别于智育过程及其他各育过程的特殊性。在认识德育过程的特殊性方面，国内学者做过不少探索，先后提出德育过程的自觉性、目的性、复杂性、广泛性、社会性、可控性、多端性等多种特点。这些提法从不同的侧面描述了德育过程的属性，有积极的意义。但是，这些属性并非德育过程所特有，因而很难说是德育过程区别于智、体、美育等的特征，而要说明德育过程特征，应从分析德育过程的特殊矛盾出发，从教育目标和依据的规律方面揭示与其他各育过程的区别。这些区别表现在如下方面：

第一，教育目标上的区别。德育过程是培养与塑造道德主体的过程，这一过程中要解决的主要矛盾是受教育者思想品德的现有发展状况与现代社会所提出的德育目标，即道德行为主体应具备的思想品德要求之间的矛盾。德育过程的目标是促进受教育者德性发展，形成稳定与良好的思想品德结构，自主地解决科学的世界观与人生观等态度与情感问题。智育过程的目标是要求受教育者掌握一定的知识、技能，发展智力、能力，解决如何具体认识世界、改造世界的问题，或者说要解决知与不知、懂与不懂、会与不会的问题。而德育过程围绕着受教育者的生活而展开，并立足于受教育者的道德实践解决善与恶、利与害、信与不信、愿与不愿的问题，即要解决好个人与他人、与集体、与社会、与自然的关系问题。体育过程的目标是指导学生学习一定的体育知识、体育技能，并通过反复的筋肉活动和身体的锻炼以发展身体素质；美育过程的目标则是要培养感知美、鉴赏美、创造美的能力，以培养受教育者的审美意识、审美情操。

第二，德育过程所依据的规律不同。德育过程主要依据的是个体思想品德形成与发展规律；智育过程主要依据个体的认识活动规律；体育过程依据的是受教育者生理发展的规律与技能技巧的掌握规律；美育过程则以受教育者审美能力发展规律为依据。

3. 德育过程和思想品德形成过程的区别和联系

德育过程与思想品德形成过程是一对既相联系又相区别的概念。从某种意义上说，德育过程的最终归宿就是要使受教育者形成一定的思想品德，而就受教育者思想品德的形成过程而言，学校德育过程不是唯一的影响因素，还有家庭、社区、社会等环境因素，既有现实的、平面化的学校教育，同时也包括虚拟的、立体化的网络影响。德育过程的重要性在于它有最大的可能按预定的目的、受教育者思想品德形成规律并协调多方面的影响，促进其品德发展。德育过程与思想品德形成过程实质是教育活动与素质发展的关系。

将德育过程与思想品德形成过程相区分，并不是要把两者根本割裂开来。德育过程是教育者与受教育者双方的，也是双向的活动，但受教育者思想品德的形成，并不完全受学校德育的制约。如前所述，受教育者思想品德形成，还要受到多种环境因素的影响。受教育者的思想品德形成过程，实际上受着两种影响：一是学校德育影响，一是校外环境影响。就广义的环境而言，学校德育也是环境的一部分，但是为了探讨德育规律，有必要把学校德育影响以及学校德育之外的环境影响区别开来，而有无明确的目的性是区别学校德育影响和校外环境影响的根本标志。德育过程有明确的目的，因而是自觉的影响过程；环境影响无明确目的，是自发的影响过程。一般来说，德育影响对促进思想品德形成的作用是积极的，当然不排斥也可能有消极影响。环境影响则具有两面性，既有积极的，也有消极的。德育影响过程是有意识组织起来的，是可控的、正式的影响。环境影响因素极其广泛，而德育影响因素相对来说，则不那么广泛。德育的根本目的就在于促进受教育者良好思想品德的形成，而对于德育之外影响学生思想品德发展因素的认识，使教育者有可能努力把德育影响之外的因素置于控制之下。

**（二）德育过程的本质**

德育过程是教育者、受教育者共同参与的，旨在促进受教育者个体思想品德发展的社会过程，实质上是一种思想、政治、道德的社会传递和社会继承过程。人类的思想、政治、道德作为精神财富，从一个社会到另一个社会，能够保存、积累、丰富和发展，正是由于这种社会传递与社会继承，其中包括创立、形成新的思想、道德的范畴、原则、规范。德育过程的主要任务是教育者有目的地指导受教育者学习、选择、接受既有的社会道德文化与传统，同时学会自主地创立新的思想、道德范畴和道德规范，提升自己的道德素养与品质。因此，德育过程的本质就是造就道德主体或再生产道德主体的过程。

德育过程造就道德主体，包括个体道德社会化和社会道德个体化两个方面。个体道德社会化即有意识地促使受教育者个体受到的一定的社会政治观点、思想道德准则、道德规范的影响逐渐内化为个体思想道德观点、信念，并再外化为品德行为，成为能适应和参与一定的社会角色行为的人。社会道德精神个体化，即一方面是社会思想、准则、道德规范转化为个体思想品德；另一方面，每个个体形成的思想品德又因其性别、年龄、智力、性格等各方面的差异而具有个性特点。德育过程是个体思想品德社会化和社会思想道德个体化的统一过程。也就是说，德育过程是一种有目的的或有选择性的道德精神社会传递与个体道德精神体验相统一的过程。

### （三）德育过程的结构

德育过程结构是指德育过程中各个要素或各个组成部分相互联系、相互作用的方式。德育过程有哪些基本要素，在长期的研究中存在着争议。学者们提出了如下观点，如："三要素说""四要素说""五要素说"。"三要素说"和"四要素说"大同小异，都包括教育者、受教育者、德育手段和德育内容或者途径等多种要素，所不同的是"三要素说"把最后两个要素合并为一。"五要素说"认为德育过程包括德育主体、德育客体、德育目的、德育结果和德育手段。通常情况之下，人们更多地从三个方面对德育过程的要素进行解释和说明，也就是"三要素说"。此说认为，德育过程中的教育者指有目的地对受教育者施加影响的个人或团体，处于主体地位；受教育者指接受德育影响的个人或团体，既是德育的客体，又是主体；德育内容和方法是教育者用以影响、作用于受教育者的中介，是纯客体的东西。三个基本的要素在德育活动中形成相互联系、相互制约的关系，从而形成德育过程内部矛盾运动。在德育过程结构诸要素中，教育者与受教育者是最基本的要素，它们之间相互联系、互相作用，共同推动着德育活动的进行与展开。在现代德育过程中，教育者与受教育者均是德育过程中的活动主体，他们之间构成互为主客体的双向动态关系。离开了教育者与受教育者的相互作用，就无法构成德育活动。德育内容则是教育者与受教育者共同作用的对象，是将教育者与受教育者联结起来的中介因素。正是有了教育者、受教育者、德育内容这三个基本要素，最基本的德育活动才能开展。也正是有了这三个基本要素及其相互作用，人们才能够考察使用何种德育方法、德育手段、德育组织形式等问题。应该说，教育者与受教育者、德育内容只是德育过程中的基本要素，从广义的过程来看，德育过程还应有诸多要素，这些要素共同构成了德育过程这一整体，并在基本要素的基础之上形成协调一致的活动，各种要素之间是否能够协调运行，则成为学校德育过程能否科学、有效展开的重要基础。

### （四）德育过程的阶段

根据辩证唯物主义与历史唯物主义的观点分析，过程可以从宏观与微观两个层面进行分析，任何过程都有始有终，包括整体的人生发展的宏观过程与个体道德不同阶段发展的局部过程，也叫微观过程。德育过程的展开根据上述观点可以分为若干阶段。目前学术界对德育过程的划分主要有两种维度：一是以时间来划分，有终身德育过程、学校德育过程和一次具体的德育活动过程。终身德育过程即从幼年到老年一生中，接受家庭、学校、社会各方面德育影响的过程，可以分为幼年期、儿童期、青年期、中年期、老年期各阶段。实验和观察表明，1 岁前的婴儿不可能有道德判断和有意识的道德行为，1.5 岁以后的婴儿，逐渐产生最初的道德判断和行为。国内外对 3 岁前儿童个体品德的萌芽和发展给予高度重视，进行了大量研究。① 学

① 林崇德. 品德发展心理学[M]. 上海：上海教育出版社，1992，265—288.

校德育过程指学生从入学到完成学业，即受教育者在整个学校教育期间，学校对其实施的德育影响，引导、促进其向预定的德育目标要求转化的全过程。可以分为小学、初中、高中、大学教育四个阶段，具体德育活动过程如一次思想政治课或一次主题班会等，可依其活动的程序分为若干阶段。二是从内涵上划分德育过程，以提出某个特定的德育目标任务作为开始，以实现既定的德育目标作为结束，可依据德育活动展开的程序分为若干阶段。这里的德育过程主要是指中、小学阶段的德育过程，德育过程阶段的划分告诉我们，要研究小学、中学阶段受教育者思想品德形成的特点并把它作为实施德育过程的重要依据。

### （五）德育过程的基本矛盾

德育过程存在多种规律与矛盾，正是这些规律与矛盾推动着德育过程的运行与发展。

1. 德育过程的一般规律

前面我们指出，德育过程论或德育过程研究的任务是揭示德育过程的本质和德育的规律。那么，我们在探讨了德育过程诸方面的一般性质之后，还应进一步探讨德育过程的基本规律。

德育过程的运动、发展、变化是有规律的，这些规律是教育基本规律在学校德育过程中的具体体现与反映。认识和掌握这些规律，并按照这些规律设计、组织开展和管理德育活动，是提高学校德育实效性的根本保证。

列宁说："规律就是关系……本质的关系或本质之间的关系。"①按此理解，德育过程中的规律便是德育过程内在的、本质的、必然的关系或联系。德育存在的关系很多，诸如师生关系、生生关系、师师关系，等等。这些关系中，有些是本质的、必然的，有些是非本质的、非必然的；有些是基本的，有些是非基本的；有些关系贯穿于整个德育过程的各个阶段、各个方面。如何找到最基本的、本质的关系是德育过程研究理论中的一个重要问题。

关于德育过程的规律问题，在过去的研究中，人们常常从教育过程的角度进行研究，应该说，具有一定的参考价值。但是，还不能明确学校德育过程规律的特殊性，因而有必要对其进行专门的研究。

为了正确把握德育过程规律，首先需要区分德育过程规律与思想品德形成规律。

我们认为，如同德育过程与思想品德形成过程既有联系又有区别一样，德育过程的规律与思想品德形成的规律，也是既有联系又有区别的。德育作为人类有目的的实践活动是一种社会现象，而思想品德作为个性品质则是个体现象。尽管两者不能作截然的区分，因为社会总是由个体组成的，而个体的人又总是社会的人。但是，由于社会认识客体上的差异，两者在德育论中是两个既密切联系又不同的基本理论问题：个体思想品德形成规律的揭示，是品德论的任务；而德育规律体现在德育过程之中，是由过程论来揭示的。又由于两者在"德"字上相联系，成功的德育是指德育实践所期望的思想品德在受教育者个体身上形成。但是这里的规律就不单单是受教育者个体思想品德的形成规律，而是教育者的施教活动成功地引起受教育者思想品德变化的规律。

---

① 黑格尔逻辑学一书摘要[A]. 列宁全集(第38卷)[M]. 北京：人民出版社，1990：101.

**专栏 7-1**

## 德育过程与思想品德形成过程的区别

思想品德教育过程：

1. 思想品德教育是教育的组成部分，其实施属教育活动范畴；
2. 从外部对教育者施加影响的过程；
3. 受教育者与外界教育影响相互作用的过程。

思想品德形成过程：

1. 思想品德是人的精神素质的组成部分，其形成属于人的素质发展范畴；
2. 在外部影响作用下，道德主体自身运动的过程；
3. 道德主体与外界各种影响相互作用的过程。

（班华. 德育过程的理论[M]. 见鲁洁，王逢贤. 德育新论[M]. 江苏：江苏教育出版社，1994：256.）

我们在谈个体思想品德形成规律时，指的是一种个体德性发展的客观过程中的规律；而我们讲德育规律时，则是指我们自觉地控制事物间因果关系或变量间的关系，使教育活动按预期目标形成良好思想品德的规律。

所以我们说，德育过程论在探讨德育规律时，探讨的是施教与受教之间的变化规律，是从教的角度探讨教育者如何实施德育的过程，而不是指受教育者单方面的思想品德形成规律；对德育过程规律与思想品德形成规律的正确区分是认识德育过程规律的前提。

2. 德育过程的基本矛盾

德育过程的基本规律究竟有哪些，人们进行了不同的研究，提出了多种规律，我们在此探讨的是德育过程中最根本的规律，并以此探讨德育过程的具体展开。我们认为，德育过程的基本规律是教育者在德育过程中代表社会所提出的思想品德要求与受教育者现有思想品德发展现状之间的矛盾运动。

德育过程中存在着诸多矛盾。这些矛盾至少可分为三个层次：第一层次是德育过程与外部环境影响的矛盾；第二层是德育过程内部的矛盾；第三层次是德育过程中主体（教育者、受教育者）自身的矛盾。

在德育过程所涉及的各种矛盾关系中，规定德育过程性质的，应当是德育过程的内部矛盾，但是这些内部矛盾也是复杂的，因为它们是德育过程各要素形成的基础。这些矛盾有教育者与受教育者之间的矛盾；教育者与德育内容、德育方法之间的矛盾；受教育者与德育内容、方法之间的矛盾，等等。在这些矛盾中，教育者与受教育者之间的矛盾是主要的矛盾。这两者之间的矛盾主要表现为教育者代表社会所提出的、体现社会道德发展需要的德育要求与受教育者思想品德现有发展状况的差距之间的矛盾。

这一矛盾既是德育这一实践活动存在的条件，解决两者间的矛盾也是德育实践的目的之所在。同时，也正是这一对矛盾关系，决定着德育过程区别于其他各育过程，也决定着德育过程内部其他矛盾的解决。也就是说，解决教育者与德育内容、德育方法之间的矛盾等等，都是为了解决施教与受教之间的矛盾。

施教与受教之间的矛盾，相对于受教者自身德性发展来说，是外因。外因要通过内因起作用。受教育者发展自身道德的愿望与受教育者原有道德水平的差距，是我们所说的受教育者自身的内部矛盾。这一矛盾运动的过程，就是思想品德发展的过程。

假如受教者没有形成发展自身道德的愿望，受教者对施教者的活动根本不作出反应，那么就不会有两者之间的矛盾运动，也没有受教者在德育活动影响下的道德发展。这样德育过程就与思想品德发展过程联系起来了。德育过程与这一过程中思想品德形成发展的关系，就在于德育过程的矛盾需通过受教育者自身的思想品德发展矛盾起作用，而受教育者的内部矛盾又是在教育活动的作用下形成的，而不是自发形成的。

由此我们认为，激发受教育者主体的道德需要，构成德育过程中施教与受教之间积极的矛盾运动，是德育过程应遵循的基本规律。

**专栏 7－2**

### 人们提出的德育过程的规律

1. 德育过程受多方面影响的规律。这一规律是指人们的思想品德受家庭、学校、社会各方面的影响而形成发展的，因而德育过程是受多方面影响的过程。

2. 思想品德各要素相互促进与提高的规律。人们对思想品德的结构要素看法不一，但认为思想品德发展是各要素间相互联系、相互促进、整体发展的过程，各要素的发展是“同时性与多端性辩证统一”。“同时性”即各要素同时培养。“多端性”则在知、情、意、行中根据实际情况择任一要素作为教育的开始。

3. 活动与交往是思想品德形成的规律。其依据是德育具有很强的实践性。

4. 受教育者思想内部矛盾运动的规律。有的指内因与外因的关系，有的指受教育者自身思想内部的矛盾，有的指思想品德中的积极因素与消极因素的矛盾斗争，等等。

5. 德育过程的长期性、反复性的规律。对此规律，人们用“重复性”、“圆周式发展”、“渐进性”来描述。

（班华. 德育过程，见胡守棻. 德育原理[M]. 北京：北京师范大学出版社，1989：103—104.）

## 第二节　现代德育过程的特点

与传统德育过程的单向性与封闭性不同，在新的社会背景之下，由于受多种因素的影响，现代德育过程具有了许多新的特点，具体包括：

### 一、科学性

在传统德育过程中，人们并没有自觉探寻德育规律的意识，也没有以系统化的科学理论来指导德育实施过程的意识。总之,德育过程没有成为自觉的理论研究对象。现代德育开始发生,人们就力图把握德育的客观规律,按照规律来进行德育。这样德育过程便成为德育理论研究的对象,德育过程的概念由此而产生出来。可以说,现代德育过程与现代德育过程的理论研究几乎是同时开始的。

现代德育过程的开展,是与“德育过程是怎样的”这一问题的思考相一致的,思考的中心是德育如何使个体道德成长起来。改革开放以来,德育过程的研究得到了长足的发展。研究者们从不同的学科视角,对德育过程的特殊性进行了深入的研究。人们对德育过程的思考已达到系统化、理论化、科学化的水平。对德育过程的特点、规律以及同其他过程的区别与联系均进行了有益的探讨。人们不仅界定“德育过程”这一德育过程论中的上位概念,而且种种新的概念分化出来,如德育过程结构、德育过程要素、德育过程环节、德育过程规律,等等。这些研究为德育过程的科学展开提供了较为有力的依据与基础。

德育过程的科学性表明,德育过程是一个客观的、在一定程度上并不完全以教育者主观意志为转移的活动过程,它不仅成为科学研究的对象,而且要求教育者按照这一过程的本来规律去实施德育。要以科学的理论来指导德育过程,这样才会有德育过程理论的发展。但是,我们也要看到并理解学校德育过程的科学性的自身特点,特别是它所具有的人文社会科学特征,这一点使得我们既要坚持德育过程科学性中的客观性特点,同时也要严格区分自然科学的科学性和人文社会科学的科学性特征之间的差异,这样,我们才能够真正科学、有效地展开学校德育过程并对其进行科学、有效的评价。

## 二、整体性

受教育者的“整体性”是指“人的生命是多层次、多方面的整合体;生命有各方面的需要:生理的、心理的、社会的、物质的、精神的、行为的、认知的、价值的、信仰的。任何一种活动,人都是以一个完整的生命体的方式参与和投入的,而不只是局部的、孤立的、某一方面的参与与投入。”[①]这一特点是以人的发展的完整性为基础的。人的发展的完整性是针对传统教育对人的发展的片面理解而提出的。在传统道德教育中,德育被作为单纯的知识教育或简单的行为操练。在这种模式之下,人的发展被人为地肢解。

我们应该看到,在学校德育过程中,受教育者不仅是认识活动的主体,同时也是进行各种道德价值评价和意志活动的主体。受教育者对道德的认识包含着认知因素,但它不是道德认识的全部,它既不能等同于简单的记诵;也不能等同于单纯的行为操练。这里的整体性是指受教育者是作为一个完整的人参与到道德认识之中的。这种整体性可从以下几个方面进行理解:

第一,学生道德认识本身的完整性。

从学生的内在的道德意识发展来看,对道德的认识并不仅仅是一个认知过程,学校道德教育的结果也并非是掌握大量道德知识、律令与教条,而是一个以道德认知为基础,学生的情

---

① 叶澜.时代精神与新教育理想的构建[J].教育研究,1994(10).

感、意志共同作用的过程，或者说是一个集理智、感觉为一体的过程。实际上，对道德的认识和把握就是认知、理解、选择、行动这样一个过程。其间，知、情、意共同在发生作用。

第二，道德影响的全方位性。

这是从影响学生道德发展的外在因素而言的。由于社会的发展，今天的学生已经生活在一个多元文化并存的时代。在这一时代背景之下，我们不难看到，现在的学生所受到的道德影响并非单一，而是丰富和多元的。这种影响既有物质的，也有精神的；既有真实的现实生活世界，更有虚拟的网络世界。

以整体性的教育观来看待学校道德教育，实际上也就要求我们转变过去单纯将道德教育视为知识学习和行为操练的道德教育观念，重新反思我们过去对学生主体地位与作用的认识。

第三，受教育者德性发展上统一性。

在现代德育过程中，德性至少是知、情、意、行的合一。这一过程不仅仅是“知”的发展过程，还有“情”的发展过程，“意”的发展过程和“行”的实现过程。但是，这一发展过程并不是上述诸方面发展过程的简单相加，而是以“情”“意”为基础的动态性发展过程。这中间应十分重视“情”“意”的作用。没有“情”的动力，“意”的外化，就谈不上德性的整体性。

德育过程的整体性，一方面要求将受教育者作为完整的社会人来对待和教育，既要注意发展其对道德的认识能力，同时还要注意对受教育者非理性方面的引导与培养，这就要求对受教育者所施加的德育影响必须全面和完整。另一方面，教育者自身作为德育过程中实施德育影响的主体，同样应该作为完整的个人的整体投入，应避免造成缺乏灵魂的、空洞的甚至虚假的道德说教。

### 三、双向性

这是现代德育过程的一个显著的特点。在传统的德育过程中，教师居高临下，采取强制、强迫的方法对待学生，学生则处于消极、被动、服从的状态。而现代德育过程则强调教育者与受教育者双方共同参与，相互开放，教育者与受教育者双向影响，德性共进。具体来说，就是在德育过程中，教育者作为一定社会与阶级利益的代表，用相应的观念和规范影响学生，促进个体道德社会化；同时，受教育者的特殊地位以及其所具有的主体性，必然要以自身所认可的方式对施加的影响进行相应的改造，并反馈给教育者，从而对教育者产生影响。这也就是说，德育过程并非仅仅是教育者单向地对受教育者的思想品德施加影响，还包括受教育者对教育者的影响。教育者自身也有着道德发展的需要，受教育者的影响对其道德发展也起着重要作用。因此现代德育过程实质上是教育者与受教育者相互促进的道德共进过程。

德育过程的双向性表明，在整个德育过程中，教育者与受教育者作为德育活动的两极，参与到德育过程之中，是教育者与受教育者双方共同争取自我实现、平等协作的活动过程。它既不是单纯的传道授业，也不是消极被动的接受过程；它是以教育者的主导为基础，教育者与受教育者主体的作用共同发挥的过程。它与其他过程的不同在于，教育者与受教育者双方均在这一过程中获得教益，在德性上得以提升。当然，在这其中，教育者与受教育者的主体性能否充分发挥，直接关系到德育过程的顺利展开和运行。

德育过程从属性上看，是一个人工过程，而不是一个自然的过程。其实质在于，作为社会代言人的教育者为了实现德育目的，有目的地设定从起点到终点步骤的具体过程。德育活动便在这一特设的目的环境下得以展开。然而，由于德育对象所具有的主体能动性，教育者与受教育者双方在德育过程中所处的地位、所发挥的作用以及运行机制又各具特点，这就决定了德育过程的复杂性。德育过程的复杂性主要体现在双向性特征上。

从“教”的层面看，教育者根据“教”的目的来选择教的内容、途径和手段，而从“受教”的层面看，受教育者往往根据自身“受教”的需要和目的来选择发展自己身心的内容和手段。这就造成了德育过程中作为实践主体的教育者与受教育者与另一实践主体的受教育者的同时存在。正是这种特殊的存在，构成教育过程的双向运行模式。在德育过程中，施教与受教既相对独立又相互统一，在相互矛盾中，促进受教者个体身心发展。

德育过程作为一个双向运行过程，它要求教育者在实施教育时，充分考虑受教育者的个体需要和个性特点，除了选择科学的德育内容、适当的德育途径和德育手段外，还应当将受教育者视为独立完整的个体去认识。要看到，受教育者在接受教育的同时，还会以自己的需要、动机、兴趣、态度、情感来影响甚至制约教育者德育活动的开展，受教育者的品德状况也会在一定程度上影响着教育者的道德发展，作为教育者要有意识地从德育过程中进行自我教育，并自觉地实现师生之间的双向互动与道德影响。

## 四、实践性

德育过程具有强烈的实践性，这是由德育过程的实施主体决定的。人的思想品德是在实践基础上形成的。学校德育过程实际上就是教育者与受教育者的个体生命实践活动的展开，它是以教育者与受教育者共同的生命实践活动为基础的，从某种意义上甚至可以说，德育过程与教育者和受教育者的个体生命实践活动过程两者是统一的。德育最终要培养受教育者的道德行为，即指导受教育者完成从道德认识到道德实践、从道德动机到道德行为的转化，并培养其品德践行能力。受教育者的道德践行既是德育过程所要达到的目标，同时也是德育过程实施的基础环节。

为使道德践行顺利进行，首先要向受教育者提出行动要求。没有要求便没有教育。但要求要适度，过高或过低均会损伤其道德践行的积极性，都可能导致受教育者知行脱节现象的发生。其次，要注意指导受教育者的行为方式并组织各种形式的练习和实践；培养起他们良好的道德行为和习惯，锻炼其道德意志，通过自觉控制，调节自己的行为，提高其道德践行意识和践行能力。

## 五、开放性

传统德育过程理论对学校德育过程的外部环境关注甚少，或者简单地认识到德育环境如家庭、社会的影响。现代德育过程理论不是泛泛地研究作为德育环境的家庭、社会，而是一方面德育环境被分得更细，如同辈团体、社区、校园文化、网络文化等，特别是由于现代社会处于信息化时代，各种思想、信息相互交织，新的媒体时代，先进的传媒打破了以往封闭的国界、域界，实现了全球信息的即时共享，传统德育过程中的“一对多”单向传授模式，已经转变为新的形势下的“多对多”平等交流。这一切使得德育环境日趋复杂；另一方面，强调学校德育过程与环境的相互作用，既看到两者相一致的一面，把环境作为一种德育资源加以利用，又看到两者不相一致的一面，讲求学校德育过程对环境的改善。总之，现代德育过程与外部环境是一个双向互动、相互开放的运行关系。

现代德育过程的对外部环境的开放性特征符合学校德育过程中教育者与受教育者自身所具有的开放性特征。人在本质上是开放的。人是禀赋物性与超物性、生命性与超生命性双重本性的存在。人既是作为自然物种的生命，又是作为社会性的生命存在。人的自由主要表现在如何去体现其具有社会本质的属性以及理解与内化该社会所奉行的道德规范。并在此基础之上对社会以及道德规范作出积极的反思与批判性的超越。在对环境的认识与把握上，它总是放弃一种相对比较熟悉的安全状态，去达到一种新的，还尚未把握的状态。

人的生存活动是独特的。人的活动没有对象范围的限定。在人的生存活动中，不但要与其生存环境中所存在的各种事物乃至一切对象“打交道”，而且通过对象化的活动还能够把它们变成自身结构的组成部分，即“为我的存在”或“人的无机身体”。

人之为人是自己创生性活动的产物。这就意味着，人既没有被给予的前定本性，人的本性也不是一经确定便永远不变；反之，人之为人的本质永远处于没有终结的创新之中，始终具有开放、不定的性质。

按此方式理解学校德育过程，我们不难看到，无论是教育者，还是受教育者，都同时面临着既要接受环境又要影响环境的问题。因而具有开放的心态是至关重要的。不断去面对环境中心的道德问题并试图以自己的方式去面对和解决，这是现代德育过程中强调培养道德主体的一个很重要的方面。

现代德育过程并不是已经终止的过程，而是在继续发展的过程。因此，对现代德育过程特征的认识，必然会有新的发展。

## 第三节　现代德育过程的实施

德育过程是指德育活动开展、实践的过程，但并非具体地指某一个具体的德育开展过程，这些具体过程体现在各种专门的学校德育课程教学、团队活动、班主任工作以及其他学科课程教学等活动之中。尽管如此，我们能够从具体的德育过程中抽象出体现在德育过程中普遍的活动方式。这些普遍的共同的活动方式对于实际的具体的德育过程有着重要的指导意义。

### 一、德育过程实施的基本环节

任何一种事物的发展过程总是阶段性与连续性的统一，德育过程同样如此。事物发展过程的阶段性，体现为事物发展由各个环节组成，在德育过程中，同样包含着一些共同的环节。这些环节是德育过程共同具有的，也是现代德育过程得以展开的依据。

关于德育过程的起点或者开端问题，人们的观点因研究的视角不同而有所差异。总的来看，对德育过程的起点的描述大体上有两种情况：(1)以教育者的行动为起点；(2)以受教育者接受教育的开始为起点。德育过程不是受教育者自发的自我教育过程。因此，从系统观来看德育过程，教育者仍然是德育系统运作过程的主要策划者和控制者。

德育过程的基本环节是指教育者与受教育者按事先科学安排的步骤，进行施教与受教的基本顺序和阶段，是整个德育过程展开与运行的一般时间模式。德育过程的基本环节包括如下几个部分。

### （一）准备阶段

德育准备是指在德育过程展开与运行前期所作的各种预备工作，它是德育过程实施的前提和基础。具体包括以下几个方面：

1. 研究与领会中小学德育课程标准、教材及其他有关资料，了解德育对象的实际情况；
2. 设定与明确每一德育过程的具体目标；
3. 选择与确定德育过程实施的具体内容；
4. 设计教学方案，选择科学的施教方法与途径。特别是要科学利用网络这一平台对受教育者实施德育。

### （二）实施阶段

这是德育过程的具体展开与运行阶段，步骤如下：

1. 帮助学生做好心理准备，向受教育者提出道德要求，激发起学生进行道德学习的动机与激情，这是受教育者接受教育影响的前提；
2. 德育过程的具体展开，通过各种教学与实践活动帮助受教育者提高道德认识，形成道德需要，培养道德意志；
3. 指导受教育者进行自觉的道德实践，引导受教育者从道德认知到道德行为的转化，培养其作为道德主体的道德践行能力。

### （三）评价阶段

这是整个德育过程中必不可少的反馈阶段，它是对德育过程进行综合调控的基础。德育评价的核心是品德评价，它包括对受教育者的道德认识、情感与行为等方面的评价。德育评价也包括对整个德育过程的各个步骤、措施、方法、形式等方面进行评价。

### （四）综合调控

德育过程具有整体过程与局部过程相结合的鲜明特点。在德育过程的时间和空间的展开运行中，如何实施各具体的局部过程，以保持其与总体过程在目标与方向上的协调一致，成为至关重要的环节。综合调控便是试图通过对各个局部德育过程实施所获得的结果进行认真的测评和分析，达到对既定设计和实施进行调整和控制，以更好地优化德育过程各结构之间的连接。

此外，对德育过程实施调控之所以必要和可能是因为德育过程的目标虽然经过科学周密的设计，但是，它毕竟是对过程在一定时空中展开与运行的预先假设，而这种假设是否、以及能否达到预期的目的，往往通过过程的实际操作结果而显示出来，对预期目标的调整和修正必须以这种客观的结果作为基础。德育过程的调控包括宏观的整体与微观的局部调控两个方面。

专栏 7－3

### 关于德育过程基本环节的不同看法

1. 从教育者出发，区分的德育过程的基本环节的看法：(1)教育方案的设计与拟制。(2)教育方案的执行与实施。(3)教育情况的回顾与总结。

（陈泽河，戚万学. 中学德育概论[M]. 山东：山东教育出版社，1990：178—181.）

2. 从受教育者出发的观点：(1)提高道德认识，培养道德思维。(2)实现从知到行的转化，培养品德践行能力。(3)品德的考查与评定。

（胡守棻. 德育原理[M]. 北京：北京师范大学出版社，1989：117—119.）

3. 以信息传递的观点解释德育运行过程的观点：德育过程是信息传递的过程，即信息的获取、传递、加工、贮存、变换的过程。

（华中师范大学教育系等. 德育学[M]. 陕西：陕西人民教育出版社，1986：144.）

## 二、现代德育过程实施的基本原则

正确地组织德育过程是有效地实施德育的基本条件，而要正确地组织德育过程，就必须遵循反映了德育过程本质及其规律的原则。现代德育过程的实施应遵循如下主要原则：

### （一）开放性与完整性相结合

德育过程的开放性要求教育一方面以开放的心态冲破传统道德教育的封闭的缺陷，去领会中国传统文化中对于道德的具有真知灼见的理解，展示传统道德中的丰富的一面；另一方面又以开放的态度对待业已发生的因社会变革而带来的道德上的变化。开放式的道德教育不是以封闭、禁锢学生的头脑和思想为目的，而是以促进学生的道德思维能力，特别是独立思维和批判性思维的能力、发展学生自己的道德观为目的。任何试图用一种单一的道德教条和道德信仰体系教育学生并采取一切可能的措施迫使学生接受这些教条和信仰的做法，都只会阻碍学生理智和道德的发展。德育过程的开放性原则要求作为道德教育内容的价值准则和规范系统必须向学生开放、接受学生理智的检验。使学生的道德观点经过自己的理智思考而自由选择。也就是说，不仅应该承认一切道德价值体系都是在吐故纳新中求得发展的，没有一成不变的道德真理，而且还要承认学生的道德发展过程也是一个不断抛弃旧的道德观点、接受新的道德观点的过程。

此外，现代德育过程理论认为德性是个体的完整的人格特征。个体的道德发展以受教育者的自觉的生命实践活动为基础，是受教育者在日常生活实践中完整生命活动的展开。作为道德发展的主体，受教育者的身心是一个完整的统一体，他们的个体性、主动性、完整性在德性上是统一的。所以，德育过程不能只着眼于德性的单一方面，更不能只是强调单向的道德知识的接受与片面的行为操练，否则，个体道德的健全发展就是不可能的。

（二）集体教育与个别教育相结合

组织德育过程，首先要面向全体学生，向集体提出共同的道德要求，教育者首先要教育集体，培养集体，形成良好的集体风气与氛围。并通过集体的活动、舆论、优良风气、传统教育个人；集体一旦形成，就会形成一种无形的教育力量，对集体中的个人施加潜移默化的影响。同时，教育者也要注意通过教育个人来影响集体的形成与发展。教育者个人和受教育者集体共同教育、影响个人，教育集体与教育个人同时、平行地进行。

（三）热爱、尊重、信任学生与严格要求相结合

热爱、尊重、信任与严格要求是辩证统一的，两者相互联系、相辅相成。对学生的尊重与热爱是所有教育得以开展的基础，也是德育能否真正取得实效的关键所在，而严格要求则是促进受教育者道德发展的保证，离开了对受教育者的严格要求，就谈不上受教育的有效的道德发展与进步。热爱、尊重、信任学生应注重以正面引导，发扬学生的优点、长处为主，同时帮助学生克服他们身上存在的消极因素，发扬其积极因素，克服其消极因素。

（四）德育影响的一致性与连贯性相结合

德育影响的一致性和连贯性是指在学校德育过程中家庭、学校、社会三方面的教育力量协调一致，系统地发挥整体影响的教育作用。这是由于影响受教育者思想品德形成因素的广泛性和社会性所决定的，谈到外部因素的整体影响，前苏联著名教育家马卡连柯曾说过：“一个人不能够一部分一部分地来教育，而是由人所经受的种种影响的全部总和综合地教育出来。”①

德育影响的一致性指的是影响受教育者思想品德的各方面因素和力量的协调一致，互相配合。德育影响的连贯性则是指德育过程运行的计划性和系统性。德育过程系统是一个与外部社会相互影响、相互作用的开放系统，如何利用各种外部因素，形成教育的合力，成为现代德育所面临的迫切的现实问题。为此，对于学校教育来说，应首先保持校内各方面的教育影响的一致，充分发挥学校德育的主导作用，成为学校德育的整体优势。其次，应密切联系家庭和社会，统一协调各方面的教育影响，积极组织学生进行社会实践，一方面培养受教育者的道德思维和践行能力，另一方面也起到优化外部环境的作用。最后，要根据受教育者的身心发展特点，不断地提出适时、适度的要求，并将这种要求贯彻到底。

## 问题思考

阅读下面的短文，请联系实际谈你的认识与理解。

**落选科代表**

某小学五年级学生　兰奇

今天，萦绕在我身边的不再是欢声笑语，而是———冷嘲热讽！科学课上，冷热风交替，一场命运悬殊的决斗，在此开战！

① ［苏］马卡连柯．论共产主义教育［M］．刘长松，杨慕之，译．北京：人民教育出版社，1980：227．

“现在，科代表竞选开始，请有意愿的同学举手表示。”只听“唰唰”两声风声扫过，便是一群人举起了“尖刀”，像是高呼着“杀呀！杀呀！”其实，我也是举着“刀子”的。

那些没勇气的，都变成了忠实的“科代表 Fans 团”，大声高呼着“兰奇，兰奇！”“骆珊，骆珊！”“粉丝团”势均力敌。大队委站起来推荐说：“我推荐康建宇。”这样，一推再推的康建宇，当上了科代表。我怒火冲天，这正好应验了希特勒的一句名言：“我们的斗争只可能有两种结果，要么敌人踏着我们的尸体过去，要么我们踏着敌人的尸体过去。”

背后扫过一阵风，凉飕飕的。是否我消失了，你才会知道我的存在？

此篇作文出自于一次某报社搞的作文征文活动。作者为一位小学五年级学生，征文附有老师点评。以下是教师评语：细腻的心理描写，不得不让我们惊叹小作者情感的丰富。儿时，我们都在乎自己在老师、同学心目中的地位。小作者在痛失科代表“宝座”后，沮丧一股脑地涌上来，发出了心底的呐喊：“是否我消失了，你才会知道我的存在？”

问题 1：你如何理解文中的小学生所表达的思想？

问题 2：你如何理解教师的点评？

## 拓展阅读

1. “大学之道，在明明德，在亲民，在止于至善。知止而后有定，定而后能静，静而后能安，安而后能虑，虑而后能得。物有本末，事有终始。知所先后，则近道矣。

古之欲明明德于天下者，先治其国。欲治其国者，先齐其家。欲齐其家者，先修其身。欲修其身者，先正其心。欲正其心者，先诚其意。欲诚其意者，先致其知。致知在格物。物格而后知至，知至而后意诚，意诚而后心正，心正而后身修，身修而后家齐，家齐而后国治，国治而后天下平。

自天子以至于庶人，壹是皆以修身为本，其本乱而末治者否矣。其所厚者薄，而其所薄者厚，未之有也。此谓知本，此谓知之至也。”

——《礼记·大学》

2. “一般地说，道德要求社会公正地对待个人，并且不要忘记，道德的产生是有助于个人的好的生活，而不是对个人进行不必要的干预。道德是为了人而产生，但不能说人为了体现道德而生存的。”

——[美]弗兰克纳《道德哲学导论》

发虑宪，求善良，足以謏闻，不足以动众。就贤体远，足以动众，不足以化民。君子如欲化民成俗，其必由学乎！

——《学记》

# 第八章　学校德育的实施

## 内容提要

学校德育的实施过程，就是教育者确定德育目标、组织德育内容及选择德育途径与方法，对学生施加教育影响，促进学生心理健康、法纪、道德、思想、政治素质发展的过程，其实质是回答“为什么教与为什么学”“教什么与学什么”以及“如何教与如何学”的问题。本章主要探讨德育目标与内容的含义、分类、结构，改革开放以来我国中小学德育目标与内容的演进及特点；德育途径的含义、分类、我国中小学德育的基本途径，德育方法的含义、分类、我国中小学德育的常用方法。

## 问题导入

学校德育旨在培养合格公民还是促进学生的个人幸福？学校德育仅指道德教育吗？全体教职工都是德育教师吗？德育最好的方法是不讲吗？

## 第一节　学校德育目标

学校德育目标回答的是德育实施中的“为什么教与为什么学”的问题，它是德育的出发点、落脚点及最终要达到的结果。

### 一、学校德育目标概述

#### （一）学校德育目标的含义

学校德育目标是党和政府的有关部门、学校及德育工作者对不同教育阶段的学生在思想、政治、道德、心理等素质要达到的规格和质量方面的总的预期和要求，是学校教育目标的重要组成部分，同时也是学校德育目的对学校德育不同阶段的要求的层次化与具体化。学校德育目标体系由幼儿园、小学、初中、高中和大学德育目标体系构成。

### （二）学校德育目标的分类

学校德育目标是一个复杂的系统，可以根据不同的标准进行分类。如：

根据制定主体不同，可以分为党和国家有关部门制定的德育目标（宏观目标），各级各类学校根据宏观德育目标及自己学校的特点制定的德育目标（中观目标），德育工作者根据宏观及中观德育目标制定的具有较强操作性的德育目标（微观目标）。

根据教育阶段不同，可以分为幼儿园、小学、初中、高中、大学德育目标。

根据教育性质不同，可以分为普通学校的德育目标和各类专科学校的德育目标。

根据实现途径不同，可以分为课程德育目标，非课程德育目标。课程德育目标又可以分为德育课程德育目标、学科课程德育目标、活动课程德育目标；非德育课程目标又分为班主任、共青团、少先队、学生会、班委会、团支部或其他社团组织的工作目标。

根据德育外延不同，可以分为心理健康教育、法纪教育、道德教育、思想教育和政治教育目标。根据德育各要素的内部结构不同，还可以将心理健康教育、法纪教育、道德教育、思想教育和政治教育目标进一步分解，如将道德教育目标分解为认知、情感、意志、信念和行为层面的目标。

根据要求的具体程度不同，可以分为德育总目标和具体德育目标。

根据要求的高低不同，可以分为最低层次的德育目标和较高层次的德育目标。

### （三）学校德育目标的结构

学校德育目标从纵向看由上到下分为六级：第一级是总目标，第二级是大学目标，第三级是高中目标，第四级是初中目标，第五级是小学目标，第六级是幼儿园目标；从横向看每一级目标分为心理健康教育、法纪教育、道德教育、思想教育、政治教育五个维度的目标。

纵向上的第一级目标（总目标）由两个横向目标——个体目标和社会目标组成；个体目标由两个纵向目标——基本目标（合格人）和高级目标（高尚人）组成；社会目标由两个纵向目标——基本目标（合格公民）和高级目标（即社会主义、共产主义事业的接班人）组成。

第二至六级目标，纵向上分为总目标和具体目标；总目标和具体目标从横向上又可以分为心理健康教育、法纪教育、道德教育、思想教育、政治教育五个维度的目标，每级的心理健康教育、法纪教育、道德教育、思想教育、政治教育五个维度的目标，又有各自的一维甚至多维结构，如道德教育目标可以分为社会公德、职业道德、家庭美德、个人品德教育目标，也可分为道德认知（包括道德知识、道德判断能力）、道德情感、道德意志、道德信念及道德行为和习惯教育目标；政治教育目标可以分为国家观、政党观、阶级观、民族观、人权观、民主观、法治观、权利观、义务观教育目标，也可以分为政治思想体系、政治观点、政治心理、时事政策和政治规范教育目标，还可以分为政治认知、情感、意志、信念、行为教育目标。

## 二、我国中小学校德育目标的演进

### （一）改革开放以来我国中小学校德育目标的演进过程

*1. 1978—1987年，小学德育目标初步层次化*

此阶段主要围绕培养“四有”劳动者或“社会主义公民的基本目标和共产主义事业的接班

人”或“四有”社会主义建设人才的高级目标对学生的法纪、道德、思想、政治素质提出要求。

1982 年，教育部颁布的《全日制五年制小学思想品德课教学大纲（试行草案）》（以下简称《大纲（试行草案）》）指出：“思想品德课是建设社会主义精神文明，全面贯彻党的教育方针，用共产主义思想向小学生进行思想品德教育的一门重要课程。它的教学目的是使小学生初步具有共产主义道德品质和良好的行为习惯，立志做有理想、有道德、有文化、守纪律的劳动者，为把他们培养成为共产主义事业的接班人打下思想基础”。《大纲（试行草案）》规定的小学德育目标由两个层次的目标——基本目标（“四有”劳动者）和高级目标（共产主义事业的接班人）组成，目标内容包括法纪、道德、思想、政治教育目标。

1986 年，原国家教育委员会颁布的《全日制小学思想品德课教学大纲》规定的小学德育目标由两个层次的目标——基本目标（社会主义公民）和高级目标（“四有”社会主义建设人才）组成，目标内容包括法纪、道德、思想、政治教育目标。

2. 1988—2000 年，中小学德育目标逐步层级化、序列化、整体化

此阶段既对中小学德育目标分别进行规定，同时又将中小学德育目标作为整体提出要求。此阶段又可以分为两个分阶段：

（1）1988—1992 年间，围绕培养“四有”公民或“好公民”的基本目标和“坚定的共产主义者”的高级目标对学生的心理健康、法纪、道德、思想、政治素质提出要求。

1988 年，原国家教育委员会颁布的《小学德育纲要（试行）》规定了小学德育的总目标——“四有”公民和具体目标——心理、法纪、道德、思想、政治教育目标。

1988 年，原国家教育委员会颁布的《中学德育大纲（试行）》规定的中学德育目标是由第一级目标（“四有”公民）和第二级目标（初中和高中段德育目标组成），目标内容包括思想政治、道德行为及个性心理素质和能力目标。

1988 年，《中共中央关于改革和加强中小学德育工作的通知》将中小学德育的总目标分为两个层次：培养“好公民”（基本目标）和培养“坚定的共产主义者”（最高目标）。

（2）1993—2000 年间，围绕热爱社会主义祖国、具有社会公德、文明行为习惯、遵纪守法的公民的基本目标及“四有”的德智体美等全面发展的社会主义事业的建设者和接班人的根本目标、坚定的共产主义者的高级目标对学生的心理、法纪、道德、思想、政治素质提出要求。

1993 年，原国家教育委员会颁布的《小学德育纲要》与 1988 年颁发的《小学德育纲要（（试行））》基本相同，只是将根本目标由“为使他们成为有理想、有道德、有文化、有纪律的社会主义公民打下初步的思想品德基础，成为有理想、有道德、有文化、有纪律的社会主义公民”改成了“为使他们成为德、智、体全面发展的社会主义事业的建设者和接班人打下初步的良好的思想品德基础”，强调小学德育的根本目标是培养德、智、体全面发展的社会主义事业的建设者和接班人。

1994 年，《中共中央关于进一步加强和改进学校德育工作的若干意见》强调中小学校德育的根本目标是培养“四有”的有中国特色社会主义事业的建设者和接班人。

1995 年，原国家教育委员会颁布的《中学德育大纲》规定的中学德育目标由总目标（包括最低目标——公民和最高目标——共产主义者）和分段目标（包括初中段、高中段德育目标）组

成，目标内容包括心理健康、法纪、道德、思想、政治教育目标。

1998 年，原国家教育委员会颁布的《中小学德育工作规程》将小学的德育总目标与中学德育总目标合二为一，且德育总目标分为培养"好公民"的基本目标和培养"坚定的共产主义者"的最高目标。

2000 年，中共中央国务院办公厅印发的《关于适应新形势进一步加强和改进中小学德育工作的意见》规定了中小学德育的根本目标是"四有"的德智体美等全面发展的社会主义事业建设者和接班人。并将中学德育目标分为基本目标——热爱社会主义祖国的具有社会公德、法制意识、文明行为习惯的遵纪守法的公民和高级目标——共产主义者两个层次。

3. 2001 年至今，中小学德育目标进一步层级化、序列化、整体化

此阶段围绕"四有"公民的根本目标和培养"社会主义事业的合格建设者和可靠接班人"的高级目标对学生的心理健康、法纪、道德、思想、政治素质提出要求。

2002 年教育部颁布的小学《品德与生活》课程标准，将课程目标分为总目标——培养具有良好品德和行为习惯、乐于探究、热爱生活的儿童和分目标——情感与态度、行为与习惯、知识与技能、过程与方法；同年颁布的《品德与社会》课程标准，将课程目标分为总目标——促进学生良好品德形成和社会性发展，为学生认识社会、参与社会、适应社会，成为具有爱心、责任心、良好的行为习惯和个性品质的社会主义合格公民奠定基础和分目标——情感、态度、价值观、能力、知识。

2003 年教育部颁布的初中《思想品德》课程标准，将课程目标分为总目标——以加强初中学生思想品德教育为主要任务，帮助学生提高道德素质，形成健康的心理品质，树立法律意识，增强社会责任感和社会实践能力，引导学生在遵守基本行为准则的基础上，追求更高的思想道德目标，弘扬民族精神，树立中国特色社会主义共同理想，逐步形成正确的世界观、人生观和价值观，为使学生成为有理想、有道德、有文化、有纪律的好公民奠定基础和分目标——情感、态度、价值观、能力、知识。

2004 年教育部颁布的高中《思想政治》课程标准，将课程目标分为总目标——知道中国共产党是中国特色社会主义事业的领导核心，马克思列宁主义、毛泽东思想、邓小平理论和"三个代表"重要思想是中国共产党的指导思想，"三个代表"重要思想是马克思主义在中国发展的最新成果；了解中国特色社会主义现代化建设常识；学习运用马克思主义基本观点和方法观察问题、分析问题、解决问题；具备在现代社会生活中应有的自主、自立、自强的能力和态度；具有爱国主义、集体主义和社会主义思想情感；初步形成正确的世界观、人生观和价值观和分目标——知识、能力、情感、态度、价值观。

2004 年《中共中央国务院关于进一步加强和改进未成年人思想道德建设的若干意见强调中小学德育的根本目标是培养社会主义事业的合格建设者和接班人。

2005 年《教育部关于整体规划大中小学德育体系的意见》，将学校德育总目标分为根本目标——培养"四有"公民和高级目标培养——社会主义事业的合格建设者和可靠接班人两个层次。同时对中小学段的德育目标进行了规定，指出：

小学教育阶段德育目标是："教育帮助小学生初步培养起爱祖国、爱人民、爱劳动、爱科学、

爱社会主义的情感；树立基本的是非观念、法律意识和集体意识；初步养成孝敬父母、团结同学，讲究卫生、勤俭节约、遵守纪律、文明礼貌的良好行为习惯，逐步培养起良好的意志品格和乐观向上的性格”。

中学教育阶段德育目标是：“教育帮助中学生初步形成为建设中国特色社会主义而努力学习的理想，树立民族自尊心、自信心、自豪感；逐步形成公民意识、法律意识、科学意识以及诚实正直、积极进取、自立自强、坚毅勇敢等心理品质，养成良好的社会公德和遵纪守法的行为习惯。中等职业学校还要帮助学生树立爱岗敬业精神和正确的职业理想”。

### （二）改革开放以来我国中小学德育目标演进的主要特点

1. 内容逐渐拓展

新中国成立以来，尤其是改革开放以来，我国学校德育的内涵和外延经历了逐步拓展的发展历程：思想品德教育——思想品德和政治教育——思想政治和品德教育——政治、思想、道德和心理品质教育——思想、政治和品德教育——政治、思想、道德和心理品质教育——思想政治教育、品德教育、纪律教育、法制教育——政治、思想、道德、法制、心理健康教育。相应地，我国中小学德育目标的内容也从思想品德的要求到政治、思想、道德、法制、心理健康的多方面要求。

2. 取向逐步“融合”

改革开放以来，我国中小学德育的总目标在不同阶段有不同的表述：“四有”劳动者、“四有”公民或“好公民”、“四有”社会主义建设人才、社会主义事业的建设者和接班人、“四有”的社会主义事业建设者和接班人、“四有”的德智体美等全面发展的社会主义事业建设者和接班人、社会主义事业的合格建设者和可靠接班人及共产主义者或坚定的共产主义者等。从总目标的表述看，我国中小学德育是以社会需要为主要价值取向的。但是在具体目标的阐述中，越来越关注学生的需要，比如当前中小学德育的第二、三级目标就增加了促进学生个人发展、个人完善、个人幸福的内容，要求培养学生“良好的意志品格和乐观向上的性格”“诚实正直、积极进取、自立自强、坚毅勇敢等心理品质”。德育目标在价值取向上逐渐将个人与社会需要有机融合起来。

3. 要求逐渐层次化和序列化

改革开放以来，我国中小学德育目标结构不断完善，逐渐形成由总体目标、阶段目标、具体目标组成的有机体系，总目标按层次分为最低要求、根本要求或最高要求，小学、初中、高中阶段的德育目标在范围上逐渐扩展、要求上逐渐提高，不断层次化、序列化。

**专栏 8-1**

所谓德育目标的层次，是指同一目标在不同级次学校班级的德育过程中，具有高低不同的要求，形成符合学校、班级实际的标准。所谓序列，是指把同一目标中的不同层次，按其高低的不同要求，形成一个承前启后的体系。层次和序列是密不可分的。层次是形成序列的要素，序列是层次的系统化。

（鲁洁，王逢贤．德育新论[M]．江苏：江苏教育出版社，2002：208.）

## 三、我国中小学德育目标体系的构建

改革开放以来，我国德育目标不断完善，不断关照大中小学德育目标之间的衔接性；不断根据不同阶段学生的接受水平、自身成长的需要及社会发展的现实，调整德育的基本目标和高级目标；不断将学校德育目标的社会取向和个人取向结合起来，德育目标的系统性、层次性、科学性进一步得到提升。但是当前中小学德育目标体系还存在结构不够完整、层次不够明晰、较忽视个人需要和能力要求等问题，需要进一步完善。

### （一）我国中小学校德育目标体系构建的依据

1. 社会对公民思想道德素质发展的需要

任何一个社会都要求他的公民承认这个社会现存的政治、经济、文化、社会制度，遵守这个社会所倡导的法律、道德规范和精神，并为这个社会的存在和发展尽自己的义务，因而必然对人的心理健康、法纪、道德、思想、政治素质提出相应的基本要求。现代人的心理健康、法纪、道德、思想、政治素质主要是通过学校培养的，学校必然担负起培养人的相应素质的重任，我国政治、经济、文化、社会发展对公民心理健康、法纪、道德、思想、政治素质的需要是确定学校德育目标的最直接的客观依据。

2. 学生自身对思想道德素质发展的需要

需要是一个人的动力系统，人的一切理性行为的动力源泉。人的需要可以从不同角度分类，按马斯洛的观点，人的需要由低到高包括生理的需要、安全的需要、归属和爱的需要（社交需要）、尊重和自我实现的需要、求知和求美的需要①；按照需要的对象不同，可以把人的需要分为物质需要和精神需要。学校德育不仅是培养社会需要的公民的过程，也是满足学生精神需要的重要过程，因此，学校德育目标的确定要与学生对心理健康及法纪、道德、思想、政治的认知、情感等精神需要有机结合，才能产生共鸣与“合力”。

3. 学生的身心发展水平及思想道德素质的形成与发展规律

从个体的心理健康、法纪、道德、思想、政治素质的形成与发展规律来看，这些素质不是在某个阶段同时形成的，而是遵循一定规律，按照一定次序和水平，由简单到复杂、由低级到高级、由具体到抽象、由感性到理性逐渐形成和发展的，且这个过程并非一帆风顺，而是波浪式前进和螺旋式上升的过程；个体的心理健康、法纪、道德、思想、政治素质的形成还与人的知识水平、人生经验、思维能力有着直接的关系，某种素质只有到一定的年龄阶段才有可能形成（比如信仰层面的素质），而且同样一种素质在不同年龄或者不同身心发展水平的学生身上的水平也不同。因此学校德育目标的确定要善于遵循学生心理健康、法纪、道德、思想、政治素质的形成与发展规律，对处于不同年龄段、身心发展水平不同的学生提出不同的目标要求。

4. 制定者对人的思想道德素质的期望及其教育理论和实践水平

制定者对人的思想道德素质的期望是学校德育目标的最直接的主观依据。制定者对思想道德素质在人的素质发展及对其社会发展中的重要性认识程度不同，具体目标就不同。而

---

① 宋春宏，陈文玉.跨世纪青年发展研究[C].重庆：西南师范大学出版社，1998：140.

制定者之所以对人的思想道德素质有不同的期望，实际上是由其教育思想中的教育目的、教育价值取向、教育理想、德育观及其德育实践经验等决定的。因此学校德育目标的科学与否与制定者的教育理论和实践水平直接相关。

### （二）我国中小学德育目标体系构建的原则

1. 继承、借鉴与创新的统一

继承、借鉴与创新的统一是指我国学校德育目标的结构与层次，既要建立在对我国学校德育目标，尤其是改革开放以来的学校德育目标的合理成分的继承与当代国外中小学德育目标的有益借鉴基础上；又要根据我国社会现阶段的政治、经济、文化、社会发展状况及我国所面临的复杂国际背景与学生的心理健康、法纪、道德、思想、政治素质发展的需要进行创新。

2. 个人发展与社会发展需要的统一

社会是由人组成的，个人发展和社会发展是对立统一的过程，两者不仅紧密相联，而且还互为条件、互为因果；人是社会发展的真正目的、社会发展最终是为人的全面发展和幸福服务的，德育目标首先要关注个体自我发展、自我完善、自我幸福的需要，但是，为了人类长远的、整体的根本利益，必须同时关注社会发展的需要。因此构建学校德育目标体系时要将个人发展与社会发展需要有机统一起来。

3. 适应性与超越性的统一

适应性是指在确定德育目标时，要适应当前社会发展和人的发展的需求；超越性是指德育目标要超越现实生活，提出理想性的要求。比如，面对我国社会主义市场经济的深入发展，社会经济成分、组织形式、就业方式、利益关系和分配方式的日益多样化等现实，必须构建主导性与多样性、广泛性与先进性相结合的学校德育目标体系。

4. 整体性与层次性的统一

整体性是指学校德育目标是由相互联系、相互影响的各级目标及心理健康、法纪、道德、思想、政治教育等各类目标组成的整体系统；层次性是各级学校德育目标要与相邻层级的目标纵向衔接、横向贯通、螺旋上升。构建学校德育目标时必须将各阶段学校德育目标的整体性与层次性有机结合起来，发挥系统的整体功能和效能。

### （三）我国中小学德育目标体系的基本内容

我国中小学德育目标体系的基本内容涉及多个方面，并具有不同的层次，主要有如下内容：

1. 第一级目标——中小学德育总目标的基本内容

中小学德育目标虽然和全民德育的总目标不完全相同，但就现代社会而言，学生的心理健康、法纪、道德、思想、政治素质主要是由学校来完成的，且不少学生高中毕业后就直接进入社会了，因此我们认为全民德育目标就是中小学德育的总目标。

中小学德育的一级目标从功能上可以分为个体目标和社会目标。个体目标从层次上可以分为基本目标和高级目标，基本目标就是帮助学生成为心理健康、有基本德性、人生观健康的人（合格人）；高级目标就是在此基础上，帮助学生成为有正确而坚定的道德和人生信仰的人（高尚人）。社会目标从层次上分为基本目标和高级目标，基本目标就是帮助学生成为遵规守纪、有基本的权利义务意识及社会责任感的公民(合格公民),高级目标就是在此基础上帮助学生成为有坚定的社会主义和共产主义信念的人(社会主义、共产主义事业的接班人)。

2. 第二级目标——高中段德育总目标和具体目标的基本内容

高中阶段的德育总目标是帮助高中生成为初步具有正确的世界观、人生观、价值观、道德观、法纪观和公民意识,具有良好的品德和行为习惯及心理健康的青年,在此基础上,成为有人生和道德信仰及坚定的社会主义和共产主义信念的人。具体目标是帮助高中生进一步认识到自己的成长发展与世界观、人生观、价值观之间的关系,与他人、集体、国家和社会、民族之间的关系,进而自觉了解国家的基本政治、经济、文化制度;逐步树立为中华民族的伟大复兴、中国特色社会主义事业建设而奋斗的人生观、价值观及中华民族自尊心、自信心、自豪感;逐步确立作为家庭成员、学生、社会公民应具备的权利义务意识,遵守家庭道德、社会公德及学生守则、校规校纪和法律;逐步形成对社会复杂现象的分析、判断及行为能力;逐步形成正确的自我意识及自强自立、坚毅果敢等心理品质。

3. 第三级目标——初中段德育总目标和具体目标的基本内容

初中阶段的德育总目标是帮助初中生成为有正确的人生理想和人生态度、良好的行为习惯和个性心理品德、初步的公民意识的青少年。具体目标是帮助初中生较全面地认识自身成长发展与自己的人生追求、人生态度之间及与他人、集体、国家和社会、民族之间的关系,逐步形成为个人发展、家庭幸福、社会和谐、国家富强、祖国繁荣、民族振兴而努力学习的人生理想和积极进取的人生态度,逐步形成作为家庭成员、学生、社会公民应具备的责任意识及权利义务意识,逐步形成对社会复杂问题的是非善恶美丑的判断能力;逐步养成尊老爱幼、关爱父母、体谅父母、文明礼貌、助人为乐、爱护公物、保护环境及遵守学生守则、校规校纪、公共秩序、交通规则的行为习惯;逐步形成开朗、活泼、自尊自强、坚毅勇敢等心理品质。

4. 第四级目标——小学段德育总目标和具体目标的基本内容

小学阶段的德育总目标是帮助小学生成为热爱生活、适应学校,具有良好行为习惯和个性品质的儿童。具体目标是帮助小学生初步认识自身成长与自己、父母、亲人、老师、同学、他人、家庭、班级、学校、家乡(社区)、自然之间的相互关系,初步树立热爱生活并对个人生活、行为负责的意识和独立生活、自我服务的能力,养成良好的生活卫生习惯;初步形成是非善恶美丑的基本观念和能力;初步形成遵守小学生守则、校规校纪、交通规则、公共秩序的观念和行为习惯;初步形成关爱自己、父母、亲人、老师、同学、他人、家庭和班级、学校、社区的情感及养成讲卫生、爱劳动、勤俭节约、文明礼貌及孝敬父母、尊敬师长、团结同学、帮助他人的行为习惯;初步养成开朗、活泼、不怕困难、乐观向上的心理品质。

## 第二节　学校德育内容

德育内容回答的是德育实施中的"教什么与学什么"的问题,它是德育活动能够发生、展开的起点,是学校德育的根本任务和现实目标得以实现的核心基础。

## 一、学校德育内容概述

学校德育内容是学校德育得以开展的重要材料也是重要的依据，在现阶段，我国学校德育无论从广度还是深度上都比过去有了很大的变化，应该根据不同的部分作出具体的理解。

### （一）学校德育内容的含义

学校德育内容是党和国家、学校及德育工作者根据不同阶段的学校德育目标，以及受教育者思想道德发展的特点与规律所选择的用以培养学生思想道德素质的以观念形式存在的各种信息的总和，是由幼儿园、小学、初中、高中、大学德育内容构成的有机体系。

### （二）学校德育内容的分类

可以按照不同的标准对学校德育内容进行分类。

根据确定主体不同，可以分为党和国家有关部门确定的德育内容（总内容），学校根据党和国家有关部门制定的要求及自己学校的特点确定的德育内容（较具体的内容），德育工作者根据前两者的要求确定的具有较强操作性的德育内容。

根据教育阶段不同，可以分为幼儿园、小学、初中、高中、大学德育内容。

根据教育性质不同，可以分为普通学校的德育内容和各类专科学校的德育内容。

根据实现途径不同，可以分为课程德育内容，非课程德育内容。课程德育内容可以分为德育课程德育内容、学科课程德育内容、活动课程德育内容；非德育课程内容又分为班主任、共青团、少先队、学生会、班委会、团支部或其他社团组织的工作内容。

根据德育外延不同，可以分为心理健康教育、道德教育、法纪教育、思想教育、政治教育内容。根据德育各要素的内部结构不同，还可以将心理健康、法纪、道德、思想、政治教育内容进一步分解，如将道德教育内容分解为认知、情感、意志、信念和行为教育内容。

根据要求的具体程度不同，可以分为德育总内容和具体德育内容。

### （三）学校德育内容的结构

学校德育内容的结构总体上与德育目标的结构一样，是一个纵横结构。从纵向上分为五级：第一级是大学德育内容，第二级是高中德育内容，第三级是初中德育内容，第四级是小学德育内容，第五级是幼儿园德育内容；横向上每一级由其基本要素——心理健康、法纪、道德、思想、政治教育构成，每一基本要素又有其自身的一至多维结构，如心理健康教育包括心理健康知识教育、良好行为指导；法纪教育包括法纪意识教育、法纪行为指导；道德教育包括社会公德、职业道德、家庭美德、个人品德教育或道德认知（包括道德知识、道德判断能力）、道德情感、道德意志、道德信念、道德行为教育；思想教育包括世界观、人生观、价值观、认识论、方法论教育；政治教育包括国家观、政党观、阶级观、民族观、人权观、民主观、法治观、权利观教育或政治思想体系、政治观点、政治心理、时事政策和政治规范教育。

## 二、改革开放以来我国中小学德育内容的演进

### （一）改革开放以来我国中小学德育内容的演进过程

#### 1. 1978—1987，以小学德育课程教学内容代替德育内容，小学德育内容初步层级化

此阶段小学主要进行以“五爱”和“五讲四美”为基本内容的社会公德教育和社会常识教

育，形成了由基本内容、具体内容和阶段重点内容组成的结构体系，德育内容初步层级化。

1982 年教育部颁布的《全日制五年制小学思想品德课教学大纲（试行草案）》规定的德育内容总体上存在“政治化”及超越学生理解接受能力的倾向。

1986 年教育部颁布的《全日制小学思想品德课教学大纲》规定的德育内容由中心内容、具体内容、阶段重点内容组成，与 1982 年的《教学大纲（试行草案）》相比，强调要对小学生进行爱国主义教育、革命传统教育、集体主义教育、劳动教育和共产主义理想的启蒙教育；增加了社会主义民主和法制观念的教育以及良好的意志、品格的教育等教学内容；注重了良好行为习惯和能力的培养；并根据小学生的知识水平和接受能力，适当删减了原《大纲》教学要点中要求过高的一些内容；使小学思想品德课的教学要求更加明确，更加有针对性，更加符合小学生的年龄特点。但总体上仍然存在“政治化”及超越学生年龄特点和接受能力的倾向。

2. 1988—2000，制定较全面的中小学德育内容体系，德育内容逐渐层级化和序列化

此阶段小学主要进行以“五爱”为基本内容的社会公德教育和有关的社会常识教育（包括必要的生活常识、浅显的政治常识以及同小学生有关的法律常识），小学德育内容是由基本内容、重点内容、具体内容组成的体系；中学主要进行爱国主义、集体主义、社会主义、理想、道德、社会主义民主和遵纪守法教育，中学德育内容是由初中段和高中段的德育内容组成的、由相对固定的基本内容和随社会发展而发展的形势与政策方面的变动内容组成的体系。中小学德育内容进一步层级化、序列化。

1988 年原国家教育委员会颁布的《小学德育纲要（试行）》规定的德育内容由基本内容、重点内容、具体内容组成。基本要求与 1986 的《教学大纲》大致相同，只是去掉了“五讲四美”的内容，增加了着重教育学生心中有他人，心中有集体，心中有人民，心中有祖国及着重培养和训练学生逐步养成良好的道德品质和文明行为习惯方面的内容；德育主要内容与 1986 年的《教学大纲》基本相同，只是增加了爱人民、爱中国共产党、遵守纪律的内容，去掉了共产主义理想的启蒙教育的内容。从总体上看，《纲要（试行）》规定的内容要求难度有所降低，但涉及的面更广。

1988 年原国家教育委员会颁布的《中学德育大纲（试行）》规定的中学德育内容由相对固定的基本内容和随社会发展而发展的形势与政策方面的变动内容组成，基本内容包括：(1)初步的马克思主义常识教育；(2)爱国主义教育和国际主义教育；(3)理想教育；(4)道德教育；(5)劳动教育；(6)社会主义民主、法制与纪律教育；(7)身心卫生与个性发展教育。高中阶段的主要内容包括：(1)马克思主义常识教育；(2)爱国主义教育；(3)国际主义教育；(4)理想教育；(5)道德教育；(6)劳动教育；(7)民主、法制与纪律教育；(8)身心卫生与个性发展教育。同时指出，除对高中、初中各年级学生进行思想、政治、道德品质、良好个性心理素质和能力等以上各系列内容的教育外，还要随着经济、政治形势发展及党和国家重大决策进行形势任务和时事政策等教育；结合纪念重大节日以及班、年级教育主题的需要进行革命传统教育，结合有关学科教学和各种课外活动进行审美教育。总之，要针对不同年级的学生的特点和需要，有计划、有步骤地进行综合的、系统的、经常的思想政治道德教育。此《大纲（试行）》对初中、高中段德育内容的规定表面上看似乎相同，但具体内容和要求有较大差别，高中段的德育内容的范围

和难度都有所增加。

1988 年,《中共中央关于改革和加强中小学德育工作的通知》指出:“中小学德育要以爱祖国、爱人民、爱劳动、爱科学、爱社会主义为基本内容”,注意抓好爱国主义教育、集体主义教育、社会主义民主和遵纪守法的教育、劳动教育、道德教育和良好心理品质的培养。《通知》再次明确了中小学德育的基本内容和重点内容。

1993 年,原国家教育委员会颁布的《小学德育纲要》规定的基本内容、重点内容、具体内容与 1988 年的《大纲(试行)》基本相同,只是重点内容的顺序有所颠倒,具体内容的具体要求略有不同。

1995 年,原国家教育委员会颁布的《中学德育大纲》规定的德育内容由相对固定的基本内容和随社会发展而发展的形势与政策方面的变动内容组成;规定的初中和高中德育内容要点与 1988 年《中学德育大纲(试行)》相比,要点表述基本相同,但具体内容有较多差异;此《大纲》规定的高中德育内容与初中德育内容的要点相比,要点表述基本一致,但具体内容及要求不同,范围和难度方面都增加了。

3. 2000 至今,整体规划中小学德育内容体系,中小学德育内容进一步层级化、序列化和整体化

此阶段的中小学德育,在素质教育理念的指导下,更重视中小学各阶段内容的纵向衔接;内容更贴近青少年的生活逻辑及社会发展的现实,更注重从学生身心发展和成长发展的需要、学生的理解和接受能力及人的思想品德形成的规律来构建由易到难、由简单到复杂、由基本行为规范到理想信念的内容体系。从结构上看,中小学德育内容是由小学、中学段主要德育内容及小学、初中、高中德育课程内容组成的体系,中小学德育内容呈现层级化、序列化和整体化的特点。

2002 年教育部颁布的小学《品德与生活》和《品德与社会》课程标准规定《品德与生活》的内容主要包括:(1)健康、安全地生活;(2)愉快、积极地生活;(3)负责任、有爱心地生活;(4)动脑筋、有创意地生活。《品德与社会》的内容主要包括:(1)我在成长;(2)我与家庭;(3)我与学校;(4)我与家乡(社区);(5)我是中国人;(6)走进世界。

2003 年教育部颁布的初中《思想品德》课程标准规定的内容主要包括:(1)成长中的我,(2)我与他人的关系,(3)我与集体、国家和社会的关系。

2004 年教育部颁布的高中《思想政治》课程标准规定的必修课的内容主要包括:(1)经济生活;(2)政治生活;(3)文化生活;(4)生活与哲学。选修课的主要内容包括:(1)科学社会主义常识;(2)经济学常识;(3)科学思维常识。

2004 年《中共中央国务院关于进一步加强和改进未成年人思想道德建设的若干意见》指出,对小学生重点是规范其基本言行,培养良好习惯;对中学生重点是加强爱祖国、爱人民、爱劳动、爱科学、爱社会主义教育,引导他们树立正确的理想信念和世界观、人生观、价值观。

2005 年《教育部关于整体规划大中小学德育体系的意见》规定小学教育阶段德育的主要内容是:开展热爱学习、立志成才教育,开展孝亲敬长、爱集体、爱家乡教育,开展做人做事基本道理和文明行为习惯养成教育,开展热爱劳动和爱护环境教育,开展尊重国旗、国徽,热爱祖

国文化的爱祖国教育,开展社会生活基本常识和安全教育;中学教育阶段的德育主要内容是:开展爱国主义、集体主义、社会主义教育,开展中华民族优良传统和中国革命传统教育,开展法制教育和民主、科学教育,开展基本国情和时事教育,开展民族团结教育、国防教育和廉洁教育,开展青春期卫生常识和心理健康教育,开展社会公德和劳动技能教育。中等职业学校还要加强职业道德、劳动纪律和职业规范教育。

### (二)我国中小学德育内容演进的主要特点

1. 由重政治教育逐渐到"多育"并重

尽管今天的学校德育内容中仍然包括政治教育的内容,尤其是高中德育课程主要以政治教育为主,但与20世纪70—90年代相比,随着德育内涵的变化及社会对人才素质需求的变化,今天已基本上改变了过去不管小学、初中、高中学生的生活逻辑、身心特点、思想实际、理解接受能力等不同特点一概突出政治教育的局面,而是根据不同阶段学生的生活范围、理解和接受能力等不同,"多育"并重,尤其是更加重视处于基础层次的道德教育和心理健康教育。

2. 内容的科学性不断增强

从外延和内涵来看,中小学的德育内容随时代发展而不断更新。从难度来看,从20世纪80年代的小学阶段的"五爱"、爱国主义、集体主义和共产主义理想的启蒙教育,初、高中的爱国主义教育和国际主义教育、理想教育(《中学德育大纲(试行)》),到20世纪90年代初、高中阶段的爱国主义、集体主义、社会主义,再到21世纪的"对小学生重点是规范其基本言行,培养良好习惯""对中学生重点是加强爱祖国、爱人民、爱劳动、爱科学、爱社会主义教育"以及小学阶段注重"孝亲敬长、爱集体、爱家乡教育",中学阶段注重"爱国主义、集体主义、社会主义教育",中小学德育内容更符合学生的身心特点及人的心理健康、法纪、道德、思想、政治素质形成与发展规律,科学性显著增强。

## 三、当前我国中小学德育内容体系的构建

改革开放以来,我国德育内容不断完善,不断注重大中小学德育内容之间的衔接性,不断根据不同阶段学生的接受水平和自身成长的需要及社会发展的现实调整德育内容,德育内容的系统性、层次性、科学性进一步得到提升。但是当前的中小学德育内容体系还存在结构不够完整、层次不够明晰、各阶段德育内容安排不够科学等问题,需要在遵循依据和原则的基础上进一步完善。

### (一)我国中小学德育内容体系构建的依据

1. 现有的中小学教育目的及德育目标

学校德育内容是直接服从于和服务于学校德育目标的,而学校德育目标又是服从于和服务于教育目的的,因此,学校德育内容必须根据教育目的、学校德育目标的要求来确定。

2. 受教育者的身心特点及思想实际水平

由于年龄和身心发展水平的差异,受教育者在不同的教育阶段,所能接受的德育内容的深度和广度都会有所不同。因此,学校德育内容的选择与安排要充分考虑到不同阶段受教育者身心发展的特点和现有的思想道德发展水平,进行适当的思想道德教育。

3. 社会政治、经济与文化发展的状况

一般说来，根据教育目的、学校德育目标以及学生身心发展特点和思想道德发展水平确定的学校德育内容是基本的、相对完整的和稳定的。但是由于在不同时期国内外形势不同，党在各个历史时期的中心任务和方针政策也就不同，学校德育内容也要相应调整，才能满足社会发展和学生发展的需要。比如，当前我国正处在改革和发展的关键时期，社会情况发生了复杂而深刻的变化，国际国内意识形态领域的矛盾和斗争更加复杂，青少年学生无疑会受到多元价值观、极端个人主义、拜金主义、享乐主义等思想的影响，这对学校德育内容提出了人生观、价值观、道德观、政治观等教育的新要求；当今社会随着科学技术的进步，各国都面临环境道德及新的伦理问题（如克隆人、试管婴儿、虚拟爱人），这就对学校道德教育提出了重视环境道德和科技伦理道德教育的新要求。

**（二）我国中小学德育内容体系构建的原则**

我国中小学德育内容体系的构建，不仅要有一定的依据，还要遵循一定的原则，这些原则主要包括：

1. 客观性与主体性相结合的原则

客观性原则是指学校德育内容体系的构建应符合教育目的、德育目标、德育任务的要求，符合我国政治、经济、文化、社会发展的要求，符合人类进步、科学发展和社会文明发展的要求，符合学生的年龄特点、身心发展和思想道德水平的要求。主体性原则是指学校德育内容体系的构建不仅能满足学生自身思想道德素质发展的需要，还能满足学生其他素质发展的需要。客观性原则是确立学校德育内容的首要原则，如果背离了这一原则，脱离人类社会发展和人的发展的客观规律和要求，德育内容就会因“无根性”而失去生命力；如果忽视学生的需要，德育便成了教育者的“独白”，德育的实效性就会因主体的缺场而事倍功半。因此，构建学校德育内容体系既要遵循德育的客观规律又要尊重学生的主体需求，坚持客观性原则与主体性原则的有机统一。

2. 整体性与层次性相结合的原则

整体性是指德育内容体系是一个包括多层级、多维度的整体，具有整体功能的优势；层次性是指不同层级的具体内容及其难度因教育阶段不同而不同，同一层级的内容及其难度因学生身心发展水平的个体差异而不同。构建德育内容体系坚持整体性与层次性相结合的原则，就是既要考虑各个阶段德育内容的纵向衔接，又要考虑各个阶段德育内容自身系统的完整性及层次性。

3. 现实性与超前性相结合的原则

现实性与超前性相结合的原则是指学校德育内容体系的构建既要考虑现实社会、学校、学生的需要，又要适当高于现实社会、学校、学生的需要。如果德育内容的确定不立足于现实社会、学校、学生的实际情况，学校德育就会流于空泛的“说教”，缺乏针对性和实效性；如果德育内容的确定缺乏适当的超前性，仅仅就事论事，学校德育就会失去导向性和预见性。因此，确定德育内容时，一方面要加强对社会、学校、学生存在的现实情况和问题的研究，增强德育的现实生命力，另一方面要结合社会、学校、学生社会发展的趋势，增强德育应对未来的张力。

4. 时代性与继承性相结合的原则

时代性与继承性相结合的原则就是指学校德育内容体系的构建，既要反映社会的时代特点和精神风貌，增强内容的时代感；又要继承和借鉴中外古今学校德育内容体系中的优秀内容，用全人类最优秀的德育文化成果教育年轻一代。青少年既是时代的弄潮儿又是时代发展变化的感知者，学校德育如果缺乏时代性的内容，不能根据时代发展的要求及时地更新或充实新的内容，就很难被学生所接受。同时，学校德育内容体系的构建不是空中建楼，如果不继承和借鉴古今中外学校德育中的优秀内容，新的内容体系的构建就是无源之水，无本之木。

5. 稳定性与灵活性相结合的原则

稳定性与灵活性相结合的原则是指学校德育内容体系的构建，既要根据教育方针、德育目标和学生年龄特征确定相对稳定的内容，又要根据社会形势和学生思想发展变化的实际，灵活地确定某些内容。一方面，人的素质的形成需要一个相对稳定的知识体系，没有稳定的内容，就难以对德育进行科学的计划和安排，出现盲目性和主观随意性；另一方面，学校德育也必须结合社会发展和学生思想的实际变化，紧跟社会热点和学生的思想问题，及时地开展教育，增强德育的针对性。

**专栏 8－2**

德育内容体系的整体构建即德育内容的选择、确立和设计。根据唯物辩证法的系统论原则，就是把德育内容的要素结构和层次结构划分出来，以要素为纬，以各要素的不同层次为经，根据德育目标、学生身心发展的阶段性和思想品德发展规律、形势的要求和学生的思想实际状况，遵循一定的原则，把他们有机组合起来，由浅入深，由低到高，由近及远，由具体到抽象，由感性到理性，螺旋式上升，构建从小学一年级到大学毕业每个年级的德育内容，形成科学化、系统化、规范化、相对稳定的德育内容体系

（资料来源：詹万生. 整体构建德育体系总论[M]. 北京：教育科学出版社，2001：323.）

### （三）中小学德育内容体系的基本内容

中小学德育内容体系的关键在于对道德的内涵的理解。传统道德中“道”与“德”均包含了很丰富的内容，同时具有强烈的动态特点。因此，我们认为传统的道德是一个包括多种层次，内容丰富的大道德概念。且不同的时代对道德应有更广泛与深入的理解，这也是伦理学关注的内容不断扩大，学校德育内容也不断扩充的很重要的原因。

1. 小学德育内容体系的基本内容

根据小学生生活的环境、交往对象及身心特点，我们认为小学德育重在帮助学生认识自己与自己、个人与他人及集体的关系，并在此基础上进行相应的规范、意识和行为教育。

（1）心理健康教育。主要进行自我认知及活泼、开朗、合群、乐学等健康人格教育。

（2）法纪教育。主要进行班规班纪、校规校纪、小学生守则及交通规则等教育。

（3）道德规范教育。主要进行家庭美德、社会公德、个人品德的教育。在家庭美德方面主要进行尊老爱幼、爱父母家人等教育；在社会公德方面主要进行文明礼貌、团结同学、尊敬师

长、乐于助人、爱护公物、保护环境、遵守公共秩序等意识和行为教育；在个人品德方面主要进行诚实、善良、友爱、谦让等品德教育。

(4) 思想教育。主要进行人生观中的热爱生活、积极进取、乐观向上、不惧困难和挫折的人生态度教育。

(5) 政治意识教育。主要进行爱国旗、国徽、国歌、爱中华民族的悠久历史、灿烂文化、爱中华民族的故土山河等爱国主义思想教育。

2. 初中德育内容体系的基本内容

根据初中生生活的环境、交往对象及身心特点，我们认为初中阶段的德育重在帮助学生认识自己与自己、个人与他人及集体和社会、民族、国家的关系，并在此基础上进行相应的规范、意识和行为教育。

(1) 心理健康教育。主要进行自我认知、自我体验、自我评价、自我控制能力及自尊、自立、自强、坚毅等健康人格教育。

(2) 法纪教育。主要进行中学生守则、校规校纪、基本的法律知识及《宪法》《刑法》《道路交通法》《未成年保护法》《预防未成年犯罪法》等教育。

(3) 道德规范教育。继续进行家庭美德、社会公德、个人品德的教育。在家庭美德方面主要进行关心父母、体谅父母、孝敬父母、勤劳节俭等意识和行为教育。在社会公德方面主要进行爱护公物、保护环境、文明上网、热心公益、关心集体和国家利益等意识和行为教育；在个人品德方面主要进行诚信、孝顺、勤劳、节俭、勇敢、正直、廉耻、自强品德及竞争与合作精神和为国家富强、民族振兴作贡献等社会责任心教育。

(4) 思想教育。主要是进行热爱生命、树立为自己及家人、他人的幸福作贡献的人生价值、人生理想及积极进取、乐观向上的人生态度教育。

(5) 政治意识教育。主要进行中华民族的民族发展历史、国家基本制度等常识、党的基本路线、方针、政策等时事教育。

3. 高中德育内容体系的基本内容

根据高中生生活的环境、交往对象及身心特点，我们认为高中阶段的德育重在帮助学生认识自己与自己、个人与他人及集体和社会、民族、国家的关系，并在此基础上进行相应的规范、意识和行为教育。

(1) 心理健康教育。主要进行心理健康标准、保持心理健康的途径与方法的教育。

(2) 法纪教育。主要进行中学生守则、校规校纪、法律的含义、特征、作用等法理知识及宪法、民法(包括《民法通则》《婚姻法》《继承法》《知识产权法》)等公民应具有的权利义务意识教育。

(3) 道德规范教育。主要进行道德的内涵、特征、意义、作用等基本道德理论以及以为人民服务为核心、集体主义为原则、以公民基本道德规范和社会主义公德、职业道德、恋爱婚姻家庭美德、个人品德为重点的社会主义道德教育，中华民族优良道德传统教育。当前尤其是要以诚实守信、网络道德、婚恋道德为重点。

(4) 思想教育。主要是进行世界观、人生观、价值观教育。世界观教育主要包括辩证唯物主义、历史唯物主义思想教育。人生观、价值观教育主要包括为人民服务的人生目的、为社会作贡献的人生价值及积极进取、乐观向上的人生态度教育。

(5) 政治意识教育。主要进行社会主义的本质及社会主义制度优越性、中国特色社会主义理论体系的主要内容、选择中国特色社会主义道路的原因等社会主义理论教育及党的路线、方针、政策与时事教育。

## 第三节　学校德育途径与方法

学校德育途径回答的是通过哪些渠道育人的问题，是德育内容、目标实现的路径，是德育方法、手段依附的载体；德育方法回答的是采取什么样的具体方式传递德育信息、实现德育目标的问题。两者共同回答“如何教与如何学”的问题。

### 一、学校德育途径

随着现代社会的不断发展，学校德育途径也随之不断地扩展，特别是新媒体时代的到来，使得我们对学校德育途径的理解与开展的方法都有了前所未有的变化。

#### (一) 德育途径的含义

德育途径是指教育者为传递德育内容、完成德育任务、实现德育目标而确定的各种路径(渠道)的总称，由组织者、参与者、方法、手段等要素组成。德育途径与德育方法和手段既有联系又有区别。德育途径是为实现德育目标而确定的路径，而方法是指在某种途径中可以具体采用的方式和办法，手段是在某种途径和方法中具体借助的载体，在现阶段，借助于网络实施德育已经发展成为一种十分重要，也是有效的途径，应该予以高度的重视。

#### (二) 学校德育途径的分类

学校德育途径可以按不同的标准分类。按照组织者、参与者起的主次作用不同可以将中小学德育途径分为五大途径，每大途径下面又分为若干小途径。

1. 教职员工主导的育人途径

教职员工主导的育人途径包括教书育人途径、管理育人途径与服务育人途径。

(1) 教书育人。教书育人是指德育课程教师和非德育课程教师通过课程教学对学生的心理健康、法纪、道德、思想、政治素质施加正向影响。德育课程教师主要通过比较系统的心理健康、法纪、道德、思想、政治教育及自身的言行表率对学生施加正向影响；非德育课程教师主要通过在课程教学中结合自己的学科所涉及的心理健康、法纪、道德、思想、政治问题的教育及自身的言行表率对学生施加正向影响。

(2) 管理育人。管理育人是指班主任及学校党、政、工、团、少先队等组织的工作人员通过对学生日常思想的疏导及行为的表扬、奖励或批评、惩罚等对学生施加正向影响。

(3) 服务育人。服务育人是指教师、班主任及学校党、政、工、团、少先队等组织的工作人员在为学生的学习、生活、发展提供直接的生活服务或咨询服务过程中以自己的言行表率对学生施加正向影响。

2. 学生课外参与为主的活动育人途径

学生课外参与为主的活动育人途径包括校内活动育人途径和校外活动育人途径。

(1) 校内活动育人。校内活动育人是指学校党、政、工、团、少先队、学生会、班委会、团支部及班主任、各学科教师在校内组织的旨在促进学生思想、政治、道德、法纪、心理素质正向发展的课外活动。如：各种主题集会、纪念日或节日庆祝活动等。

(2) 校外活动育人。校外活动育人途径是指学校党、政、工、团、少先队、学生会及班委会、团支部及班主任、各学科教师在校外组织的旨在促进学生心理健康、法纪、道德、思想、政治素质正向发展的实践活动。如：参观、访问、社会服务等社会实践活动。

3. 师生共同营造的环境育人途径

师生共同营造的环境育人途径包括校园人际环境育人途径和校园文化环境育人途径。

(1) 校园人际环境育人。校园人际环境育人是指师生共同营造尊重、平等、关心、互助、民主等人际氛围对学生的心理健康、法纪、道德、思想、政治素质产生正向影响。

(2) 校园文化环境育人。校园文化环境育人是指师生通过共同创建健康向上的校风、班风、教风、学风、大学精神、精神面貌、人文素养及富含人文精神、科学精神、创新精神的校园设施等物质和精神文化氛围对学生的心理健康、法纪、道德、思想、政治素质产生正向影响。

4. 师生平等参与的育人途径

师生平等参与的育人途径是指德育课程教师、非德育课程教师、班主任等面对学生在学习、生活、成长、交往、升学、就业等活动中遇到的困惑而“求助”或需要帮助时通过面谈、电话、网络等手段提供一对一的服务以促进学生的心理健康、法纪、道德、思想、政治素质正向发展。

5. 与社会、家庭密切配合的共同育人途径

与社会、家庭密切配合的共同育人途径是指学校指学校党、政、工、团、少先队、学生会、班委会、团支部及班主任、各学科教师与家长、社会有关部门共同配合营造良好的家庭、社会氛围或者社会资源，共同促进学生的心理健康、法纪、道德、思想、政治素质正向发展。

此外，按照学校德育实施的场所与平台划分，德育途径还可分为现实的学校德育途径与虚拟的网络德育途径。在现阶段，网络德育作为一种重要途径正在引起各级学校的高度重视，对其理论与实践探索也成为德育理论研究中的重要内容。

**（三）当前我国中小学德育的基本途径**

2005 年颁布的《教育部关于整体规划大中小学德育体系的意见》对当前我国中小学德育的基本途径进行了指导性规定。

1. 课程德育途径

(1) 德育课程途径。小学开设以公民基本道德素质教育为基本内容的品德与生活、品德与社会类课程。小学 1—2 年级的品德与生活课着重引领小学生健康安全、愉快积极、负责任、有爱心、动脑筋、有创意地生活，逐步养成良好的生活习惯。小学 3—6 年级的品德与社会课着重讲解个人成长，讲解家庭、学校、家乡(社区)、祖国、世界，引领小学生逐步认识自我、认识社会，为形成良好的品德奠定基础。

初中开设以提高学生思想道德水平为基本内容的思想品德、思想政治类课程，着重讲解

个人成长应具备的基本要求、个人与他人的关系、个人与集体、国家和社会的关系，引领初中学生感悟人生意义、提高道德素质，了解基本法律知识，培养健康心理品质，确立责任意识和积极的生活态度。

普通高中开设思想政治课，着重讲解哲学基本常识和政治生活、经济生活、文化生活常识，公民道德与伦理常识、法律常识，引导学生运用矛盾和实践的观点和方法认识问题、分析问题和解决问题，使高中学生具备在现代社会生活中应有的自主、自立、自强的能力和态度，初步形成正确的世界观、人生观和价值观，初步掌握辩证唯物主义和历史唯物主义的观点、方法，为终身发展奠定思想道德基础。

中等职业学校开设哲学基础知识、经济与政治基础知识、法律基础知识和职业道德与职业指导类课程，帮助学生树立正确的职业理想，养成良好的职业道德，具备基本的就业创业意识，为步入职业生涯和终身发展奠定思想道德基础。

(2) 非德育课程途径。学校要挖掘各类课程的德育资源，把德育渗透到学生学习的各个环节。中小学语文、历史、地理、艺术和其他各类课程都要蕴含对学生进行德育的内容，使学生在学习知识、增强能力的过程中受到思想道德教育，加强思想道德建设。

2. *"三育人"途径*

学校要明确全员育人的要求，把德育落实到教学、管理、服务的各个方面。各类课程教师要提高师德和业务水平，爱岗敬业，教书育人，为人师表，以良好的思想政治素质和道德风范影响和教育学生。学校管理和服务人员要在严格管理和优质服务中体现育人导向，使学生从中受到感染和教育。

学校要推进教育、管理、服务相结合，在关心人帮助人中教育人引导人。要依照法律和规章制度，严格校规校纪，加强和改进学校管理，加强校风、教风、学风建设。要做好服务工作，把解决思想问题与解决实际问题结合起来，不断改善办学条件，提高办学水平，指导学生处理好在学习、成才、择业、交友、健康、生活等方面遇到的问题。充分调动学生的积极性和主动性，提高学生自我教育、自我管理、自我服务的能力。大学和中等职业学校要对学生进行职业指导，为学生就业创业提供服务。

3. *活动育人途径*

学校要积极开展各教育阶段的德育活动。小学教育阶段德育活动要体现生动性、趣味性，动手动脑，丰富情感体验的特点。积极组织开展感受家乡变化、欣赏自然风光等活动，增强小学生的爱国情感；开展介绍名人名言和英雄人物事迹等活动，激励小学生树立远大人生志向；开展学习身边的榜样、遵守课堂纪律等活动，规范小学生行为习惯；通过传唱新儿歌新童谣、做游戏等文体活动，提高小学生基本素质。

中学教育阶段德育活动要体现知识性强、吸引力大、参与度高，开阔视野、促进思考的特点。积极组织开展感受社会主义现代化建设成就等社会实践活动，帮助中学生逐渐树立为国家、为人民、为民族奋斗的志向；开展了解中华民族历史文化、参观爱国主义教育基地等活动，引导中学生树立民族自尊心、自信心、自豪感；开展践行基本道德规范教育活动，帮助中学生养成遵守法律和社会生活基本规范的良好习惯；开展富有趣味、怡情益智的课外文体和科技活动，促进中学生身心发展。

学校要积极开展丰富多彩的德育活动，在活动中增强德育效果。中小学校都要举行隆重的开学和毕业典礼，培养学生的荣誉感和责任意识；要利用重大节庆日举行升旗仪式等活动，激发学生爱国情感；大力开展日常校园文化活动，把德育与智育、体育、美育有机结合起来，寓教育于健康向上的文化活动之中；积极开展网上思想政治教育活动，努力建设一批融思想性、知识性、趣味性、服务性于一体的校园网站，使校园网成为传播先进文化的新渠道，加强德育的新阵地，全面服务学生的新平台；深入开展社会实践活动，让学生在实践中受教育、长才干、作贡献。

4. “合力育人”途径

学校要构建学校、家庭、社会紧密配合的德育网络，使德育工作由学校向家庭辐射，向社会延伸。学校要主动和学生家长及社会各方面加强沟通与合作，使三方教育互为补充、形成合力。要正确引导家庭教育，通过家长学校、家庭教育指导中心、家访等多种形式，引导家长树立正确的人才观和择业观，掌握科学教育子女的方法。要高度重视并充分发挥校外教育基地、爱国主义教育基地和社区教育的作用，依托社会的各种活动阵地，组织开展富有吸引力的德育活动。

5. “群团组织育人”途径

学校要积极开展党团活动，充分发挥党团组织和学生组织在德育中的重要作用。少先队、共青团和党组织是学校德育工作重要的组织体系和保障，要充分发挥少先队、共青团和党组织的政治优势和组织优势，做好大中小学德育工作。小学阶段要重视发挥少先队的作用，加强少先队中队建设，积极开展少先队活动，团结广大小学生好好学习、天天向上；中学阶段要对学生开展团的基本知识教育，加强团支部建设，积极发展共青团员，积极开展团组织活动；在高中阶段学生中开展党的基本知识教育，努力培养一批入党积极分子。

《意见》规定的中小学德育途径实际上是一个以学校为主导，学校与家庭、社区、社会密切配合，教师、管理人员、服务人员、班主任、党团组织等共同参与，课堂教育与课外活动、实践教育相结合，指导学生学习、成才与择业、交友、健康成长、生活相结合的全员、全程、全方位育人的立体网络途径。

## 二、学校德育方法

学校德育效果的实现，在很大程度上与德育方法的选择与利用密切相关，因此德育方法是德育实施的重要内容。

### （一）德育方法界说

德育方法有广义和狭义之分。广义的德育方法既包括教育者为完成德育任务、实现德育目标所采取的各种方式的总和，同时也包括受教育者为了提高自己的思想道德素质所采取的各种方式的总和，或者说德育方法一是指教育者教的方法，一是指受教育者自我教育的方法。狭义的德育方法仅指前者，我们在本章仅探讨狭义的德育方法。

### （二）德育方法的分类

德育方法可以从不同的维度进行分类。根据概括程度，德育方法可分为三种层次，一是方法论意义上的方法，二是多种德育方式组合意义上的方法，三是单一德育方式意义上的方法。

由于现代德育对象思想的复杂性及现实社会价值的多元性，我们在具体的德育活动中很少只用到一种德育方式，因此我们把后两种层次意义上的德育方法统称为操作意义上的方法。操作意义上的方法又可以从德育途径、德育手段、德育目标等不同维度进行分类，如从内容上可以分为提高心理健康素质的咨询法、提高法纪素质的案例分析法、提高道德素质的"两难道德讨论法"、提高思想素质的疏导方法、提高政治素质的"讲授法"；从途径上可以分为"三育人"途径中的讲授、讨论、疏导、奖惩、评价、示范法，"活动育人"途径中的参观、访问、调查、社会服务法，"环境育人"途径中的陶冶法，"师生平等参与"途径中的"对话"、咨询法；从手段上可以分为以语言说理为主、以形象感染为主的方法；从目标上可以分为提高认知的讲授、讨论法，陶冶情感的熏陶法，锻炼意志、坚定信念的方法、训练行为的实际锻炼法。

**（三）我国中小学德育常用的方法**

我们以德育途径为主要维度，结合内容、手段、目标等维度介绍当前我国中小学德育的基本方法，具体包括如下方法：

*1. 讲授法*

讲授法主要是指德育课程和非德育课程教师借助各种文字和音像材料，黑板、多媒体、语言等媒介手段在课程教学中向学生传递心理健康、法纪、道德、思想、政治知识及表达思想道德情感和价值观念，以提高学生认知、陶冶学生情感为主的教育方法。

讲授法主要包括讲述、讲解和讲演等形式。"'讲述'主要是客观描述事实，呈现知识、材料和观点，主要解决'是什么'的问题。'讲解'是进一步分析、论证和说明问题，主要解决'为什么'的问题。'讲演'则是综合运用讲述、讲解等方法，采取演说或报告的形式，完整、深入地论证或说明某一问题。"①。

讲授法的优点在于能在最短的时间内向学生呈现、介绍大量而系统的心理健康、法纪、道德、思想、政治信息，帮助学生较快掌握有关知识、明白相应道理、转变思想观念；也能使教师较好地发挥主导作用，对心理健康、法纪、道德、思想、政治信息进行选择、加工，保证德育的方向性。但是如果运用不当，讲授法不利于教师有针对性地开展教学活动和及时了解学生对某个问题的理解程度，也不利于调动学生的积极性、主动性和能动性。因此，教师在运用讲授法时既要扬长避短，又要与其他方法有机结合。

讲授法的基本环节包括：

（1）精心设计。讲授法是以教师的"讲"和学生的"听"为基本方式进行的，教师在教学中相对处于支配地位，对教学效果起着主导作用，因此教师对讲授的具体内容、材料、方式及材料的呈现方式等都要事先精心设计。

第一，确定重点和难点。教师在讲授前要根据课程内容标准、学生对所要学习的内容可能存在的认知、情感、行为"误区"和"盲区"，确定讲授的重点和难点。比如在对学生进行爱国主

① 檀传宝. 德育原理[M]. 北京：北京师范大学出版社，2007：238.

义教育时，可以通过座谈、个别调查或自我分析等方式了解学生对于什么是爱国主义、爱国主义有哪些基本要求、为什么要爱国、如何爱国等内容可能存在的模糊认识（如“爱国主义”中的“国”是指祖国还是国家？爱国是否一定要爱自己的国家？爱国是否一定要爱社会主义制度？到外国定居是否不爱国？）确定教学的重点和难点。

第二，选择具体材料。讲授内容不等于教材内容，因此在设计讲授内容时，教师还要善于围绕重点和难点，结合学生的思想实际、生活世界、思维特点及我国和世界发展状况等因素选择具体的教学材料。比如在对学生进行爱国主义教育时，要结合新中国成立六十多年来我国在政治、经济、文化、社会发展取得的成绩及国际影响力、国际地位的提升等选择材料。

第三，设计讲授方式。讲授法包括讲述、讲解、演讲等方式，但究竟是用讲述、讲解、演讲还是其组合方式，要根据教学目标、内容、学生的思维特点等具体情况进行选择。比如对于以培养爱国主义认知为主的内容宜用讲述或讲解的方式，以培养爱国情感为主的内容宜用演讲的方式；对小学生进行道德规范、法纪规范教育宜用讲述的方式，对初中生和高中生进行道德规范、法纪规范教育则宜用讲解或演讲的方式。

第四，创设问题或问题情境。讲授法虽然以教师的“讲”为主，但并不等于教师的“独白”，需要调动学生的积极性、主动性才能取得良好效果。因此教师要善于通过直接设问、案例设问、情境设问等方式不断将学生引入“无知”或“困惑”中，激发学生探寻“答案”或“解决问题”的强烈动机。比如在对学生进行法律常识教育时，可以直接问学生公民享有哪些权利，也可以通过某教师侵犯学生权利的案例来问学生是否知道该教师侵犯了哪些权利，或创设一个情境（比如张明同学捡到李华同学100元钱，如果他不还给李华，是否违法？为什么？）来了解学生对于权利的认知情况，进而激发学生的学习热情。

第五，设计材料的呈现方式和顺序。大量研究表明，不同年龄阶段、不同思维特点的人对信息呈现方式的喜欢程度不同，且以不同形式出现的同一信息能引起的关注度也不同。一般而言，能同时激发人的视觉、听觉的声音、画面、文字交融的或具体详尽的信息引起的关注度和持久度越高；只能看或只能听的信息或抽象概括的信息引起的关注度和持久度越低，且能引起的关注度和持久度与年龄大小、思维发展成熟度的高低成反比。因此教师要结合中小学生以形象思维为主、注意力不能长时间集中等特点，尽可能通过直观形象的方式（如视频）传递信息。同时，还要根据学生的思维特点、材料的逻辑性等确定材料呈现的顺序，一般按照是什么、为什么、怎么做的顺序呈现材料。为了调动学生的积极性、激发学生的兴趣，也可以在讲授之前先呈现案例。

（2）精心讲授。讲授法主要是通过“语言”来呈现的，因此教师的语言表达能力是影响讲授效果和德育效能的一个重要因素。教学语言表达最起码的要求是清晰、准确、简洁、有逻辑、语速适中、语调等随内容变化而变化；较高的要求是生动形象、幽默风趣、抑扬顿挫、耐人寻味、声情并茂，有感染力。

（3）适时调整或补充。运用讲授法时，教师虽然对所讲内容的重点、难点等进行了预先估计，讲授时间也进行了预先分配，但是再详细的计划也不可能预见学生可能出现的所有情况，因此在讲授过程中教师要根据学生的反应及时调整讲授内容的详略程度及时间分配状况，课后还要通过布置作业等方式了解学生对所讲授内容的掌握情况并及时重复或增加相关内容。

2. 讨论或辩论法

讨论或辩论法有广义和狭义之分。这里的讨论或辩论法主要是指德育课程教师、非德育课程教师、班主任专门组织的，指导学生以班级或小组为单位，围绕心理健康、法纪、道德、思想、政治教育内容中的某一理论观点、现实问题或学生的某种行为表现，通过讨论或辩论等方式各抒己见、澄清思想、达成共识、生成新的认知，以提高认知能力或改变态度和行为方式的方法。

讨论或辩论法对学生的知识积累、思维能力、共情能力等要求较高，宜在小学高年级、初中和高中阶段运用。这种方法有利于调动学生的参与热情、活跃学生思维、发展认知能力，帮助学生在全方位思考、理性思考的基础上明辨是非、形成正确的观念、态度及选择正确的行为；有利于教师了解学生的真实情况(因为学生在讨论或辩论时容易把隐藏在自己内心深处的真实想法呈现出来)，增强教育的针对性；有利于学生养成探求真理、修正错误的正确态度。但是如果组织得不好，则容易使讨论、辩论流于形式，使讨论或辩论成为浪费时间的"代名词"或者教师"偷懒"、掩饰水平不足"打发"时间的"合法借口"。因此运用讨论或辩论法要精心组织，遵循以下基本程序：

(1) 精心准备和设计，确定讨论或辩论的主题。讨论或辩论的目的是帮助学生澄清可能存在的、难以通过教师单方面讲授就完全解决的思想困惑，或者是为了较好发展学生的认知能力，或者是为了纠正学生中的某种不良现象，因此讨论或辩论的主题不能想当然，而是要在讨论或辩论前精心选择。

首先，要善于通过调查、座谈、观察等方式了解学生在心理健康、法纪、道德、思想、政治方面存在的观念和行为问题。

其次，要根据学生存在的问题的严重度与广泛度、教学目标与重点难点、不同阶段学生的需要与学生的思维特点、知识水平、认知能力等确定讨论或辩论的主题。

讨论或辩论的主题要有可能性、挑战性或普遍性，通常选择学生有多种认知可能，且这些认知之间存在冲突或矛盾的问题(比如，"抵制日货或韩货是否是爱国"就可以作为讨论或辩论的主题，因为不同的学生有不同的观点，这些观点之间甚至是冲突的)；也可以选择学生中存在的某些学生自身还没有认识到的不良现象进行讨论或辩论(比如歧视身体残疾、成绩差或者在品德方面暂时有缺陷的学生)。同时，还要考虑讨论或辩论的"价值性"，即学生能否提出有启发性的观点或者生成有意义的新观点。比如，让小学生讨论抵制日货或韩货是否爱国"价值"就不会太大，因为小学生的知识积累、思维水平等决定了他们不可能提出多少有启发性的观点或者生成有意义的新观点。

再次，指导学生围绕讨论或辩论的主题收集整理资料、做好思辨准备。对于重要的或难度较大的主题，一般要求学生事先做好"功课"，以增强讨论或辩论的有效性。

最后，预想学生可能出现的错误或不当观点并思考引导学生的对策。

（2）及时指导。当学生在讨论或辩论过程中偏离主题或者“原地打转”提不出新观点时，教师要及时提醒、引导或启发，帮助学生重新回到正题或者从新的角度思考问题，以实现预设的目标。

（3）及时总结。讨论或辩论的重心不在于表面形式上的热闹、“花哨”或学生“参与度”的高低，而在于学生对于讨论或辩论的问题是否有了更全面、更深刻、更正确的认识，因而教师对于学生在讨论或辩论中提出来的不当观点不能视而不见，否则学生会越辩论越糊涂。因此教师在讨论或辩论结束后要及时总结，针对学生讨论或辩论中存在的认知问题，发表自己的见解；同时鼓励学生对暂时没有弄清楚或未达成共识的问题可以继续通过板报、班报等形式展开讨论或辩论，以培养学生坚持真理、修正错误的良好品德。

柯尔伯格等人提出的“道德两难故事或问题讨论法”和“苏格拉底法”对于我们今天有效运用讨论或辩论法具有重要启示。

**专栏 8-3**

### “道德两难故事或问题讨论法”

“道德两难故事或问题讨论法”是指在德育活动中，教师通过设计或者提出一些有关道德判断的两难故事或问题，造成学生认知失衡，引导学生在困惑、焦虑、犹豫的心态中寻求自己的道德立场，不断提高自己道德思维能力和道德认识的一种德育方法。所谓“道德两难”，指的是同时涉及两种道德规范且不可兼得的道德情境或道德问题。

“道德两难故事或问题讨论法”运用的一般步骤：

（1）了解学生当前的道德判断发展水平。教师在运用此方法前要通过观察、调查、分析等方式了解学生道德判断发展水平。

（2）选择或设计与学生道德判断发展水平及教学内容相吻合的“道德两难故事或问题”。“道德两难故事或问题”可以是学生身边真实的或实际发生的道德两难故事或问题，比如“朋友偷同学的钱是自己否该揭发”“弟弟偷钱为哥哥交学费哥哥是否该举报弟弟”；也可以是社会关注并争论的热点、焦点问题，“要诚实还是要工作”“要工作还是要尊严”；还可以是虚构但可信的道德两难问题，如柯尔伯格及其同事设计的九个“道德两难故事”虽然都是虚构的，却是可信的。

（3）引导学生对“道德两难故事或问题”发表自己的观点，以引起学生的意见分歧和认知失衡。引起学生的意见分歧和认知失衡，并让学生进行讨论，这是运用“道德两难故事或问题讨论法”的关键。因此讨论小组要由道德判断发展水平处于不同阶段的学生混合而成，使学生有机会接触到高于他们推理水平的道德判断，触动其原有的道德经验结构，产生不满足感，以达到改变自己原有的道德经验结构的目的；如果讨论小组的学生的道德发展水平基本处于同一阶段，很容易对所讨论的两难故事或问题达成一致意见，则无法促进学生道德判断水平的发展，“道德两难故事或问题讨论法”就失去了价值。

(4) 引导学生在比较中自动接受比自己原有的道德推理方式更为合理的推理方式。这是运用“道德两难故事或问题讨论法”的最终目的。在学生出现意见分歧和认知失衡时，教师应启发学生在讨论中积极思考，主动交流和辩论，做出自己的判断。同时，教师要鼓励学生考虑他人观点，协调与他人的分歧，最终引导学生在比较中自动接受比自己原有的道德推理方式更为合理的推理方式。

### 苏格拉底法

在色诺芬的《回忆苏格拉底》一书中，记录了苏格拉底与一个自负青年尤苏戴莫斯关于“正义”问题的一段对话。文字虽然长一些，但这是苏格拉底方法的一个比较有典型意义的例子，故转引在下面以帮助认识其问答方法的精神特点。尤苏戴莫斯想成为一名政治家，苏格拉底便向他提出了有关正义的问题，并且问尤苏戴莫斯是否可以举出什么是正义的作为和什么是非正义的作为。于是，尤苏戴莫斯回答说：“能够”。苏格拉底便建议他把正义的作为放入一边，非正义的作为放入另一边，接下去的对话如下：

“虚伪是人们中间常有的事，是不是？”苏格拉底问。

“当然是。”尤苏戴莫斯回答。

“那么，我们把它放在两边的哪一边呢？”苏格拉底问。

“显然应该放在非正义的一边。”

“人们彼此之间也有欺骗，是不是？”苏格拉底问。

“肯定有。”尤苏戴莫斯回答。

“这应该放在两边的哪一边呢？”

“当然是非正义的一边。”

“是不是也有做坏事的？”

“也有。”尤苏戴莫斯回答。

“那么，奴役人怎么样呢？”

“也有。”

“尤苏戴莫斯，这些事都不能放在正义的一边了？”

“如果把它们放在正义的一边，那可就是怪事了。”

“如果一个被推选当将领的人奴役一个非正义的敌国人民，我们是不是也能说他是非正义呢？”

“当然不能。”

“那么，我们得说他的行为是正义的了？”

“当然。”

“如果他在作战期间欺骗敌人，怎么样呢？”

“这也是正义的。”尤苏戴莫斯回答。

“如果他偷窃、抢劫他们的财物，他所做的不也是正义的吗？”

“当然是。不过，一起头，我还以为你所问的都是关于我们的朋友哩。”尤苏戴莫斯回答。

“那么，所有我们放在非正义一边的事，也都可以放在正义的一边了?”苏格拉底问。

“好像是这样。”

“既然我们已经这样放了，我们就应该再给它划个界线：这一类的事，做在敌人身上是正义的，但做在朋友身上，却是非正义的，对待朋友必须绝对忠诚坦白，你同意吗?”苏格拉底问。

“完全同意。”尤苏戴莫斯回答。

苏格拉底接下去又问道：“如果一个将领看到他的军队士气消沉，就欺骗他们说，援军就要来了，因此，就制止了士气的消沉，我们应该把这种欺骗放在两边哪一边呢?”

“我看应该放在正义的一边。”尤苏戴莫斯回答。

“又如儿子需要服药，却不肯服，父亲就骗他，把药当饭给他吃，而由于用了欺骗的方法竟使儿子恢复了健康，这种欺骗的行为又应该放在哪一边呢?”

“我看这也应该放在同一边。”尤苏戴莫斯回答。

“又如，一个人因为朋友意志沮丧，怕他自杀，把他的剑或其他这一类的东西偷去或拿去。这种行为应该放在哪一边呢?”

“当然也应该放在同一边。”尤苏戴莫斯回答。

苏格拉底又问道：“你是说，就连对于朋友也不是在无论什么情况下都应该坦率行事的?”

“的确不是。”尤苏戴莫斯回答，

（资料来源：王向华. 对话教育论纲[M]. 北京：教育科学出版社，2009：63—65.）

3. 陶冶法

陶冶法是指各科教师、班主任及学校党、政、工、团、少先队、学生会、班委会、团支部等组织有目的地与学生共同营造一定的德育氛围，进而对学生的思想、情感、行为产生潜移默化影响的方法。陶冶法的最大特点在于“润物细无声”，学生置身其中，耳濡目染，不知不觉中受到熏陶和感染，因而对学生的影响具有深远性。

陶冶法主要包括人格感化、环境熏陶等形式。

（1）人格感化。人格感化就是教育者以自己的高尚人格威望及对学生真挚的爱感化学生，使学生的心灵受到触动、境界得到提升的方法。一般来说，教师情操越高尚，对学生越关爱，其人格威望就越高，对学生人格感化的力量就越大。这要求教师在校内外都能为人师表、以身作则、有正义感、善良、有爱心，尤其是要全方位地关心全体学生、尊重学生、公平公正对待学生、热爱学生、敢于维护学生的合法权益，让学生直接体会到老师人格的力量、沐浴在爱的阳光中，从而效仿老师的言行，提升自己的思想境界。

## 案例8-1　身教胜于言教

杨红樱系列作品的人物，如淘气包马小跳、坏小子肥猫、假小子戴安，这些真实生动的形象已经深入人心……我所教的六(3)班，是全校最差的班级，班上男女比例失调，男生是女生的三倍，调皮捣蛋的多，不管是男生还是女生，个个都是孙悟空，总爱在课堂上大闹天宫，往往科任老师要花上九牛二虎之力才能控制这一小拨讲话的或打闹的，气还没喘过来，那一拨人又在开小会。一堂课下来，老师已经精疲力尽了。因此学校的老师都不愿意教这个班，班主任换了一个又一个，几乎每学期都换班主任。到目前为止，已经换了10个班主任了。

正因为换的班主任太多的缘故，他们根本不把新班主任放在眼里，每个新班主任刚上任，都坚信自己能教好这个班级，可是，不到一个月，班主任就感到很难胜任这个工作了。课堂上任意打闹是很平常的事，班主任安排打扫的包干区没人去打扫，教室脏兮兮的像垃圾场。文明班与这个班绝缘，学校、老师多次提醒与鼓励，可学生无所谓，他们根本没有集体荣誉这个概念。

面对这样的班级，我虽然是新班主任，但就算是作为一位普通的教师，我认为除了教学生文化知识与技能之外，更应该教会学生做人的道理，因而我也有责任有义务去教育学生。我充分利用语文课的特点对学生进行思想教育，还开展各种讨论活动以提高学生的思想认识。也许我与别的科任老师不一样，学生对我的批评教育都能接受，但是忘得也快。往往今天讲的或强调的，明天就忘得一干二净了。虽然有时也气馁，可一想到这样下去对孩子的发展不利，后果将不堪设想时，再怎样辛苦，怎样繁琐，我都会耐心地开导他们。久而久之，学生与我建立起感情，学生有什么困难，第一个想到的人是我，有什么不开心的事，也愿意在日记中向我讲述，好像我才是他们的朋友，后来他们原来的班主任来跟我请教，如何在孩子的心中树立自己的教师地位。即使如此，可是，不管我怎么说，班上的卫生还是脏得一塌糊涂。每次我去上课，看到教室脏了，我就先让学生把教室打扫干净，之后教育学生一番再上课。起初几天，教室都能保持干净。可是过不了几天，学生乱扔垃圾的习惯又犯了，我又对学生进行一次思想教育后再上课。后来我这样的教育方法学生也习以为常了，只有我讲道理，他们才去打扫。

一天早上，上课铃刚响，我就站在教室门口。我被眼前的景象吓呆了，讲台旁边的垃圾桶歪歪斜斜地倒在地上，地面上到处是鸡蛋壳、面包渣、塑胶袋，学生的座位旁边、通道都是纸屑，根本不像教室，反而更像垃圾池。我的脸色马上沉了下来，张开嘴想大骂学生，可是，我转念一想，这么脏，竟然没有一个学生主动去打扫，说什么也没用。于是，我闭上嘴，一声不响地走到垃圾桶旁边，把书放在垃圾箱上，动手把垃圾桶摆正，打开垃圾箱拿起扫把，开始打扫起来。教室里顿时鸦雀无声。学生静静地看着我，我认真扫，每一个动作都是那么认真，那么专注，仿佛教室里只有我一个人。时间好像停止了，每一秒钟就像是漫长的一个世纪。教室里静极了。半晌，班长起头读古诗，全班读了起来，声音是那么响亮整齐。我还是认真扫，学生也在认真读。时间一秒一秒地过去了，教室实在是太脏了，垃圾箱角落里的纸屑扫把扫不到，我蹲下来，用手把纸屑一点一点地捡起来放到垃圾桶里……

邱嘉作悄悄地走上来，拿起扫把和垃圾铲，走到教室的通道去扫，黄讳粼弯下腰捡起自己周围的纸张，还小声提醒前后的同学捡自己桌子周围的垃圾……我足足用了十分钟才把讲台周围的垃圾清扫干净。打扫干净之后，我把扫把、垃圾铲放回垃圾箱里。此时的教室有一种焕然一新的感觉。我什么话也不说，就开始上课。那一节课，学生特别认真、特别积极地回答问题，没有一个人讲笑话，学习氛围特别浓厚。

说来也怪，班上的卫生从此大变样，桌椅摆得整整齐齐，地扫得干干净净，连垃圾桶也洗得非常干净。开始我感到很纳闷，后来从学生的日记中，我才深深领悟到"身教胜于言教"这个道理。

（资料来源：新安街道安乐小学　古永华，郑映通主编．走向成功的德育案例[M]．陕西：陕西科学技术出版社．2007：31—32）

（2）环境熏陶。环境熏陶是指教育者营造或与学生共同营造良好的人际环境、文化环境和物质环境，对学生的思想、情感、行为产生良好影响的方法。比如通过构建和谐的师生关系、生生关系，形成良好的校风、班风，整洁、优雅的校园设施等帮助学生形成宽容、体谅、尊重、平等、关爱、正直、严谨、求真、务实、求善、求美等思想和情感。

4. 自我教育指导法

自我教育指导法是指各学科教师、班主任及学校党、政、工、团、少先队、学生会、班委会、团支部在教学或日常教育、管理中指导学生通过自我学习、自我反思、自我管理等方式来不断提高自己的认知水平和思想境界的方法。人的心理健康、法纪、道德、思想、政治等素质的提高取决于两种力量，一种是外在教育，一种是自我教育，且外在教育只能通过自我教育才能起作用，正如苏霍姆林斯基所说，"只有能够激发学生去进行自我教育的教育，才是真正的教育。"[①]因此指导学生自我教育是一种非常重要的德育方法。

（1）指导学生自觉学习。教育者可以根据教育目的及内容的需要建议学生课余阅读有关书目或观看《今日说法》《道德观察》《感动中国年度人物评选》《全国道德模范评选》等节目，或者撰写读书笔记或心得体会并适当组织交流活动等方式帮助学生进行自我教育。

（2）指导学生自我反思。教育者可以通过指导学生通过写日记、静思等方式反思自己一天学到的知识，一天接触到、了解到的人和事对自己的思想、情感的影响以及反思自己一天的行为表现是否有不当之处，并总结原因，提出努力的方向等方式帮助学生进行自我教育。

（3）指导学生自我管理。教育者可以通过指导学生对自己的学习、生活等自我安排、自我检查、自我监督等方式帮助学生进行自我教育。

5. 疏导法

疏导法是指班主任及学校党、政、工、团、少先队、学生会、班委会、团支部等通过日常工作，

① （苏）B. A. 苏霍姆林斯基．给教师的建议（修订版）[M]．杜殿坤，译．北京：教育科学出版社，1984：341.

对学生集体或个别学生在思想方面出现的不良动向通过平等对话进行及时而深入细致的疏通和引导，进而转变学生的思想、改变学生行为的方法。这种方法也可称为谈话法。疏导方法中的“疏”就是“疏通隔阂，广开言路，展开教育主体与客体的平等对话，让教育对象在教育主体面前敞开心扉，把自己的意见、看法、要求充分表达出来，将不满情绪情感释放出来”；“导”就是“开启和引导，是在‘疏’的基础上和过程之中，循循善诱，开启思想，引导教育对象从正确的立场观念和角度去认识和分析问题，进而转变错误认识、提高思想觉悟。疏导教育法是‘疏’与‘导’高度结合与统一的显性教育方式。”①

疏导法是针对学生具体的思想和行为问题深入细致展开的，有很强的针对性；是建立在沟通基础上的，容易让学生接受。但是如果疏导时简单粗暴或流于形式或不痛不痒地念几句“经”，不仅达不到期望的效果，反而会使学生产生逆反心理。因此运用疏导法时要做到：

(1) 精心准备。在疏导前，准确了解学生的思想方面存在的问题及原因，分清问题的性质，预设疏导措施。

(2) 善用技巧。善于营造平等、和谐的氛围，鼓励学生敞开心扉；善于换位思考，既肯定、关心学生的合理要求和需要，又要指出学生可能存在的思想和行为问题；尊重和相信学生的自我反省和自我控制能力，鼓励学生自我反思和选择。

6. 评价法

评价法是指班主任及学校党、政、工、团、少先队、学生会、班委会、团支部等通过日常工作，对学生的思想、行为表现客观评价并通过肯定、表扬、奖励或否定、批评、惩罚等方式进行及时反馈，以鼓励学生的正确思想和行为、纠正和预防学生错误思想行为，促进学生法纪、道德、思想、政治素质正向发展的方法。评价法主要包括对学生日常行为的奖惩、对学生综合表现的评定与评比三种形式。

(1) 对学生日常行为的“奖惩”。奖励是对学生正确思想或行为的肯定性评价，是一种正强化，包括一般的赞许、表扬，也包括专门形式的奖赏。赞许是对良好品行的好评，表示赞同或肯定，可以口头说“对”“好”来表示，也可用目光、点头、微笑、手势等来表示；表扬是对学生优良的品行进行较为正式的评价，有口头和书面两种形式；奖赏是对学生较为突出的优良品行，以颁发奖状、奖品、奖金或授予荣誉称号的方式进行奖励。惩罚是对学生不良或错误行为的否定评价，是一种负强化，包括一般的批评，也包括较严重的处分。

奖励法的优点在于可以使学生明确认识到自己的思想、行为的正确性，并且产生愉悦感、满足感，从而增强其保持良好思想、行为的动机、愿望和信心。但奖励不当，如过分频繁的奖励或容易得到的、没有“分量”的奖励或不公平公正的奖励不但不会使学生产生愉悦感，还会形成一种不良的舆论氛围。因此运用奖励法时，奖励的目的要明确，是为了鼓励某种良好的思想或言行；奖励要公正合理，奖励应该奖励的人和事；被奖励的思想、行为应得到大多数学生的认同及集体舆论的支持；要根据学生的年龄特点、个别差异，采用不同的方式，对低年级的学生、“后进生”的奖励可以适当多一些，对于容易骄傲自满的学生可以适当少奖励一些。

---

① 罗洪铁，董娅. 思想政治教育原理与方法[C]. 北京：人民出版社，2005：427.

惩罚法的优点在于可以使学生明确认识自己思想、行为中的缺点和错误，并在情感上产生内疚感、羞愧感，从而改正自己的不良想法和行为。但是惩罚不当，比如将惩罚当作目的，或者当众羞辱、侮辱学生人格，就会使惩罚适得其反。在运用惩罚法时，要有正确的指导思想，惩罚只是手段，其目的是为了教育学生，促进学生的成长进步，在惩罚学生的同时要帮助学生认识到所犯错误的性质、危害及原因，并与学生一起探讨改正的办法；对学生惩罚时要注意场合，既要通过惩罚学生教育其他学生，也要尽可能不过多伤害被惩罚学生的自尊，尽可能避免当众惩罚；惩罚方式要得当，不能采取体罚和变相体罚或讽刺挖苦、嘲笑等侮辱学生人格或经济制裁等违法违德的方式，也要尽量少用处分的方式，处分过多往往会使受处分的学生无动于衷，相反取消一个学生盼望已久的奖励，效果可能更好；惩罚要公正合理，要根据学生所犯错误的性质、情节及其对错误的认识、态度来决定惩罚的轻重；被惩罚的人和事要能得到大多数学生的认同及集体舆论的支持；惩罚要适度，要符合学生的年龄及身心特点，不能过重或过轻；要多给犯错的学生"将功补过"的机会，鼓励学生通过自己的努力弥补或减轻其言行产生的不良影响。

**案例 8-2 "退三进一"**

记得我刚做班主任的时候脾气是比较大的，很容易在课堂上发脾气批评学生，有时弄得自己也下不了台，而且我发现这种方法批评学生效果并不好。后来不断地反思和探索，摸索出一些行之有效的招数：第一招叫做"退三进一"，我们看电视时经常可以看到这样的镜头，老虎等凶猛的动物在进攻前首先是身体向后撤退，为什么撤退呢？是为了更好地向前进攻！我们批评学生一个缺点前，不妨先表扬他的三个优点，此谓之"退三进一"。每一个学生都有自己的优点，作为班主任应该善于捕捉每一个学生身上的闪光点，前苏联著名的教育家马卡连柯曾经有这样一句话："用放大镜看学生的优点，用缩小镜看学生的缺点"，我国著名的文学家刘心武先生在他的一篇作品中也有这样一句经典的话："一个丑恶的罪犯也有他自己的心灵美"。

我们班有个男生小黄，性格比较叛逆，具体表现可以用两句话来概括：班主任说什么他都不乐意，班干部做什么他都认为不对！但是这个学生有一个爱好——踢足球。另外，他的口才和反应能力都很不错，出黑板报也是个人才。有一次我们班与兄弟班踢足球，以3∶2胜了，其中有两个球是他进的。我认为应该把握住这个大好时机，于是当晚就找他出来谈话。首先我赞扬他今天在足球场上表现如何积极英勇，关键时刻连攻下两城，力挽狂澜，为班级的胜利打下了坚实的基础，获得了同学们一浪接一浪的掌声。之后我又跟他聊荷兰足球的全攻全守，巴西的艺术足球，聊到足球他特别来劲，聊完足球后我发现他的脸上已经露出了春天般的微笑。最后我又跟他回顾了在主题班会上他如何舌战群雄，面不改色心不跳，大力表扬他出的黑板报如何的别具一格。

赞扬完后我发现他已经变成了欢乐的海洋。这个时候我看准时机，话题突然一转："你在班上那么有才干，却没有一个人选你当班干部，你有没有冷静地思考过为什么？"然后我跟他一一分析原因。开始的时候他还只是点点头，到了后来他自己主动表态。过了一段时间，我又跟他出来长谈了一次，接下来的考试他是第一个跑到我家里来问自己的成绩的，问自己有没有进步：

高二一开学我起用该同学做班干部，他做得很出色，而且有一次考试进入全年级前十名。

（资料来源：易连云主编.班主任工作[M].重庆：重庆出版社.2006：104.）

（2）对学生综合表现的评定。对学生综合表现的评定又称为操行评定，指班主任在全面收集同学、其他教师意见及自己平时的观察、了解的基础上对学生在一定时期（通常是一学期或一学年）的心理健康、法纪、道德、思想、政治表现状况作出评价，并写出书面评语，填入学生手册，发给学生，通知家长的方法。这种方法的优点在于能帮助学生和家长了解自己或子女在学校中的总体状况，激发学生求上进、不服输的思想；但是如果运用不当，评语大而空或千篇一律或报忧不报喜、报喜不报忧，会影响学生对自己的正确认识。因此对学生的操行评定，应用全面、发展的观点，实事求是，以肯定评定为主，否定评定为辅；操行评语宜反映学生特点，忌千人一面，一般化；评语应是教师倾注师爱的一种方式，形式上宜用第二人称。

（3）对学生综合表现的评比。这是对学生的综合行为表现作出比较评价，以表彰先进，鼓励后进的方法。评比可在同学间进行，也可在集体间进行；评比内容可以是单项性的（如社会公德、纪律表现等），也可以是全面性的（如评选"三好学生""优秀干部""先进集体"等）。这种方法适合青少年学生求上进、不服输等特点，有利于激发学生在行为表现方面展开竞赛，形成你追我赶、争当先进的好风气；有利于学生法纪、道德、思想、政治素质的形成。但是如果目的不明确，措施不当，只追求表面形式轰轰烈烈，不求实际效果，也会造成华而不实的形式主义倾向，甚至造成弄虚作假的恶果。因此，运用评比法时，要让学生明确评比的目的，引导学生不能为"争当先进"采取互相贬损或者对其他同学"行贿"（如向同学送礼、请客吃饭等）行为，而是要从"善意"出发，评选出符合条件的先进；评比条件要具体明确，并广为宣传，人人皆知；评选过程要公开透明，要充分发扬民主，广泛征求学生、教师的意见；评比后要及时宣传、表彰好人好事，并定期检查督促。

5. *活动法*

"活动育人"途径中的方法既包括校内活动育人中的模拟活动（如模拟法庭、模拟市场等）、文体活动、纪念或庆祝活动、主题演讲或辩论、集体劳动等方法，又包括校外活动育人中的参观、访问、调查与实际锻炼等方法。在此重点介绍校外活动中的方法。

（1）参观、访问、调查法。参观、访问、调查法是指学校党、政、工、团、少先队、学生会及班委会、团支部和班主任、各学科教师组织学生接触社会实际，运用具体生动的事实进行说理和感染，以帮助学生直接获得有关心理健康、法纪、道德、思想、政治等方面的直接经验和情感体验，形成正确的认识和情感的方法。参观一般是指看实物，听解说。如到工厂观看工人们的生产流程或祖国的名胜古迹、博物馆、展览馆等。参观有时也可与访问、调查一起进行。访问是指拜访一些典型人物，如道德模范、感动中国人物、劳动模范、战斗英雄、老前辈、科学家等。调查则是有目的有计划地获取一些足以说明问题的第一手材料，如去工厂、农村、城镇、街道了解新中国建立以来取得的伟大成就等。参观、访问、调查法直观性强，感染力和说服力大，可以用亲耳所见的真人真事弥补抽象说理和间接情感陶冶的不足。但是如果组织得不好，既费时费事又费钱，又不能对学生起到应有的教育作用。因此运用参观、访问、调查法时要遵循基本程序：

首先，事前要周密计划，充分准备。要根据德育的具体任务选好参观、访问、调查对象，确定参观、访问、调查重点，并事先同有关单位或个人联系，提出参观、访问、调查的目的要求，提高学生的思想品德。

其次，要在学生中做好动员工作。在动员中帮助学生明确参观、访问、调查的目的、意义、程序及相关要求。

再次，在参观过程中给学生具体指导。要指导学生围绕参观、访问、调查目的，认真地看、问、听、思、记，以帮助学生学到实际的知识或获得丰富的资料。

最后，参观后要引导学生做好总结，通过组织座谈、汇报会以及写日记、作文、心得体会、调查报告等方式，进一步深化学生的认识和思想情感。

（2）实际锻炼法。实际锻炼法是指通过各种实际活动（如为孤儿院、养老院打扫卫生或表演节目、照顾小孩和老人等），在行为实践中提高认知、陶冶情感、培养良好意志、坚定信念、养成行为习惯、增加能力、提升精神境界的方法。这种方法的优点在于寓教于学生的主体学习或探索之中，能调动学生参加锻炼的自觉性、积极性和主动性，培养学生知行结合、言行一致的良好品德和独立活动能力以及自我教育的能力。但是如果运用不当，对学生"限制""干预"太多或者方法不当或者不加指导，就很难取得实效，反而降低德育的"严肃性"。因此在运用实践锻炼法时要遵循基本的要求：

第一，向学生提出明确、具体而合理的锻炼任务。锻炼活动的发起往往是从特定的锻炼任务开始的，因此在锻炼中，教师提出的任务越具体、越明确、越合理，就越有助于增进整个锻炼过程的效能，实现预期的德育目的。

第二，加强对锻炼活动的全程指导。教师是整个锻炼活动的组织者和协调者，教师必须参与到锻炼活动的各个环节中，给学生以及时的指导和帮助。在锻炼开始时，教师应该注意激发学生参与锻炼的动机和愿望；在锻炼中，教师要善于发现学生在锻炼中存在的问题，和学生一起探讨解决的办法，并及时予以精神上的鼓励和必要的物质帮助，以培养学生的坚强意志；在锻炼结束后，教师要鼓励学生反思锻炼后的体会和体验，升华其既有的思想道德观念和情感，发展其良好的行为和能力。

（3）言行示范法。言行示范法是指教师、管理人员、服务人员在与学生面对面的交往中，以自己的良好言行对学生的思想、行为产生影响。由于言行示范是直接呈现在学生面前的，具有较强的可信性和可模仿性，因此让学生感到非常直观、形象，对学生的影响就特别大。比如教师在课堂教学中不经意地捡起学生随手扔在地上的垃圾就可能引起学生的直接效仿；学校管理人员或服务人员在与学生的交往中，表现出尊重、平等、热情、耐心等言行，学生学到的也会是尊重、平等、热情、耐心，相反，在与学生的交往中表现出居高临下、冷漠、不耐烦，学生学到的也会是冷漠、没耐心，正如斯宾塞所说，"野蛮产生野蛮，仁爱产生仁爱"。因此，无论是教师还是管理人员、服务人员都要注意自己的言行。

## 问题思考

1. “只有不会教的老师，没有教不会的学生。”请你结合实际谈谈对此的认识。

2. 分析当前我国中小学德育途径实施中存在的主要问题并提出解决措施。

3. 选择或设计一个“道德两难故事或问题”并进行分组讨论。

4. 阅读下列案例，设计改变李想“淘气”行为的策略。

李想是一个父母抛弃的私生子，3个月大时被一位年近六旬的孤寡老人收留。李想和这位老人住在两间破败的土房里，生活极度贫困，周围几百米也没有人家。李想上课经常不太听讲，但考试成绩总在班级前几名。李想是一个名副其实的“淘气包”，特别爱作弄人：当老师激情高昂地讲课时，他却在课堂上扯女生的头发，让女生痛得尖叫起来；要上体育课了，他在上课前把篮球的气全部放掉了，让同学们无法玩向往已久的篮球；班主任监考时，他将墨水洒在班主任的白色T恤上。班主任天天当着同学的面教育他，天天放学后把他留在办公室，但半学期过了，他依然“调皮”。①

## 拓展阅读

1. “上善若水。水善利万物而不争，处众人之所恶，故几于道。居善地，心善渊，与善仁，言善信，政善治，事善能，动善时。夫唯不争，故无尤。”

——老子《道德经》

2. “教育学有这样一种特点，几乎人人都把它看作是一件习知易解的事；另外一些人甚至把它看作是一件易如反掌的事，但是一个人越以为它是一件易懂易干的事，他就越显得在理论上或实践上对它是陌生的人。几乎人人都承认教育要求有耐心；有些人认为教育需要天赋的才能和本领，也就是技巧；虽然我们的许多教育上的摸索也可能使大家相信除了耐心、天赋才能和技巧之外，还需要有专门的知识，可是只有极少数的人相信这一点。”

——[俄国]乌申斯基《人是教育的对象》

① 易连云，陶元红. 走进心灵的教育——班主任工作优秀案例选编[M]. 重庆：重庆出版社，2009：9—11.

# 第九章　学校德育管理

## 内容提要

学校德育管理是学校德育有效性的保障环节，具有政治方向性、人文协同性和组织开放性的特点，对学校德育起着重要的支撑作用。学校德育管理是为了实现一定的德育目标任务，需要运用科学管理思想，结合学校德育的特点策划德育管理模式，通过一定的途径、方法和手段积极实施的过程。

## 问题导入

1. 学校德育是一项有计划、有组织、有目标的教育实践活动，如何保障学校德育开展的成效？

2. 在学校德育过程中，如何进行有效的德育管理？

## 第一节　学校德育管理概述

学校德育目标的实现不仅需要通过直接德育和间接德育多种途径，而且需要通过德育管理予以保证。何谓学校德育管理？它具有哪些特点？在学校德育中，德育管理发挥怎样的功能？学校德育管理有哪些构成要素？这些都是学校德育管理需要澄清的基本问题。

### 一、学校德育管理的涵义与特点

#### （一）管理的基本涵义

由于人们研究管理问题的出发点不同，所坚持的立场、观点与采用的方法不同，以及研究者的文化背景、管理实践经历不同，因而对管理产生不同的看法，提出不同的见解。主要有管理职能论、管理职能说、管理决策论、管理目的论、管理人本论、管理模式论、管理系统论、管理绩效论等主张。尽管关于管理存在不同的认识，但是大多数主张反映了管理的一些共通属性，即管理特指一种人的活动过程，这一活动过程围绕既定目标而展开，其进行要事先策划并组织实施，其中还需要采取一定的方法或技术手段，以保障预期目标的顺利达成。因此，我们可以认为，管理是为了实现一定目标任务而进行的行动策划，以及通过一定途径、采取一定方法和手段进行积极实施的过程。

**（二）学校德育管理的涵义**

目前，关于学校德育管理的概念，不同的学者有不同的界定。主要有以下几种观点：德育管理是“协调实施德育的组织与组织、组织与德育工作者之间的关系，保持德育组织的良好机能状态和德育工作者良好的精神状态，以提高德育效率”①。德育管理是“学校领导者组织、指导教育者有目的、有计划地对受教育者在思想品德上施加影响的活动”②。现代学校德育管理是“现代学校组织系统中的管理者根据现代社会需要，在现代管理思想的指导下，运用现代管理科学方法，对德育工作进行决策、计划、组织、控制和评价，充分利用各种德育资源（人、财、物和信息等），不断增强学校德育系统功能，以最佳达成德育和德育管理目标的活动过程”③。

以上对学校德育管理的界定反映了管理的基本特征，同时也体现出自身的特殊要求。概言之，学校德育管理是为了实现一定德育目标任务，运用科学管理思想，结合学校德育的特点而进行的行动策划，并通过一定的途径、方法和手段积极实施的过程。

**（三）学校德育管理的特点**

学校德育管理是一般管理的具体体现。相对于其他管理活动，学校德育管理体现了以下特征：

1. 政治方向性

学校德育管理源于学校德育的内在要求，学校德育的政治方向性规定了学校德育管理必须坚持正确的政治方向。我国学校是社会主义性质的学校，坚持社会主义办学方向，坚持德育的首要地位，为社会主义事业培养有理想、有道德、有文化、有纪律的建设者和接班人是学校的根本任务。《中学德育大纲》中明确规定，中学德育任务就是培养学生坚定正确的政治方向、科学的思想观点、良好的道德品质和健康向上的心理素质。对此，德育工作必须毫不动摇地坚持这个根本方向，德育管理同样要确保这一政治方向不动摇。德育管理的政治方向性特点，主要体现在确立德育指导思想、制定德育计划、确定德育目标、选择德育内容、评价德育效果等方面。当前，坚持学校德育管理的政治方向性，就是要坚持社会主义意识形态在学校德育工作中的主导地位，用马列主义、毛泽东思想和邓小平理论、“三个代表”重要思想、科学的发展观、构建社会主义和谐社会的思想指导学校德育、教育学生，在学校德育管理实践中坚持党的领导，保证党的路线、方针、政策得到贯彻落实，坚持对学生进行深入持久的爱国主义、集体主义和社会主义教育。

2. 人文协同性

管理的协同性指的是调节和改造各种管理对象之间的关系，使它们能相互适应，按着事物自身固有的规律性，在整体上处于最佳的功能状态。这是任何管理都具有的特点。学校德育管理不可能通过某一个组织或一个人来单独进行，而必须协同学校各级管理组织和社会各方面力量共同完成。学校参与德育管理的党、政、工、团、教职员工、班集体等各级组织与个人

---

① 胡守棻. 德育原理[C]. 北京：北京师范大学出版社，1989：239.

② 张念宏. 中国教育百科全书[C]. 北京：海洋出版社，1991：303.

③ 班华. 现代德育论[C]. 合肥：安徽人民出版社，2003：252.

按其分工各自具有不同的德育管理职责；同时，学校德育管理涉及的因素远远超出了学校的范围，党和国家提出德育方针、政策和有关要求是学校德育管理首要方式，社会文化、德育基地、精神文明建设的领导机构和实施力量是德育管理不可忽视的重要因素，家庭力量是德育管理涉及的重要方面。因此，学校德育管理是学校内部各组织、个体间的协同，同时也是学校、社会、家庭紧密配合的协同，这体现了德育管理的重要特点。

学校德育管理的协同性还有自己的独到之处，即人文性。具体表现为：对象主要是人及其组织，手段主要靠党和国家的政策、决议，靠教育、激励、约束、评价等思想、理论、规律、情感等人文力量，效果主要表现为增强德育工作者的积极性以及德育的有序性和有效性，并最终表现为学生思想道德素质的提高上，而不是非人文的物质产品。

3. 组织开放性

学校德育管理的组织性具有开放的特点。虽然学校内部的德育管理组织是德育管理组织的主体，但是作为整体的德育管理组织已超出了校园。党和政府是德育管理的最高组织者，教育行政部门、群团组织等社会有关方面同样承担着德育组织管理责任。从静态的德育管理组织构成看，德育管理组织具有开放性。从德育管理组织活动范围看，也已超越了学校的界限，作为动态的组织性同样是开放的。家庭德育、社区德育、网络德育以及其他媒体的德育作用都是德育管理组织活动的重要组成部分。正是德育管理的组织开放性的特点，决定了德育管理要注重科学合理地配置校内外一切德育资源，调动一切积极因素，壮大德育力量，形成德育合力，增强德育管理的有效性。

## 二、学校德育管理的功能

学校德育管理对保证学校德育工作的顺利进行发挥重要的功能。就管理本身而言，学校德育管理具有预测、决策、计划、控制等功能。同时，德育是学校各育之首，对其他各育具有先导、开路和保证作用，德育管理的加强对全校的管理工作具有极大的促进作用。下面着重从管理的角度探讨学校德育管理的几方面主要功能：

### （一）德育方向的控制功能

德育方向的控制功能与德育管理的方向性特征具有内在的一致性。该功能是学校德育工作的方向性保障，也是学校德育的性质要求。这一功能的具体发挥主要通过两方面途径：一是作为德育管理的最高层次，党和国家通过制定法规、提出意见来明确德育方向和大政方针；二是学校通过德育管理使之贯彻到具体的德育实践中。从组织领导的角度而言，德育管理对于保证德育方向具有最直接、最有效的作用。我们不仅要认识到德育管理的这一功能，更要重视并善于发挥德育管理对德育方向的控制和保证作用。

### （二）德育因素的整合功能

德育因素的整合功能是指学校德育管理通过计划、组织、协调、指挥等职能，把校内外的所有可调动的德育因素科学、合理地组织起来，按着统一的目标和计划相互协调地发挥作用，这个作用可以大于各个部分功能之和。目前我们所倡导的全员育人、全方位育人、全过程育人以及教书育人、服务育人、管理育人、环境育人的德育思路和格局，就是要靠德育管理来实现。特别是在德育环境、德育对象发生某些变化时，对德育全局性的调整只能靠管理来实现，形成统一意志、统一行动，使德育的整体优势得到充分发挥。

**（三）德育效果的保障功能**

学校德育管理的重要目的就是提高德育工作质量和实现育人目标。学校德育管理通过制定相应的政策、制度，对广大德育工作者予以引导，并通过教育、关怀和尊重调动他们开展德育工作的积极性和创造性，激发全体教职员工做好德育工作的责任感和主动精神，以增强德育工作的实效；学校德育管理通过紧紧围绕德育目标和德育质量标准，实施一系列保证和提高德育质量的管理举措，并通过科学、合理地发挥德育各要素的作用，达到预期目的。事实也是如此，是否强化德育管理，的确给德育的质量带来了不同结果。在同样的环境、人员、学校等条件下，加强德育管理，德育的质量就有保障；反之，德育质量就失去了控制。因此，我们要重视并充分发挥德育管理对于提高德育质量的有效作用。

## 三、学校德育管理的构成要素

德育管理的构成要素是指在德育管理过程中影响德育管理行为及其效果的因素。构成德育管理过程，首先，要有德育管理主体，即说明由谁来进行德育管理的问题；其次，要有德育管理客体，即说明德育管理的对象或管理什么的问题；再次，要有德育管理目的，即说明为何要进行德育管理的问题；最后，要有德育管理环境，即在什么样的客观环境和条件下进行管理的问题。因此，德育管理作为动态过程，是这四个要素决定德育管理行为的发生，它们就是德育管理的构成要素。

**（一）德育管理目的**

德育管理目的是德育管理主体努力的方向，是德育管理活动要达成的效果，贯穿于德育管理活动全过程，渗透于各项具体德育活动之中，也是衡量德育管理活动是否合理、有效的标志和尺度。所有的德育管理活动都围绕着德育管理目的进行。德育管理目的在德育管理行为中处于核心地位，主要表现在以下两个方面：一方面，德育管理目的是建立德育管理组织系统的前提。德育管理目的决定德育管理目标，有了目标才能为选择和运用人、财、物等资源提供依据和标准，才能把分散的力量组成一个有机系统。德育管理目标为组织与成员的考核提供了主要依据，这些依据又反过来使各部门和每个人都有了正确的工作方向与准绳，根据目标来进行自我控制、自我引导，使整个德育组织自动地运转起来。另一方面，德育管理目的是德育管理活动的出发点和归宿。一切德育管理活动都从属于德育管理目的，服从和服务于德育管理目的，各项德育管理工作都是为了实现德育管理目的而有组织有意识地展开的。德育管理目的指导着各项德育工作的方向和各种德育资源的配置；决定着德育管理活动的方针、任务与内容；决定着德育工作的领导体制、组织结构以及各项德育管理制度；激励着德育组织体系内各组成部分和人员自觉地发挥潜能；决定着德育管理人员的选用、德育管理方法的选用和德育管理艺术技巧的运用。

**（二）德育管理主体**

德育管理主体包括德育管理组织及管理者。德育管理主体在德育管理要素中起主导作用。德育管理主体的作用表现为对德育管理客体的领导、组织、控制和协调，使德育管理客体能够按照德育管理主体的要求和目标进行工作，德育管理客体工作成绩的好坏，在很大程度上取决于德育管理主体的领导水平及素质。德育管理主体的另一个作用，表现为对组织环境的掌握和适应，利用环境使德育管理工作顺利进行。

德育管理组织有广义和狭义两种界定。广义的学校德育管理组织，是指在学校中承担学生政治理论教育、行为规范管理和道德品质培养的职能机构；狭义的学校德育管理组织，是指根据管理科学的基本原理和学校德育本身的特点、要求，对德育实施有效协调、控制，进行有目的、有计划的专门管理机构。狭义的学校德育管理组织区别于学校内部仅具有某些德育功能但不以德育管理为主的其他管理组织。德育管理组织是学校拟定德育规划、实施德育方案、实现德育目标的必不可少的机构，是学校实施德育管理的前提，是管理者各尽所能、分工协作的基础，是发挥德育整体效能的保证。

德育管理者是德育管理活动的主体，即实施德育管理行为的人。在学校德育管理组织和管理活动中，管理者处于主导地位，起主导作用。无论是德育管理目标的确定、德育计划的制定和执行，还是德育内容、方法和途径的选择，管理者都起着领导和组织的作用。

德育管理组织和管理者相互依存，并相辅相成地发挥各自的作用。一方面，任何德育管理组织，无论它的具体职责是什么，都必须有管理者、管理对象和管理活动，没有上述“三要素”，就不称其为管理组织；另一方面，管理者要实施管理活动，又必须通过一定形式的管理组织才能实现。可以说，管理者是管理组织中起主导作用的角色，是管理活动的组织者和领导者，是管理组织的意志体现者和利益代表者。

**（三）德育管理客体**

德育管理客体是德育管理的特定对象。学校德育管理的客体，包括一切德育资源，如德育人力资源、德育课程资源、德育活动资源、德育财力资源、德育时空资源、德育信息资源等。其中主要的德育管理客体是根据德育管理主体的指令，按德育管理主体的意图，为达成德育目标服务的各级下属德育人员。德育管理客体的作用表现为对德育管理主体制订目标的主动性、创造性的实施。同时，德育管理客体影响德育管理者的行为。德育管理主体从德育管理客体那里搜集到信息，然后决定下一步行动。德育管理客体的复杂性导致德育管理行为的复杂性。德育管理行为的复杂性决定了德育管理工作应该因人而异，采用权变原则。不会变通、强求一致的德育管理方式可能会导致德育管理上的失败。在德育管理要素中，德育管理主体和德育管理客体的划分并非绝对的，在一定的条件下是可以转化的。在德育管理过程中，德育工作者不仅是德育管理的主体，也是德育管理的客体。在一定的时间、场合下相对于一定的对象，一个人是德育管理主体；在另一个条件和场合下，他又可能变成了德育管理的客体。德育管理组织中没有绝对的德育管理主体，也没有绝对的德育管理客体，只能根据一定的条件相对而言。

**（四）德育管理环境**

德育管理活动除了表现为德育管理主体、德育管理客体和德育管理目的三个基本要素相互作用的过程之外，还处在一个客观环境之中，与外界发生着输出和输入的交流。德育管理环境包括自然环境和社会环境，大到国际政治、经济形势，小到学校、班集体环境变化，都对德育管理行为产生影响。德育管理是一个动态过程，是一个对环境的动态适应和改造过程。德育管理环境间接地影响着德育管理行为。环境制约德育管理系统构成形式。德育管理系统的特点、结构和功能是由德育管理目的决定的。但是，环境的影响也不可忽视，甚至有时环境对德育管理系统的形式、结构和功能起着决定性的作用。环境是人们活动的必要条件，人的一切活动都不能脱离这个条件，人们在组织中从事任何活动，要想取得成功，就必须因地制宜。也就是说，建立什么样的德育管理系统、从事什么样的德育管理活动，实现什么样的德育管理目标，都必须从客观实际情况出发，以现实条件为依据。

环境因素对德育管理至关重要。有利的环境条件能够促进德育管理工作的完善和德育管理功能的充分发挥，能够促进德育管理效率的提高，从而加速德育管理目标的实现；不利的环境条件则会阻碍德育管理活动的运行，延缓德育管理过程，甚至使德育管理活动完全中止。环境为组织的存在和发展提供了机会与可能，同时，环境的变化也会给组织带来威胁。在某些时候，环境因素的突然变化会导致组织发生重大变化，甚至质的变化。从一定意义上说，组织系统对环境变化的适应能力如何，关系到该系统的生存、稳定和发展，关系到组织目标能否实现。只有对环境有及时的认识、理解、反应能力和较强适应能力的组织，才能取得长远的发展，才能取得成功。德育管理者要获得成功，要实现预期的德育管理目标，就不能不重视对德育管理环境的研究。

## 第二节　学校德育管理基本模式

在学校德育管理过程中，如何进行管理？这是学校德育管理面临的现实问题。针对学校德育实际，以及现有的德育管理实践经验基础，我们选取了在学校德育管理中较常见的四种基本模式，即学校德育目标管理、学校德育常规管理、学校德育制度管理和学校网络德育管理。学校德育管理模式，是学校德育管理目标、任务以及具体管理方法、技巧的有机系统。学校德育管理模式是开展学校德育的策略保证，有助于学校德育的有效推进。

### 一、学校德育目标管理模式

目标管理是以重视成果为出发点，以层层制定和组织实施目标为手段，动员所有组织成员共同实现组织目标的管理方式。简单地说，就是围绕着管理的目标所进行的管理。

目标管理这一理论最早是由美国著名管理学家彼得·德鲁克(Peter F. Druker)于1954年在《管理的实践》一书中提出来的。德鲁克提出了“目标管理和自我控制”的主张。他认为，一个组织的目的和任务，必须转化为目标，如果一个领域没有特定的目标，则这个领域必然会被忽视。他认为，一个组织中的各级管理人员只有通过目标的形式对各级进行领导和管理，并以目标来衡量每个人的贡献大小，才能保证该组织的总目标的实现；如果没有一定的目标来指引每个人的工作，则组织的规模越大，人员越多，发生冲突和浪费的可能性也就越大。

目标管理理论是管理理论发展中的一大进展。目标管理理论本身也是发展的，迄今为止它大致经历了三个发展阶段：第一阶段是50年代末到60年代初，目标管理以绩效评估为中心，即以工作的具体成果作为评估标准，从而使管理和控制都重视具体的量化标准，使人们明确自己在工作中应向什么方向努力，应达到什么水平，以此来刺激人们的主动性和积极性。第二阶段是60年代，目标管理以目标结合为中心，即不仅强调总体目标和各部门目标，还要求有个人目标，使目标形成体系。通过建立和协调目标体系，使组织的成员参与管理等，以实现总体目标。第三阶段是70年代，目标管理以长期规划或战略规划为中心。它不仅是为了完成短期内任务，而且是着眼于战略决策即长期发展目标的实现。目标管理理论提出后，在美国及其他一些国家（如日本）的企业中得到应用，取得了很大效果，其后还被广泛地应用于其他部门（包括教育部）。

### （一）目标管理的依据和原则

目标是目标管理的核心，确定目标是实行目标管理的关键和第一要务。只有制定出符合本单位实际情况，又有利于长远发展的目标，才能使目标管理取得好成效。

#### 1. 确定目标的依据

（1）依据上级要求。从根本上说，反映了我国基本国情和全国人民根本利益的党的基本路线，党和国家的基本的方针政策，是每个单位确定其目标的根本依据。对于学校来说，"上级要求"就是指上级教育行政部门的目标及其下达的任务和指令性计划。因此对学校领导人来说，制订目标首先要"吃透"上级精神和不折不扣地贯彻执行上级指令。随着计划经济体制转换为社会主义市场经济体制，对于许多企业来说，由于被推向了市场，"上级"已不再下达指令性计划，或指令性计划已大幅度减少，制订目标不能再以"上级要求"为主要依据了。但对于学校来说，由于教育工作的特殊性，基础教育（特别是其中的义务教育部分）仍主要是政府的责任和行为，而不能简单地把中小学校"推向市场"，因而"上级要求"仍是学校制订目标的重要依据。

（2）适应社会需求。在社会主义市场经济条件下，对于企业来说，制定目标主要依据社会需求，社会需求又集中地表现为市场需求，这就是所谓"市场导向"。对于学校来说，社会需求也是一个重要依据，"社会需求"是更深层次的要求，与"上级要求"是不矛盾的。但这个社会需求不能简单地等同于市场需求。基础教育的主要任务是提高人的素质（包括身体素质、思想道德素质、科学文化素质、心理素质等）。因此社会对人的素质的要求（现在是社会主义市场经济条件所要求的素质）就是社会对基础教育的主要需求。目标是指向未来的。社会需求是一定时期的需求，是包括社会未来发展的需求，因此制定目标时必须预测未来发展的趋势，以对未来情况的预测为依据，这个依据是社会需求依据的一部分。

（3）针对本组织的主客观条件。目标的指向要立足于现实基础。制定目标要从本组织的主客观实际条件出发，这是辩证唯物主义的基本道理。只有立足于现实基础的目标，才具有可行性。从学校来说，客观条件包括学校物质条件（校舍、各方面的设备、地理位置等），经济条件（办学经费及其来源、已有的和可能达到的财力、教职工的经济待遇、学生家庭的经济状况等），社区环境及社会支持情况，已达到的办学水平（主要指已有的经验和传统），学生状况（既有的品德、知识、身体等方面的状况）等。主观条件，主要是学校教职工的各方面素质、能力及各级管理水平等。主客观条件都是相对而言的，又都是一分为二的。因此必须进行实事求是的分析，具有清醒客观的自我认识和比较准确的定位。

2. 确定目标的原则

一个好的目标体系，应基本符合下列原则：

（1）全面考虑与突出重点原则。全面，是指目标能体现本组织的基本任务，反映本组织的全面工作，使所属的各部门和各个人都有明确的目标。但目标不能也不必要把全部工作事无巨细地列入，必须突出重点，把握关键，提纲挈领，着力于解决主要和重要的问题。

（2）目标的整合一致原则。使组织内上中下各个部门、各个层次、各个人的目标都得到整合，既要保证组织的总体目标，也要重视各个人的个人目标，并尽力使这几者保持基本方向的一致性。这样才能真正激发和调动每个人实现组织总体目标的主动性和积极性。如果个人和组织离心离德，各自为政，扯皮内耗，必将导致整个组织的工作的失败。

（3）先进性和可行性相结合原则。目标应具有先进性，这样可激发成员向上的积极性，感到“有奔头”。否则就难有动员和激励作用，也无助于提高人们的能力。又要切实可行，使人们经过努力能够达到。如果目标定得过高，实际上做不到，就会使人丧失信心和积极性。

（4）具体化定量化原则。目标应做到努力有方向，检查有依据，考核有标准。为此，目标应该明确、具体，并尽可能用定量的指标描述。对于难以量化的目标，也应尽可能地具体化，订出衡量的标准，便于实施、操作和考核。只有使目标明确、具体，才能保证目标管理的有效。

**（二）学校德育目标体系**

根据2004年《中共中央国务院关于进一步加强和改进未成年人思想道德建设的若干意见》《中共中央国务院关于进一步加强和改进大学生德育教育的意见》，2005年，教育部拟定了《关于整体规划大中小学德育体系的意见》，其中提出了当前我国学校德育的基本目标体系：

1. 中小学德育目标体系

中小学德育目标是紧密结合全面建设小康社会的实际，针对中小学生身心成长的特点，把学生培养成为热爱祖国，具有社会公德、法制意识、文明行为习惯的遵纪守法的合格公民。在此基础上，进一步引导学生树立中国特色社会主义的理想信念和正确的世界观、人生观、价值观，养成高尚的思想品质和道德情操，把学生培育成为有理想、有道德、有文化、有纪律，德、智、体、美全面发展的中国特色社会主义事业合格建设者和可靠接班人。

（1）小学阶段德育目标是教育帮助学生初步培养起爱祖国、爱人民、爱劳动、爱科学、爱社会主义的情感；树立基本的是非观念、法律意识和集体意识；初步养成孝敬父母、团结同学、讲究卫生、勤俭节约、遵守纪律、文明礼貌的良好行为习惯；逐步培养起良好的意志品格和乐观向上的性格。

（2）初中阶段德育目标是教育帮助学生初步形成为建设中国特色社会主义而努力学习的理想，树立民族自尊心、自信心、自豪感；逐步形成公民意识、法律意识、科学意识以及诚实正直、积极进取、自立自强、坚毅勇敢等心理品质，具备一定的道德判断和辨别是非能力，能够在生活中做出基本的道德选择，养成良好的社会公德和遵纪守法的行为习惯。

（3）高中阶段德育目标是教育帮助学生形成为建设中国特色社会主义而努力学习的理想，增强民族自尊心、自信心和自豪感、责任感；具有爱国之心，报国之志；树立公民的国家观念和法制观念，养成良好的社会公德和遵纪守法的行为习惯，以及健康文明的生活方式和科学的思想方法；引导学生树立正确的世界观、人生观和价值观；逐步形成诚实正直、自立自强、开拓进取、坚毅勇敢等心理品质，具有一定的道德评价能力、自我教育能力。在此基础上，不断提高学生的社会主义思想觉悟，为他们中的优秀分子将来能够成长为共产主义者奠定基础。

（4）中等职业学校德育目标是使学生热爱祖国，拥护党的领导和党的基本路线方针政策，确立坚持走中国特色社会主义道路的理想信念，具有为人民服务、奉献社会的使命感和责任感；逐步树立正确的世界观、人生观、价值观，养成科学的思想方法；自觉遵纪守法，依法维护自身权益，具有良好的道德品质和心理素质；热爱专业，勤奋学习，勇于创造，大胆实践，具有良好的职业习惯和安全意识、质量意识、效率意识、环境意识。

2. 大学德育目标

大学德育目标是教育引导大学生牢固确立在中国共产党领导下走中国特色社会主义道路、实现中华民族伟大复兴的共同理想和坚定信念，牢固树立爱国主义思想和全心全意为人民服务思想，自觉遵守法律法规和社会道德规范，加强自身道德修养，具备良好的心理素质和艰苦奋斗、开拓进取的精神，促进大学生德育素质、科学文化素质和身心健康素质全面协调发展。同时，积极引导大学生中的先进分子牢固树立共产主义的远大理想，确立马克思主义的坚定信念。

德育目标是德育工作的出发点和归宿，各地、各校可以根据德育总体目标和学段目标，密切联系本地、本校实际和学生实际，结合德育工作的开展，认真探索总结，逐步形成小学阶段以养成教育为主，初中阶段以公民教育为主，高中阶段以理想前途教育为主，大学阶段以理想信念、职业道德、开拓创新精神为主的目标体系。同时，积极探索同一目标在不同年级的具体要求。

### （三）学校德育目标管理的实施

学校德育目标管理的实施同样要经过上述三个阶段，即计划阶段、执行阶段和总结阶段，及各个具体环节。

1. 计划阶段

（1）论证决策。德育目标应由国家教育行政领导部门（国家教育部）论证、确定和颁布。如2005年教育部拟定《关于整体规划大中小学德育体系的意见》中所确立的各级各类学校的德育目标。

（2）协商分解。把目标分解到各部门、各工作人员，让各部门、各工作人员都确定自己的工作目标、工作计划，经上下协商和横向协调后确定目标责任。

（3）定责授权。确定目标责任一般应与确定部门职责和岗位职责（岗位责任制）紧密结合。而确定部门职责和岗位职责的同时必须授予部门和岗位人员以相应的权力。授权或权力的划分又与领导体制分不开。目前的德育工作的领导体制一般是“校长——德育处（教导处)——(年级组)班主任”的三级体制。有些规模较大的学校设有年级组,但一般年级组只起协调作用,不列为一个层次(也有列为一个层次的)。有的规模较小的学校(如班级很少的初级中学)也有试行“校长——班主任”二级体制的。定责授权就是要把各层次的责任和权力划分清楚。

2. 执行阶段

(1) 咨询指导。对德育工作部门和工作人员提出的人、财、物、技术、信息等的要求,在工作计划范围内的应尽量予以满足和支持,属于临时动议的应在可能范围内予以支持,确实办不到的也应解释清楚,而不是简单地拒绝。对下属在工作中遇到的困难和问题应与下属共同分析、探讨,帮助出主意、想办法,在一般情况下应只处于“咨询”“指导”的地位,而不应越俎代庖,越权处置;如确有必要直接出面处置的(如对学生中的偶发事件,班主任处理不下来,德育主任甚至校长必须“亲自出面”时),也应事先与直接负此责任的人员研究商量好方案。如果下属处理不当,需要纠正,一般也应让下属自己去纠正,上级有义务维护下级的工作威信,通过咨询指导去提高下属的工作水平。

(2) 检查控制。这项工作中重点是反馈与检查。要通过多种汇报(如了解、询问、听课、巡视、座谈、听取汇报、问卷调查、报表等等)以获得信息反馈,以大体上掌握实施目标过程中的工作进度、工作状况等。检查一般是常规性的、计划内的(如周检查、月检查、期中检查、检查评比之类)。在反馈和检查中,如发现出色工作、好的经验,及较大的问题或偏离目标的情况,则应做进一步的深入的调查研究,以总结和推广经验,解决问题,纠正偏向。在一般的正常的情况下,对检查的结果应正式地郑重地公布或讲评,使检查真正成为工作的一个推动力,而不至于成为“走过场”。在控制方面,各级人员都应着力于“关键控制”。“关键”在哪里?这要视情况而定。例如在春季,学校决定由各班自行组织春游活动,在这种安排下,主要工作责任落到了班主任身上,校长或德育主任的“关键控制”可能就在于安全这一点,也就是要着力于保证师生在春游活动中的安全,绝对不发生伤亡事故。又如,在期中、期末考试中,杜绝作弊可能是德育工作在考试这件事上的“关键控制”。大小活动都有其“关键”之处,能否抓住和控制好“关键”是领导艺术、管理水平的一个表现。

(3) 调节平衡。横向协调的重点是各途径的活动,使各途径在发挥各自特点的活动中致力于目标的实现。从纵向上说则要协调好全校性德育活动和各途径、各班级的活动。

3. 总结阶段

(1) 考评成果。考核目标达到程度分两个方面,一方面是学生品德的状况,即德育目标达到程度;另一方面是德育工作的状况,即德育工作目标达到的程度。对此在提出目标时就应制定相应的考核指标体系。目前各地方、各学校所制定、所使用的考核指标体系不尽相同,各学校可选择现成的德育目标考核指标体系量表或根据本校情况自行制定一种。除了量化考核评估外,还有非量化的考核评估,对于非量化的考核评估,更要注意实事求是和客观公正。考核评估结果既是这一个德育周期的总结,又是下一个德育周期的准备,在整个目标管理的运作中要注意这种连续性和前后衔接。

(2) 实施奖惩。奖惩办法最好在确定目标时就同时确定下来,尽可能做到制度化,有相对稳定性。在考核评估后再去研究奖惩办法，或奖惩办法一学年一变、一学期一变，会减低奖惩的作用。奖惩兑现是这项工作的关键一环。

(3) 总结经验。德育有其自身的规律。总结经验教训就是为了掌握规律，使德育工作逐步地从经验型上升为理论型，从依靠行政布置达到依靠科学指导，实现科学化、系统化，减少盲目性、随意性。搞好这项工作对于提高德育工作水平，提高目标管理水平是至关重要的。不少学校的管理者不重视这一点，不少在第一线工作的德育工作人员把它当作一种"例行公事"而不能认真去做，这是一些学校、一些教师的工作水平提不高的原因之一。实行目标管理必须抓好这一点。

## 二、学校德育常规管理模式

一个学校的德育管理水平和德育工作成效常常存在于常规管理之中。常规管理要求规范化，虽然各地各校的"校情"千差万别，但毕竟是共同点多于差别点，学校工作又具有周期性，因而能建立常规或规范。德育的常规管理大致有以下几种：

### （一）按时序的常规管理

学校工作，一学年、一学期是周而复始的，因而管理者可按时序对一学年、一学期的德育工作作出总的常规安排。

以甘肃省兰州市西固区福利路第一小学 2016 年的德育活动主要活动安排为例，我们可以看出按时序进行常规德育管理的操作情况。

**案例 9－1**

"文明三月"：结合学雷锋日、妇女节、植树节等节日，开展以"互助、感恩、环保、文明"为主题的系列活动。"雷锋故事会"引导学生从自己做起，从小事做起，发扬雷锋精神；"心贴心"活动，引导学生表达对母亲的感恩；"我为家庭添一抹绿"亲子种植环保活动，号召孩子和父母共养一盆花，并用照片记录花卉生长的重要过程。通过种植实践，体会劳动的乐趣，学习劳动技能，培养学生热爱劳动、尊重劳动者的高贵品质。"校园文明祛斑行动"提高全体师生的文明意识，规范学生礼仪，评选出的"文明小福娃"和"文明班级"，发挥榜样的力量，将文明的种子播撒在校园内外的每一个角落。

"缅怀四月"：通过开展清明祭扫活动，革命英雄事迹展览、革命影片观赏活动，组织学生学习革命烈士的革命精神，继承并发扬前辈的光荣传统。

"阳光五月"：以健康、和谐为主题，以心理健康和体质健康为内容开展活动。心理健康方面，开展家长、学生、教师的系列心理健康培训会，培养家长、学生、教师健康阳光的心态。体质健康方面，开展阳光体育运动会，为学生体质健康搭建平台。

"感恩六月"：以母亲节、毕业礼和"六一国际儿童节"为契机开展学生的大型文艺演出活动。学校为学生搭建表达感恩的舞台，六年级毕业生用自己的舞姿、歌声、朗诵等形式表达对母校、老师、家人、社会的感恩。

"魅力九月"：四周的活动紧张有序：第一周的年轻教师"公开课魅力展示"活动。后三周的"语文周""数学周""英语周"中，老师们精心为各年级设计了"猜谜""口算接力""头饰秀""英语作文秀"等等有趣的活动，孩子们努力在活动中展现自己的魅力，极大地调动了学生的学习热情，有效培养孩子热爱学习的品质。

"激情十月"：在"福娃唱响中国梦"的红歌比赛活动中拉开帷幕；紧跟其后的"中国梦——主题绘画比赛""分享红歌故事——广播展示"等活动都让孩子们在活动中学习革命英雄事迹、体验伟大祖国的繁荣，培养孩子们浓厚的爱国情感。

"畅想十一月"："科幻画比赛""科技创新手工制作"活动让孩子们沉浸在自己的科技创新世界里。大胆动手，积极动脑，一件件让老师惊叹的作品在一双双小手中诞生，让创新的思维根植于孩子心中。

"回眸十二月"："班级读书交流会""阅读、分享征文比赛"营造浓厚的阅读氛围，让孩子们将平时整本书阅读的成果展示出来，通过分享、交流激发孩子们与书为伴的情感，体验读书的乐趣、培养孩子阅读的良好习惯。

### （二）不同年级的常规管理

年级不同，学生的年龄特点不同，学生面临的任务及学生在思想上所引起的反应也不同，因而德育的内容和侧重点不同，常规管理工作也不同。例如，对起始年级的学生来说，刚来到新的环境，对学校的情况和各种要求不了解，学生自己也有许多新的打算，因而必须对他们进行入校常规的教育和训练；中间年级是承先启后的年级，是容易被忽视的年级，也是容易出问题和发生分化的年级，如初二是从少年到青年初期、从队到团的过渡时期，是功课繁重又没有升学压力，容易散漫松懈的时期，因而必须进行离队建团、青春期等常规的教育；毕业年级（初三、高三）面临升学与就业、就业与待业问题，思想容易波动，一些自己感到"升学无望、就业无门"的学生更容易出问题，因而升学就业的教育和指导，毕业鉴定等都是常规性的工作。在多年实践、总结的基础上，各学校一般都能形成不同年级的一套常规管理办法。

### （三）各种德育活动的常规管理

德育要通过课程和活动来进行。德育课程和德育活动是德育的实体。德育课程（主要是德育课）有课时、教材、考核等，有较大的刚性；德育活动则有较大的弹性，因此使德育活动规范化，加强对德育活动的常规管理十分重要。

德育活动大致包括下列几类：(1)仪式活动。包括升降国旗、奏唱国歌、开学典礼、毕业典礼、结业式、离队入团入党仪式、节日纪念活动仪式、表彰授奖仪式、某些重大活动，如运动会、科技节、艺术节等的开幕闭幕式等。这些仪式活动是按国家或教育领导部门或组织的规定和德育需要而举行的。(2)会议活动。包括校会、年级会班会、团队会等。校会一般一月一次，年级会 2—4 周一次，班会每月一次。(3)节日、纪念日活动。全国性的节日、纪念日有元旦、春节、三八妇女节、五一劳动节、五四青年节、六一儿童节、七一党的生日、八一建军节、教师节、十一国庆节、"一二・九"纪念日等，一般都应安排德育性活动。春节和八一建军节正在假期，活动安排可列入假期活动安排中。校庆、清明节等特殊节日是否安排德育性活动可根据社会情势、上级指示及本地本校情况决定。(4)文娱体育性活动。如组织观看电影、电视、录像、戏剧，组织联欢、春游、秋游、文艺演出或比赛、体育表演或比赛等。要掌握好这类活动的正确方向，增强德育作用，并把德育与美育、体育等结合起来，使一项活动起到多种的综合的教育效果。(5)社会实践性活动。如组织学生访问英雄模范、革命前辈、杰出人物等，参观博物馆、纪念馆、展览馆等，参观访问工厂农村、商店、部队，进行社会调查，参加社会上的活动，参加义务性公益性的劳动或服务，参加军训，参加“青年志愿者活动”，等等。上述德育活动大多是常规性的，有的活动开始是非常规性的，搞过几次取得了经验，可以成为常规性的。常规性活动按一定的周期进行，其具体内容有重复的内容，也有变动的内容。要使常规性活动常搞常新。

对德育活动的常规管理特别要注意：(1)全校性活动必须有明确的目的和主题，要适合青少年的特点，注意活动的方向性、多样性和趣味性，要讲求实效；(2)单项性活动要形成规范，专题性活动要有较详细的计划。

如文化路小学2009年上半年德育活动安排：

表9-1

| 月份 | 周次 | 内　容 |
| --- | --- | --- |
| 三月 | 一 | 收心教育　学雷锋活动倡议 |
| | 二 | 读雷锋的故事书　写读后感　办手抄报 |
| | 三 | 学唱雷锋的歌曲　召开主题班队会 |
| | 四 | 假期作业展览　评选三月份校园之星 |
| 四月 | 一 | 清明祭英烈讲英雄的故事　入队仪式 |
| | 二 | 办一期以“祭英烈”为主题的手抄报 |
| | 三 | 责任心教育　召开主题班队会 |
| | 四 | 爱鸟周活动中高年级征文　低年级简笔画 |
| | 五 | 评选本月校园之星　发表评星后感言 |
| 五月 | 一 | 读书节　自信心教育 |
| | 二 | 读科技书　写读后感　“母亲节”感恩教育 |
| | 三 | 读书方法交流 |
| | 四 | 评选本月校园之星　发表评星后感言 |
| 六月 | 一 | 庆六一书画展　入队仪式 |
| | 二 | “六月的畅想”主题队会 |
| | 三 | 主题队会观摩 |
| | 四 | 评选本月校园之星　发表评星后感言 |
| 七月 | 一 | “七一”党的基础知识宣传　主题升旗仪式 |
| | 二 | 暑假活动安排 |
| | 三 | 社会实践 |
| | 四 | 社会实践 |
| 备注 | 常规教育贯穿于每周的工作中，每月进行一次班主任业务理论培训，每月开展一次家长学校活动——致家长一封信，每月至少进行一次公益性劳动，每月进行一次安全知识讲座、一次法律法规知识讲座。 | |

## 三、学校德育制度管理模式

制度是人类生活中的重要范畴，是对人的行为进行约束、调节、指导的重要力量。制度管理是科学管理的重要组成部分。德育制度管理，就是学校建立健全的规章制度，使学校各机构、各方面的德育工作都有章可循，都按制度办理，以协调、制约学校全体成员的活动，从而建立起有条不紊的德育工作秩序，提高德育管理的效能。简单地说，德育制度管理就是通过规章制度对德育工作进行管理。学校德育制度管理有利于建立正常秩序和各项工作的顺序开展，有利于培养师生员工的优良品质，有利于促进形成遵纪守法的社会风气。

**（一）学校德育制度管理的基本原则**

合理的规章制度，是德育管理者的是非标准和行为准则，它对德育管理者养成良好的自觉纪律和行为规范有着重大作用。要使制度发挥作用，制订德育管理制度时应该坚持以下几条原则：

1. 符合国家的教育方针、政策的精神，符合德育管理的原则

国家的宪法和法律，党和政府的法规、方针政策，是全国各行各业都要遵守的，学校也不例外。各级教育行政部门对某一时间、某项工作的条例、决定、要求等是其所属的学校必须遵照执行的。这些都是学校制定规章制度的重要依据。学校领导者应当经常学习、深刻领会有关的法律、法规、政策、决定等的精神，在此基础上制订或修定学校的规章制度。只有这样，学校制定的规章制度才能符合党和国家或上级的有关的精神，而不至于与党和国家或上级的要求相悖，才能成为社会规章制度体系中的一个有机组成部分。

2. 从本地区、本校的实际出发、因校制宜原则

学校的规章制度是在一个学校内部贯彻执行的，因此在制定时还必须考虑到本校的实际情况。在制定规章制度时不仅要看到共同性，还要看到差别性。从主观方面看，各校师生员工的思想道德素质、行为习惯、工作状况等是有差别的；从客观方面看，各校的人力、物力、财力条件、所处社区环境条件、家长状况等也是有差别的。只有充分考虑到这些实际情况，才能使规章制度制定得恰如其分，才是本校所需要的，因而是能执行的，才不仅能得到师生员工的支持，而且能得到社区和家长的欢迎和支持。

3. 制订规章制度要广泛征求意见，代表师生员工的利益

规章制度是要大家去遵守、执行的。因此在制定时要让教职工参加酝酿、讨论，有的还应吸收学生的意见。这样可避免不切合实际的主观性、片面性，又可以提高师生员工遵守、执行规章制度的自觉性。一旦制定后，要使执行规章制度成为群众的自觉行为，发挥它的最大效益。

4. 要相对稳定

稳定的规章制度，才能充分发挥它的规范师生员工行为的功能，才能使学校有稳定的秩序。因为人们一定的行为习惯的养成，需要在执行规章制度的过程中通过一定时间的教育和训练。如果朝令夕改，师生员工就会感到无所适从，规章制度就会失去其严肃性，必然造成学校秩序混乱。但这种稳定是相对的。当客观情况发生变化后，师生员工对规章制度会有新的认识和新的建议，因此对某些规章制度作一些修改，也是必要的。

另外，规章制度制定时，文字要简明扼要，内容要全面明了。而且，一经公布，要坚决执行。

**（二）学校德育制度管理的实施**

建立一套行之有效的德育日常工作制度体系是使学校德育管理工作趋向规范化的重要

措施，如果不能付诸实施，那只能是一纸空文，为此，实施现代学校德育管理制度十分必要。德育制度管理的施行，也就是贯彻执行有关德育的规章制度，用这些规章制度来规范师生员工的行为，用这些规章制度来推行德育工作，处理其中的问题。如果不贯彻执行有关的规章制度，规章制度不过是一纸空文，没有任何实际意义，那么德育制度管理也就不存在了。规章制度本身不会自动地发生作用。

目前有许多德育管理工作先进学校的经验是值得学习和借鉴的。他们在实施学校德育管理制度时，常常抓住了两个环节：一是宣传。宣传制订制度的意义，形成共识，使广大师生员工在学习中加深理解，在学习中明确责任，参与制度管理活动。二是执行。执行的过程也是实践的过程，在实践中，不断完善制度，使其更具针对性，突出实效性。在实践中，学校高层管理者要带头遵守，率先做好管理育人。教导处要起导向作用，抓好典型，带动一般，教职员工要具有一致性。三是兑现，就是按照规章办事，一丝不苟结好账。兑现是实施德育管理环节中最重要环节，一项制度在实施过程中如果不能做到这一点，那制度只能是挂在墙上给人看的，只是一纸空文。因此，学校在实施执行制度的过程中一定要注意这一点。

## 四、学校网络德育管理模式

经济的全球化及教育的信息化、网络化的发展趋势，对21世纪的人才培养提出了更新更高的要求，特别是学校的德育工作，更是上升到突出的位置。传统的德育工作面对网络的冲击显得十分软弱无力。应对挑战，改进德育工作，要利用现代教育资源，借助信息技术课程以及网络活动等力量，采取有效措施，强化德育功能，全面占领现代德育工作阵地。因此，学校网络德育管理模式是充分挖掘网络功能，努力增强德育的时效性，是学校德育管理工作中新的着力点。

### （一）学校网络德育载体的特性

网络载体作为现代信息社会的物质文化和精神文化的新家园，以它强大的覆盖性和超级的兼容性，越来越被社会生活所依赖，学校德育与网络的契合，给学校德育载体带了新的革命性的变化，表现出明显的特性：

#### 1. 丰富快捷的承载性

互联网不受版面和播出时段的限制，其信息容量是无限的；网络信息滚动播出，源源不断，永不枯竭，并且还会随着交流而呈现出内容的倍增。网络不仅容纳巨大，所传播的信息浩如烟海、包罗万象，几乎涵盖人类活动的所有方面，而且可以在越过千山万水同时覆盖当时遍布全球的用户。这就给学校德育提供了丰富的信息资源，同时也有利于扩大学校德育的覆盖面。

#### 2. 对象的选择和可控性

网络作为载体是开放的，所承载的信息庞杂多样，既有大量进步、健康、有益的信息，也有不少反动、迷信、黄色的内容。为学校德育提供了现代化平台，拓展了教育的空间和渠道。学校德育的对象是学生，思想活跃、想象力创造力丰富，世界观、人生观、价值观、道德观、政治观处于不稳定状态，极易受到影响和诱惑，在接受网络载体影响上，极具按照个人趣向的选择，也可为学校德育实现其目标而实施主动控制。学校德育载体的运用的一个重要任务就是要引导学生以马克思主义的思想境界，从网络载体中获取信息、处理信息、分辨信息、选择信息和开发利用信息。

3. 隐秘渗透性

网络作为现代社会渗透到世界每个角落的公众信息平台，为每个使用者所利用和再创造，人们通过网络可以毫无顾忌地开展信息的交换和利用，打破了国家地域、时间空间、民族宗教、意识形态、文化体系等一切旧时代的阻隔屏障，各种思想文化、学说理论通过网络载体得以无限地延伸渗透，西方国家也把利用网络载体作为其和平演变的重大战略，借助网络载体信息的丰富表现形式，潜移默化地施加影响和渗透。

4. 互动共享性

网络载体是多维交互的，所承载的信息不能像物质形态物品被个人占有而排他，而是为人们无限制地"重复取用"，具有万能的共享特性。网络载体可以实现互动式的教育网络设计，使参与者之间在整个教育过程中以一种交互方式呈现教育信息，在网络载体上不仅可以接受也可以表达。

5. 虚拟协同性

通过网络载体高度畅通的交流渠道，结合参与网络学习的群体，营造虚拟的学习场景集合。在网络环境下的教育，通过网络载体实现协同工作，使学习信息全方位呈现和交融，受教育者不仅通过利用丰富的网络学习资源获取知识，也可以通过别人的学习过程获得知识。

6. 个性化的开放性

网络优越表现形式，为大学生张扬个性提供了便利和舞台，越来越成为他们表现个性的重要方式。教育者可以利用网络载体充分发挥自己的个性，受教育者也可以利用网络载体进行开发式、探索型学习，发展自己的个性，最终使在教与学双方的互动中实现因材施教。网络载体实现网上的教学打破了教学的地域、时空限制，为学生的自主学习提供了方便快捷的学习资源和开放环境。

### （二）学校网络德育管理的原则

学校德育管理网络载体的运用就是要针对学生的网络文化特点，在对传统教育载体运用继承和创新的基础上，以网络技术为平台，综合运用社会学、教育学、心理学、美学、伦理学、管理学、系统论、方法论等学科的知识和方法，系统构建适应对象广泛、各种载体互补、应用效果明显、保障机制有力的网络载体运用体系。学校德育管理网络载体的运用必须坚持以下原则：

1. 适合性原则

学校德育工作的实质是人的工作，人的个体实际和层次性决定了德育工作方法的差异性。同时教育内容的差异性也决定了其实现形式的差异性。这就要求构建德育管理工作方法体系时要根据不同内容、不同对象群体，选择不同方法，使得网络德育管理工作方法体系能够在一定程度上满足不同个体和具体情境的需要，达到方法与对象和环境的高度匹配。

2. 开放性原则

任何一个方法体系都不能一劳永逸地解决一切问题。新形势变化万千，新问题层出不穷，针对这一事实就要求网络德育管理工作方法体系是一个开放的体系，使每个德育工作者都能积极参与其中，以与时俱进的精神状态，大胆创新，不断充实和完善这个体系。只有这样，我们才能以积极的心态应对学校德育工作，把握学校网络德育管理工作的特点和规律，积极推进学校网络德育管理工作。

3. 监督与引导相结合的原则

学校网络德育工作的媒介就是网络。各种信息泥沙俱下，成为学校网络德育工作的新环境的特点之一。监督和引导成为学校网络德育工作的两个重要方面。加强对网络的有效监督，运用多种手段，抵制网络"黑客"和各种有害信息的侵害，保证网络信息的健康、正确，符合社会主义文化原则。"引导"是指加强正面信息的宣传，坚持用社会主义核心价值体系占领学校网络文化阵地，帮助广大师生坚定对马克思主义的信仰，坚定对社会主义的信念，增强对改革开放和现代化建设的信心，增强对党和政府的信任。构建网络德育管理工作的方法体系时就要加强监督与引导的作用，这也是学校网络德育管理工作方法体系的新特点。

4. 坚持教育与服务相结合的原则

学校网络德育工作的新特点之一就是受教育者的网上学习具有自主选择性特点，接受与否，最终要由受教育者自己来取舍。显然传统的说教在网络媒介上就有一定的欠缺。因此做好学校网络德育工作，必须使教育与服务相结合，寓教育于服务之中。

5. "网上"与"网下"相结合的原则

网络具有互动性，学校德育工作者只有主动地走进网络世界，积极参与网上活动，才能及时准确地了解学生的真实思想，并有针对性地做好工作。但网上功夫在网下。虚拟空间的问题归根结底是现实世界的折射。我们的学校德育工作有着优良的传统，积累了很多好经验、好方法，现实生活中更有着丰富的教育资源，在构建学校网络德育管理工作体系时，应该注重网上网下联动、全时空关注、全过程覆盖的学校德育新格局。

### （三）学校网络德育管理的基本策略

1. 增强教育者的信息素质

网络环境正在或即将引发教育、教学过程基本要素的重组或置换，促使教师和受教育者交流传递信息方式的改变，从而使得教育者的角色从传统向现代转变。信息素质是在各种信息交叉渗透，技术高度发展的社会中，人们所应具备的信息处理实际技能和对信息进行筛选、鉴别和使用的能力。网络环境下教育者的信息素质主要包括：信息道德、信息意识、信息能力等方面。

（1）教育者必须具备敏锐的信息意识

教育者的信息意识是指教育对信息的敏感度、捕捉、分析、判断和吸收信息的自觉程度。教育者信息意识的广度和敏锐度，关系到教育者的德育工作水平和创造型人才的培养水准。处在网络环境下的教育者，如果信息意识差，认识信息、利用信息的能力就差，而且由于信息的交叉渗透，信息的分散性，势必造成信息吸收的困难。网络环境要求教育者善于将网络上新的知识信息与德育工作的知识信息有机结合起来，不断以新的知识信息开阔受教育者视野，启迪受教育者思维。因此，信息意识是教育者信息素质的重要内容之一。

(2) 教育者必须具备较强的信息能力

网络环境下，教育者除具备敏锐的信息意识外，还应具备较强的信息能力，信息能力主要包括信息获取能力、信息处理能力和信息传递能力。信息获取能力即搜索信息的能力，它包括了解网络环境、开发数据库并从网络上获取德育工作信息的能力；信息处理能力是指操纵互联网终端阅读、提取、吸收、存贮信息的能力；信息传递能力是不言而喻的，作为教育者，既需要吸收信息，也需要把信息传递给受教育者，用于德育工作。教育者的信息能力如何，是衡量未来教育者是否合格的最重要的准则之一。国外研究成果表明：网络环境下，在个人智力因素基本相同时，教育者的教学效果、科研能力取决于他所具备的信息能力，信息能力越强，获取新知识的能力就越强，教学效果也就越好，科研成果就越多。

(3) 教育者必须具有崇高的信息道德

信息道德是指整个信息活动中的道德，是调节信息创造者、信息服务者、信息使用者之间相互联系的行为规范的总和。其内容包括：教育者的信息交流与传递目标应与社会整体目标协调一致；承担相应的社会责任和义务；遵循信息法律法规，抵制各种各样的违法、淫秽、迷信、反动信息；尊重知识产权；尊重个人隐私等等。Internet 和 CERENT 网络的开通，使人类突破了信息交流传递的时间、空间限制，任何人在任何地方都可以在瞬间利用终端与世界上另一角落的其他任何人交谈、对话或是传递文本的图像信息。教育者都有可能接触各种思潮：红的、黑的、白的、黄的。因而，作为传播人类文明的教育者，具备崇高的信息道德与否，直接关系到“以什么样的思想教育受教育者，以什么样的知识教给受教育者”这样一个立场问题。

2. 健全学校德育信息网，建立网上德育新阵地

学校德育信息网既应当充当“把关人”的角色，尽可能把一些流入学校的消极信息过滤，也应当发挥“天平”的作用，对一些难以过滤的消极信息进行平衡。同时，可用网络上“论坛”“交友”“电子信箱”“科教馆”“心理咨询”“热线服务”等形式，对受教育者进行思想教育。因为网络不仅给教育者、受教育者带来大量国内外各领域的最新消息，提供广泛迅速的科技知识方面的交流和咨询，而且也成为他们之间交友谈心、宣泄情感的一个重要场所。这个场所既能隐藏身份又能平等交流(他们在这里袒露心怀、倾诉苦乐，他们在这里探讨人生、吸取经验、领悟哲理)，也使教育者有机会接触受教育者的内心，了解受教育者的真实思想，懂得受教育者观察和思考问题的特点，掌握受教育者的注视焦点和讲话的心理动态。

3. 制作生动直观的多媒体德育软件，直接在互联网上展开竞争

在学校德育过程，一方面要坚持和强化对受教育者的社会主义意识形态教育，中华民族传统美德和优秀文化教育；另一方面要努力实现教育方式的现代化、多媒体化。要深入研究学校德育的特殊规律，组织专家制作一批思想性、教育性强、趣味性好、适应性广的信息资源用于学校德育，这才能充分发挥多媒体技术图文并茂、声像交融的特点，可把思想教育由“平面”引向“立体”，从“单色”引向“多色”，使学校德育更加生动活泼。

4. 以互联网为工具，改革学校德育方式

传统的学校德育，较多使用摆事实，讲道理的教育方法，教育者通过课堂宣讲、个别谈心、座谈讨论等面对面的方式，对受教育者晓之以理、动之以情，从而促使其提高认识、解决问题、

启发自觉。这些方式的针对性强，反馈及时，有一定的优越性。然而，在计算机高度普及的网络化时代，学校德育方式却面临一些新情况。其一，面对面的教育方式受到时间、地点、场合的限制。课堂宣讲、个别谈心等并非在任何时间、任何地点都可以进行。选择合适的时间、地点、场合直接影响到教育的效果，往往让教育者煞费苦心。其二，情景性。教育者精心准备的教育内容，一次只能对特定人数的对象发挥作用。在许多情况下，它持续发挥效果的时间相对较短，容易产生“剧场效应”。听众在现场受到周围气氛的感染，当场教育的效果较好。但听众一旦脱离该特定的环境氛围，教育对人的感染作用便迅速下降。如果要持续保持教育效果，必然要多次重复进行教育。这样的组织成本偏高。在上网人群中，尤其是大学生，他们非常习惯通过网络来获取信息，学习自己需要的知识。上网查询信息具有便利性。任何时间，任何地点，只要有一台电脑，一台调制解调器和一根电话线(随着科技的发展，不通过电脑和有线电话的上网工具也在不断涌现)，就可以方便地获取大量的信息，不受场合的限制。此外，一般而言，网络信息是共享的，具有无损使用的特点。一个人从网络上获取、下载特定信息后，原有信息并不消失，不影响其他人的继续利用。而且，通过计算机网络，变更修改信息非常便利，不需要重起炉灶。因此，学校德育除了继续发挥面对面的教育方式的优点之外，需要开发新型的、多样化的网络教育方式。

**案例 9-2**

### 让网络成为道德教育的窗口
### ——华东理工大学附中开展网络德育展示活动(节选)

★ 开展体验式网络道德教育活动，丰富校园文化的内涵

1. 注重学生的认知体验

在网络条件下，学生面对海量的信息必须学会“选择”，分清良莠，辨别是非。这就需要培养学生的道德主体性，提高辨析判断能力，从而能够正确上网。为此，该校聘请有关专家对家长开设讲座，指导家长正确看待网络和并能引导孩子文明上网；校班会课上请校长做有关网络道德的主题报告；国旗下讲话由学生发出文明上网的倡议；利用黑板报、橱窗等宣传阵地对学生进行教育和指导。而在高中学生中，则组织他们开展“网络利弊观”“网络使人际关系疏远了还是亲近了”等主题辩论赛。各项活动的开展，使学生在认知体验中，提升了自己的网络道德水平。

2. 注重学生的情感体验

“道德知识并不必然导致相应的道德行为，在实施网络道德教育时必须充分尊重学生的内心情感”。为了让学生能够获得深刻合理的情感体验，华理大附中政教处和团队精心策划和认真组织了一系列的主题班会和主题队会活动。各班利用小品表演、诗歌朗诵、游戏、快板、相声等多种形式，表达着大家对于网络的认识和看法，享受着网络给人们带来的乐趣，也对部分青少年沉迷网络、浏览不良信息等现象加以抨击。为坚决抵制网络中的不健康信息，做个文明的“网民”，学校发起“文明上网”签名活动、征文活动及动漫作品的征集

活动，使学生在这些丰富多彩的活动中，自我体验网络给人们带来的喜怒哀乐，利弊得失，增强文明上网的自觉性。

3. 注重学生的行为体验

良好的网络道德观，必须落实在具体的网络行为中。于是，华理大附中的校园网应运而生。校园网在课余时间和双休日对学生免费开放，通过丰富的校园网内容来充实学生的生活，不断满足学生成长过程中产生的各种心理、知识需求。学生有机会在学校上网，这样就把他们从社会不适宜的网络环境中争取过来，并通过强有力的网络环境的感染力来实现对学生的道德教育。在老师的正确指导下，学生的“网上行为”日趋规范，网络成为拓展知识、提高素质的“第二课堂”。

4. 注重校园的文化建设

“一身正气，自强不息”是华理大附中的校训，它成为该校师生多年来奋发向上、拼搏进取、战胜困难的不竭动力和精神源泉，也是他们矢志追求的校园文化建设的一个重要方面——人文精神的建设目标。在信息化时代到来之际，如何教会学生保持一身正气，坚决抵制不良信息的诱惑，在自我担任主角的虚拟世界里“独善其身”，成为在网络条件下开展德育活动的时代课题。因此，学校成立了由校长担任组长的课题组，进行挖掘校训深厚德育内涵的课题研究，以此来营造具有我校特色的校园文化。不久之前，此项课题已被批准为市级研究课题。

★ 构建齐抓共管的机制，编织青少年保护之网

凌云街道张蕾主任的发言，给与会者留下的深刻印象是：华理大附中开展网络德育活动，得到了凌云社区和学生家长的鼎力配合和有效支持。学校、社区、家长共同编织青少年保护之网，齐抓共管的大德育机制正在构建。

近两年来，凌云街道针对社区青少年的上网现状，采取了一系列有效的举措，打防结合堵源头，堵疏结合重引导。一方面，他们利用寒暑假开展“小机灵擂台赛”电脑网上竞答、“绿色家园畅想”青少年电脑网页制作竞赛和“我家的申博计划”社区青少年POWERPOINT制作比赛；在双休日举行“绿色家庭”社区科普知识竞赛、“绿色社区活力大放送”家庭网上摄影展评等活动，为社区青少年提供了健康有益的上网平台。另一方面，他们加大对违规网吧和其他娱乐场所整治力度，使社区青少年的成长环境得到净化。这样，学校的网络德育活动就不是孤军奋战，而是大德育机制下的一个组成部分，并与街区的社会教育资源遥相呼应，实现教育成效的最大化。

在汇报展示活动中交流发言的还有学校青保干部何英俊老师、班主任周美玲老师、学生代表殷茗同学和孙佩瑶同学的家长。他们的发言，对在网络条件下学校如何开展行为偏差学生的纠偏预控，教师和家长如何有针对性地开展网络德育工作，学生如何在大千网络世界里拨正航向健康成长，都有许多精彩的阐述，给人以深刻的启迪。在研讨发言之前，围绕网络道德教育主题举行的学生辩论赛和主题班会，同样给与会嘉宾留下难忘的印象。

**案例9-3：宣城市教体局：《首创“美德在线”APP构建“互联网＋德育”平台》(节选)**

## 创新德育工作方法，促进师生和家校互动

一是开展网上交流。网络环境下的新型师生关系由服从权威转向民主平等，教师平等地与学生进行沟通，特别要求班主任建立E-mail、BBS、MSN、微信、Blog(博客)以及QQ聊天室等交流和表达平台，以便师生交流互动。这样班主任既能解决学生个人的心理问题，也通过网络了解班级许多平时了解不到的情况，同时还密切了师生关系。

二是引入师生、家校互动新模式。家校、师生互动都是通过客户端实现的，采取“互联网＋德育”形式，运用信息化手段构建家校合作、师生互动平台。在这个平台上，家、校、社区共同关注学生成长，记录学生表现，共同进行评价，促进学生健康成长。这种多维互动的模式将赏识教育扩张到全体学生，构建了教师和学生、学校和家庭、学生与学生、学生与社会之间新的互动模式，为破解学生个体的均衡成长及学生之间的均衡发展问题提供了全新的视角，是小学生素质教育的一项有效尝试。

三是建立学生个人积分榜。每个学生拥有自己的美德二维码，校园里老师就能根据学生的表现适时打分，学生和家长则可以通过触摸屏终端或手机随时查到积分情况。每个学生初始分为100分，好评一次加1—5分，差评一次扣1分。实施“美德在线”的二小校长丁志昂表示，学榜样、争积分、获点赞，美德卡激励孩子们形成比学赶超的劲头，收到的“差评”则能增强学生自我约束。

四是建立德育网络管理的大数据。利用“美德在线”平台关键词查询功能，可以快捷地搜索到某个差评点存在的学生数，对比之下能更好地确定养成教育着力点；利用平台群组功能，教师则可以有针对性地关注病残儿童、离异家庭等特殊群体学生，实时跟踪了解评价状况。美德卡评价平台也是教师和班级管理工作的“晴雨表”，各班好评、差评数量之比可以反映出该班级是鼓励教育还是批评教育，同班学生积分的差距，则能反映出教师在面向全体学生因材施教时是否存在短板。

### 问题思考

1. 结合自己对学校德育管理的实际考察，谈谈学校德育管理的具体途径有哪些？

2. 在班级德育管理中，班主任应承担哪些德育管理任务？

3. 根据自己实际与观察，分析当前网络德育管理存在的基本问题？

4. “一位德高望重的长者，在寺院的高墙边发现一把座椅，他知道有人借此越墙到寺外。长者搬走椅子，凭感觉在这儿等候。午夜，外出的小和尚爬上墙，再跳到‘椅子’上，他觉得‘椅子’不似先前硬，软软的甚至有点弹性。落地后小和尚定睛一看，才知道椅子已经变成了长老，原来他跳在长老的身上，长老是用脊梁来承接他的。小和尚仓皇离去，这以后一段日子里他诚惶诚恐等待长老的发落。但长老并没有这样做，压根儿没提及这‘天知地知你知我知’的事。

小和尚从长老的宽容中得以反省,他收住了心再没有去翻墙。通过刻苦的修炼成为寺院里的佼佼者,若干年后成为这儿的长老。”

读完这段这小故事,请谈谈你的理解和想法。

## 拓展阅读

1. “不尚贤,使民不争;下贵难得之货,使民不为盗;不见可欲,使民心不乱。
是以圣人之治,虚其心,实其腹,强其骨。常使民无知无欲,使夫知者不敢为也。
为无为,则无不治。”

——老子《道德经》

2. “‘学校没有纪律便如磨坊没有水,’这是很对的。因为如果你从磨坊取去了水,磨坊便会停止。同样,如果你给学校去掉了纪律,你便算是去掉了它的发动和力量。”

——[捷克]夸美纽斯《大教学论》

“天下皆知美之为美,斯恶已;天下皆知善之为善,斯不善已。故有无相生,难易相成,长短相形,高下相倾,音声相和,前后相随,恒也。是以圣人处无为之事,行不言之教。万物作焉而不辞,生而不有,为而不恃,功成而弗居。夫唯不居,是以不去。”

——老子《道德经》

“天下皆知美之为美，斯恶已；天下皆知善之为善，斯不善已。故有无相生，难易相成，长短相形，高下相倾，音声相和，前后相随，恒也。是以圣人处无为之事，行不言之教。万物作焉而不辞，生而不有，为而不恃，功成而弗居。夫唯不居，是以不去。”

——老子《道德经》

# 第十章 学校德育评价

## 内容提要

在学校德育过程中，学校德育评价是确证学校德育实效的基本手段，也是德育开发与创新的重要依据。它渗透到学校德育的各个环节，并在学校德育的价值判断和学校德育发展上具有基础性作用，因此，我们在本章有必要明确学校德育评价的内涵、掌握德育评价的主要原则与方法以及了解国外学校德育评价资源等，以资学校德育的实施。

## 问题导入

1. 如何适应社会道德层次的需求，通过科学地定位学校德育评价内涵，让德育评价更加贴近真实生活？

2. 以目前教师为主体的德育评价如何跟进德育工作的需要，从而明确学校德育评价的目的与意义？

3. 怎样有效地把握德育评价的主要原则、方法与程序，使德育评价有章可循？

## 第一节 学校德育评价概述

### 一、学校德育评价的内涵

学校德育评价，是指运用测量或评鉴的科学手段和方法，对学生潜在的和外显的综合素质如思想品德、世界观、气质、性格的差异及其功能行为进行测量和评价的活动。学校德育评价的基本内涵表现为以下六个方面：

#### （一）德育评价的最终目的是为了促进发展

淡化原有的甄别与选拔的功能。所谓甄别选拔是指对学生品德素质状况优劣、水平高低的鉴别并以此作为表扬的客观依据。现代学校德育评价不仅仅应注重学生的道德品质培养和发展，而且还应尊重他们的人格，关注他们的自我体验、自我情感、自我理解与价值观等方面表现出来的基本能力。因此,现代学校德育目标一是要促进学生树立核心价值观,二是要促进学生能力的培养。教师要识别学生在原有水平与能力上的提高和进步的独特性,进而在更大程度上促进学生"成人"的发展。

**(二)德育评价方式方法多元化**

将定量评价方法与定性评价方法相结合,适应整体评价的需要,丰富评价的方法,全面地评价学生和德育工作效果。如关键事件法、角色扮演法、成长记录袋、学习日记、情景测验等,追求评价的真实性、激励性、实效性和可操作性。

**(三)德育评价主体多元化**

从单向转为多向,增强评价主体间的互动。学生是学校的主人,强调学生成为评价主体中的一员,建立学生群体和个体、教师、家长、社区和专职评价机构等共同参与、交互作用的科学的评价制度,引导学生及时有效地进行反思和检讨,培养学生品德习得过程和品德实践过程的自我教育,激活学生多重角色意识,以多渠道的反馈信息促进学生人格的健全发展。

**(四)德育评价内容多元化**

一个人可能在一夜之间暴富,但不能在一夜之间具有精雕细琢的人文道德品质,比如,行为礼貌和善,气质风度翩翩,品味高尚优雅,谈吐幽默深刻。首先,学生思想品德评价中的情感、态度、价值观、兴趣、动机、理想状况与学生的学业目标须臾不可分。其次,学校德育工作评价既要重视效果评价,也要重视过程评价,即德育工作采取什么样的具体措施,才能达到把学生培养成什么样的人的综合评价。其评价内容和评价目标主要应包括以下几个方面:课堂内容(如德育的现代理念、社会主义核心价值观、道德判断等)、日常管理(即时沟通、定期交流、实时评价等)、德育艺术(语言幽默活泼、注重发展、重视个体差异等)和德育效果(学生思想与行为的进步、潜力的空间等)。

**(五)德育评价标准合理化**

现代学校德育评价标准在追求客观严密、实用可调的基础上,更要符合学生的个性特点。评价标准在手段和技法上要及时吸收各学科的研究成果和国内外同类标准的可取之处,使之反映时代的气息,保持评价标准的先进性、客观性和科学性。

**(六)德育评价过程与结果并重**

"德育效果评价就是依据特定的德育目标,对德育过程及其结果进行评述和估价,对道德教育在德育主体身心发生的效应及引起的德育主体道德方面的改进和进步作出价值判断……德育效果评价的核心是对德育主体道德品质形成和变化状况的评价。"[①]新时期下的学校德育强调的是德育评价的过程化,着眼于学生的"未来发展"和德育工作的循序渐进,将形成性评价与终结性评价有机地结合起来,重在学生的发展评价,这是一个漫长的、渐进的、曲折的动态过程。

## 二、学校德育评价的目的

所谓目的,就是行动想要达到的境地或希望获得的结果。学校德育评价活动,也有明确的

---

① 黄富峰.德育思维论[M].北京:人民出版社,2006:202.

目的。学校德育评价不是训练高级工匠，而是培养具有独立自我意识的学生，是在塑造一种精雕细琢的人文品质，这样培养出来的学生通常很有能力，有很强的竞争性，但是这种能力和竞争性不是学校德育评价等级或分数的目的，而是成功的德育评价的副产品。具体表现在以下四个方面：

**（一）激发学习的兴趣**

学生是德育评价的核心对象，培养学生的自我反省和自我批评意识与能力尤为关键。养成发现问题的习惯，学习自然会生发乐趣。“从促进学习的目的出发进行评价，重要的是要让学生了解自己的学习达到了何种程度，尤其是进步实态，使他们从中受到激励更加努力学习。同时，也要使他们了解自己在学习上存在的主要问题，以便有针对性地采取措施加以改进。”①

**（二）完善教学的目的**

德育评价的使命是健全学生人格。为此，需要不断地改善德育教学活动，最大限度地提高德育效果。为了达到这一目的，教师应利用德育评价来改善教学质量。因而，德育评价的意义在于完善教学而不是区分学生的优劣和简单地判断答案的标准与否，与此同时，更重要的在于强调学生思想素质的形成性过程，注重发展功能。

**（三）强化引导的方向**

青年学生的可塑性强，德育评价重在引导。

> 一个从事家教的在校女生打电话给一位王女士说：“您家需要英语家教吗？”王女士回答说：“不需要，我的孩子已有了英语家教。”
>
> 女孩又说：“我会用英语教他做西式糕点。”王女士回答：“我们的家教也做了。”
>
> 女孩又说：“我会教他唱流行的英语歌。”王女士说：“我请的家教也已做了，谢谢你，我们不需要新的家教。”
>
> 女孩便挂了电话。女孩的室友问她：“你不就是在王女士那儿做家教吗？为什么还要打这电话？”女孩说“我只是想知道我做得有多好！”

故事中的女孩展现出一种洞察和反省自身的能力。德育评价从“管理”到“引导”的转变，能激发学生挑战自我、矫正自我、超越自我的精神。具体表现为个体能够正确地认识和评价自身的情绪、动机、欲望、个性、意志、爱好、理想以及世界观，并在正确的自我意识和自我评价的基础上形成自尊、自律和自制的能力。

**（四）充实研究的内容**

一些评语荟萃可谓五花八门。这样的评价枯燥乏味，张三李四都可用。例如有这样一则网络广告：

> 《中小学生操行评语大全》能彻底减轻班主任的工作负担，迅速高效地写出评语。本大全包罗万象，分别从总体评价、思想政治状态、学习情况、生活习性、爱好特长、存在问

---

① 单志艳. 如何进行教育评价[M]. 北京：华语教育出版社，2007：5.

题、提出希望等方面提供了1 000多条评语，而且评语会随时更新。如果您还未注册，请立即注册，您将拥有前所未有的轻松体验。

德育评价内容要以学生的人格全面发展为评价对象，例如，学习能力评价、道德情感评价等等。在动态的评价中，扬长避短，把握德育评价的实态，调整德育计划。因而，一次德育评价是下一次德育的起点、向导和动力。

## 三、学校德育评价指标体系与设计

德育评价指标是在根据评价目的确定评价主要内容的基础上，构建德育评价指标体系，编制评价标准。

### （一）确立德育评价指标体系的要求

1. 紧扣德育目标

过去的德育评估、鉴定法都与德育目标脱节，重知识轻实践、重认知轻行为，学生品德评定往往由教师凭经验、印象给出，导致学生个性发展的教育目标陷于空泛。现在德育评价要注重知行合一，既要重视课堂德育教学目标，更要重视实践德育、体验德育和感悟德育的目标。不仅要看学生做的是什么，还要看学生做的方式方法。

2. 涉及德育全部领域

过去学校要么偏重“道德”的鉴定，要么偏重“学业成绩”的鉴定，往往只注重从某一方面来评价学生的优异，这就必定会出现一些平均的类别，把“个体”划入这些类别。这样做的经济上的好处在于节约了对“个性”加以“判断”的成本，弊端在于漠视了“个性”，而个性抹杀的后果绝非经济成本核算可以弥补的。现代德育评价则应避免偏重某一方面的评定，尽量使德育目标整体实现。从道德感受、作风态度、行为实践、个体差异、适应理解、精神面貌，乃至德育氛围全面加以评定，并在此基础上，进行综合性的评价解释。这种评价的综合性，则远远超过静态的终结性德育考核鉴定的方法。

3. 量化评价与质性评价相结合

量化评价是通过数量形式来描述学生思想品德素质的特征；质性评价是对学生的本质属性进行鉴别与确定。量化评价通常注重量的方面，而质性评价通常注重质的方面。量化评价是质性评价的基础，质性评价是量化评价的出发点和结果。量化评价只能作为阐明质性评价的客观基础，质性评价也只能作为量化评价的前提和归宿。量化评价与质性评价相结合的实质就是通过学校德育管理的丰富经验与数学方法相结合，使测评标准和计量方法有机统一起来，提高德育测评在质与量之间的一致性。德育测评的数量化实际上就是把个体稳定的行为特征和倾向空间，与某一常模空间建立相关关系，使定性评价中无法综合处理的行为特征信息可以得到规范统一的数字处理，使测评者对不同个体品德的心理感觉差异反映于数量差异之上，进而综合反映个体品德的差异与水平。① 倘若过分强调量化评价，教师以独断分数或等

① 肖鸣政. 品德测评的理论与方法[M]. 福州：福建教育出版社，1995：49.

级的方式对学生作出评价，可能培养出顺从听话的“乖学生”，但难以培养有独立意识的学生。

4. 从德育“管理”到德育“引导”

当“意识形态化”的德育思维方式占据主导地位时，最危险的倾向是“幸福”被庸俗化为“享乐”，其实质是试图让学生“以今天的痛苦换取明天的幸福”的一种注定失败的管理，在辛辛苦苦、轰轰烈烈之余，部分学生未必享受到成功的喜悦和满足感。因而，这种评价模式忽视了德育的引导和潜移默化的作用，例如，学生的集体荣誉感被掩饰，学习的精神面貌不佳等。传统以思想政治管理为主的评价方式，使学生综合素质形成的动力也单单以政治为动力，虚无缥缈。因而，学校尽可能模糊教育活动与评价活动之间的界线，引导动力多元化，使德育评价同时成为一种无痕的教育。

（二）设计德育评价指标系统

学生群体是社会进步与发展的后备军。德育的前提是了解学生，了解学生的前提是尊重学生。作为独立的个体，学生有其独立的权利、人格、能力水平和主观体验，作为德育评价者，评价应一以贯之于学校的一切德育活动中，而不是为评价而评价。首先就要促进学生明确树立“知识转化为智慧”的价值观，学习“洒扫进退待人接物”，珍重生命并习以成性；其次，真诚地引导学生在求知的道路上，以各自独有的生命体验去碰撞面前的文字，激活生命的力量，唤醒道德的生命，最终内化为智慧。如此体验，当然需要一种精神，一种脚踏实地的精神，终身受益。

总之，重视而不是抹平、尊重而不是扼杀学生的个性倾向差异与个性心理特征差异，是现代德育评价内容的原则。学校德育评价应不断寻找最适合学生个人创造性和个性才能的道路，发展和激发学生的潜能，让学生感受学习的快乐、体验成功的喜悦，不断获得学习成就感，从而证明自身的价值。这样，凭借内在的学习动力，坚定的信心、顽强的毅力等积极心态的激励，学生就有条件发挥出惊人的创造力，建立辉煌的业绩，社会才有希望。这是学校德育评价指标设计的出发点和推动力。

1. 德育评价指标

德育评价指标也叫评价要素，指的是能反映评价对象的评价深度与广度的一系列质量检测点，实质上是核心价值观的具体化。实施德育评价，必须将评价内容转化为若干既可测试又便于量化考核评价的要素。通常将德育评价指标分为学生综合素质特征和德育工作绩效特征两大模块。

（1）素质指标的构成

作为德育评价的素质一般可分为个性倾向与个性心理特征两大子系统，在此之下，还可细分为若干指标。学生的个性倾向，主要包括需要、动机、兴趣、爱好、信念、理想、世界观等方面的子系统。学生的个性心理特征系统包括三个子系统：气质、性格和能力。

（2）绩效指标的构成

绩效是指个体或组织活动的成果及其价值表现。德育工作绩效要素主要包括教师的教学质量、教学效果、工作效率、获奖情况以及社会效益等。

2. 指标权重的确定

所谓指标权重，即评价指标在评价体系中的重要性或评价指标在总分中所应占的比重。

其数量表示即为权数。首先必须把德育评价目标分解为一个多级指标，评价指标 A，B，C，D，E 两两比较，在同一层次上根据管理学家斯塔的相对重要性等级表（见表 10－1 所列）列出比较矩阵（见表 10－2 所列），然后按公式计算出各指标的相对优先权重。

$$w_i = \frac{1}{n}\sum_{j=1}^{n}\frac{a_{ij}}{\sum_{i=1}^{n}a_{ij}}$$

式中：$W_i$——该项典型指标（目标）的权重；

$n$——标准体系中指标的个数；

$i$——行号；

$j$——列号；

$a_{ij}$——相对重要性等级。

**表 10－1　斯塔相对重要性等级表**

| 相对重要性 | 定义 | 说明 |
|---|---|---|
| 1 | 同等重要 | 两者对所属测评目标贡献相等 |
| 3 | 略为重要 | 据经验一个比另一个测评结果稍重要 |
| 5 | 基本重要或高度重要 | 据经验一个比另一个测评结果更为重要 |
| 7 | 确实重要 | 一个比另一个测评结果更为重要，其优势已为实践证明 |
| 9 | 绝对重要 | 明显重要可以断言为最高 |
| 2、4、6、8 | 以上两相邻程度中间值 | 需要折中时采用 |

**表 10－2　评价指标权重确定一览表**

| 指标 / 权重 / 指标 | A | B | C | D | E | $W_i$ |
|---|---|---|---|---|---|---|
| A | 1 | $\frac{1}{2}$ | $\frac{1}{3}$ | $\frac{1}{3}$ | $\frac{1}{2}$ | 0.08 |
| B | 2 | 1 | $\frac{1}{4}$ | $\frac{1}{4}$ | 2 | 0.11 |
| C | 3 | 4 | 1 | 1 | 7 | 0.35 |
| D | 3 | 4 | 1 | 1 | 7 | 0.35 |
| E | 5 | $\frac{1}{2}$ | $\frac{1}{7}$ | $\frac{1}{7}$ | 1 | 0.11 |
| $\sum_{j=1}^{n}a_{ij}$ | 14 | 10 | 2.7 | 2.7 | 17.5 | |

在表 10－2 中权重分配的具体方法是，A 与 B 相比，若认为 B 比 A 稍微重要时，则在 B 行 A 列交叉处给 B 记 2，在 A 行 B 列交叉处给 A 记$\frac{1}{2}$；若 A 与 D 相比较，认为 D 比 A 略为重要，则在 D 行 A 列交叉处给 D 记 3，在 A 行 D 列交叉处给 A 记$\frac{1}{3}$，以此类推，直到全部比较完为止，可得到表 10－2 中 A，B，C，D，E 五行五列交叉处的全部数据。第六行与第六列的数据

计算方法是，首先按列求和，得到表中从第一列开始分别为 14，10，2.7，2.7，17.5，然后按公式 $w_i = \frac{1}{n}\sum_{j=1}^{n} \frac{a_{ij}}{\sum_{i=1}^{n} a_{ij}}$ 求出各指标的权重。

$$W_1 = \frac{1}{5}\left(\frac{1}{14}+\frac{0.5}{10}+\frac{0.33}{2.7}+\frac{0.33}{2.7}+\frac{0.5}{17.5}\right)=0.08$$

$$W_2 = \frac{1}{5}\left(\frac{2}{14}+\frac{1}{10}+\frac{0.25}{2.7}+\frac{0.25}{2.7}+\frac{2}{17.5}\right)=0.11$$

同样还可得到 $W_3 = 0.35$，$W_4 = 0.35$，$W_5 = 0.11$，且 $\sum_{j=1}^{n} w_j = 1$

这样，得到 A，B，C，D，E 五个指标的权重分别为 0.08，0.11，0.35，0.35，0.11。

## 第二节　学校德育评价的主要原则与方法

学校德育评价的内涵、目的与指标设计确定之后，人们必然会去思考采用何种评价原则与方法进行德育测评。德育评价方法是人们为了对德育活动进行价值判断和促进发展所采取的手段和程序。它是人们在评价的实践过程中逐渐形成和发展的。在德育评价过程中，人们研究开发了多样化的德育评价方法。在探讨评价的方法之前，我们首先要明确学校德育评价的主要原则。

### 一、学校德育评价的主要原则

学校德育评价的主要原则是指在进行现代德育评价活动中的主要行为规范，是良好的评价应满足的主要条件，是带有普遍意义的客观规律的反映。在这些原则中，有的是在评价实践历程中不断总结和发展起来的，并在长期德育评价中证明是比较成熟的主要行为法则；有的则是以多学科为基础，在融合哲学、心理学、教育学、行为科学等相关学科原理的基础上综合提炼出来的。掌握这些主要原则对德育评价的顺利进行，具有重要的指导意义。

20 世纪 70 年代，西方的科学精神普遍沦为科学主义，“信仰”“意义”“个性”统统被“科学”取代了。正如维特根斯坦所说，凡可说的，皆无意义。凡有意义的，皆不得不以荒唐的语言传递其意义。可是，我们怎可因个性在中国短期内的沉默，就否认它的真实存在性并仅仅因为在不过两百年西方话语的霸权时代它的相对沉默，就剥夺它生存的权利呢？传统的学校德育坚持“我评你听，我讲你懂”，使学生被动接受德育评价，极大地降低了德育评价的效果。因而，现代学校德育评价原则总体上应重视学生对“我”的关注，“我是谁、我的愿望是什么、我快乐吗”等。具体说来，学校德育评价的主要原则可归纳为以下四个方面：

#### （一）综合性原则

心理学认为，个性是指个人具有的各种比较重要的和稳定的心理特征的总和。现代学校德育评价功能与德育的目标是一致的，既要以现代德育目标为基准，又要以学生的纵向发展水平为个体参照。我们既不应以“道德”的名义鼓吹道德根本不能提供支持的知识，更不应以

"道德"的名义批判那些根本不能从道德的角度给予批判的知识。学生的需要、动机、兴趣、爱好、信念、理想、世界观、气质、人格差异、能力差异等个体差异与道德品质都是学校德育评价的须臾不可离的标准。

**(二)终身化原则**

学校德育的终身内化过程必须遵循人的理性观念所形成的认知规律,它需要经过无数次的从感受、体验、应用到分析、综合判断、评价、反思等循环往复的过程,才能逐步实现。学校德育评价需持之以恒地重视学生个人特性的培养,使其具有人文情怀,即让一个孩子既可以自然发展,身体健康,又能够知识丰富,终身学习。

**(三)多元化原则**

让学生认识自己,评价自己,开展自我教育与自我批评,重视学生自己的独立思考,这是对学生权利和人格情感的充分尊重和负责,因为"他人"无法体悟"我"所体悟,这在很大程度上提高了德育评价的信度和效度。例如,美国道德心理学家劳伦斯·柯尔伯格的研究原则是一种道德上进退两难的抉择,其中最有名的是一个"应不应该为救一个垂死的病妇而偷药"的假设故事。在课堂教学中,教师可向学生提出类似的问题:

> 在病情恶化疼痛难忍的情况下,医生该不该向病人实施安乐死,为什么?在母亲病危之际,儿子还应不应该上前线支援,为什么?在漂亮的女司机遭遇强暴后,她能不能把载着一群无动于衷的乘客的大巴车,开下悬崖,车毁人亡,为什么?

这种课堂讨论的一个基本价值原则在于它为学生提供了积极参与决策的机会,利用道德的两难问题把学生引入道德原则的讨论,使每一个学生都能成为道德教育过程的主体,从而充分强化他们在德育评价中的主体作用。这也是德育过程逐步民主化、人性化、科学化发展的体现。

**(四)动态化原则**

动态诊断式是通过德育评价,找出学生素质构成及发展上的问题及不足。过去在德育目标上存在的主要弊端是目的和目标不分,用目的取代目标,只有高度,没有深度。学校德育评价要改变统一目标教育带来的"假、大、空"现象,就必须从学生的思想、心理、文化、能力等方面的实际问题出发,把德育评价的目标看作是各个阶段的问题诊断和综合素质的发展,即将一元化的德育评价目标分成若干个结构和指标要素,对各年龄阶段和教育阶段确定不同层次的具体目标和德育的起点,依次选择相应的诊断方法和途径,再把各阶段各层次的德育目标和措施整体地衔接起来,逐步提高。这种有针对性的动态教育,才能促进个体最充分的发展,发挥评价的诊断功能和发展功能。

## 二、学校德育评价的主要方法

学校德育评价的方法,按不同的标准有不同的划分。

按评价主体划分,有自我评价、他人评价、小组评价、上级评价、同级评价与下级评价。

按评价结果划分，有分数评价、评语评价、等级评价以及符号评价。

按评价手段划分，有定性评价与定量评价，包括模糊综合评价在内的中性评价。

学校德育评价方法多种多样，但较为实用与新型的评价方法，有德育日常评价、档案袋德育评价以及教师自编测验德育评价等。下面对其逐一进行剖析，并举例论证。

### （一）德育日常评价

德育评价不应强调德育评价本身，而应注重培养和提高学生在日常行为时所必须的胜任环境的能力。传统的德育评价内容是总结性的：寥寥几句话概括学生一个学期的积极表现和存在的缺点或者不足，然后提出一个诊断性的意见。这种终结性评价最大的弊端在于，它用一种静态的视角来评价学生，看不到学生在学校之外以及学生在现实生活中的表现和发展；看不到学生本身所具备的潜力，以及这种潜力对学生今后的进步所起到的积极作用。

日常评价是指对学生日常学习与思想素质的记录，包括作业记录、课堂表现记录、测验成绩、品德行为等。作业记录除记录家庭作业的成绩（多用等级）或评语外，每学期还可以定期收集几份学生认为喜欢、特别满意的作业样品，并且可以在学习小组内说明选择这份作业的理由，它是如何完成的，这样可以使学生对好的学习方法和学习态度进行反思和交流。课堂表现记录主要是教师对学生完成课堂教学活动的评价记录，如在问答、朗读、辩论、会话等活动中获得的奖励，通过奖励的积累培养学生学习的浓厚兴趣，保持参与学习的欲望，促进自己不断进步。

日常评价是最经常的评价方式，从学生长远发展来看，教师应注意日常评价。因而，日常评价更应保护学生自尊的个性、使学生愿意接受、乐于接受，这种评价应是激励性的评价。日常评价有以下几个重要方面：

1. 评价的内容要明确

德育评价的内容不能过于笼统甚至不可捉摸，应注重内容明确，有根有据，防止激励性语言苍白乏力或只表扬不批评。如说一位学生“热爱生命”“热爱人民”就过于抽象。如果一个学生在热爱生命方面被评为“中”或“差”，其具体含义又是什么？这就要求评价者充分掌握学生自身的发展状况和学生在班级或更广范围内所处位置等情况，如“你真是一个聪明的孩子，比爱迪生还聪明。”类似这种评价也只会让学生自鸣得意，自我感觉太好，自信过头，从而不思进取，使激励性评价在学生心中贬值。一味表扬不利于学生的健康成长。激励不等于表扬，恰如其分的表扬只是激励的一种方式，恰当的充满关怀的批评、满怀希望的鼓励也是激励。

2. 评价要真诚

诚意、真挚的激励最能打动人心。心理学家莫勒比恩有一个公式值得借鉴：感情表露 = 7%的言词 + 38%的声音 + 55%的面部表情。例如，在英国学校的德育评价中，评价者认为，学生说话的内容并不重要，更重要的是观察学生说话时的气质和风度。

学生的心是最敏锐和单纯的，教师在日常教学或生活中，对学生的一个微笑、一个眼神、一个竖起大拇指的赞许、拍拍肩膀的激励、握握手的鼓励都是评价。每次评价之前，教师要做到有明确的评价目的、评价内容、并且体现出百分之百的真诚，把自己良好的评价动机很真诚地表达出来。教师亲切、真诚、自然的表情，像一缕花香、一股清泉沁人心脾，不仅有利于消除学生的紧张心理和对立情绪，而且会使学生感到教师对他的关怀与爱护，从内心萌发和增强对教师的尊敬和信赖；面部表情是人内心情绪的晴雨表，教师要学会控制和运用表情来评价学生，同时又要善于察言观色以获得学生的反馈信息。学生也可以从教师的一句话、一个字、神态、声调、表情看出赞美、激励是真心实意，还是虚情假意。

如果学生在思想与学业中取得了进展，老师由衷地说："这才是我心目中的某某某！"类似的评价一定会让学生心潮澎湃，激动不已。一句评语往往真的能改变学生的一生，成为他们生命中最为关键的一个转折点，因为真诚而带有激励的语言最有力量，也最有温度。

3. 评价要适时、适度

心理学研究发现，外部的物质奖励可以激发学生的学习兴趣和动机。课堂上不少老师采用了外部奖励评价的办法，促进学生以饱满的情绪投入学习。这本来是无可争议的，但是现在出现了用得太多的情况，有些方法已经是用滥了。一节课里，老师不停地给学生的平时成绩加分，学生们几乎是为了加分而表现出学习的踊跃。动物行为学家凯洛格做了一个精致的实验：

> 他把一群猴子关在笼子里，在猴子不容易拿着的地方挂了一串香蕉。随即，这群猴子发现了，一拥而上。最机敏的一只猴子把小"女朋友"推倒，迅速爬到它的头上，抓着香蕉就吃。接下来，所有的猴子均效法单足而立，围站在香蕉下，伺机爬上其他猴子后背。猴子们也渐渐将"爬上去"这个手段当成了目的本身，而忘却了去够香蕉。

学生把加分当成了手段，而不是目的。他们关心的是怎么得到奖励，老师关心的仍然是学生的纪律和学习的结果。这正是老师们采用物质奖励的现实依据。但是，积极的学习动机和态度的形成，不只是来自于外部，更主要的是来自内部动因——学习成就感和荣誉感。康德说过：每一个人都是目的。因为每一个人都有他自己的人格价值、道德价值。倘若滥用外部奖励，不仅不能促进学习，反而可能削弱内在动机的作用。

另外，学生作为一个成长中的孩子，他们就是在不断地犯错误中反省、成长、发展的。学生有学生的认识，他们是按照自己的生活经验和思维逻辑去认识世界的。我们为什么要按成年人的经验和逻辑去对待学生的认识呢？学生求知的好奇心和求知焦虑感是与生俱来与现时的反映，面对学生们的"错误"，我们应该如何对待？在日常评价中，教师应采用适当的方式对学生进行批评教育，但是，一些辱骂和挖苦的语言行为也应被明确禁止。教师、家长更应用欣赏的态度、激励的语言对待他们的挫折和错误，教给他们分析出错的原因、应该如何做的思路。

**案例 10－1**

有一位戏剧学院的大师在上场演出前，他的弟子告诉他鞋带松了。大师点头微笑致谢，蹲下系好鞋带。等到弟子走远，又蹲下来将鞋带解松。

一位旁观者纳闷不解，上前问道："大师，您为什么将鞋带系好又解松呢？"

大师耐心地说："因为我将饰演的是一位劳累的考古学者，长途跋涉让他的鞋带松开，可以通过这个细节表现他的筋疲力尽。"

"那您为什么不直接告诉您的弟子呢？"

"他能细心地发现我的鞋带松了，并善意地告知我，我一定要保护他的这种积极性，及时地给他鼓励，至于为什么要将鞋带解开，将来会有很多的机会教他表演，可以下一次再说啊。"

错误对学习是有价值的。有些错误对当前的成长无碍大局，与其当时纠正，不如以后随着认识的提高，让学生自己去纠正。这种错误就可以暂时不予纠正。所以，日常评价中的批评也要适时、适度，要保护学生的好奇心、求知欲和学习兴趣。

**（二）档案袋德育评价法**

1. 档案袋德育评价概述

档案袋评价是评价学生最真实的证据，它是一部活生生的成长史，是当前国外教育评价中应用十分广泛的一种新兴方法，也可称之为"学生成长记录袋评价""学生档案评价""学生卷宗评价"等。从历史渊源来看，它最早应用于学生评价，其目的不在于对学生活动结果作出肯定或否定的结论，而在于通过给学生提供了一个学习机会，促进学生的发展。随着新一轮课程改革的实施和评价体系的进一步改革，档案袋评价将逐渐被教师所认同及采用。

学生档案袋是指有关每一个学生在学习过程中的成就，取得的进步以及反映学习成果的一连串信息的汇集，即每一个学生具有代表性的学习成果（作业、作品）、反思报告、评价结果以及相关记录和资料的收集。档案袋作为一种评价手段引入学校德育，汇集了学生整个成长和学习历程，呈现出学生的辛勤耕耘与收获成就。作为一种评价形式，它可以督促学生经常自觉检查他们所完成的作业，在自主选出比较有成就感的作品的过程中，认识和反思他们的学习方法和学习成果，培养他们的学习积极性和自信心。

学生档案袋评价一方面能够记录学生的成长过程中的成功与挫折，让学生学会体验成就感，养成自我判断与反省成长和发展的学习习惯，让学生成为选择评价内容的一个决策者甚至主要决策者，从而也拥有了评判自己的机会；另一方面，档案袋也为教师、家长和社会提供了丰富多样的评价材料，使评价主体能够更开放地、多层面地、综合地评价每一个学生的人格特质。需要注意的是：

（1）档案袋不只是堆砌材料的容器。它系统、有组织地收集相关证据，以解释、检查及监控学生在某一特定学科领域中知识、技能与人格的发展。

（2）档案袋不仅仅是学生一年中的作业收集，还应包括选择过程中的学生参与、选择的说明和指南、评分的标准，以及学生对作品的自我反省，集中反映学生向德育目标进步的过程。

（3）档案袋内容的制作过程不是学生单方面的原始资料库，也不是"作业收容所"，而是学生与教师、学生与学生、学生与家长、学生与他人活动过程的结晶和丰富多样的成果的积累，涵盖了一项任务从起始阶段到完成阶段的整个跨度。教师让学生更多地参与评价内容和评价标准的制定，在评价资料的收集中发挥更积极的作用，通过"协商"和批判的角度达成评价结论，并提出下一步的发展目标。

2. 档案袋类型

档案袋作为学校德育评价的工具和教师设计德育的基础，其主要目的是反映学生人格的发展水平以及反省与改进状态，由教师与学生讨论互动建成，并争取家长的支持和帮助。自从它应用于学校德育评价以来，其形式发生了很多变化，应用目的也有所拓展。目前，以不同的功能为标准，档案袋演变出五种不同的类型：理想型、文件型、展示型、课堂型和评价型。（见表 10－3）

表 10－3　档案袋德育评价法的五种类型

| 类型 | 内容 | 目的 |
|---|---|---|
| 理想型 | 作品产生过程的说明和指南，系列作品，以及代表学生记忆、理性、应用、分析、综合判断力和评价自己作品能力的独立反思和批评。 | 塑造学生人文情怀，尊重人格价值和道德价值。通过一定时间的努力，提高学习质量，帮助学生成为有独立意识的德育评价者。 |
| 文件型 | 除了学生作品外，还包括由教师考察完成的检查表、教师所做的课堂观察记录，以及表现性测试的结果和相关轶事的系统性、持续性记录。 | 以学生的综合作品、量化和定性评价的方式，提供一种系统的记录。它不强调学生的反省，重点在于反映学生的努力、进步和成就。 |
| 展示型 | 主要是由学生选择出来的自己最好或最喜爱的作品集，基本上由学生自己选择。 | 向家长和其他感兴趣的人展示。 |
| 课堂型 | 由三个部分组成：(1)依据课程目标对所有学生表现的总结；(2)教师给每个学生的详细评语式评价；(3)教师本年度的课程和教学计划及修订说明。 | 一种总结性的文件，用于向家长、管理者及他人交流、报告教师对学生综合判断的情况。 |
| 评价型 | 它要根据预定的标准，对学生作品进行标准化的评价。主要由教师、管理者等建立学生作品集。 | 用于向家长、管理者或政府机构作标准化报告。 |

实际上，档案袋的分类方法还有很多。以材料选取为标准将档案袋分为最佳成果型档案袋、精选型档案袋、过程型档案袋和混合型档案袋。依据档案袋的内容将档案袋分为个人档案袋、学业档案袋和职业档案袋三种。

总之，档案袋评价是师生“理解—实践—反省—发展”的过程，强调教师通过识别学生的优势能力，为学生提供发展优势能力的机会。教师应站在学生人格全面发展的角度来评价学生，把评价定位在激励学生的优势能力结构上，即让每一个学生从优势能力迁移到弱势能力领域中去，从而促使学生的弱势能力领域得到尽可能发展，这样才能让每一个学生都体验到学习的成就感，养成学习的浓厚兴趣。另一方面，学生也是一面镜子，在评价过程中，通过各种活动的反馈信息使教师发现自身的不足，寻找改进评价的方案。

**（三）教师自编测验德育评价**

所谓教师自编测验，是由教师根据具体的德育目标、教材内容和测验目的，为特定的德育教学服务的。教师自编的测验，通常用于测量和评价学生的思想状况和思想态度。编制测验时，应该注意以下问题：

1. 测验应与教学目标密切相关

自编测验的最重要的原则是不能脱离德育目标和内容。首先，教师应明确测验的信息用于做什么评价。例如：是为了诊断学习问题还是选拔优秀学生，那么测验对试题的难度、取样范围等要求则不同。

诊断性测验、形成性测验是针对思想道德规范知识的学习，要求测验的内容与最近的德育内容相关，往往试题取样范围较窄，难度较低。总结性测验试题涉及到的道德知识和综合素养的范围就超过前者，取样范围较宽，综合性较强。但这两类试题都没有很好的区分度，主要强调与德育目标要求一致。而选拔性测验则较好地强调了学生的区分度，能有益地协助教师评价学生的个性差异性。如果要判断班里常常迟到的学生的问题是什么，诊断性测验是最好的选择；而要评定学生的一般能力和综合水平，就应该考虑用预测性测验。

在选择了测验的性质后，还需根据要测量的学习结果，来选择最适宜的题目类型。在具体进行编制时，不管教师采用哪一类型的测验，例如，主观题和客观题、选择性反应题与构造性反应题等，在编写前都可参考下列建议：

（1）题目的引导语句要清楚明确，让学生读懂题意。

（2）不要照搬教材或测验常模中的表达语句，应本土化，有所变通。

（3）及时编写测验题，并留下充足的时间进行预测、调适、修改不恰当的项目。

（4）不要故意设置极好或极差的选项，让学生能轻易地选择优势答案。

2. 注意测验的信度和效度，在解释结果时应慎重

信度，是指可靠性或一致性程度。测验的信度，是指测验结果的可靠性或一致性程度，即同一个德育测验，相继施测于同一组学生，间隔特定的时间，两次测量结果的一致性程度。教师可以通过增加题目量，减少区分度小的题目，控制在中等水平，界定好题目使之与德育目标紧密联系等方法，来提高测验的信度。不过即使测验的信度较高，还有很多因素会影响到学生的得分。例如，学生个体差异性、考试技巧、考试焦虑、考试时间、学生猜测的运气、评分的客观性等。因而，德育评价结果不仅仅要考察其信度，还要考察其效度。

效度是指正确性程度。测验的效度，是指测评结果对所测素质反映的吻合程度。系统误差、测验本身的因素、学生的兴趣爱好、动机以及是否愿意合作，都会影响测验的效度。有效度一定有信度，有信度则不一定有效度。“效度高的测验其信度一定高。这是因为某测量工具，如果它对某事物的测量结果是有效的，那么，测量的结果一定会真实地反映事物的某种属性或特征，因此必然是可靠的。”①因而，教师在评价测验结果时要格外慎重。

3. 测验应该能促进学生的思想道德素质的升华和发展

不论是成就测验，还是心理测验，把测验功能与学习功能结合起来，教师可以利用测验调整德育并引导学生树立有中国特色的社会主义理想信念和正确的世界观、人生观、价值观。教师对德育活动内容、过程、实现目标程度等在测验后，应尽快把价值评价信息反馈给学生，纠正学生的认识误区，指导他们走向合理的思考方式。教师要参照测验获得的信息，确定学生理解

① 王景英. 教育评价学[M]. 长春：东北师范大学出版社，2005：100.

了哪些内容，并是否付诸实践，还有哪些内容需要解释，从而制订出德育中长期计划和进度，使学校德育评价逐步规范化、系统化、科学化，从而将德育评价渗透到学校德育的各个环节。

### （四）德育投射法

投射法，也称投射测试。心理学的观点指出，投射法是指个人把自己的个性或人格，下意识地反映于外界环境的事物或他人的一种心理作用。

从测验的特征维度上看，德育投射测验有以下一些显著特点：第一，测验目的多是伪装的；学生不知道测试的真正目的，也不知道对自己的反应会作何种心理学解释，他们所意识到的是对图形、画面、故事、文字或句子等刺激媒介的反应，实际上他们的反应行为却无意识地把内心的一些隐蔽东西显现了出来，这样就减少了学生伪装自己道德动机的可能性；第二，在测验的刺激上，投射测验选用的是模棱两可的刺激，如罗夏克的墨迹测验等没有明确结构和固定意义内容；第三，学生可以完全自由回答，不作任何限制，在无拘束的情景中，建立起自己的想象世界；第四，结果的整体性。测试关注的是对学生的总体评估，而不是针对单个特质的测量，学生的任何反应都可能影响德育评价结论。

测试中的媒介，可以是一些没有规则的线条；也可以是一些无序的图片；也可以是一些只有头没尾的句子；也可是一个故事的开头，让学生来编一个包括过去、现在和未来发展的故事。因为这一画面是模糊的，所以一个人的表述只能是来自于他的想象。通过不同的回答和反应，可以探测不同人的个性。

## 三、学校德育评价的基本程序

### （一）确定德育评价目的

在学校德育评价实施过程中，目的具有特殊的地位。因不同的评价目的，评价方式、评价方法甚至评价标准都可能大相径庭。因此，在学校德育评价的实施中首先要确定评价目的。德育评价目的要与德育目的保持一致。目的总体设计是根据学生的类别特点，在总体结构上对评价指标体系进行设计，以便使指标体系能全面、真实、综合地反映学生的整体功能。这时的关键在于解决整个评价指标体系的逻辑结构，调整各个结构之间的相互关系，使评价体系的逻辑结构合理，与评价目的一致。

具体地讲，学校德育评价有以下两个方面的评价目的：一方面可以通过评价获得的信息，使教师和学生找到教与学存在的优势和问题所在，促使教师和学生进一步扬长避短，弥补缺失，促进德育的改革和完善；另一方面，也可以使教师对照评价标准不断地通过自我评价来反思自己的德育活动，促使教师不断调整教学观念，提高和发展自身素质，努力改善德育质量。

### （二）编制评价指标体系

“评价指标就是根据评价的目标，由评价指标的设计者分解出来的，能够反映评价对象某方面本质特征的具体化、行为化的主要因素，它是对评价对象进行价值判断的依据。”①编制评价指标是在目的确定的基础上，对整个指标体系中的各大结构，例如素质结构、能力结构、智能

① 黄光扬．教育测量与评价[M]．上海：华东师范大学出版社，2002：127.

结构等，进行具体的细化设计，使每一结构能够反映学生的某项功能。可通过开座谈会和收集资料等方式，了解学生思想与行为的最新动态，最大限度地发掘该教育阶段应该具备的主要要素指标，并对指标的内涵进行准确的说明，形成一个内容比较全面的指标体系。同时，还必须从有关学科的意义上进行理论指导，使之具有精简性、严密性和原则性。

**（三）搜集和获取评价信息**

在确定评价的目的与编制评价指标体系的基础上，对各类学生评价指标体系雏形进行调查论证或请专家进行评判，相互沟通，收集周期性的信息资料，使指标体系结构更加准确、完善、更具实用性和操作性。

**（四）汇集整理和评级评分**

对评价信息汇集整理，要让评价人员对评价标准有统一的理解，以便减少评价过程中的人为误差。评价结果处理主要是评定等级与评定分数的转换。需要注意的是，在客观题的测验中，如何校正学生的猜测因素对测评结果的影响，怎样正确评价学生的真实状况。尤其是每个选项都具有同样的吸引力时，学生凭猜测选择正确答案的机会是 $\frac{1}{n}$（$n$ 是每题中选项的数目）。

常用的猜测修正公式为：$S = R - \frac{W}{n-1}$，其中，$S$ 是正确分数，$R$ 为学生答对的题目数，$W$ 为学生答错的题目数，$n$ 为选项数目。例如：当 $n = 2$，则 $S = R - \frac{W}{2-1}$；若为三选一的选择题，则 $S = R - \frac{W}{3-1}$。

**（五）分析和再评价结果**

评价结果出来后，必须同评价标准体系相匹配，进行分析再评价。其评价内容有两个："一是在原评价报告反馈前进行的再评价，主要目的是检查原评价方案准备、实施和评价报告编写中是否有错误，如果有，就需要及时改进，以提高评价工作的质量；二是在原评价报告反馈后进行的再评价，主要目的是证实评价结论是否被与评价有关人员接受，同时观察与评价有关人员根据评价结论改进工作的效果，为以后开展教育评价活动提供有益经验。"①在保证评价量表施测信度和效度的基础上，再评价后应着重对评价指标进行调整、修订，或增减或合并，使结构和指标更加合理。

上述五道程序循序渐进，环环相扣，并各具特有的功能。确定评价目的是基础环节，编制评价指标体系是关键环节，搜集和获取评价信息使评价要素更具合理性与实用性，汇集整理和评级评分是对标准的运用，分析和再评价是对评价结果的实践检验。

## 第三节　国外学校德育评价模式介绍

由于各个国家社会制度的不同、学校德育评价目标的不同，特别是道德观和价值观念的

① 吴钢. 现代教育评价教程[M]. 北京：北京大学出版社，2008：196.

不同，对学校德育评价的内容和方法也会不一样。韩国、日本学校德育评价的特色在于其东西方文化融合的德育目标评价。美国学校德育评价的特色是其政治制度与文化传统价值观念等因素的综合反映，德育评价与公民评价联系在一起。面对经济全球化，社会信息网络化，谋求德育评价的发展与完善需要从发达国家互相借鉴融合的角度，用马克思主义的立场、观点，批判地吸收和借鉴一些国家学校德育评价的成功经验。

## 一、韩国学生道德实践能力的评估

一个幸福的童年，会给学生一生都留下美好的记忆。学生的道德实践和经历对社会的认识可能比书本上学到的道德知识和规范更重要。因为如果有些书本知识没有学到，学生还可以通过后来的努力来弥补。然而，学生具有的品德和性格却很难再改变。学生孩童时没有的实践和经历，也永远不会再有。韩国将传统儒家道德伦理以放射性的内容结构作为德育的主要部分，重视多样化的评估方法。韩国中小学把德育评价目标确定为培养学生成为健康的人、自主的人、有创造能力的人、有道德的人。例如，中小学校很强调道德实践能力的评价，学校开设了纺织品技术课和食品技术课，看似与德育评价毫不相关。纺织品技术课，学习针线活，包括使用缝纫机、手工缝纫和裁剪等；食品技术课，学做饭。在这些具体操作中评价学生的耐性、互助性等。

韩国有关学者还对德育评价的方法进行了一些改良。根据现代学校德育评价的思想，首先制定出统一的评价目标，例如自主性、纪律性、诚实性、勤勉性、创造性、包容性、情绪自控性等包含忠、孝、仁、义的评价目标；然后针对以上评价目标，根据评价对象的年级，在以下所提供的观察场景中选择 2—3 种进行实地观察评价。可供选择的观察场景有四个方面：

（1）各科课堂教学方面。师生互动，通过提问、引导、辩论、分歧、矛盾解决等多方面进行系统评价；

（2）学校考试场景。复习、入场、考试、等候结果等内容；

（3）学校课外活动方面。组会、清扫、环境美化、游戏、旅游等活动中所出现的各种场景；

（4）学校大型集会活动方面。开学典礼、运动会、纪念日、外出参观、节日庆典等活动中所出现的各种场景。

紧接着，针对所选定的每个评价目标与实地观察场面，分上、中、下三个等级制定具体的评价标准。另外，在评价时，要深入地有计划地到实地去采集资料，以平时获得的第一手资料为主，综合整理，防止先入为主。学校德育评价后还必须个别有针对性的指导、相互交流、与家长沟通等相应的教育措施。

## 二、日本学生“自我”道德判断力的评估

日本学校德育评价理念注重培养基础的道德品质，把尊重人的精神和对生命的敬畏之观念体现在家庭、学校和社会的具体生活之中。日本的桥本重治认为：“评价是与教育的目标和价值有明确关系的概念，是按照教育目标和价值观对学生的学习成果及计划的效果等进行测

量的过程，因此，‘评价’概念的重点在于以教育目标为标准的价值判断。”①

日本学生德育评价注重在各类教材的学习中同时评价学生的道德判断力和选择的自觉性，以此培养作为富有个性的文化、致力于民主社会和国家的发展、主动为和平的国际社会作出贡献的具有自主性的日本青年。例如，把学生语言的实感和尊重国语的态度联系起来考察、培养学生正确的个性观（自由自律、尽职尽责）等，将道德教育与特定的情景结合起来，形成学校德育评价的最大化。日本家长很少过问学生学校情况，希望学生自己能够慢慢建立起责任感，有能力把他的思想和学习管好。

在日本中小学德育评价中，最富有特色的一个相对独立的部分，就是“特别活动课程”其目的、内容的形式类似我国的第二课堂或课外活动，它具有较强的德育评价功能，是学校德育评价的深化和有力补充。

特别活动的目的主要是：一是培养发展学生丰富的个性和社会性，日本德育评价中的个性，不仅指个人的个性，而且也意味着家庭、学校、企业、国家以及时代的个性；二是培养自主的、实践的态度和热情；三是发展自我理解和自我实践的能力。特别活动的内容主要包括学生活动（如班级活动、学生会活动、各种协会活动、俱乐部活动）；学校传统活动（如仪式、文艺节、运动会、远足旅行、参观活动等）；班级指导（如生活常识指导、学习指导、升学就业指导等）。特别活动的课时安排一般是：小学 1—3 年级每周 1 学时，4—6 年级和中学每周均为 2—3 学时。特别活动中的德育渗透是把德育评价内容加以具体化的重要途径，是开展德育活动的主要形式，对发展学生的个性，培养少年儿童的自我教育能力和反思能力有着独特的作用。八十年代后，在普遍削减各科课程教学内容和教学课时的情况下，特别活动课的课时不但没有减少，反而增加了，由此可见特别活动课程在学校德育评价中的地位和作用。

这种颇有特色的“特别活动课程”评价，采用问题情景测试的形式，以“问题 1”（参考后面问题情景的内容）中的规范“自我”判断意识（客观性的道德判断力和认知），以及“问题 2”的实践意识（主观性的道德态度和行动计划）作为内容组成一个测试。“问题 1”因与普通的智育测试相同，故学生一般都能准确回答。但在“问题 2”中，由于采用自我评价的测试方式，所以可能存在“自我美化”的掩饰性答案。为了检测“问题 2”中学生的回答是否属实，回答的动机等问题，在这个测试的最后设有问题回答的信度的标准，据这个标准，可以检测学生的行为方式方法得分与规范“自我”判断意识得分的一致性的可信度，听其言观其行。

问题情景及其测试题内容：

生活充满无穷的乐趣，但也难免有些尴尬。假如美子在假期邀请几位要好的同事在家中聚会，众人欢歌笑语，突然美子的家人不知因为何事给客人以难堪，美子考虑着自己该怎么办才好。

问题 1：在下列选择方案中，确定出你认为最适当的一个，并在前面的空格中用■标记。（注意：在不是你自己做的前提之下）

① 刘本固. 教育评价的理论与实践[M]. 杭州：浙江教育出版社，2001：53.

☐ 立即送客人出门，赔罪，并邀请下次来玩。

☐ 与家人争执，执意挽留客人。

☐ 把家人带到另一个房间，弄清事由后，向客人说明原因，让客人继续玩耍。

☐ 先对家人的行为不刻意制止，用玩笑化解你与同事的尴尬，维持愉快的气氛，事后弄清原由。

问题 2：在上面问题 1 的各种备选行为选择中，如果你是美子，你将会选择哪一种，请用○标记。

## 三、美国学生"社区道德"评价模式

美国的中小学校德育评价结构主要分为两类：公民道德品性和法律意识。让学生参与"自立校规"活动，学生不仅受到法律思想的熏陶，还让学校德育评价的标准深入人心，无形中提高了德育评价的效果。带学生旁听当地法院的审判活动，让他们"走向法庭"，根据所学的公民道德和法律知识对现时案例进行分析和商讨，作出道德判断，并在判断过程中明确道德价值标准，提高自身的综合素质评价能力，从而确立符合社会要求的核心价值观。

表 10－3　美国中小学校德育评价内容

| 评价结构 | 评 价 指 标 |
| --- | --- |
| 公民道德品性 | 自律、诚信、实践最佳自我、勇于承认错误、懂得取胜并非至高无上、谦恭礼貌、利己而不损人、待人如待己、懂得个人行为往往会影响他人或社会、在逆境中能正确调控自我、努力做好任何本职工作 |
| 法律意识 | 尊重一切人的财产权利、遵纪守法、尊重他人的自由权利、养成有益于身心健康的习惯、戒除不良习惯、没有过早的性体验、遵循家庭生活准则 |

在所有的学生品德规范评价标准中，受到最好评价的是由美国迈阿密大学雷欧·克里斯顿教授制订的 20 条学生品德规范准则。

1. 明确自律的重要性，把自律作为动力，去做我们认为应该做的事，即使我们不愿意。

2. 做到值得信赖。这样，当我们说要做什么或不做什么时，别人能相信我们。讲真话，尤其是在讲真话对自己不利的时候，更要这样做。

3. 一生中，在所有的问题上都要诚实，包括在工作上和与政府的关系上。

4. 独自一人时，要有勇气；当有人要我们做自己应拒绝做的事时，要顶得住压力。

5. 不要矫揉造作，弄虚作假，但要显示出自己最佳的自然状态。

6. 用不侵犯他人权利的正当方法达到个人和集体的目的。

7. 在注重道德行为的场合，大胆地表现自己。

8. 要有勇气承认错误。

9. 具有良好的体育道德，认识到，虽然求胜的愿望很重要，但赢得胜利并不是最重要的。

10. 在与他人的交往中，做到谦恭有礼，包括认真倾听别人的发言。

11. 要像自己所希望受到的对待那样对待别人，确认这项原则适用于对待所有的人，不分阶层、种族、国籍和宗教信仰。

12. 认识到没有一个人是生活在真空中的，那些看起来纯粹是属于个人范畴的行为，实际上常常会影响到自己周围的人或影响到所处的社会。

13. 牢记我们身处逆境时的表现就是对自己的意志和是否成熟的最好考验。

14. 不论干什么工作都要干得出色。

15. 爱护他人财产——如学校财产、企业财产、国家财产、公有财产。

16. 遵守法律。与法律相抵触的行为必须是非暴力的，而且要接受法律的制裁。

17. 尊重言论自由、新闻出版自由、集会自由、宗教自由和进行正常法律活动的民主权利。认识到这个原则适用于我们所憎恨的演讲、我们所讨厌的团体和我们所鄙视的人。

18. 养成有益于身心健康的习惯，制止那些有害于达到这些目标的活动。

19. 避免产生性早熟的经历，形成与家庭生活准则相适应的对性的认识。

20. 认识到人生最重要的问题是自己将成为什么样的人，将具有什么样的性格和道德品质。

当今世界各国学校德育评价的重要特点之一就是德育评价的社会化。所谓社会化，就是指全社会各个层面都要重视德育评价工作。这是因为，一方面对学生进行德育评价的主体很多，教师、家长、社区、管理者等；另一方面，影响学生德育评价的途径繁多，课堂、课外活动、音乐、体育、小说、电影、展览等。学校德育评价是全校、全社会成员应该关注的焦点，不能只靠学校思想政治工作者和少数德育工作者去完成，促使学校德育评价最优化。因此，各国学校都在寻求形成“德育评价合力”，以求取得最佳德育评价效果。

当前我国学校德育评价主要采取的是系统道德知识标准、行为规范指标、集体的影响和舆论的扬抑以及表扬批评等方式方法，这些方式方法在相当长的一段时间内发挥了很大的作用，在今后仍有一定的价值。但这些方式方法在实际操作中也存在片面性，往往忽视了学生的潜在能动作用。寓德育评价于各科教学的做法，是各国学校德育评价富有成效的重要原因。在潜移默化中，学生在各类学科学习与课外活动中不断地将道德原则内化为自己的道德信念，进而养成行为习惯。例如在物理课学业评价中，应重视物理知识在建立正确的物质观、时空观和宇宙观上的作用，重视物理本身所反映出来的崇尚实践、追求真理的精神；在地理历史教学中，可以通过渗透我国悠久的文明史、优秀的文化传统等激起学生的民族自豪感。那种比较单一的以道德哲学、思想政治品德的课程内容为评价标准的做法，在当代各国德育评价中很少有了。

## 问题思考

1. 张扬是个转校生，到了新的集体后，经常无故迟到。有一次上课他又迟到了 20 分钟。

老师为了鼓励他，对他说“今天你迟到的时间明显缩短了，已经很了不起了。下次一定还能进步的。”请你分析一下老师的话是否合适，为什么？

2. 你所在的学校，德育评价通常包含哪些内容和指标，采用哪些方法，你能自己概括出来吗？试一试。

3. 校学生会团委组织部筹建伊始，欲招聘8名组织部干事，负责联系各团支部党员发展事宜。请你以自己喜欢的方式设计一个评价方案。

## 拓展阅读

1. “天命之谓性，率性之谓道，修道之谓教。道也者，不可须臾离也，可离非道也。是故君子戒慎乎其所不睹，恐惧乎其所不闻。莫见乎隐，莫显乎微，故君子慎其独也。喜怒哀乐之未发，谓之中；发而皆中节，谓之和。中也者，天下之大本也；和也者，天下之达道也。致中和。天地位焉，万物育焉。仲尼曰：‘君子中庸，小人反中庸。君子之中庸也，君子而时中；小人之反中庸也，小人而无忌惮也。’”

——《礼记·中庸》

2. “当教师把每一个学生都理解为是一个具有个人特点的、具有自己的志向、自己的智慧和性格结构的人的时候，才能有助于教师去热爱儿童和尊重儿童。”

——[前苏联]赞科夫《和教师的谈话》

# 第四篇

# 继承与借鉴

“物质生活的生产方式制约着整个社会生活、政治生活和精神生活的过程。不是人们的意识决定人们的存在，相反，是人们的社会存在决定人们的意识。”“我们判断一个人不能以他对自己的看法为根据，同样，我们判断这样一个变革时代也不能以它的意识为根据，相反，这个意识必须从物质生活的矛盾中，从社会生产力和生产关系之间的现存冲突中去解释。”

——马克思《政治经济学批判》

# 第十一章　东西方传统学校德育比较

## 内容提要

基于不同的历史和文化传统发展起来的中西方传统学校德育，在其古代和近现代的历史演进过程中形成了各自不同的内涵和特点，也存在诸多差异。本章通过对历史上中国和其他西方重要国家学校德育发展概况的梳理和比对，分析其主要的异同，以期对东西方古代、近现代学校德育的发展特征有系统的、全面的认识和把握。

## 问题导入

1. 中国古代学校德育和西方古代学校德育的特点各是什么？有何异同之处？

2. 近现代西方学校德育的特点是什么？如何理解近现代西方学校德育的组织化和科学化？

3. 中西方传统学校德育有哪些共同之处？

## 第一节　中国传统学校德育的历史演进

我国古代，有重视道德教育的传统。然而，古书记载中并没有出现“道德教育”的概念，更无“德育”这一名词，“道”“德”“教”“育”在古代一般是分开使用。《说文解字》中释“德”为：“外得于人，内得于己也。”“外得于人”就是说要正直地处理与他人的关系，“内得于己”即端正心性，反省自我，加强内心修养。金文中的“道”字由表示头颅的“首”字形和与运动相关的“行”字形组成。《说文》中说：“道，所行道也。从足从首，一达谓之道。”道解释为一条通达的大路。后来，“道”的含义引申为一条指导人们行为道路方向的原则，由人、物必行之路，进一步发展引申为人、物所必遵从的规律，必恪守的原则以至于整个社会、自然之运行秩序和规律等。当“道”与“德”之间产生联系后，有了体“道”而有所得谓之道德的说法。“教”字在《说文解字》上为“觉悟”的意思。“教，觉悟也。”“教”，就是提高人的觉悟。“育”在《说文》中的释义为“养子使作善也”。“即熏陶涵育子弟使其为善”①。由此可见，在古代没有德育这概念，德育往往是用“道”、“德”、“教”、“育”等字来代替。

## 一、古代中国学校德育的发展概况与特点

### （一）古代中国学校德育发展概况

我国古代德育最早可追溯到四五千年前。原始社会末期，教育虽还没有形成独立的社会活动领域，但随着社会政治、经济文化的发展以及氏族部落的兼并和民族的大融合，教育越来越受到氏族社会的重视，各种原始宗教活动中都含有不同程度的教育因素，且逐渐染上了人伦色彩，渗入道德观念。据史书记载，舜就在他所任的部落联盟中设立司徒负责五常之教，秩宗负责三礼，典乐主管乐教。三礼指的是“天神、地祇、人鬼之礼”这种宗教礼仪，宣扬天尊地卑的观念，用天意来解释等级秩序和道德规范。

到了氏族社会末期，随着文字的产生，学校教育萌芽出现。据古籍记载，在五帝时代，我国已有名曰“成均”的学校。古史中还有虞氏之学为“庠”的传说。据《礼记·明堂位》称：“米廪，有虞氏之庠也”。“庠”是虞舜时期教养机构，既是氏族敬老、养老行礼的地方，也是老人教育年轻一代的场所，通过养老的活动，以达到对年轻一代进行思想道德教育的目的，“上老老而民兴孝，下长长而民兴悌”。

进入奴隶社会后，随着统一国家政权的逐步建立和发展，独立的学校教育开始形成，学校教育成为教育活动的主要形式。人伦道德教育是学校教育的重要内容，表现在德育与政治融为一体。《孟子·滕文公上》：“夏曰校，殷曰序，周曰庠；学则三代共之，皆所以明人伦也。”商代学校由奴隶主国家管理，受教育的是奴隶主阶级，主要是思想道德教育和军事教育，目的是培养尊神重孝勇敢的未来统治者。西周是中国奴隶制的全盛时期，为了维护在分封制和井田制基础上的宗法世袭禄位制，西周十分强调学校教育的“明人伦”。西周时，已经确立了较完备的奴隶制学校教育体系，建立了从国学到乡学，从小学到大学的多层次的学校系统。“学在官府”，学校由国家统一管理，同时实施六艺教育，并以“周礼”为核心规范社会伦理和学校德育的内容。可见，西周在学校德育方面已积累了一定经验，并已初步构建了学校德育体系。

春秋战国时期，中国奴隶制日趋崩溃，封建制度逐步建立。学术下移、士阶层崛起、私学勃兴，造就了我国古代学术思想空前繁荣的“百家争鸣”的时代。在百家争鸣的学术气氛中，儒、墨、道、法等学派从各自立场出发，代表不同阶级或阶层的利益，提出了各种各样治国治民方案，对教育进行了多方面的理论探讨，构建了自己的理论体系，从而开创了我国古代教育理论的研究，也促进了我国传统学校德育思想体系的形成，对后世的德育理论及其实践、发展产生了巨大的影响。儒家的创始人孔子高度重视德育。孔子把“仁”视为最高的道德，提出仁学道德理论。这是我国古代第一个比较完整系统的道德学说。孔子认为，在当时“天下无道”“礼崩乐坏”的情况下，要治理一个国家，教化比刑罚更为有效。“道之以政，齐之以刑，民免而无耻；

① 沈善洪，王凤贤. 中国伦理学说史[M]. 杭州：浙江人民出版社，1985：65.

道之以道，齐之以礼，有耻且格”。（《论语·为政》）因此，孔子在自己的教育实践中，主张“弟子入则孝，出则弟，谨而信，泛爱众，而亲仁。有余力，则以学文”。（《论语·学而》）即必须让学生先懂得践履孝第仁爱等道德行为，才教以文化知识。孔子还明确提出“有教无类”（《论语·卫灵公》）的主张，并从“为政在人”出发，提倡“仕而优则学，学而优则仕”。（《论语·子张》）关于德育内容，孔子主张以思想品质、伦理道德为主。“子以四教：文、行、忠、信”，（《论语·公冶长》）“志于道，据于德，依于仁，游于艺”，（《论语·公冶长》）“子不语怪、力、乱、神”。（《论语·述而》）孟子继承孔子的思想，他把道德教化作为实现其“仁政”理想的基本措施之一，认为“善政不如善教之得民”。（《孟子·尽心上》而所谓“善教”，就是要“明人伦”。“设立库序学校以教之，……皆所以明人伦也”。（《孟子·滕文公上》）孟子还主张性善论，说人生而具有“恻隐”“羞恶”“辞让”“是非”之心，谓之“四端”，发展为仁、义、礼、智“四德”。荀子则以性恶论为基础，认为今人之性，固元礼义，所以教育在于“化性起伪”，主张“仁义”结合和“教化”，形成了道德修养的“外诱”方法论。墨子的中心思想是“兼爱”，认为教育的目的在于培养人具备“兼爱”的品德，提倡“爱利万民”。他不仅十分重视教育，主张‘有道者劝以教人”，而且把道德品行的教育视为根本，“士虽有学，而行为本焉。”（《墨子·修身》）道家不赞同孔子和墨子的道德观，提出了无为道德学说。老子认为，作为宇宙和万物本源的“道”是“德”的决定因素，而“道”与“德”的本质特征是自然无为。“道之尊，德之贵，夫莫之命而常自然。”（《老子》第51章）他说，天是自然的，人亦像天一样自然无为。老子还提出“行不言之教”的观点。此外，庄子、韩非子等人也提出了不同的道德主张，丰富了该时期的德育思想。

### 学校古礼迎新生：正衣冠朱砂启智①

正衣冠、朱砂启智、感谢鞠躬、击鼓鸣志……武汉小学近期纷纷开学，众多学校创新形式，用各种古代礼节来迎接新生，以此传承中华民族优秀的文化教育传统。

武汉市洪山区梨园小学给该校一年级新生举办了一场别开生面的“开学礼”，依次进行正衣冠、朱砂启智、感谢鞠躬、击鼓鸣志、启蒙描红等多项仪式，让陪同学生参加入学典礼的爷爷奶奶仿佛回到自己入学启蒙的时代，纷纷为学校精心准备的开学礼“点赞”。

主持仪式的老师解释，衣冠直接反映人的精神面貌。所谓“先正衣冠，后明事理”。正衣冠是忆先祖优秀品德的最好载体，也是让孩子们知书明理的第一步骤；古代学童入学读书前，都会有启蒙师长用红色的朱砂在学子们的额头正中点上红痣，称为“开天眼”，寓意开启智慧，从此眼明心亮，发奋读书等等。

据该校校长林瑛介绍，学校围绕情趣教育的办学理念，结合传统文化教育的回归，在日常教育过程中注重传承创新，致力于提升学生的传统文化素养。希望通过适当的课程激活孩子们体内的优秀传统文化基因，把传统文化深深“嵌”进孩子们的脑海中。

据悉，在武汉市第12个“中小学弘扬和培育民族精神月”开始之际，众多学校创新教

---

① 徐金波.学校古礼迎新生：正衣冠朱砂启智.中国新闻网，2015-9-6

育形式，连日来举行丰富多样的传统文化教育，以此传承中华民族优秀的文化教育传统。

汉武帝时，生产发展迅速，国家统一，中央集权空前加强，汉初奉行的道家自然无为的方针已不符合加强统治的需要。在这个背景下，董仲舒向汉武帝提出了“罢黜百家，独尊儒术”的文教政策，并主张中央设太学以培养贤士，地方设庠序之学教育一般人民，学习《诗》《书》《礼》《易》《春秋》等内容，目的也在于以儒家的伦理道德“化民成性”，使天下人自觉遵循儒家倡导的“三纲五常”。汉武帝采纳了董仲舒的建议，从此，儒学被尊奉为封建统治思想的正统而被定于一尊，出现了“学校学儒经，官吏皆儒生”的局面。

汉代最高学府大学招收学生的标准是“好文学、敬长上，肃政教、顺乡里、出入不悖所闻者”，这明显地把道德品质摆在很重要的地位。同时，汉代采取选官取士的办法，“量材而授官，录德而定位”(《汉书・董仲舒传》)，也对学校道德教育起了导向的作用。

隋唐是我国封建社会学校教育发展的鼎盛时期，隋唐统治者根据儒、佛、道三者的关系，制定了以儒为主，佛道为翼的三教兼施的文教政策。唐代学校的教学内容仍以儒家经典为主。作为大学程度的国子学、太学和四门学，其教授的基本内容还是五经，而对于道德教育也十分重视，规定《孝经》《论语》是必修课。唐代重视德育的代表人物是韩愈。他极力维护儒家传统思想，强调自尧舜至孔孟一脉相承的道德传统，反对佛道，认为佛道的道德没有仁义，不成其为道德。韩愈一方面倡导“文以载道”，通过诗文进行广泛的社会宣传教育，另一方面又强调教师的育人之责。他说：“师者，所以传道、授业、解惑也。”“传道“即指思想道德教育，把传道列为教师的首要责任，又说“道之所存，师之所存也”。韩愈还发展了《学记》中教学相长的思想，强调教师的主导作用，并指出：“弟子不必不如师，师不必贤于弟子。”只要闻道在先，学业有长即可为师。

宋代对学校德育也同样非常重视。宋太宗明确指出：“王者虽以武功克定，终需用文德致治。”(《续资治通鉴》卷一一)因此，宋代推行“兴文教”的政策，尊孔崇儒，重视科举选才，兴学育才。除武、律、兵、书、画、医等专门学校之外，宋代的普通学校以五经为基本教材。太学的博士或地方学校的教授有责任以德行、道艺训导学生，其他专门学校均要选学一两种经典，如书学要求学生兼通《论语》《孟子》，武学还要求选取前代忠臣义士的事迹以教育学生。宋代统治者重视儿童启蒙教育，尤其重视儿童阶段初步的道德行为训练。朱熹曾明确指出，小学的任务是“教以事”，即“教人以洒扫、应对、进退之节，爱亲、敬长、隆师、亲友之道”。儿童启蒙阶段除了识字、读书外，同时向他们进行基本的道德观念灌输和道德行为习惯的培养。

宋代教育的一大特征是书院的兴盛。宋代书院是在批评官学育人未教以“德行道艺之实”，而科举制度徒教人“钓声名，取利禄”的过程中兴盛起来的，自然充分重视德行的培养。书院教育的主要内容是北宋中期以后兴起的理学，而理学比原来的儒学更突出了伦理道德的哲学论证，也更重视伦理道德的教化功能。因此，在书院教学的全过程中，道德教育的广度、深度都更加强了。朱熹曾提纲挈领地说：“先王之学以明人伦为本”“圣贤教人，只是要诚意、正心、修身、齐家、治国、平天下。所谓学者，学此而已”。这就十分明确地把道德教育放在根本和首要的位置，把道德教育的实施推进到心理的层次。

明朝统治者从历史的经验和亲身的实践中认识到学校教育对于治理国家的重要性，确立了“治国以教化为先，教化以学校为本”的文教政策，大力发展教育，广设学校，培育人才。明代建立了从中央到地方，从京师到郡县以及乡村的学校教育体系，规模空前，为前代所未及。明代学校重视伦理道德教育，通过各种措施加强思想控制，实行文化专制。首先，推崇程朱理学，把它作为思想、文化、教育领域的统治思想。其次，明代学规异常严苛，对学生的品性要求，有专门的稽考簿以考核之，稽考内容凡德行、经艺、治事三项，而以德行最为重要。而所谓德行，主要指孝亲敬长而不犯上作乱。

王守仁是明朝中期的著名教育家，他提倡道德教育与修养应放在学校教育工作的首要地位。“学校之中，唯以成德为事，而才能之异，或有长于礼乐，长于政教，长于水土播植者，则就其成德，而因使益精其能于学校之中。”（《全书》卷二）认为培养学生形成优良的品德，这是学校中最重要的工作。同时在此基础上，使学生的各种才能得到发展。

从清初建立到鸦片战争以前的清朝统治者，同样重视发展文化教育事业对于治理国家的作用，在立国之初就制定了“兴文教，崇经术，以开太平”的文教政策，并在从中央到地方的各类学校中，采取各种措施，制定种种学规，对学生实施思想控制。如康熙三十九年颁布直省学校的《圣谕十六条》“敦孝弟以重人伦；……尚节俭以惜财用；……明礼让以厚风俗；……”以封建的政治、伦理、道德为标准，对生员的思想、行为、学习、生活等各个方面都提出了明确的要求，成为全国各类学校培养教育学生的准则，并明文规定：“每月朔望，令儒学教官传集该学生员宣读，务令遵守。”

清朝还涌现一批教育家，如黄宗羲、王夫之、颜元等，他们提倡实学教育，要求培养“实才实德之士”，对中国近代资产阶级的教育思想产生了积极的启蒙作用。

### 可圈可点的新加坡道德教育[①]

新加坡独立近50年，从一个贫穷落后的小国崛起为令人钦佩的新兴工业化国家，在东南亚地区亦可算一政治强国。除了国家幅员太小给人以缺憾外，对于新兴国家和发展中国家，可圈可点的经验确实很多。原以为，号称“开明的独裁国家”，只是法制完备严厉而已，细究根源，举国坚持不懈推行公民道德教育可谓功不可没，它们构筑全民价值体系的做法，非常值得我们借鉴。

#### 树立全社会共同价值观

新加坡国会通过的《共同价值观白皮书》将“国家至上，社会为先；家庭为根，社会为本；关怀辅助，同舟共济；求同存异，协商共识；种族和谐，勇敢宽容”作为新加坡国民共同价值观念体系的基础。

尽管建国时公民的种族、宗教信仰种类复杂，但新加坡政府着力培养国民对“我是新

① 郑智军.可圈可点的新加坡道德教育[M].人才思想道德网 2013-12-29

加坡人"的认同感，强调国家至上、种族和谐。20世纪70年代，新加坡的道德教育目标是培养做好公民、建立和谐社会。随着经济发达程度的提高，新加坡不断融入国际社会，新加坡德育目标又转向重振传统文化、弘扬东方美德、抗拒西方颓废思想的侵蚀。

**大力倡导传统儒家道德**

新加坡政府在本国多种族背景的基础上，大力倡导传统儒家道德，吸收多元文化，弘扬各种族共有道德和普世价值，对传统的"八德"即"忠孝仁爱礼义廉耻"赋予了现代意义。

所谓"忠"，就是爱国，忠于国家，旨在把国民培养成为具有强烈凝聚力的新一代新加坡人；"孝"就是要孝敬父母、尊老敬贤；"仁"与"爱"则是主张国民要富有同情心和友爱精神，要关心他人；"礼"和"义"，是要讲究礼貌和礼节，对外国人不要卑躬屈膝，对同胞应一视同仁；"廉"指为官的德行，要求新加坡的官员树立为国、为民众服务的思想，并且在一整套严密的反腐化制度监督下、在"自律"与"他律"的共同约束下，廉洁奉公；"耻"就是指人们的羞耻之心，号召国民堂堂正正做人，为社会进步、富国强民作贡献。

**道德教育成体系化**

新加坡的道德教育并非简单说教和高调宣传，而是具有体系化和规范化的流程。道德教育从小抓起，注重实践。政府颁布了详细的思想政治教育大纲，从小学到大学，课程循序渐进。不同年级的具体要求各不相同：低年级偏重培养良好的行为习惯，而高年级则注重培养学生的社会责任感。新加坡政府还经常在社会上举办"忠诚周""礼貌周"等活动，培养和强化公民与人为善、互助友爱的良好品德。

**法律严把道德关**

新加坡出台了完备严峻的法律法规，强制人们遵守必要的道德规范。比如一旦被发现乱丢垃圾，违者除了要课以20至1 000新元（1新元约合0.56美元）的罚款外，还可能要穿上标有"我是垃圾虫"的黄马甲，参加扫大街的强制劳动。还有如电梯门口先出后进的规矩、上了厕所必须保洁的习惯、公共场合排队的要求，政府都安排专门的人在那儿矫正各种不规范的行为，多年坚持，不是说说了事，也不是罚款了事。你用了厕所没保洁，就是用你自己的衣服去擦，也要擦干净了才能走，看你第二次还敢不敢懈怠，一个国家公民的素质就是这样提高的。新加坡政府认为，这些"小事"关乎整个社会的道德建设，一旦道德体系崩溃，其他就无从谈起，经济的发展也就偏离了本义。因此严格用法律为道德把关，成为著名的严法治国的国家。

### （二）古代中国学校德育的特点

1. 重视学校德育的地位和作用

我国古代学校德育的特点是多方面的，重视德育即其中之一。在我国古代社会，无论是统治者、教育家或普通百姓，也无论他们所扮演的社会角色怎么不同，认识问题的角度、深度与侧重点如何各异，都高度重视学校德育的作用，并把德育放在学校教育的首位。

我国古代社会不论是奴隶社会还是封建社会，德育一直受到历代君主的高度重视。各朝代的教育政策都把德育放在首位、以灌输伦理知识、进行道德训练作为中心任务和主要内容。

周公吸取殷商王朝灭亡的教训，在长期的政治实践中总结出德育对于国家统治的重要性，把德育和政治紧密结合起来，主张“以教育德”，终身倡行“敬德”。周公还从敬德思想出发，高度重视德育的作用，提出了“皇天无亲、惟德是辅”、“以德配天”等思想以及“孝”“友”“恭”“信”“惠”等宗法道德规范。秦始皇统一天下后，为实现“行同伦，黜异俗”“设三老以掌教化”，直接负责一般民众的法纪伦理训导。汉武帝继位伊始便诏告天下，“古之立教，……扶世导民，莫善于德”，后来又多次谕令“广教化，美风俗”并开创孝廉之举，强调“寻民以礼，风之以乐”。唐太宗初定天下就采纳魏征“人君之治莫大于道德教化”的建议，确定了“为国之基，必资于德礼，……惟在于诚信”的“立国大纲”。宋太宗明确指出“王者虽以武功克定，终需用文德致治。”(《续资治通鉴》卷十一)因此，宋初年间的文教政策为“兴文教”，大力提倡尊孔崇儒，重视科举选才，兴学育才。明清的统治者从历史的经验和亲身的实践中认识到学校教育对于治理国家的重要性，确立了“治国以教化为先，教化以学校为本”和“兴文教，崇经术，以开太平”的文教政策，大力发展教育，广设学校，培育人才。

同样的，我国古代的教育家也都重视学校德育，他们从理论与实践的不同角度出发，论述了德育的地位和作用。

孔子认为道德高于其他一切社会活动，强调把道德教化作为治国的基本原则。他说“为政以德，譬如北辰，居其所而众星拱之。”(《论语・为政》)正因为道德在治理国家中有如此重要的地位和作用，所以孔于把德育放在学校教育的首位，明确指出：“弟子入则孝，出则悌，谨而信，泛爱众而亲仁，行有余力，则以学文。”(《论语・述而》)认为学校教育首先是培养学生具有社会所需要的道德品质，使他们孝顺父母，敬爱兄长，做事谨慎小心。其次才是学习文化知识。在这样的思想指导下，孔子在其私学实践中所进行的教育内容——“文、行、忠、信”(《孟子・尽心上》)四教中，除了“文”以外，“行、忠、信”都指政治思想和道德规范的教育，把德育作为主要的教育内容。

孟子认为教育的首要任务和目的就是“明人伦”。“夏曰校，殷曰序、周曰庠；学则三代共之，皆所以明人伦也。人伦明于上，小民亲于下。有王者起，必来取法，是为王者师也。”(《孟子・滕文公上》)在孟子看来，夏、商、周的地方学校虽然名称不相同，但都以道德教育为中心，其目的都在于教育学生懂得并遵守人与人之间的各种关系以及处理这些关系的各种行为准则，只要统治者明白和遵守了这些关系准则，老百姓自然就会亲密地团结在一起。所以，如果有圣王兴起，必会学习效法这种办法，把道德教育放在学校教育的首位。荀子提倡“积善成德”，视“礼”为“道德之极”“强国之本”，强调人人都要通过教育，特别是道德教育来改变人性的本质。

西汉教育家董仲舒主张“德治”和“教化”。他向汉武帝进谏“德教”“以教化为大务”，认为“教化行”方能“习俗美”被采纳后，作为一项文教政策得到广泛推行，为历代封建王朝确立了基本的教育方针。继董仲舒之后，韩愈、朱熹、王守仁，直到明清之际一批反理学思想的进步教育家，都主张把德育置于学校教育的首位，认为教育的根本目的就是“明人伦”。

朱熹是中国封建社会教育思想的集大成者，他在《白鹿洞书院学规》指出："先王之学以明人伦为本"。"圣贤教人，只是要诚意、正心、修身、齐家、治国平天下。所谓学者，学此而已。"(《续近思录》卷二)因此，他从教四十载，坚持"以明人伦为本"，坚持把德育放在首位。他为白鹿洞书院制定的教规中，把"父子有亲，君臣有义，夫妇有别，长幼有序，朋友有信"等伦理纲常作为办学纲领，成为宋代以后各朝书院、各级各类学校共同仿效和遵循的规程。另外，朱熹还以历朝以来的圣经贤传和三代以来的嘉言善行为内容编辑《小学》一书，作为小学的德育教材，编注《四书集注》等作为大学教材，具体贯彻其重视道德教育的思想。这些著作，尤其《四书集注》，后来成为元、明、清历代王朝科举考试和知识分子的必读书。对中国封建社会后期的道德教育产生了重要影响。

明代王守仁力主"学校之中，惟以成德为事"，特别重视社会教化并把道德教育渗入社会的最基层，大力提倡制定各种乡规民约，进行道德教化。其中最有代表性的是《南赣乡约》，规定"孝父母，敬兄长，教训子孙，和顺乡里，死丧相助，思难相恤，善相劝勉. 恶相告诫，息讼罢争，讲信修睦，成为良善之民，共成仁厚之俗。"

我国历来把国与家联系在一起，"家齐而后国治"。家是国的缩影，国是家的扩大，故而古代德育更为强调的就是家庭的道德教化。因此，在古代的社会里，除帝王统治阶级和教育家们重视德育外，普通的百姓也十分重视德育。透过历代诸多"家训""家规""诫子书""训子语"等略显零散却众多的资料中，可以发现古代民间百姓对德育的重视。孟母三迁其居以使其子从小学习礼仪的故事，成为脍炙人口的美谈；东汉郑玄以自己"博稽六艺"，志在"念述先圣之元意，思整百家之不齐"为例，训诲儿子"敬慎威仪，以近有德"；岳母刺字对岳飞进行爱国、精忠报国的教育；顾炎武嗣母王氏，太平之际勉子关心社稷百姓，国难当头诲子持志守节，鼓舞着顾炎武发出"天下兴亡，匹夫有责"之雷鸣，高扬"君子之为学，以明道也，以救世也"的经世致用的一代新风。①

### 小镇全民学儒见面鞠躬行礼②

汤池是安徽省庐江县的一个普通小镇，近几年，这里不但让全国各地的人趋之若鹜，还引起了联合国教科文组织的关注。

2005年年底，由海外人士投巨资在汤池镇建立试点，传播"孔孟之道"。他们以《弟子规》等儒家经典为内容，对全镇人进行伦理道德教育。他们试图通过3年的试验，使汤池镇成为礼仪的示范镇。

仅仅几年的时间，汤池发生了很大变化。7月20日凌晨5时许，几十个身穿写着"力行近乎仁"字样衬衫的男女，手拿扫把走上街头，大街小巷传来了"刷刷"声。在镇上做玉器生意的徐丽香到河边去健身，走到昌盛街时，徐丽香遇到了两位妇女，她们互相鞠躬九

---

① 吴左初. 古代优良德育传统举隅[J]. 教育评论，1991(5).

② 殷晓章. 小镇全民学儒见面鞠躬行礼[N]. 东方今报，2008-7-24

十度，然后打招呼："你好""你好"。试点中心老师认为，这是他们推广伦理教育初见成效的标志。记者从汤池镇法庭和派出所了解到，该镇2006年的离婚率比2005年下降了48.5%；2006年该镇的刑事案件发案率也比2005年下降了47%。

2. 学校德育与政治紧密结合

中国古代历代君主重视德育的传统，自然让学校德育与政治生活之间产生紧密的联系。

西周初年，周公提出"天""君""民"三者关系。由于"民之所欲，天必从之"观念的存在，君主自身的道德品质，尤其是其在政策选择过程中所实行的德政，就成为维护政权稳定的必要条件。因此，周公把德育和政治紧密结合起来，主张"以教育德"，提出了"明德慎罚""敬德保民"等德育思想。把德育与政治紧密结合起来的传统从西周开始以制度的形式确定下来。

孔子提出了"举贤才"、行"德政"的主张，认为德育是治国安邦的根本措施。"道之以政，齐之以刑，民免而无耻；道之以德，齐之以礼，有耻且格。"（《论语·为政》）这是说社会不能用强制的苛刑来统治，如果用道德来教育民众，用礼仪来规范人们的行为，人民有了廉耻心，就能和睦相处，保持社会的稳定。孔子的"以德治国"思想直接为封建统治者的利益服务。

《礼记·大学》提出的"大学之道，在明明德，在亲民，在止于至善"和"格物、致知、诚心、正意、修身、齐家、治国、平天下"的三纲领和八条目是对孔孟德育思想的总结，并初步具有了政治、思想、道德三位一体的德育系统构架。董仲舒的"独尊儒术"使儒家学说与汉武帝的政治愿望相契合。儒家学说通过政治力量使其伦理道德思想与政治紧密联系起来，形成了中国古代学校德育的政治、思想、道德的三位一体模式。

3. 传统学校德育的多源性和多层次性

传统学校德育的多源性是指德育思想来源多，流派多。

纵观中国德育发展史，传统德育除儒家的德育思想外，还有道、墨、法等诸子百家的德育思想。例如，儒家主张道德决定论，倡导"为政以德"，提出了仁、礼、忠、孝、悌、恕、信、义等德育内容范畴，对以后堪称历史主线之一的以血缘关系为基础的宗法道德教育的传统产生了无庸置疑的影响。墨家则讲"兼爱""正义"，含有反对等级歧视的平民德育意识，较为合理地解释了义利关系，有利于将道德教育建立在现实生活的基础之上，对后世道德教育也产生了积极作用。而道家对宗法社会礼教表现出怀疑、悲观乃至对立的情绪，意欲回归人类的原始状态，其"少私寡欲""为道日损""心斋坐忘""缘督以为经"等道德修养之法则为中国后来各门派学者所注目或推崇。另外，法家、名家、纵横家等各派也形成了自己独特的德育风格。由此可以这样说，中国传统德育思想从诞生之日起就是多源的。这种多源性一直延绵下去，成为传统德育的活力之源。

另外，外来文化也是影响我国传统德育思想的又一源头。自两汉传入中国，经过两晋、隋唐繁荣起来的佛教文化与我国的儒家文化、道家文化相互斗争、相互融合，在吸收中国主流文化的同时，也为儒道两家所包容、吸收、改造，进而融为一体，为宋明理学的形成奠定了基础。总之，中国传统德育具有多源性特征，是儒、道、法等诸子百家思想以及外来佛教文化多元交融的复合体。

传统德育的多层次是指中国古代教育除了上层的、贵族的、官办的教育外，还有下层的、民间的、私人办的教育。德育思想涵盖从权威典籍到乡约民俗，传统德育具有不同形式的和多种文化层次的适应性和一致性。因此，对我国传统德育的认知，我们不能仅仅关注那些已制度化、系统化和已见诸书面文献资料的德育思想和实践，还应关注那些蕴藏于民间风尚习俗之中的非制度化、非系统化的德育行为方式。从社会的生活方式、礼仪的遵从、行为的模仿等方式中也能体现出我国传统德育。

## 二、近现代中国学校德育的发展概况及其特点

### （一）近现代中国学校德育的发展概况

1840 年鸦片战争后，资本主义列强用大炮轰开了清王朝闭关自守的大门，中国一步一步沦为半殖民地半封建社会。教育主权也因此部分丧失，西方列强开始以教会办学等形式公开在中国进行文化教育活动。教会学校十分重视向学生灌输基督教教义，在它们编写的教科书里，宗教课程居于中心和指导的地位，其目的就是通过教义的灌输和宗教仪式的熏陶，使基督教的信仰和伦理观渗透到整个社会结构中，达到奴化人们思想、控制中国的目的。

同时，随着西方资产阶级先进思想的传入，中国封建伦理道德受到了猛烈的冲击。一些开明的官吏和知识分子发出了要求变革和向西方学习的呼声，从不同角度提出改革旧教育的要求。

清政府内部的洋务派代表人物张之洞，提出“中学为体，西学为用”的口号，其目的也是巩固封建主义的政治、文化的统治地位。洋务派“中学为体，西学为用”的思想，被清廷接受为洋务教育的纲领，“挟朝廷之力以行之，不胫而遍于海内”。但其坚持封建伦理道德教育的做法，也体现出明显的局限性。

以康有为、梁启超、谭嗣同、严复为代表的资产阶级维新派，提出用“西政”来代替封建名教，用资产阶级的“新学”批判“旧学”。维新派以“进化论”为武器，对封建纲常进行了尖锐的批判，主张以自由、平等、博爱等资产阶级道德来改良旧有的封建伦理道德，提出一系列改革教育包括改革道德教育的主张，并兴办或主持了一批新式学堂。

以孙中山为代表的资产阶级革命派，提出的民族主义、民权主义、民生主义的“三民主义”主张，以“道德革命”“家庭革命”为口号，更加广泛深入地批判封建道德，变革传统德育。章太炎强调“无道德不能革命”，革命者必须具有高尚的道德品质。孙中山提出并重新解释了忠孝、仁爱、信义、和平等道德规范，赋予其革命民主主义的新内容，突出强调道德教育的极端重要性。

蔡元培在担任中华民国临时政府第一任教育总长期间，反对以封建旧道德作为国民道德标准，提出“四废”，即废除“忠君”“尊孔”，废除读经，废除体罚，废除门第出身界限等等，推行军国民教育、实利教育、道德教育、世界观教育、美感教育五种教育，主张教育“以公民道德为中坚，世界观及美育皆所以完成道德，而军国民教育及实利主义则必以道德为根本”。蔡元培主张道德“重在实行”，不能只记熟几句格言就算了事，还要在实行中检验道德格言是否合乎现在的需要。这些观点体现了资产阶级革命民主派的道德教育主张，具有明显的进步意义。

1927年，蒋介石背叛孙中山的“联俄、联共、扶助工农”的三大政策和新三民主义，在南京成立了国民政府，推行维护封建地主阶级、官僚资产阶级以及帝国主义统治的教育体制。蒋介石宣布“以党治国”，实施“党化教育”，用“灌输政治智识”，“以陶冶儿童及青年的‘忠孝仁爱信义和平’之国民道德”及三民主义的教育宗旨来抵制共产党“偏激之教义”。1932年，蒋介石倡行“新生活运动”，并于1934年在各级各类学校推行“新生活教育”，以蒋提出的“礼义廉耻”为日常生活的准则，在国民党统治地区从学校德育目标、原则、内容、途径、方法等各方面都贯彻实施。1938年抗战爆发后，国民党制定了“抗战救国”的基本国策，通过《战时各级教育实施方案纲要》明确了“战时须作平时看”的教育方针，尽力维持学校的正常秩序。

1921年，中国共产党成立，在领导新民主主义革命的过程中，把马克思列宁主义的基本原理与中国革命具体实践结合起来，在革命的实践中形成了新民主主义的德育理论与实践模式。它是以马克思主义、毛泽东思想为指导，紧密结合中国人民大众反帝反封建，争取民族解放的斗争实践而进行的思想政治与品德教育；在极端艰苦的环境中，通过多种途径和方式，对广大工农群众、革命战士、知识分子及中、小学学生进行以学习革命理论和政治、军事斗争为重点的思想政治和品德的教育，形成了有中国特色的革命传统道德。

从新中国成立到1956年社会主义改造基本完成，新中国学校德育经历创建初期，取得卓有成效的工作成绩。一是颁布了一系列法令、方针、政策，并推行各种巩固和发展社会主义政权、打击国内外反动势力的政治运动和斗争。二是开展了关于工人阶级当家作主和社会发展史的教育，结合抗美援朝进行爱国主义、国际主义的教育，反对资产阶级思想腐蚀的教育，以及在广大学生中进行系统的马列主义理论教育，都收到了良好的效果。三是在学校中推行老解放区优良的思想政治教育经验、继承和弘扬革命传统。四是采取多种途径方法通过批判来改造旧学校德育。五是全面学习苏联学校德育经验。经过这段时期对学校德育的社会主义改造，广大群众的主人翁责任感大大增强，充分发挥了社会主义积极性，全国出现了革命的、健康的、朝气蓬勃的社会主义道德风尚。

从1957年到文化大革命前夕的这段时间，史称十年中国社会主义建设时期。学校德育受到国家经济发展和政治生活的重大影响，一方面，学校德育不断受到重视，德育的重要性越提越高；另一方面，德育的政治性越来越突出，德育被强化为进行阶级斗争教育的主渠道和政治斗争的重要形式。在这段时期，虽然我国经历了左倾冒进的工作失误和自然灾害，然而雷锋、焦裕禄等英模活动深入人心，社会道德风尚良好，“五爱”精神的教育熏陶培养了一代新人。

60年代中期开始，在“无产阶级专政下继续革命”和“以阶级斗争为纲”理论指导下，强调以“反修防修”为主导的政治教育取代社会基本道德规范教育，使教育走向片面化和极端化，特别是在“文化大革命”中，学校德育一方面受到前所未有的重视，被强化到无以复加的地步；但在另一方而又遭到前所未有的践踏，德育的内涵和本质特征被全部篡改，革命大批判使德育变成了“假、大、空”“政治宣传”“空洞说教”的代名词，并形成一套说教模式，对后来的德育产生很大的负面影响。

党的十一届三中全会以来，在解放思想，实事求是的思想路线的指导下，通过拨乱反正，纠正了过去“以阶级斗争为纲”和教育脱离生产的情况，各条战线都在认真总结德育工作的经验，为开创德育工作的新局面而努力。

改革开放后，德育在拨乱反正中得到恢复，德育作为一门学科，被提到议事日程。为适应新形式，国家先后对德育实行了几次改革，重新确立了德育目标，重点进行坚持四项基本原则的教育，以面向现代化、面向世界、面向未来的视野和时代意识，提出“四有”新人的目标。在这一目标指导下，在社会各方面的共同努力推动下，新时期的德育工作得到了进一步的改进和加强，积累了宝贵的经验。

但是 80 年代末期，又出现了忽视或轻视学校德育的倾向，以致于资产阶级自由化思潮日趋泛滥，最终导致了 1989 年春夏之交的政治风波。此后，政府采取了一系列旨在加强和改进社会主义精神文明建设的措施，学校德育普遍加强。

以 1992 年邓小平南方谈话为标志，我国的改革开放进入了新时期。为进一步加强德育工作，中共中央先后发表了一系列加强和改进德育工作的文件。1994 年 8 月颁布了《爱国主义教育实施纲要》；同年，中共中央发出《关于进一步加强和改进学校德育工作的若干意见》；1995 年 12 月 23 日，国家教委发出《关于颁布施行〈中国普通高等学校德育大纲〉的通知》等文件，推动了我国德育的学科建设。同时，确定了“两课”教育作为高校德育主渠道的地位，并根据形势的发展，改革了“两课”的布局，更新了一些内容。

1996 年，中共中央召开了十六届六中全会，再次把关注目光聚焦于社会主义精神文明建设问题，并作出了《关于加强社会主义精神文明建设若干重要问题的决议》。《决议》把社会主义精神文明建设提高到事关社会主义全局和长远的战略高度来加以定位，指出精神文明是社会主义社会的重要特征，明确提出了社会主义精神文明建设的指导思想、目标任务、工作方针和具体措施，并勾勒出面向 21 世纪我国精神文明建设的图景。

2000 年 2 月 1 日《人民日报》《光明日报》和《求是》杂志全文发表了江泽民总书记《关于教育问题的谈话》，指出尤其是要加强对青少年幼儿进行爱国主义、集体主义、社会主义的思想教育，帮助他们树立正确的“三观”。全社会都要来关心和支持。可知，爱国主义和集体主义是永远的主题，社会主义的思想教育和纪律法制教育是此期需要重点突出的任务。

2001 年 9 月中共中央颁布《公民道德建设实施纲要》，大力提倡“爱国守法、明礼诚信、团结友善、勤俭自强、敬业奉献”的基本道德规范。同时严肃指出，家庭是人们接受道德教育最早的地方。高尚品德必须从小开始培养，从娃娃抓起。为贯彻《公民道德建设实施纲要》的精神，中宣部、教育部等六部门联合启动“中国小公民道德建设计划”，在 3 至 18 岁儿童中制定实施，并具体化为“五小”行动，即家庭小帮手、同学小伙伴、社会小标兵、环保小卫士、独处小主人，争做合格小公民。此后，中国小公民道德建设计划活动逐渐成为儿童道德实践中的一项重要内容。

2006 年 3 月 4 日，胡锦涛总书记在参加全国政协十届四次会议民盟、民进界委员联组讨论时提出，要引导广大干部群众特别是青少年树立以“八荣八耻”为主要内容的社会主义荣辱观：以热爱祖国为荣、以危害祖国为耻；以服务人民为荣、以背离人民为耻；以崇尚科学为荣、以愚昧无知为耻；以辛勤劳动为荣、以好逸恶劳为耻；以团结互助为荣、以损人利己为耻；以诚实守信为荣、以见利忘义为耻；以遵纪守法为荣、以违法乱纪为耻；以艰苦奋斗为荣、以骄奢淫逸为耻。“八荣八耻”荣辱观提炼了社会主义的时代新风尚，体现了社会主义价值观的鲜明导向。

2006年新修订的《义务教育法》第三十六条规定：学校应当把德育放在首位，寓德育于教育教学之中，开展与学生年龄相适应的社会实践活动，形成学校、家庭、社会相互配合的思想道德教育体系，促进学生养成良好的思想品德和行为习惯。

党的十八大报告把教育放在改善民生和加强社会建设之首，充分体现了党中央对教育事业的高度重视和优先发展教育的坚定决心。报告对教育提出了一系列新要求、新论断，其中“把立德树人作为教育的根本任务”是在党的全国代表大会报告中首次提出的，是我党的重大政治宣示，令人精神振奋，倍受鼓舞。《中共中央国务院关于进一步加强和改进大学生思想政治教育的意见》(中发“200416号”)，明确提出要坚持育人为本、德育为先，为新形势下进一步加强和改进学生思想政治教育工作指明了方向。

## 传统经典滋养童心①

“少年智则国智，少年富则国富，少年强则国强，少年独立则国独立……”走进安徽省亳州市城乡任何一所中小学，这样的诵读声常可入耳。将国学经典带进课堂，让传统美德逐渐走进学生的心里，潜移默化地接受社会主义核心价值观教育。几年来，亳州市推出的国学经典进校园进课堂活动取得了明显成效。

校园处处洋溢国学气息

校园环境的塑造影响着孩子的成长。走进谯城区青云中心小学，随处都能看到国学经典的影子：校园内每幢教学楼、每间教室的墙壁、过道、走廊上都张贴了唐诗、宋词和孔孟等先贤的画像及生平简介的牌匾；每天在大课间休息时用广播播放古典诵读曲目，让学生在古乐古诗中接受传统文化的熏陶。

“自2010年起，学校就将国学经典融入了校本教材。学校共有12名特级教师，其中8名始终参与国学经典授课，并为此潜心研究。”青云中心小学校长程宏杰说，除了授课外，每个班级都开辟了诵经典园地，以展示学生阅读古诗文的活动成果，如读后感、手抄报等，使校园处处散发出浓浓的国学经典气息，努力营造“热爱经典，走近经典”的大环境。

谯城区魏武小学把国学纳入学校文化建设重要内容，借助国学教育培养学生思想品质，让每名学生通过读经典、诵经典、演经典等展示国学活动的平台，实现“仁、义、礼、智、信”的培养目标，养成“勇、勤、俭、廉、洁”的行为习惯。

孩子变得彬彬有礼，更懂事了

亳州市各学校开展国学经典教育的途径，大多异曲同工：通过国学经典教育，塑造高尚人格，让孩子内化于心，外化于行，做到知行合一。通过加强对语文教师国学经典的培训，设置情境、故事、游戏等开展国学经典教学；通过书经典、诵经典、集体展示、艺术展演、国学经典韵律操、小手拉大手、进家庭、进社区，在课后给孩子设置孝道、礼让等实践作业，

① http://www.ahedu.gov.cn/917/view/15640.shtml

一方面教孩子学经典、记经典，一方面让他们悟经典、用经典。

“随风潜入夜，润物细无声。”就像程宏杰在师生身上看到的那样，礼貌用语多了，污秽词少了；笑容多了，怒气少了；自我批评多了，抱怨少了；孝敬父母的多了，顶撞父母的少了；参加活动的多了，漠不关心的少了；关爱他人的多了，自私自利的少了。

李明昊是涡阳城关中心校六年级学生，他用发生在自己身上切切实实的改变验证了学习国学经典的作用。“吟读了《悯农》，不仅使我懂得了劳动的艰辛和劳动成果的来之不易，而且让我学会了勤俭节约，热爱劳动；诵了《明日歌》，让我懂得了无论干什么都要时时早、事事早，养成了今日事今日毕的好习惯，做一个惜时如金、充实快乐的人……”

而今，走进亳州城乡各中小学，校园里处处飘荡着悠悠古韵。孩子们诵读《三字经》，变得彬彬有礼，更加可爱了；诵读《弟子规》，规范了行为习惯，变得更加懂事了。

国学经典教育纳入中考

“习近平总书记强调，要捡回民族的根与魂，培养和树立社会主义核心价值观，而社会主义核心价值观的根和本就是中华民族优秀的传统文化，国学经典就是优秀传统文化最核心的部分……”亳州市教育局局长李建忠介绍说，市委书记杨敬农一直对“国学经典进校园”的开展情况非常重视和关心，并提出首先要从娃娃抓起。

2014年初，亳州市首次把“在中小学开展国学经典教育”写入该市政府工作报告，通过把国学经典融入常态化学习，传播中华优秀传统文化、传承中华美德，培育和践行社会主义核心价值观。

为推广国学经典诵读课程，2014年，亳州市教育局组织国学研究专家编写“亳州市中小学国学经典教育丛书”系列教材（从幼儿园至小学）共57万册，免费发放到每名学生手中，同时向社会各界赠书近5 000册。该教材既有优美的古典诗词以及《弟子规》、《三字经》等蒙学经典，又有《论语》《孟子》等诸多典籍。此外，由北师大编写的“高中阶段国学经典教育丛书”审定工作已完成，可望今秋出版并发放至高中阶段学生手中。

根据亳州市教育局统一的安排，中小学计划每学期安排40课时，每周安排1课时，由语文教师或其他专职、兼职教师进行讲解。同时，学校每周要安排1个早读时间或1节课余时间进行集体经典诵读。今年，国学经典教育还将纳入中考，并计入中考成绩。

据了解，在国学经典进校园的基础上，亳州市正在开展“以孝为根，以德为本，以爱为魂”的国学经典“六进”活动，即全面推进国学经典进学校、进家庭、进社区、进乡村、进机关、进企业的全民性学习活动，引导广大干部群众自觉把国学经典理念和感恩教育融入社会主义核心价值体系建设中。

### （二）近现代中国学校德育发展的特点

1. 复杂性和斗争性

近代中国同时存在着帝国主义、封建主义、资本主义以及反帝反封建的几种不同的政治制度和经济形态，因而也产生了几种与之相适应的德育思想。各派德育思想和政治活动紧密地结合在一起的，复杂交错，激烈交锋。例如，外国侵略者通过办教会学校宣传宗教迷信和基督教文明，为列强的侵略作论证；洋务派以“中学为体，西学为用”为指导思想冲击传统封建教育体系，传播近代资本主义文化，企图维系封建专制等级制度；资产阶级维新派用“新学”批判“旧学”，主张以自由、平等、博爱等资产阶级道德来改良旧有的封建伦理道德，试图建立君主立宪的政治体制，使中国走上资本主义道路；而资产阶级革命党人更以民族主义、民权主义、民生主义的“三民主义”主张，变革传统德育，开通民智，试图通过渐进的改良方式最终实现民主共和。

随着马克思列宁主义在中国的传播并与中国工人运动相结合，产生了中国共产党，德育领域的原有格局发生了根本性的变化。马克思主义德育思想、传统的儒学德育思想以及国民党官方德育思想等竞长争高，代表不同的阶级利益的德育思想，展开激烈的斗争，相互批判对峙，真实地反映了中国历史的前进发展，也反映了中国近现代德育发展的特点。

2. 德育内容上具有强烈的忧国忧民的爱国主义感情

把社稷、民族的利益放在首位，这是中华民族的传统美德。到了近代，中国人民在反帝反封建的斗争中维护民族独立和国家主权，爱国主义的道德情操得到了高度发扬，爱国或爱国主义，成为一种自觉的思想主张与社会伦理。在爱国精神成为时代主旋律的背景下，民族的救亡和复兴是各种德育思潮争论的焦点，也成为学校德育的主要内容。从 19 世纪 40 年代的“师夷制夷”，到 60 年代的“洋务运动”，再到“改良”“革命”，中国人民在探索民族振兴的道路，创造了光照千秋的爱国主义业绩。

3. 提高政治觉悟是学校德育的首要任务。

中国近代是一个大变革的时代，阶级斗争尖锐复杂，而且其主要的形式是以夺取政权为目的的革命战争。因此，各阶级为了达到自己的政治目的，都把道德教育的重心，放在政治道德方面，以忠于本阶级的政治主张、政治措施和政治制度为首要要求。

外国侵略者以教会学校为主要阵地的道德教育，以传播“基督福音”和西方中心主义为其侵略和殖民中国的罪恶行径张目；封建顽固派把旧伦理道德说得举世无匹，也是为了巩固封建的专制统治；洋务派虽倡导学习“西学”，却是为了维护封建伦理和专制制度政治的“中体”；资产阶级革命派的三民主义道德教育，也以动员青年参加民族民主革命为首要目的；国民党封建法西斯主义的“党化教育”，更是赤裸裸地为其剿灭共产党和民主力量、巩固其大地主大资产阶级的反动政权服务；而共产党为了以革命战争对付反革命的战争，也提出“在一切为着战争的原则下，一切文化教育事业均应使之适应战争的需要”，把激发青年反帝反封建的政治觉悟，积极投入革命战争洪流列为首要目标。

4. 从革命道德到公民道德

《公民道德建设实施纲要》是新时期加强道德建设的纲领性文件，也掀起了新世纪伦理话语转换的重要标志，表明我国的道德建设由完全革命型道德向权利型道德的转换、由以理想性道德要求建设为重点向以先进性和广泛性相结合道德要求建设为重点的转换。在 1986 年和 1996 年两份关于精神文明建设的重要决议中，都没有提及“公民道德”的概念。2001 年颁布《公民道德建设实施纲要》，第一次直接使用了法治意义上的“公民道德”概念，并首次概括出了既具有先进性要求、更具有广泛性要求的 20 字公民基本道德规范。至此，我国社会主义道德规范的主体终于实现了由“人民”到“公民”的转换。从革命道德向公民道德转换，标志着我国道德建设的又一个里程碑，以提升个人道德素养，完善民族整体道德素质的、“以人为本”的道德规范传播开来。培养未来“小公民”成为新世纪学校德育的历史重任。

## 三、当代中国大德育的形成及其特点

### （一）当代中国大德育的形成

“德育”这一概念使用之初，只是道德教育的简称，在意义上，二者没有差异。1928 年唐钺编著的《德育大辞书》对“德育”也作“道德教育”解。“德育为教育之一方面，以儿童之道德心之陶冶为目的”，是“德性之熏陶”。王克仁、余家菊等人所编的《中国教育辞书》中认为：“道德教育，训练道德品格之教育也。一称德育。”①陶行知在《中国教育改造》一书中也谈到德育，他说：“近世所倡的自动主义有三部分：一智育注重自学，二体育注重自强，三德育注重自治。所谓学生自治这个问题，是自动主义贯彻德育的结果，是我们数千年来保育主义、干涉主义、严格主义的反映，是现在教育界一个极重要的问题。”②

“德育”概念本质上是一个外来词，是随着对西方人文社会科学理论的引入而引进的。近代，我们正式启用“德育”术语时，与西方世界的“德育”概念相一致，指“道德教育”，与“世界观教育”等相提并论。但在随后的发展中，受到我国本土社会意识的影响，德育的内涵与外延不断嬗变，与西方的德育概念相差越来越远，而且呈现日益泛化的趋势。

德育概念泛化现象产生于社会的政治斗争、思想斗争的需要。早在第一次国内革命战争结束，党在创建自己的军队后，就十分重视军队的政治教育工作，对中国工农红军官兵所实施的教育包括三项内容：政治教育、军事教育和文化教育。其中，政治教育居于首位。新中国成立后，随着新的社会政治制度与经济制度的建立，思想文化领域或意识形态领域的矛盾越来越突出，学校德育也相应发生了较大的变革，德育长期被视为政治教育，“德育即政治教育”的观念长期流行，甚至连“德育”概念也被“政治教育”所替代。20 世纪 80 年代，人们逐渐认识到政治教育和德育是有很大的差异的，尤其是思想教育和政治教育有着不同的教育方法、原则和途径，仅以政治教育的方式来解决人们的思想问题是不完全有效的。因此，便经历了一个从“德育即政治思想教育”到“德育即思想政治教育”的转变。作为世界观、人生观的思想教育也就从政治教育中分化出来，成为德育的一个相对独立的组成部分。

1988—1995 年间，关于德育概念的界定不断发生变化。几年间，德育经历了从“德育即思想政治和品德教育”到“德育即思想品德和政治教育”再到“德育即思想、政治和品德教育”的转变。随着个性心理品质教育或心理健康教育的重要性越来越突出，心理品质教育作为一项独立的教育内容正式列入各级学校德育大纲，德育内涵再次膨胀，外延再次扩张。

1995 年 2 月 27 日，《中学德育大纲》明确指出：“德育即对学生进行思想、政治、道德和心理品质教育”；1998 年 3 月 16 日颁发的《中小学德育工作规程》中则明确界定“德育即对学生

① 唐钺，朱经农，高觉敷. 教育大辞书[Z]. 北京：商务印书馆，1928：462.
② 陶行知. 中国教育之改造(重版)[M]. 合肥：安徽人民出版社，1981：19.

进行政治、思想、道德和心理品质教育”；2000 年 12 月 14 日颁发的《中共中央办公厅、国务院办公厅关于适应新形势进一步加强和改进中小学德育工作的意见》中指出要把思想政治教育、品德教育、纪律教育、法制教育作为中小学德育工作长期坚持的重点，并强调中小学校都要加强心理健康教育，培养学生良好的心理品质。

2001 年 5 月 29 日颁发的《国务院关于基础教育改革与发展的决定》中关于德育工作指出，要使学生具有爱国主义、集体主义精神，热爱社会主义，继承和发扬中华民族的优秀传统和革命传统；具有社会主义民主法制意识，遵守国家法律和社会公德；逐步形成正确的世界观、人生观和价值观；具有社会责任感，努力为人民服务；具有健壮的体魄和良好的心理素质，养成健康的审美情趣和生活方式，成为有理想、有道德、有文化、有纪律的一代新人。

与此同时，日常行为规范养成、法制、纪律、劳动、环境、审美、理想、社会实践、国防教育、青春期教育等又纷纷列入各级学校的德育大纲，德育外延空前膨大，几乎涵盖了社会意识形态的所有内容，完全生成了“大德育”格局，基本内容包括道德教育、政治教育、思想教育、心理教育四大板块。

**（二）大德育的特点**

1. 大德育的外延无限扩大

目前我国的大德育，囊括了道德教育、政治教育、思想教育、心理品质教育以及爱国主义教育、集体主义教育、社会主义教育、理想教育、劳动教育、社会主义民主与纪律教育、良好的个人心理品质教育等条目。此外，在实践中还有名目繁多的教育，如公民意识教育、民主与法制教育、心理健康教育、三观教育、环境保护教育、卫生教育、青春期教育等都包含在其中。德育成为教育领域无所不包、无所不能的“万金油”。

实际上，德育外延和内涵的不断扩大，正是人们对德育作用期望值越来越高的体现。然而，无所不能的“大”德育并没有真正解决现实中德育实效性差的问题，反而在理论和实践上产生了许多弊端。

首先，将德育在外延上扩充得无所不包，在功能上夸大得无所不能，看似地位在不断提高，实则地位被不断弱化。其次，德育概念的宽泛也容易在实践操作中夸大德育的功能，使其承担其所不能承担的任务，忘却其最根本的任务是道德教育，最终导致德育实效性低，使人们对德育丧失信心，并产生错误的认识。

按照德育本义，德育的主要任务是教会学生学会做人，使他们善于处理人与人、人与社会、人与自然的关系。但是，将德育概念由道德教育泛化为政治教育、思想教育和道德教育的“三位一体”，甚至泛化为民主与法制教育、无神化教育、青春期教育等在内的“多位一体”，就会使德育要实现的目标越来越多，完成的任务越来越复杂。加之各育的心理依据不同，遵循的教育规律各异，目标泛化、任务复杂化的结果，既影响道德教育的有效性，也会影响到其他各育的有效性。

2. 各教育之间的关系模糊

政治、思想、道德和心理品质教育是分属不同层面的问题。政治教育、思想教育、道德教育各自涉及人的不同心理活动，遵循人的不同的心理活动规律。思想教育“属于认知范畴”，不涉及人的情感、意志及行为领域；政治教育尽管涉及人的情感、立场、态度，但不涉及人的意志领域;道德教育则要求涉及人的知、情、意、行诸方面。因此,三者统一于德育,既缺乏心理学上的依据,也不可能拥有共通的教育规律;用一样的手段、方法、通过一样的途径、遵循一样的原则来实施德育中的政治教育、思想教育和道德教育,必然导致采取错误的教育措施。

我们经常能够看到这样的现象:学生偶有思想抛锚即被老师视为道德问题;有些学生的政治方向不明确被视为道德有问题;有些学生因为生理或心理的早熟而导致的早恋倾向也被一些老师视为道德问题。长期以来的思想混乱给德育实践工作者带来了很多矛盾和困惑。思想的混乱必然带来教育方法、教育策略的混乱,最终会带来德育的混乱局面。

另外政治、思想、道德和心理品质教育属于不同的理论研究范畴,其各自的内在规律和教育过程也并不相同,甚至差别很大,混淆的这几方面的内容将影响和限制其理论建设和研究的进一步发展。

## 第二节　西方传统学校德育的历史演进

### 一、西方古代学校德育发展概况与特点

#### (一) 西方古代学校德育发展概况

古巴比伦、埃及、印度和中国号称四大文明古国,是最早进入文明时代的地区,产生了最早的文字、科学知识和学校萌芽,创造了灿烂的古代文化,是世界文化的摇篮,为后来世界文明的发展奠定了基础。

古巴比伦是世界上历史最悠久的古代东方国家。早在公元前2100年,古巴比伦就已经有世俗的教育机构。古代巴比伦的教育为少数人垄断,奴隶不能享受学校教育,只有职业官吏、僧侣、艺术家等少数人才能学习文字。

古埃及的教育与其他国家相比,较为发达。学校的种类更多一些,有宫廷学校、僧侣学校(又称寺庙学校)、职官学校(或称书吏学校)、文士学校等,但被奴隶主、贵族和僧侣阶层所控制,一般平民不可问津,奴隶则更被剥夺了接受学校教育的权利。古埃及的学校教育,是为统治阶级服务,培养各级官吏和高级僧侣的,因此很重视身份意识和忠于职守。教师惯用灌输和体罚,实行体罚被认为是正当、合理的。

公元前6世纪以前的印度教育称为婆罗门教育。婆罗门教育先以家庭教育为主,后来在家庭中办起了"古儒学校"。婆罗门教育以维持种姓压迫和培养宗教意识为核心任务,除了传授生活的基本知识、技能、约定俗成的伦理道德和风俗习惯外,最主要的还是传授婆罗门教的基本经典《吠陀》经。作为学习《吠陀》经的基础,学生还要学习语音学、韵律学、文法学、字源学、天文学和祭礼六科。"古儒学校"特别重视对学生的道德训练,要求十分严格。"古儒"学校的师生关系很融洽。教师必须对学生尽心关怀、教育;学生对教师则要克尽侍奉之劳并无条件服从。但因为师严而道尊,体罚是最常见的手段。

早期的古希伯来教育也以家庭教育为主,以培养宗教信仰为最重要的目标。家长主要以《圣经·旧约》去教导子女。这种教育不重视知识传授,而重宗教信仰和宗教感情的熏陶,是道德的而非理性的教育。公元前1世纪,古希伯来的学校已经极为发达,每个村落都设有学校,

人人必须受教育。但只有男子可入学校受教育，女子不能享受此权利。古希伯来与古代东方其他国家一样，极为重视伦理道德教育。在对学生进行的道德训练中，学生的一言一行、一举一动都要按《圣经》和律法(包括民法、伦理道德和宗教等)行事。为使儿童专心学习并养成良好习惯，希伯来人主张体罚。古希伯来人强调儿童从小接受上帝的信念，服从、信奉、敬畏上帝，为完成上帝的使命而养成谦逊、节制、仁慈、诚实等品德，其整个教育都散发着浓厚的宗教色彩。

古希腊人的教育有两种典型的模式，即雅典教育和斯巴达教育。斯巴达教育以军事训练为主，轻视知识和学术。为了达到它的目的，即通过严酷的军事体育操练，把氏族贵族的子弟训练成为体格强壮的武士，对学生进行强制的政治道德灌输和严酷的身心磨炼，以求学生形成勇敢、坚韧、顺从和爱国的品格。而雅典教育的目的是培养忠于国家的良好公民，不仅要把统治阶级的子弟训练成为身强力壮的军人，更要求把他们培养成为具有多种才干、能言善辩、善于通商交往的政治家和商人。因此雅典教育主张在学校实施体、智、美、德多方面的教育，培养和谐发展的人。雅典人要求教师在儿童入学时就要把培养良好的品行放在首位，其次才是阅读和音乐。在阅读、音乐等课程中，也渗透着德育的内容。同样，古罗马以尊重传统美德而闻名于世。

古希腊罗马时期最著名思想家德谟克利特、苏格拉底、柏拉图、亚里士多德、昆体良等都对德育进行了论述。

德谟克利特认为人的生活目的就是追求幸福。要想得到幸福，必须具备好的品德。他强调道德教育和道德修养的必要性和重要性，认为“对善的无知，是犯错误的原因。”①强调说服教育和正面鼓励，指出“用鼓励和说服的言语来造就一个人的美德，显然是比用法律和约束更能成功。”②

苏格拉底提出“美德即知识”，把知识与道德等同起来，认为智慧的人必然是有美德的人。美德由教育而来，教育的目的，即在于通过认识自已达到获得知识，最终成为有智慧、有完善道德的人。柏拉图认识到青少年不同发展阶段的心理特征对德育教育的影响，提出对不同年龄的儿童采取不同的教育手段和方法。

亚里士多德继承了柏拉图教育的年龄分期思想，并提出和谐发展教育的观点。在他看来，一个人受教育的年龄按每七年为一自然阶段可划分为三个时期，其中第二个时期，七岁到十四岁，相当于初级学校阶段的教育，这一阶段要发展非理性灵魂，以情感道德教育为主。他认为，培养必要的道德品质，是教育内容的重要组成部分。道德教育的目的在于通过实际活动和反复练习，逐渐养成“中庸”“适度”“公正”“节制”和“勇敢”的美好德行。他确定道德教育有三个源泉：天性即自然素质、习惯和理智。优良道德品质的形成，必须利用天性，使之得到适当发展，最终趋于理智的高度。这里习惯是具有决定性意义的。习惯的形成有赖于反复行动，所以道德习惯和道德活动的培养，是形成优良道德品质最重要的条件。

---

① 北京大学哲学系. 古希腊罗马哲学[C]. 北京：商务印书馆，1982：110.

② 同上，第 114 页。

昆体良是古罗马教育理论家，也是著名的演说家。他认为从家庭教育开始就应注意幼儿的道德教育问题。在道德教育方法上，昆体良反对体罚，认为这是对儿童的凌辱；应鼓励奖励，培养孩子的自信心，多给孩子荣誉。他还认为教师的道德面貌对学生的影响很大，教师应是才德俱优，即言即行的人。

古希腊罗马时期思想家们对德育的精彩论述，对以后德育思想的发展产生了深远的影响。

欧洲中世纪封建时期，基督教在政治经济及道德伦理领域，都处于绝对的统治地位。最典型的教会教育机构是分布在各地的修道院学校，教会学校中的德育活动与宗教活动是紧密联系在一起的。德育活动除了教师向学生口授圣经中的一些教义之外，还进行大量的宗教礼仪和宗教道德训练，如每日祈祷，向上帝忏悔和斋戒等。教会学校的教育目的是要把学生培养成具有服从和忍受的思想品德的人，因此对学生的管教极为严格，棍棒和鞭条是学校的必备品，体罚盛行。除了修道院学校外，中世纪的西欧还有主教学校和堂区学校。封建贵族为了满足自己的需要，还建立了宫廷学校和骑士学校。

阿拉伯在公元七世纪建立了以伊斯兰教为国教的政教合一的国家，因而，其教育以阐释伊斯兰教义为中心目的。哈里发既是国家元首、又是宗教领袖；《古兰经》既是国家的政治纲领，也是伊斯兰教的最高经典和学术思想的源泉。阿拉伯的教育具有尊师重教、教育机会均等、神学与实用课程并存等特点。重视教育，尊重知识，是阿拉伯人的优良传统。

中世纪的教育，实际上是一种宗教道德教育，它压制人的个性，磨灭人的意志，以便达到服从神，服从封建统治的目的。基督教使禁欲主义成为一种公开、强制的道德戒命和生活方式，致使文艺复兴时期资产阶级的道德解放，又走向纵欲主义和享乐主义另一个极端。



### （二）西方古代学校德育的主要特点

1. 西方古代学校德育具有习俗性和实践性

西方以古希腊和古罗马最先迈入文明的门槛，因此，西方古代教育以古希腊和古罗马为代表。这一时期学校道德教育具有明显的习俗性和实践性。习俗性是就当时德育内容而言的。由于劳动、生活、教育是一体的，道德教育是在习俗中存在，并且以习俗的传承为主要内容的。儿童通过日常生活以及参加宗教或节庆的仪式、歌舞、竞赛等形式接受道德教育；德育以培养年轻一代对神灵、首领的虔敬、对年长者的尊敬、对氏族与部落的责任的理解、对原始宗教仪式的掌握以及形成其他社会习俗所鼓励的道德品质等为主要目标。当时提倡的道德，如智慧、勇敢、节制、公正等，大多是一些社会习俗，而且多是以史诗中对英雄行为的赞颂这类形式来表达的。实践性是就德育的途径而言的。当时学校中没有独立的德育课程，德育训练大部分只是在其他课程，例如体操课和音乐课中附带进行的；另外，从德育实践的角度看，这一时期的道德教育基本上是采取不成规模的师徒授受方式进行的；道德教育的内容也是对宗教或圣贤经典思想的解释、理解与实践。

2. 西方古代学校德育笼罩着浓厚的宗教色彩

宗教性是指学校德育或多或少的“宗教或类宗教特性”。古印度婆罗门教时代的教育以学习婆罗门教的基本经典《吠陀》及释经书《奥义书》为最重要的课程；佛教时代学校的学习内容虽然比较广泛，但仍以佛教经典为最主要的内容。古希伯来的教育则以《圣经》即《旧约全书》

为基本内容。在以伊斯兰教为国教的政教合一的阿拉伯帝国，所有的学校也以《古兰经》为最重要的教材。西欧中世纪是一个宗教信仰的时代。在宗教信仰时代，上帝成了最高的权威，来世成了人生的归宿，并从中演绎出现世生活的全部意义。由于宗教神学对文化教育的绝对统治，教育目的是使人皈依上帝，为来世做准备。在教育内容上，宗教神学高于其他一切世俗学科。从奥古斯丁“上帝即永恒真理”，到阿奎那“一切学问都是神学的婢女”，基督教神学理论确立了它对世俗学问的绝对优势。欧洲中世纪教育虽然“七艺”并行，但贯穿“七艺”的主线是基督教神学。宗教内容既是初入学儿童学习的最基础的知识，也是大学高年级学生研读的最高深的学问。这一切使得西欧中世纪的道德教育笼罩在宗教神学之下，道德教育被融入宗教神学教育之中。

3. 学校德育牺牲理解、强调记诵，采取了非人道的方式

古代西方国家在实施德育的过程中普遍采取了体罚、灌输等非人道的方式方法。古埃及的学校盛行体罚，如果学生没有用心读书而耽于游玩，就要挨揍。古印度，教师惯用灌输和体罚，实行体罚被认为是正当、合理的。古希伯来人也主张体罚，有关体罚的文字，在《圣经》中比比皆是。在对学生进行的道德训练中，当体罚无效时，甚至主张把儿童处死。斯巴达人为了培养勇敢精神，经常在女神庙里鞭打学生；为了培养灵活机敏，竟怂恿学生去偷窃，而如失手被抓住又要处以毒打或禁食，欧洲中世纪，基督教在政治经济及道德伦理领域，都处于绝对的统治地位。教会学校为了把学生培养成具有服从和忍受的思想品德的人，最注重宗教思想的灌输。因此对学生的管教极为严格，棍棒和鞭条是学校的必备品，体罚盛行。这些做法都反映了当时基督教会统治下道德教育的反人性、反科学的性质。

## 二、西方近现代学校德育发展概况与特点

### （一）西方近现代学校德育发展概况

文艺复兴时期，许多思想家在发掘、复兴古代灿烂文化和艺术的基础上，开始了以人文主义为中心的新文化的创造。它打击神的权威，赞扬人的价值和尊严，要求人们要有所作为，大胆地追求一切并享受一切，打碎宗教套在人们头上的精神枷锁。这时的道德教育，不再是原来那种对神的崇拜，对教会权威和封建专制的绝对服从，以及宣扬的那种虚伪的假仁、假慈的抽象的旧道德教育，以原罪论为中心的学校德育开始解体，人道主义，乐观向上，热爱自由，追求平等和合理享受等新的道德观在人文主义的学校中开始取代天主教会的道德观。尊重儿童，反对体罚成为新派教育家的强烈要求。

继文艺复兴后，十六世纪的欧洲掀起宗教改革运动，从宗教和道德方面直面社会改革，它对学校产生了强烈的影响。在德国，路德派新教把学校从大主教手中夺回来，使它从宣传天主教教义的工具转变为反对大主教、宣传新教教义的阵地。马丁路德自编《教义问答》作为课本，向儿童灌输新教的思想意识。瑞士的加尔文教派、英国的新教教派、捷克的兄弟会等，都反对天主教会的专制蒙昧教育，而实行资产阶级民主主义的教育原则。

十七世纪，文艺复兴运动达到高潮，捷克的夸美纽斯是当时最著名的教育家。他高度评价了教育对于社会生活的作用，希望通过教育改变社会道德普遍堕落的现象。夸美纽斯把培养

德性当作学校的重要任务之一，他受柏拉图和亚里士多德的影响，认为智慧、节制、勇敢、公正四者是最基本的德性。他认为，教育的目的，就是培养在身体、智慧、德行和信仰几方面和谐发展的人。道德教育要达到应有的效果，必须从以下三方面着手：一是教师要以身作则，以"良好的模范、恳切的语言和真诚坦白的同情"，言传身教，使学生心悦诚服，效法追随。二是重在实行，儿童要从日常小事起，实践道德行为，克服各种不良习惯。三是合理安排儿童的生活，使他忙碌于有益的事务，免于闲逸做坏事。夸美纽斯还开创了用智育的方法来培养德性的先河。

十七世纪的英国革命、十八世纪的工业革命以及法国大革命促进了社会需求和科学进步。各种新兴的教育思潮使欧洲教育逐渐由注重课本转向注重经验，由注重思辨转向注重科学实践。在这一时期，欧洲初等学校逐渐采用民族语言代替拉丁文进行教学，是教育走向平民化的一项重要改革。

培根提倡的科学教育思想启发了英国和其他国家的教育家，为教育的发展指引了新的方向；同时他也强调道德实践活动、习俗、求知、社会环境对培养德性的影响。卢梭在其作品《爱弥尔》中，开辟了教育人本学化的崭新道路。卢梭大大发展了文艺复兴运动以来的自然教育思想，主张充分尊重人的自然本性，尊重儿童的年龄差异，"按年龄而施教""使儿童有自出而无邪念"，让儿童从实际生活中学习有用的知识。

裴斯泰洛齐认为德育是培养和谐发展的人的极为重要的方面；通过遵循道德自我发展的基本原理，培养和发展儿童的德性；同时德育过程中，要重视道德说理和道德行为的练习，而不是崇尚空谈。康德更强调通过教育使人获得知识和道德，成为有道德有理性的文明人。赫尔巴特强调知识或认识在德行形成中的作用，把德育作为教育的最高目标，提出了用理性方法培养德育的问题。

在法国资产阶级革命时期，康多塞的教育方案主张一切阶段的学校教育都应是普及的、免费的、男女平等的；宗教教学应予废除；小学设《道德原理》课，中学设《政治道德》课来学习道德基础知识。而雷佩尔第的教育方案重视以道德教育取代宗教教育，主张培养多方面发展的优秀公民和爱国者。德国出现的新式学校"泛爱学校"提出了培养博爱、节制、勤劳的美德，注重实用性和儿童兴趣，寓教育、教学于游戏中等极富新意的办学设想。十八世纪俄国的叶卡捷琳娜在位时期进行文教改革，在颁布的《俄罗斯帝国国民学校章程》中对师生的品德、教学、日常生活及宗教信仰提出了严格的要求，规定学生必须严守学生规则等。拿破仑帝国和普鲁士帝国都特别强调尊敬皇帝的教育，注重宗教教育。

19世纪西方主要资本主义国家教育权基本上完成了从教会向政府的过渡。各级各类学校迅速发展，建立了民主教育制度，但除美国外，大都仍实行教育双轨制。贵族和富裕阶层子女有自己的条件很好的教育系统，贫苦阶层子女接受较高教育仍很难。19世纪后半叶起，受到洛克、裴斯泰洛齐、第斯多惠的民主教育理论，尤其是卢梭的自然教育观、斯宾塞的实用主义教育理论的冲击，宗教教育受到一定限制，道德教育学说开始摆脱宗教的束缚，重视道德教育的世俗目的和理性思考，在承袭道德教育的权威性、管教、奖惩等传统的同时，开始强调理性、示范、陶冶、实践。

19世纪末20世纪初是人类社会又一重要的转型时期。工业和经济的迅速发展，新的科学技术广泛使用，使整个社会生活发生重大变化。欧美一些国家出现了各种新的教育思潮，并逐步汇集成了范围广泛的教育革新运动，如欧洲的“新教育运动”和美国的“进步主义教育运动”，德国的“实验教育学”以及凯兴斯泰纳的公民教育和劳作学校等。他们共同反对传统教育，重视儿童自身在教育过程的主体地位，提倡发展儿童自由个性与活动能力，强调培养儿童的内心道德和合作精神，这对现代欧美教育产生了深远的影响。

杜威是20世纪最有影响的教育家之一。他强烈反对近代学校德育中过分重视知识的传播和灌输的倾向，认为道德教育是调节个人与社会的关系。道德教育应在社会性的情景中进行，而不能只停留于口头说教。德育过程不能脱离学校的各项活动，学校道德教育与学校中其他的各项工作是互相联系的，因此，学校中的教学、生活、对儿童的指导、“主动作业”等，都具有德育的作用。道德教育的方法应是鼓励学生参与实际生活，使他们在同他人合作和交往中发展道德。道德教育应扩展到整个学生生活。为此，杜威提出了“伴随学习”的概念，这是有关德育隐蔽课程的最初概念。

瑞士的皮亚杰和苏联著名教育家马卡连柯的德育理论也对该时期的道德教育产生了影响。他们都强调儿童在德育中的主动性和自觉性，强调活动与实践对儿童品德发展的作用；他们都批判权威灌输道德规范的做法，强调道德教育的知行统一、品德认知力发展与品德行为表现的统一。皮亚杰从心理学的角度，第一次科学地指示了儿童道德判断发展是一个阶段性的依次渐进的过程。马卡连柯在长期从事改造违法少年和流浪者的教育活动中总结出在集体中通过集体和为了集体进行品德教育，培养社会主义一代新人；强调必须建立合理的生活制度、奖惩制度，进行大量的行为伦理教育。

可以说，20世纪前期是现代学校德育的一次重大转型，以启迪儿童自身道德觉悟，调动个体主体积极性、尊重人的发展、致力科学教育方法的学校德育开始确立。

20世纪30年代末，为了克服进步主义教育缺乏明确的道德原则而使传统文化的稳定性遭到破坏的趋向，出现了以宣传传统德育思想为核心的新传统派教育理论、反对现代教育观念，其中主要有要素主义、永恒主义等。新传统的德育思想基本上是与近代传统德育理论一脉相承的，对于维护传统道德文化，克服西方社会的道德危机有一定的理论作用。但是片面强调传统道德的永恒性，注重权威的灌输和指导，忽视了道德教育的现实性，轻视学生的道德实践，又带有保守性和片面性。

在两次世界大战期间，以爱国主义教育为核心的学校道德教育得到空前的重视和广泛的开展。一战后，针对战时暴露出的公民义务教育的不足，学校加强了公民、公民义务和国家责任教育。至二战结束前，学校道德教育是系统地、有秩序地进行的。然而，二次大战的爆发动摇了人们的教育信念，从根本上扭转了学校教育的方向。严酷的战争表明，肆意践踏人类道德的法西斯国家同样有能力建立和操纵复杂的军事工艺，在强权和技术面前，道德和道德教育显得苍白无力。

随着二战的结束，以增强民族凝聚力、激发爱国情感为主要内容的道德教育不再显得重要，面对一片片战争废墟，国家的主要任务在于恢复由于战争而几近瘫痪的经济，启动满足国家和人民生活急需的工农业生产。在美国以及西欧各国，面临着艰巨的战后重建，为经济恢复和国家建设服务成了学校教育的首要任务。在此背景下，尽管学校仍要求学生养成良好的生活习惯和行为方式，但学校德育在学术课程的强大冲击下不断被忽略，加之德育理论的贫乏，学校德育进入了一个“荒凉时代”。

自20世纪70年代以来，西方主要发达国家学校道德教育被忽视的状况有了很大改变，出现了德育回归学校的趋势。

1988年4月，美国联邦教育部部长贝内特向总统里根递交的五年教育改革的总结报告中强调：为了使学生“增强成功的民族精神”“富有爱国精神”，必须在“道德课”“纪律秩序”和“勤奋学习”三个方面取得显著改进，并作为衡量学生“增强成功的民族精神”和“富有爱国精神”的评判标尺。20世纪80年代，英国教育部颁布了道德教育《大纲》，规定学校必须向学生传授道德价值观。英国全国课程设置委员会主席大卫·柏斯卡说：“教育不能与道德相脱离，对学生进行道德教育是学校义不容辞的责任。1988年，英国颁布了《国家课程》，将培养“有德行、智慧、礼仪和学问”作为学校德育的基本目标。俄罗斯重视爱国主义教育，为了培养学生的爱国主义情结，制定了《俄罗斯联邦国家2001—2005年公民爱国主义教育纲要》和《俄罗斯联邦爱国主义教育构想》等等。

欧美各国重视并加强对学校德育督导的另一个重要表现，就是不断加大政府的财政性教育投资。例如，从1960年至1980年的20年间，美国对教育投资增加了60%。20世纪80年代，美国前总统里根(Ronald Wilson Reagan)再次重申增大道德教育投入的重要性，他指出，美国教育领域中，问题之所以层出不穷，并非源自教育经费短缺，而是因为经费分配不当，尤其是在道德教育中缺乏充足的人力、物力与财力。进入21世纪以来，美、英、德、法等国不断追加教育经费，并通过政策保障和制度规范，确保教育经费落实到位，同时加强国家教育行政部门对学校德育的督促和检查等系列措施，作为推动本国学校德育改革和发展的重要保障。

日本临时教育审议会于1988年在其发表的教改报告中指出：“能否培养出在道德情操和创造方面都足以承担起21世纪的日本的年轻一代，将决定未来的命运，当务之急是要加强学校的道德教育。”日本政府还专门拨款用于改善和加强德育工作。

**韩日德美道德教育面面观**[①]

当今时代，重视和加强青少年道德教育已经成为各国教育改革的共同特征。人们逐渐认识到学生的世界观、人生观、价值观等是在与同伴、教师、家庭及社会的对话和沟通中逐渐确立起来的。各国在珍视传统、适应现状的基础上，采取了不少行之有效的新举措，也提出了一些颇具启示意义的新观点。

韩国　道德教育不能割裂历史传统

儒家伦理深深扎根于韩国的文化之中，融化在韩国人的思维方式和行为规范里，至今韩国还是世界上唯一保持全国祭祀孔子的国家。儒学中的社稷、仁等观念与韩国苦难、屈辱的民族历程相交织，形成了韩国人独特的民族性格。20世纪60年代后，韩国历史上

① 何树彬 http://zhrcsxdd.com.cn/jiejian/asian/2015-12-11/11670.html，2015-12-11

形成的这种民族特质被提升为“国民精神”。珍视传统，突出民族性成为韩国学校道德教育最为突出的特征。尤其在日益全球化的今天，传统的价值更加熠熠生辉。

由于韩国人非常珍视传统，并将这种传统的内在精神转化为本民族发展的动力源泉，因此不但培养了一代又一代精忠报国的有文化的韩国人，而且为韩国的崛起和江汉奇迹的出现奠定了精神基础。

韩国人深刻地认识到，道德教育绝非一朝一夕之功，而要真正渗透到日常实践中去。由此，他们十分重视青少年的养成教育，强调“坐而言不如起而行”，通过设置“道德教室”，对学生进行行为规范的训练。仅礼节教育方面就具体包括：1. 个人生活礼节，如坐、立、走的姿势，与人谈话时的语调、眼神及面部表情，接递物品时的举止；2. 家庭生活礼节，如对父母长辈、兄弟姐妹、亲戚邻里的礼节；3. 学校生活礼节，如对老师、前辈、同窗的礼节，上学、放学时的见面礼、告别礼；4. 社会生活礼节，如在社会交往中的鞠躬礼、举手礼、注目礼、对拜礼以及各种称谓；5. 国家生活礼节，如对国旗、国歌的礼节等。

日本　从坚决抵制校园暴力做起

校园暴力是一种普遍存在的世界性现象，在一些国家或地区，如南非、巴勒斯坦等，校园暴力事件非常频繁，给教育的发展带来极大危害。而校园欺凌成为校园暴力最为经常的表现形式。日本文部省认为，校园欺凌现象和校内暴力事件已经成为严重的问题，治理整顿时必须制定量化指标，下大力气解决。

校园暴力最为明显的特点是恃强凌弱。所谓的“强者”，他们或身体方面占支配地位，或年龄方面占有优势，或人数方面占多数，或知识智力方面有特长。他们凭借在某一方面的有利地位，对处于不利或劣势地位的老师或学生实施暴力。施暴主体有教师、有学生，也有校外人员。文部省主要通过年级设置和教师配置的弹性化、建立学校咨询制度、向学校派咨询专家等措施来解决。在学校这个小社会中，健康向上、竞争有序、互助友爱的德育氛围对于学生的发展显得异常重要。

德国　“朴素道德”和“善良教育”

“朴素道德”理论由当代德国教育家鲍勒诺夫提出。他认为人类社会中实际上蕴涵着一种更一般、更纯情、更基本、更长久保持同一性的道德，如诚实、信赖、同情心、爱、关心等，它们是一切道德的基础。朴素道德具有自然健全性，是基于人类本性和社会生活的，也可以说是人的天性流露。朴素道德包括下列要点：1. 要自觉忠实地完成每个人在特定活动范围内的责任；2. 要老实坦诚地和人交往，踏实、正直，做事不半途而废；3. 同情他人和理解一切有生命东西的痛苦，乐于帮助处于困境的人；4. 尊重他人活动的权利，与人为善；5. 言行举止端庄，注意倾听别人意见，做受人敬重的人。

众所周知，德国是引发两次世界大战的“罪魁祸首”。所幸的是，德国各阶层能够深刻地反思这段历史，因此格外重视对孩子善良品质的培养，并将其列为道德教育的有机组成部分。爱护小动物是许多德国幼童接受的“善良教育”的第一课。其次，同情、帮助弱小者是德国人对孩子进行“善良教育”的另一重要内容。对那些中小学校园里出现的恃强欺弱的所谓“小霸王”，校方的反对态度非常鲜明。凡经两次记过仍不思悔改的“小霸王”，校方即果断地予以开除，接着再由“不良少年管教部门”给予管教。

美国　道德教育的五个E

在美国，个人的独立、平等、自由意识，乐观进取精神，良好的人际关系和心理品质被认为是健康人格的重要表现。学校教育的重要责任就是促使青少年个性自由、人格发展、自我完善。20世纪90年代的美国青少年被称为“漠不关心的一代”，各个年龄段的孩子承认撒谎、欺骗和盗窃行为的人数之多也前所未有。“太多的家庭、学校已不再履行他们作为道德标准的维护者和促进者的传统职责。”“解决办法是在我们的家庭、学校、企业、政府以及每天的日常生活中，重新提倡具有美国传统的核心道德标准，但最有潜力战胜这一全国国民性危机的是学校。”

美国波士顿大学教授K·瑞安提出了新的道德教育中应做到五个“E”：即“榜样”(Example)，教师应成为道德品质优秀的典范，并在课堂上向学生介绍历史和现实文化中的英雄人物，使之成为学生模仿的对象，并且让学生善于发现自己身边的榜样；“解释”(Explanation)，教师不再简单地向学生头脑中填塞社会的规章制度，而是同他们进行有关人类高尚道德的对话，只有对话才能使学生受到启发。多年来道德教育效果甚微，就是因为压制了儿童天生的好奇心。孩子的许多问题都指向道德方面的问题，如“为什么我受到惩罚，而他没有？”“我该为邻居做点什么？”“那公平吗？”“劝诫“(Exhortation)，就是教师对学生的激励和规劝，可以通过精心推理的方式进行；“环境”(Environment)，教师要创造一个道德教育氛围，让学生感受到教师的期望，感受到彼此的相互尊重与合作，从而有助于学生产生利他主义的思想和行动；“体验”(Experience)，教师在教育学生中，教会他们一些有效的助人技能，有计划地安排校内外活动，鼓励学生积极参与，使之有机会体验并且逐渐内化为各种道德观念。



**(二) 西方近现代学校德育发展的特点**

近现代的西方学校德育在发展过程中逐步实现了从宗教化、权威化的古代学校德育向科学化、世俗化和人性化的近现代学校德育的转换，同时也经历了一番传统与现代的激烈对抗和斗争。

1. 学校德育从宗教化走向世俗化

西方近现代学校德育的一个显著特征就是实现了从道德教育的宗教化向世俗化的转变。这一过程是在否定中世纪的宗教文化的过程中，经过文艺复兴、宗教改革和启蒙运动三次思想解放运动的影响而实现的。针对宗教文化对人欲和人的思想的禁锢，文艺复兴时期的思想家们纷纷从人本身、从人性出发来寻找道德的依据，肯定现实生活的价值和尘世的享乐，关注今生而非来世。一批道德理论家，他们公开倡导把以品格教育为内容的道德教育从宗教教育中分离出来，并把道德教育置于与宗教教育同样的地位。欧洲掀起宗教改革运动，从宗教和道德方面直面社会改革，大力宣扬世俗精神，对学校产生了强烈的影响。欧洲初等学校逐渐用民族语言代替拉丁文进行教学是教育走向世俗化的一项重要改革。

西方近代的道德教育与宗教的分离对于学校德育具有划时代的意义。学校德育无需再到上帝那里寻找根据，道德教育面向时代、面向人的日常生活，变得更理性化和实用化。宗教意识对德育的消极影响被削弱，为学校德育的民主化和科学化提供了重要的基础。在这种影响下，教育与世俗生活的结合更趋紧密，学校的课程也随之发生了变化，世俗性知识比重加大，自然科学进入课程之中。

2. 学校德育从神化走向人性化

在14—16世纪的文艺复兴运动中，人文主义者把人们的关注目光从天国拉到了人间，而对“人”的发现，尤其是用自然人性对神学的反叛和对人道主义的高扬，直接促进了学校德育的对象从神化向人化缓慢转变。中世纪以前，神性统治一切，表现为“崇拜的教育”。近代以来，随着现代科技发展和人性觉醒，追求的是以个人为本位、主体自我为中心的普遍道德价值观，提倡个性解放和个人自由，颂扬现世生活的幸福和人生价值，反对宗教禁欲主义和教会神学统治成为近代学校德育转向的思想基础和基本内涵。从神化转向人化可以说是现代教育的一个重要转向，也是西方学校德育方法转向最根本的特点。自从有了学校教育，学校德育的主要方式是对学生进行灌输，实施一种以工具理性思想为指导的道德教育，其主要表现在：不尊重学生的人格、尊严、个性、权利；忽视学生的自主性和能动性，实施一种工具化的规训和约束，非人道的体罚；把人作为一种工具意义打造，作为接受知识的容器。经历了文艺复兴的洗礼，注重个性发展，教学方法上反对禁欲主义，反对体罚，尊重儿童的天性被充分的肯定。

从十九世纪末二十世纪初开始，西方在德育方法上越来越体现人化的特点。把学生看作是具有独立人格的人，是完整的人，是具有独立性、能动性和创造性的人，把教育者放到与受教育者平等的地位，尊重受教育者的人格，关注学生的兴趣和需要。对受教育者本身的关注，成为现代西方学校德育方法上一个显著的特征。

3. 学校德育的组织化和科学化

西方近现代学校德育的组织化和科学化主要是指以伴随着班级授课制为代表的近代教育体制的出现，学校也采用智育的方式进行道德教育。

夸美纽斯首先提出用智育的方法来培养德性的教育家。他把德育看成所有课程的最高目的和价值，用人类一切知识来培养德性，“知识、德行与虔信的种子是天生在我们的身上；但是实际的知识、虔信却没有给我们。”而学校要成为真正的“人类的锻炼所”，不仅要让学生养成良好的行为，而且必须接受良好的教导，“从学习事物间的真正区别和那些事物的相对价值去获得”。[①] 夸美纽斯把美德的形成建立在广泛的自然和社会科学知识基础上，通过学习广博的知识来培养德性，开创了用智育的方法来培养德性的先河。英国教育家斯宾塞在理性教育基础上进一步提出“科学知识最有价值”的理论命题。他认为道德教育是一个涉及一切其他科目的学科，因此，他以一种“个体本位”的道德观，把与个体生存与发展相关的知识与道德进行科学化的分解，最终成了学校德育的课程内容。

西方近现代以理性主义为基础的智育化学校德育，在效率上比过去的“学校”教育有了较大的提高，而且使学校成为一个与家庭和社会都不相同的学习集体生活的特殊场所，这为道

---

① ［捷］夸美纽斯. 大教学论［M］. 傅仁敢，译. 北京：科学教育出版社，1999：164.

德教育带来了积极意义。但是组织化的教育重视学生认知发展，而对学生情感、意志培养和行为养成注意不够，重视了智育的德育功能，而忽视了体育、美育等各种教育成分的功能。

现代西方学校德育理论均反对传统智育化德育中的“知识教育”的倾向，把它贬低为“关于道德的教育”“美德袋”式的教育，强烈否定传统直接德育课程禁锢学生心灵发展，在实施过程中的非理性现象。现代西方德育理论把现代德育建立在对道德认知发展、道德情感发展和价值观念反省的基础上，强调对学生现实道德生活的指导。

4. 学校德育理论和方法种类繁多，重视多学科的整合

西方现代学校德育一个明显的特点是它的理论和方法种类繁多。尤其是 20 世纪以来，由于生产、科学技术的迅猛发展，社会的剧烈变动以及科学与宗教、民主和专制的激烈冲突，使得新的德育理论不断涌现，出现了西方近现代以来德育理论与实践上的百花齐放、流派纷呈局面。如，苏联的社会主义集体教育思想、美国的进步主义德育理论，以及认知与发展学派、社会学习理论、价值澄清理论、关怀理论等等，所涉及的学科主要有哲学、心理学、文化学、社会学、宗教和历史等。杜威从道德教育哲学角度提出的实用主义道德教育理论，哈特·肖恩和梅从心理学角度提出的“品格教育研究”以及霍尔的儿童心理研究和行为主义道德发展理论是 20 世纪早期最有影响的理论。尽管这些理论和方法在 20 世纪五六十年代受到冷落，学校德育处于荒凉的时期，但由于西方社会道德的混乱和社会问题的加剧，西方国家从 60 年代末又开始重视道德教育，涌出了大量关于道德教育的理论和学说。英国道德哲学家威尔逊提出了分析哲学的道德教育理论，美国的价值澄清理论和柯尔伯格的认识发展理论最负盛名，此外，还出现了斯克里文的认知方法、纽曼的社会行动模式、夏弗的理论构建模式、克里夫·贝克的价值教育的反省方法等。研究、探讨和实施道德教育成为西方各领域各学科共同感兴趣的问题。

同时，欧美国家的学校德育中，德育工作者尝试从哲学、心理学、社会学、人类学、文化学等视角综合思考学校德育中的冲突和困惑，并通过实施学科德育，不断推进和改善青少年学生的思想道德教育工作。借助学校这个平台，德育的各个理论流派也改变了竞争和对立的僵局，彼此之间也展开了广泛的对话和交流，增进了共识，取得了积极的成效。经过学校德育工作者的积极倡导和努力实践，各种德育理论流派逐渐走向融合，呈现出一体化的发展趋势。“从当代西方学校德育发展看，这些理论派别正从以往的对立状态走向趋合，相互对立中实现相互借鉴，从中达到新的发展，这是随德育人性化所实现的趋向。表明德育的目的是培养完整人格的个体，任何单一理论都是无法达到的。”①

5. 注重汲取传统德育思想，品格教育呈现回归和复兴的态势

“二战”之后，欧美各国产生了一系列的社会问题和道德问题，具体到学校领域，由于深受道德相对主义和道德自由主义的影响，违反校规、校园暴力、少女早孕和学生吸毒等现象层出不穷。而对学校的紊乱和失衡，欧美各国忧心如焚，他们希望回归传统，传统德育思想，尤其是要传授“自尊”“责任”“关爱”“诚实”“关心”“勤劳”“同情”“容忍”“合作”“宽容”和“自律”等核心价值观，克服、消解相对主义和自由主义对青少年学生的影响，切实增强学生的道德责任和社

① 冯增俊. 当代西方学校道德教育[M]. 济南：山东教育出版社，1993：468.

会义务，并以此化解道德困惑。由此，自20世纪80年代后，以美国为代表，品格教育在欧美学校开始兴盛起来。

品格教育在学校中复兴的表现主要有两个方面。一方面，产生了大量的品格教育著述。如凯文·瑞安(Kevin Ryan)和麦克林(Macleans)编著的《校园内外的品格发展》(1987年)、雅各布·本宁加((Jacobs Benninga)的《道德品格与小学公民教育》(1991年)、格拉斯·西斯(Grasse Sith)的《希望的学校：培养今日青少年的精神与品格》(1994年)和《品格教育：指导学校管理者》(2001年)等。在这些研究成果中，尤为值得一提的是"品格教育伙伴"提出的有效品格教育的11条原则：1)有效的品格教育应进行核心伦理价值观教学，以此作为学生良好品格的奠基；2)品格是一个包含思想、情感和行为在内的复合体；3)有效的品格教育应采取一种有意识的、积极的和全面的方式，在学校的各个环节推进核心价值观；4)学校理应是一个充满关爱的社区；5)有效的品格教育应为学生提供实践道德的机会与条件；6)有效的品格教育应开设富有意义的、具有挑战性的学术课程，此种课程满足所有学习者的需要，有助于他们获得学业成功；7)品格教育必须激发和维持学生的内部学习动机；8)学校教职员工应当成为一个学习型的道德集体，共同承担品格教育的责任，并努力遵守和维持核心价值的一致性，以引导学生品德的发展；9)有效的品格教育倡导来自于教职员工和学生所组成的道德领导力量；10)有效的品格教育要求家长和社会成员成为品格教育的伙伴，共同参与品格教育活动；11)有效的品格教育应把学校生活的品格、教职员工作为品格教师的实际情况、学生展现良好品格的程度纳入评价范畴。另一方面，大量的品格教育组织和品格教育研究中心成立，如品格发展基金会、品格教育研究协会、品格教育联盟等。这些机构通过编制品格教育计划、选择品格教育方式、开展品格教育评价等活动，将学校的品格教育推向一个新的发展阶段。

## 第三节　中西方传统学校德育的比较

世界德育发展的历程证明，一定的社会历史发展阶段，必然出现与之相适应的道德体系。尽管中西文化的起源与发展轨迹、哲学思维方式，乃至话语系统诸方面都存在差异，道德也打上了各自民族精神和历史文化的烙印。但是基于不同的历史和文化传统发展起来的中西方学校德育，形成了各自不同的内涵和特点，既存在诸多差异，也有大体相似的经历和特点。

### 一、中西方传统学校德育的共性分析

#### (一) 重视道德和道德教育的传统

无论是中国还是西方各国，从古至今的思想家、政治家、教育家都极为重视道德和道德教育，他们从不同的角度和层面论述了道德教育的重要性和必要性，对社会的进步和人类自身的完善作出了各自的贡献。西周初期，周公吸取殷商王朝灭亡的教训，在对夏商有关道德思考的基础上制定了一套包括道德规范在内的"周礼"，而且还提出了"以德配天""敬德保民"的政治伦理思想，主张"以教育德"，终身倡行"敬德"。孔子认为道德是高于其他一切的社会活动，强调把道德教化作为治国的基本原则。"道之以政，齐之以刑，民免而无耻；道之以德，齐之以

礼，有耻且格”。(《论语·为政》)雅典人要求教师在儿童入学时就要把培养良好的品行放在首位，其次才是阅读和音乐。在阅读、音乐等课程中，也渗透着德育的内容。同样，古罗马以尊重传统美德而闻名于世。共和国时期，罗马人讲究孝道，推崇爱国、守法、勇敢、庄严、诚实、谨慎等美德。英国洛克说："在一个人或者一个绅士的各种品性之中，德行是第一位，是最不可缺少的……如果没有德行，我觉得他在今生来世就都得不到幸福”。[①] 今天，在科学技术高度发达，物质生活不断提高的情况下，对道德及道德教育的需求不但没有减弱，反而更加急迫。道德问题已成为同科学技术、经济发展具有同等重要的问题。

（二）强调教师的以身作则

道德教育的过程中，强调教师本身的表率作用，是中西方学校德育中公认的真理。孔子十分强调教师的模范作用，他指出："其身正，不令而行；其身不正，虽令不从”。(《论语·子路》)西汉的扬雄说："师者，人之模范也”。《法言·学行》)同样，在西方国家，从昆体良到夸美纽斯，从洛克到裴斯泰洛齐都对教师自身的榜样作用作了精辟的论述。昆体良指出："我们的第一件事情就是要问教师的品格是否优良？”[②]夸美纽斯认为，教师是高明的塑像家，能塑造出完美的形象来；而教师本身必须是德才俱优的人，因为除了有道德的人，任何人都不能使学生成为有道德的人。他说："假如父母是有道德的，是家庭教育中的小心谨慎的保护人，假如导师是用了最大可能的小心选来的，具有优异的德行，这在青年人的道德合适的训练上面，便是一个大进展”。[③]

## 校长一诺千金，爬行上班[④]

在美国，赏识教育蔚然成风。老师很少批评学生，只要学生取得哪怕一丁点进步，老师就会非常慷慨甚至带着夸张的口吻对学生说："你真棒!”当然，除了赏识教育，老师经常以各种方式来激励学生上进，甚至经常有老师乃至校长和学生公开打赌，在激励学生成功的同时，甘愿履行诺言，服输认罚。

美国犹他州土尔市一小学校长路克，开学初，为激励全校师生的读书热情，他公开打赌："如果你们在11月9日前读完15万页书，我就在9日那天爬行着去上班。”路克此言一出，立刻轰动全校。所有师生刻苦读书，连幼儿园大一点的孩子也参加了读书活动，终于在11月9日前读完了15万页书。有的学生打电话给校长："你爬不爬，说话算不算数?”有的劝路克："你已经达到激励学生读书的目的，不用爬了。”可路克说："一诺千金，我一定要爬着去上班。”于是，1998年11月9日这天，路克7点离开家门，开始了爬行。为了不影响交通，他在路边草地上爬。过往汽车向他鸣笛致敬，有的学生跟着一起爬。经过3个小时，他磨破了5副手套，终于爬到了学校。全校师生夹道欢迎，孩子们蜂拥而上，拥抱

① [英]洛克. 教育漫话[M]. 徐诚等，译. 北京：人民教育出版，1998：121.
② 谢励武等. 中外教育家德育思想荟萃[C]. 开封：河南大学出版社，1990：248.
③ 夸美纽斯. 大教育论[M]. 傅任敢，译. 北京：人民教育出版社，1985：183.
④ 叶炳昌. 中西师道比较[M]. 基础教育课程，2007(1)

他，亲吻他，俨然欢迎一位英雄归来。

路克校长虽然在打赌中输给了自己的学生，面子上似乎有一点过不去，但他们甘愿“以身试罚”，以令人敬佩的守信精神、献身精神和敬业精神，通过最具直观效果的“身教”，委实给学生们上了一堂生动活泼、胜过任何空洞说教的品德课，这就是做人要诚实守信。他们以学生喜闻乐见的独特方式，教导学生什么叫“一言既出，驷马难追”，什么叫“一诺千金”。万种品格，诚信为首。不管做人还是做事，有信则立，无信则不立。这是成功人生的一条不二法则。美国融“赏识＋激励＋诚信”于一体的教育模式必将使学生终身受益。事实业已完全证明了这一点。

### （三）知行结合，躬行实践

中西方思想家都很重视在提高儿童的道德认识，使儿童接受道德规范的同时，务使儿童进行道德行为的训练，做到言行一致、表里如一。中国的孔子、荀子、扬雄、程颢、程颐、朱熹、颜元、蔡元培、陶行知等历代先贤；西方的亚里士多德、夸美纽斯、洛克、卢梭、裴斯泰洛齐等思想大师，都在其著作中反复论述到这一问顾，把这一点作为重要的道德原则。孔子说：“敏于事而慎于言”“讷于言而敏于行”(《论语·里仁》)，坚决反对“言过其行”，他从自己长期的教育实践中深深体会到，看待和评价人时，不能只“听其言而信其行”，必须“听其言而观其行”。(《论语·公治长》)中国传统德育修已治人、内圣外王的道德政治目标和原则同样也体现了其重视“践履”与“躬行”的实践特征，格物、致知、诚意、正心、修身都是德育的途径与手段，为的是实现齐家、治国、平天下的实践目的。古希腊著名的哲学家、思想家亚里士多德特别强调道德教育中的“躬行实践”。他认为单靠理性指出什么是善和什么是恶是不够的，必须“继善成德”即通过善良行为的练习，养成道德习惯，美德是习惯的结果。他说：“人之有德也，自躬行实践而致……故人须先试为正直之事，乃能正直；先为自制之事，乃能自制；先为勇敢之事，乃能勇敢”。① 瑞士著名教育家裴斯泰洛齐把儿童善行的练习作为他道德教育的三大原则之一。他说：“紧跟着这种唤醒孩子们情感的办法，我又用练习的方法，教孩子们自我控制，使他们优良的本性可以应用到日常生活中的实践问题。”②

## 二、东西方传统学校德育的差异分析

我们在看到上述中西学校德育的共同特点的同时，也必须看到，由于种种原因，中西学校德育思想和实践也存在着显著的差异。这种差异通过各自的学术阐扬和实践活动，已成为世界不同地域和不同民族的社会风尚和民族精神的重要组成部分。这种稳固的文化积淀，在中西社会发展的历史进程中，已经自觉或不自觉地规范着人们的思想和行为，调整着人们之间的关系，不仅作用于过去，而且构成一股强大的现实力量，作用于当今乃至未来。

### （一）中国的政治教育与道德教育合一，西方的宗教教育与道德教育合一

在中国，学校德育最明显特征就是政治道德化，道德政治化。这可以追溯到我国先秦儒家

① 亚里士多德．亚里士多德伦理学［M］．向达，译．北京：商务印书馆，1933：18．

② 张焕庭．西方资产阶级教育论著选［M］．北京：人民教育出版社，1979：201．

倡导的家国同构和修身齐家治国平天下的思想。孔子说："道之以政，民免而无耻；道之以礼，有耻且格""修己以安百姓"，无不体现着他"以德为政"的思想。孟子的"善政不如善教得民也"也体现了他的"仁政"思想。先秦儒家德教为主、德教为上的思想经过汉代的整合获得了绝对的地位。董仲舒在汉初的文教改革中提出"罢黜百家，独尊儒术"的建议被汉武帝采纳，直接把政治与道德教育结合在一起，最终形成了儒家思想与封建统治结合的"儒政合一"的局面，德育为政治服务，政治是学校德育的目的所在，政教统一具有了完备的形式。从此，这一传统在中国几千年的历史一直被继承了下来。

与中国不同的是，西方的学校德育则表现为与宗教合一。冯增俊教授把西方的学校道德教育的历史分为三个阶段，第一个阶段就是宗教化学校德育。他说："自有学校教育以来到18世纪中叶，学校中都几乎奉行宗教教育……宗教教育就是学校德育的同义词。"可见，西方的传统德育中，宗教与道德的关系密不可分，宗教在西方的道德教育中的重要地位是无须争议的。《圣经》不仅是宗教的教义，犹太教奉此为最高的律法，基督教亦奉它为戒条，更是人们的行为规范和道德准则。在西方，宗教是道德的最终根据，对上帝的信仰和敬爱是道德的最高要求。在中世纪，宗教神学对文化教育实行绝对的统治，教育目的是使人皈依上帝，为来世做准备。在教育内容上，宗教神学高于其他一切世俗学科。从奥古斯丁"上帝即永恒真理"，到阿奎那"一切学问都是神学的婢女"，基督教神学理论确立了它对世俗学问的绝对优势。近现代以来，尽管西方的学校德育与传统学校德育相比有了很大的改变，然而作为道德教育的基本内容、载体、形式和途径，宗教依然在西方的学校德育中表现出独特的作用。

**（二）中国的"德教至上"与西方的"智德统一"**

中国传统德育强调"德教至上"就是把德育的目标和教育的目标合二为一。孔子提出以培养"修己以安人"的君子为教育的目标，其途径就是通过"志于道，据于德，依于仁，游于艺"（《论语・述而》）得以实现；孟子直接以"明人伦"为教育的目标；《大学》把教育的目标概括为"大学之道，在明明德，在亲民，在止于至善"。除此，中国古代教育内容也主要以伦理道德为主，一般文化知识教育服从于道德教育的需要。"子以四教：文行忠信"（《论语》）中的行、忠、信都是德育内容；"弟子入则孝，出则悌，谨而信，泛爱众而亲仁，行有余力，则以学文"。（《论语》）其中孝、悌、信、爱、仁亦皆为伦理道德。作为中国古代传统教育内容的《四书》、《五经》等儒家经典，无不以德为主。

西方传统学校德育把知识与智慧看得比道德更为重要，智德统一，以智为本。苏格拉底认为"美德就是知识"，柏拉图、亚里士多德主张从小教给孩子读、写、算、骑、射等知识和技能，长大后授予几何、天文学、哲学等知识。智慧、公正、勇敢和节制是古代希腊的四大传统德目，智慧（即知识和理智）列在第一位，是最高的德目，人只有依靠智慧才能达到善和幸福。理智德性是以知识、智慧的形式表达出来的，是由教育和训练而来的。中西的思想家虽然都看到教育对于培养人的德性的作用，但在西方的教育中，并不把教育的目标等同于德育的目标。因此，与中国的德教至上不同，西方的传统学校德育是以知识为本位，智德统一。这一特点使得西方传统学校德育的基础具有较强的客观性和科学性。

**（三）中国的整体主义价值观与西方的个人主义价值观**

中国传统学校德育的核心在于重视家、国本位的整体利益，强调从上至下统一的伦理规范，个人利益和家庭利益应当服从国家和民族的利益。因此，“重义轻利”“天下为公”“修身治国平天下”一向是中国传统道德推崇的典范，被历代传统德育视为“大节”，是中国占主导地位的道德价值取向。儒家传统德育思想以“修身”为起点，目的在于“齐家”“治国”“平天下”的伦理道德体系，左右了中国几千年的道德价值取向，影响至近现代和整个国民精神。中国传统德育强调的整体主义的价值观虽然有利于社会和谐、整体进步，但它无视人的自由、尊严和权利，抹杀了人们的自我意识，在很大程度上压抑了人的主体性的发挥，是一种“非个人权利的道德传统”。①

重视人的个性发展和个性品格的形成，是西方社会的传统，早在古希腊“荷马时代”就肯定了个性的价值。西方传统德育以个人为本位，强调个人价值。个人本位价值观认为，整体由个人组成，个人是整体存在的目的，个人的价值是社会价值的基础和本质，因此，西方在德育上注重个体的存在与发展，尤其注重个性化的培养。西方德育从个人价值主体的需要出发，推崇个性有利于个人的完善和发展，有助于个人创造性的发挥，但同时个人主义的恶性膨胀，使社会变得唯利是图，使个人的人生陷于深深的孤独感之中，极易颓废、消沉，反过来又阻碍了人的个性自由发展。

**（四）中国重“义”与西方重“利”的道德价值观**

在“义”与“利”的道德价值观问题上，中西方也有着明显的差异：中国偏重“义”，西方偏重“利”。众所周知，“重义轻利”是中国传统道德中占主导地位的价值取向。所谓“义”，就是道义或高尚的精神追求；所谓“利”就是功利或物质效果。“重义轻利”，就是特别重视道义或精神追求，忽视功效和物质利益。先秦儒家伦理奉行的是“义以为上”，轻视功利。在义与利发生冲突时，孔子主张“见利思义”“见得思义”（《论语·宪问》），并说：“不义而富且贵，富贵于我如浮云”。（《论语·宪问》）因此，孔子把“见利思义”用作规范个人行为的道德准则。孟子和荀子继承并发展了孔子的这一思想。孟子言必称“义”，把“利”看作是“仁义”的对立物，说：“何必曰利？亦有仁义而已矣！”（《孟子·梁惠王上》）并提出“舍生取义”（《孟子·梁惠王上》），把成仁取义的境界提升到理想的高度。荀子提出“先义而后利者荣，先利而后义者辱”。（《荀子·荣辱》）正是在这种“重义轻利”的高尚情操和民族精神的哺育与熏陶下，塑造出中华民族的高贵品质和铮铮风骨，在反抗侵略压迫、维护正义的斗争中，谱写了无数可歌可泣的历史篇章。

西方国家虽然也长期存在着“义”“利”之争，但与中国不同的是，在他们那里占主导地位的是“利”，而不是“义”；西方的传统道德注重个人的快乐、幸福和提倡物质的合理性。古希腊的伊壁鸠鲁奠定了这种价值观的基础。他说：“幸福生活是我们天生的最高的善，我们的一切取舍都从快乐出发”。② 虽然欧洲中世纪教会宣扬的禁欲主义曾一度窒息了人们对快乐人生和幸福的追求，但自文艺复兴开始，人文主义者提出“我是人，凡是人的一切特性我都具有”③的口号，向禁欲主义和蒙昧主义发起了猛烈批判，追求人生快乐和幸福的价值观一直成为传统的人生哲学，影响到整个社会生活的方方面面。

---

① 程立显. 社会公正论——当代青年的新道德观[M]. 北京：北京大学出版社，1998：126.

② 北京大学哲学系. 古希腊罗马哲学[C]. 北京：商务印书馆，1982：367.

③ 林树德等. 西方哲学通史简编[C]. 开封：河南大学出版社，1987：108.

### （五）中国的“内省自觉”与西方的“行为训练”道德教育方法

在道德教育的方法中，中西方存在着比较多的相同或相通之处。但是，在方法中有一点反映出二者明显的不同：中国的突出特点是强调“自我内省”，西方则重在外部行为训练和习惯的养成。孔子的“见贤思齐焉，见不贤而内省也”，(《论语·里仁》)曾参的“三省吾身”，孟子的“反求诸己”“持志养气”，程颢、程颐的“主敬存诚”，朱熹的“居敬”，都是“内省”“克己”方法的体现。中国这种强调“自我内省”的向内功夫，体现出中国人在道德追求中的高度自律性和自觉性。注重自身品德修养，这对进一步形成和谐、友善的人际关系也起到不可低估的作用。

西方亚里士多德的“习惯成自然”，夸美纽斯的“德行是由常做正当的事情学来的”①，洛克的“及早实践”，卢梭和裴斯泰洛齐的“各种善行的练习”等，都是外部行为训练方法的表述。注重外部行为的训练，使儿童在潜移默化中养成良好的习惯，使德行在其身上扎下根来，形成一种不假外部说教和督促的自然而然的道德品质，这是西方道德教育中行之有效的方法。

中西传统学校德育的历史为我们昭示了发展的方向。如今当世界再次呼唤道德教育之时，历史依然是现实的镜子。在构建具有中国特色社会主义的德育体系中，吸收和借鉴中外德育经验中合理、先进的因素，古为今用，洋为中用，显然是十分必要的。

## 问题思考

1. 甲乙两位同学是从小学到初中的多年好友，有一天，他们班里一位同学的一块手表丢了，非常着急，到处寻找，这两位同学中的甲还帮助那位同学寻找，但没找到。他晚上去乙家里玩时，意外地发现了那块手表，几经追问，乙终于承认是他拿了那位同学的手表，并央求甲要为他保密，但又不肯按甲的要求把手表还给那位同学。这时，甲该怎么办？

2. 小张的家在河南农村，正当他即将高中毕业时，家庭面临极大困难：父亲病重，母亲年事已高，弟弟正在求学，为了给父亲治病，圆弟弟求学之梦，他背上简单的行囊，南下珠海打工。但是在他打工的工厂，出现了韩国女老板无视中国法律，强迫中国工人下跪的事件。在这种情况下，他该怎么办？

## 拓展阅读

1. 告子曰：“性犹湍水也，决诸东方则东流，决诸西方则西流。人性之无分于善不善也，犹水之无分于东西也。”孟子曰：“水信无分于东西，无分于上下乎。人性之善也，犹水之就下也。人无有不善，水无有不下。今夫水，搏而跃之，可使过颡，激而行之，可使在山，是岂水之性哉？其势则然也。人之可使为不善，其性亦犹是也。”

——《孟子·告子上》

2. “在世界历史的大部分时间里，中国一向是整个东亚社会的文化巨人，其所扮演的角色，集西方在文化上无限景仰的古希腊罗马和作为现代欧洲文明中心而倍受倾慕的法兰西于

① 夸美纽斯. 大教育论[M]. 傅任敢，译. 北京：人民教育出版社，1985：182.

一身。悠悠两千载,中国人表明自己拥有程度极高而造诣极深的多样化文化价值,拥有控制、协调和管理幅员辽阔而人口众多的国家的能力,拥有有效地把技术开发应用于生产的扩大并维持数倍于19世纪欧洲国家人口的组织天才。中国人过去的生活标准是其他民族根本无法与之比拟的……

19世纪之前使得中国如此伟大的东西,恰恰被证明也就是后来严重地阻碍着中国实现现代化转换的东西。从这个意义上说,中国今天面临的困境乃是先天注定的……”

——[美]吉尔伯特·罗兹曼《中国的现代化》

中国社会转型期的现实和发展使学校处于十分特殊复杂的社会文化环境中，又向学校提出了新的重要的文化任务。这一任务中的重要一项便是要重建新的主流价值体系。当前中国社会价值观正在由一元向多元发展，原主流价值系统已受到挑战，失去原来全面主导、支配人的行为的地位，而新的主流价值体系尚未形成，更难说已经处于支配主导的地位，各种不同价值观的相互冲突依然会十分激烈……

——叶澜《世纪之交学校教育的文化使命》

# 第十二章　传统学校德育的现代转换

**内容提要**

考察中西方传统学校德育的发展历史是认识其历史继承性和现实借鉴价值的重要前提。本章通过分析传统学校德育现代转型的背景，以优秀的传统德育资源架起传统与现代之间的桥梁，来实现对传统学校德育的继承与创新。

**问题导入**

1. 现代学校德育的困境表现在哪些方面？
2. 开发中国传统德育思想的基本原则是什么？
3. 中国传统道德资源中有哪些优秀德育思想？



## 第一节　传统学校德育现代转型的背景

### 一、传统道德资源的断裂与现代道德危机

20 世纪是人类对社会道德现状产生了普遍忧虑的一个世纪，不论西方先发现代化国家，还是一些后发现代化国家，都面临着社会道德危机的问题。在西方，人们对道德伦理的忧虑是启蒙运动中人道主义道德热情受到空前打击之后的自然跌落。同样，在 20 世纪的中国，不仅承受着人类这些共同的道德问题，同时，还面临着我们民族在现代化和后现代化的冲击下自身民族文化的传承与更新问题。面对着转型时期社会道德文化的剧烈变迁，社会伦理的失范、道德的蹂躏、道德控制机制的弱化等现象，使现代中国人在失落了传统的意义支撑的同时，走向了深刻的精神困惑与选择的迷茫。

#### （一）传统道德的缺失

道德，在数千年的中国古代社会中始终占据着至关重要的地位，对中华文明产生了深刻

而持久的影响。中国自汉代以来，儒家伦理一直是主导中国传统社会，维系国家政治的基本道德理念体系，并一直延续到20世纪初。然而，自19世纪末开始，西方文明的东渐，使中国封闭的社会文化秩序发生了动荡，传统的政治秩序受到强烈的冲击，儒家伦理受到激进的质疑。随着封建王权的崩溃以及“五四”的冲击，这个支撑了中国道德格局几千年的伦理价值体系开始分崩离析，社会生活与日常生活伦理失去了缆系，中国文化传统的基础道德理念由此断裂，传统的道德架构解体了。五四运动批判了旧文化，开辟了文化建设的新纪元。但是旧道德被破坏，新道德却没有真正建立起来，没有提出关于道德的比较完整的新的理论体系。1949年新中国成立，社会主义道德得到广泛的宣传，成为日常道德生活的基础。但随着政治的“左”倾化日益严重，日常生活的道德演变成了政治伦理与革命道德，酿成史无前例的“文化大革命”，导致民族文化的大倒退。正如有学者指出：“极左时期的政治伦理在反对儒家伦理中阻断了传统的道德精神与伦理资源，而自身所提出的道德观念和道德灌输的方式隐含着反个体、反伦理的因素，再加上运用政治手段推行道德的社会化，它本身不仅没有很好地解决中国社会伦理基础断裂之后的道德观念的重构，而且更加造成社会伦理的正当性资源的亏空，从而在社会自由度增大，经济意识增强，社会价值多元化过程中，存在道德虚无、道德茫然、道德沦丧的社会性难题。”[①]中国的传统道德体系在社会制度的改革中，在其政治制度对道德理论的选择中落马。主流道德体系的选择不再以传统道德为重，在通过文化传播和制度维系确定社会主流道德体系的过程中，传统道德逐渐被边缘化以至于虚无。道德价值体系的断裂，使社会道德生活缺乏道德精神的延续，道德虚无主义进而有了寄身之地。对于传统道德的抛弃加剧了人们被一种文化环境所抛弃的迷离。自身道德价值观和道德行为因为难于寻求到厚重的文化和道德依托而很难保持稳定的延续性，一直处于不断的变化与动荡之中。

我们今天的道德状况不是突发性的道德价值断裂，而是在近百年的现代化运动中道德、伦理的崩溃，以及伦理观念和规范体系的瓦解，而这一过程积累了所有的道德问题，展现了现代社会伦理与生活道德赖以维系的基础的缺失。更为重要的是，当社会转型、经济转轨与文化冲突交融在一起时，传统道德的困境就表现得更加突出和严峻。中西文化的冲突，西方民主、自由和多元文化价值的思维模式逐渐向我国意识形态领域渗透，传统单一的道德价值标准受到强烈冲击，人们的行为因失去了能够有效选择的绝对价值标准而陷入文化原理与价值观念上的混乱，甚至处于真空状态。

**（二）现代道德体系的破碎与失衡**

从人类社会的文明史来看，一个道德状况良好而稳定的社会，总是有一个平衡的道德体系为支撑。所谓道德结构的平衡，就是社会拥有完整的主流道德体系和统一的价值标准。主流道德体系不仅获得政治支撑，而且得到民众的广泛认同。

长期以来，我国社会的主流道德体系是确定无疑的，而且是绝对的。在漫长的封建时期，儒家思想一直被视为维护统治的一大法宝，儒家伦理以道德的理想主义和绝对主义干预着现实道德生活。然而，传统的中国儒家道德在“五四运动”那场颠覆封建礼教的伦理革命中变得

① 金生鈜．质疑建国以来的道德教育规训[J]．教育理论与实践，2001(8)．

支离破碎，支配中国社会两千多年的儒家道德，在西方现代性的挑战下陷于全面解体的状态。

集体主义的道德观是建国以来以计划为经济基础形成的道德体系。在计划经济体制时代，整个社会生活的高度政治化和集中化使得这一时期的道德前提是个人对计划的绝对服从和集体利益至上的意识。人们的道德观念带有更多的群体性、被动性和依附性。然而，改革开放以来推行的市场经济使得计划经济在解体的同时也使得集体主义伦理的边缘化和道德体系趋于破碎。在市场经济的机制下，无论是社会结构、城乡关系、利益格局，还是人民的价值观念、生活方式、行为规范都发生了深刻的变化。传统道德规范所依存的社会基础发生的深刻变化使社会道德价值日趋多样化，改革开放前主流道德一统天下的格局受到严重冲击。

在当今中国社会，集体主义道德、个人主义道德、功利主义道德、享乐主义道德、实用主义道德等共时存在。社会道德的多元现状消解了道德的确定性，"一度曾是构造单一的社会，现在都必须承认一个以多种多样的道德直觉和道德理解为特征的世界。这种……道德多元化……使得一度曾占统治地位的、毫无疑问的价值观念成了问题。"①我国传统的道德规范体系失去其权威尺度，导致道德虚伪现象滋生蔓延，传统道德资源在现代化经济—政治转型过程中日渐式微，而新的道德资源尚未建立，从而使国家在伦理道德上处于真空状态，中国社会面临自改革开放以来影响最为广泛而深刻的道德危机。"具有实用性和多变性的经济生活对我国原有的道德理想主义与道德绝对主义发起了最有力的冲击，这种冲击是由人们的切身感受所推动的。当人们明显地感觉到贫富差距的时候，他们就必定会反思自己所恪守的道德。导致缺乏道德理想，远离道德崇高，对道德持工具主义态度，社会出现道德媚俗化倾向与道德理想、道德信仰危机。"②

在当代中国社会，一方面是传统的道德学说因为不具有现代的知识形态而丧失了其理论力量，尤其是由于其无法为现代法治社会提供价值观念的支撑进而失去了原有"道德学说"所不可或缺的信誉；另一方面，社会经济生产的现代化和社会生活的现代化对现代道德文明进行急切的呼唤，要求在现实生活的理论抽象中建立新的道德文明。然而，在21世纪之初的今天，当代中国人在道德重建中面临着双重困境。一是传统的道德文明必须作为批判的对象加以超越，但是它仍然是中国社会变革和发展的基本精神动力；二是西方现代道德文明仍然是中国道德现代化变革的参照，但是它自身的历史局限性已经暴露无遗。

当今世界，不论西方先发现代化国家，还是一些后发现代化国家，都面临着社会道德危机的问题。普遍、客观道德标准的丧失，使人们在理论和实践上失去了对道德的明辨力，无法判断和识别善与恶，近代以来的道德努力陷入了道德多元化和道德相对主义的困境。面对广泛的道德危机，古希腊的美德伦理逐渐成为检讨道德问题的一种方式。美德伦理复兴的代表麦金太尔认为，20世纪的道德衰落是道德理论缺乏的结果，西方道德危机就是道德权威缺乏的危机，为丢失亚里士多德传统德性论所致。出于对现代社会道德状况的深切忧虑和对现代政治道德基础的洞察，他反思了自启蒙以来的西方道德传统及失败的根源。在《美德的追寻》一

① 恩格尔哈特. 生命伦理学的基础[M]. 范瑞平，译. 长沙：湖南科学技术出版社，1996：12.

② 彭定光. 高校德育的困境与提高德育效力的对策[J]. 高等教育研究，2002(3).

书中,他提出了重返亚里士多德美德伦理的主张,他认为至少在两个方面,亚里士多德的道德提供了现代的道德资源,一是个人德性的优先性。亚里士多德认为,"人的功能是某种生命形式,是灵魂的现实功能,每个人只有在固有的德性上才会完成得更好。"①所以麦金太尔认为"只有对拥有正义德性的人来说,才可能了解如何运用法则。"②二是整体善的优先性。"城邦是人类生活的美德得以真正展现的唯一政治形式"③亚里士多德把个人与共同体的美德统一起来,才是社会道德实现的真实形式,而不是以抽象的规范伦理,由此麦金太尔认为,重返亚里士多德的美德传统,追寻美德,人类才可能走出道德的困境。

**你的孩子是在何种环境长大的④**

指责中长大的孩子,将来容易怨天尤人。
敌意中长大的孩子,将来容易逞凶斗狠。
恐惧中长大的孩子,将来容易畏首畏尾。
怜悯中长大的孩子,将来容易自艾自怜。
嘲讽中长大的孩子,将来容易消极退缩。
嫉妒中长大的孩子,将来容易勾心斗角。
羞辱中长大的孩子,将来容易自责内疚。
容忍中长大的孩子,将来必能富有耐性。
鼓励中长大的孩子,将来必能充满自信。
赞美中长大的孩子,将来必能心存感恩。
嘉许中长大的孩子,将来必能爱人爱己。
接纳中长大的孩子,将来必能心胸广大。
认同中长大的孩子,将来必能掌握目标。
分享中长大的孩子,将来必能慷慨大方。
安定中长大的孩子,将来必能信任自己,信任他人。
友善中长大的孩子,将来必能关怀世界,与人为善。
诚信中长大的孩子,将来必能维护正义,坚持真理。
祥和中长大的孩子,将来必能淡泊明志,宁静致远。
你的孩子是在何种环境长大呢?

## 二、学校德育的现代困境

改革开放以来特别是20世纪九十年代以来,中国社会处于急剧的转型时期,价值观念的

① 亚里士多德.尼各马科伦理学[M].苗力田,译.北京:中国社会科学出版社,1999:35.
② 麦金太尔.德性之后[M].龚群,译.北京:中国社会科学出版社,1994:150.
③ 同上,第241页。
④ http://www.fjdh.com/Article/HTML/Article_20091002121615.html

多元化已成为一个不争的事实。在社会转型之中，人们的思想意识、行为方式、利益关系、目标追求、价值观念发生了重大的变化。学校德育也因此面临着现代浪潮的冲击和中国社会转型所带来的社会变迁的挑战。在新的历史条件下，学校德育要适应形势的需要，就必须做好一系列深刻而又沉重的变迁。否则面对社会发展的新走向，学校德育不能与其迅速适应，进行磨合，便会陷入困境之中。当前我国的学校德育已陷入某种困境，这是不争的事实。

**（一）封闭的德育观念与开放的社会变革之间的疏离**

在开放、多元化的社会里，自主选择将成为价值生活的必然趋势。人们必须具有主体性，具有自主选择的能力，才能面对和适应选择的生活。在改革开放的大潮推动下，我国经济发展迅速，使人们的经济生活乃至社会生活明显改变，也使人们的思想观念发生深刻的变化。然而，当前学校德育与飞速发展的社会现实存在着的巨大反差，传统德育观念和快速发展的社会要求存在着巨大的差距。“大多数学校在德育观念上与外界的合理交流、借鉴不足，甚至还处于闭塞状态，使德育观念更新、发展滞后于时代的发展，这实际上就是一种文化的自我封闭。观念的落后，意味着失去了与社会实际接轨的前提。随着错综复杂的社会改革和快速更新的科技发展，学校德育原有的知识和经验难以诠释现实、把握现实，学校所教和社会所需出现了断层，德育工作发展道德文化的使命已难以维系，渐渐与社会发展疏离。但学校仍固守阵地，没有将学校德育观中心定位、没有将新时期的德育要求重新整合，造成恶性循环，与社会难以全面接触、相融。”①

现行的学校德育基本上是“象牙塔”内的德育，在一定程度上与外界处于隔离状态，加上学校德育施加于学生的知识，包括道德知识，主要是体系化、逻辑化了的知识，缺少与社会生活的真实联系，充满浓厚的理想主义色彩。所有这些与学生在社会的实际道德生活中所观察和认知的世界不完全一致，学生无法对社会进行全方位的了解，进而限制了他们辨别善恶是非能力的发展。当他们踏上社会碰到阴暗的事物时，因缺乏心理准备而产生诸多的不适应，一旦遇到不良刺激的诱惑与影响就容易产生违背道德要求的行为。不仅如此，随着我国社会的快速转型和全球化时代的到来，不同地区、国家和社会制度的文化、思想、信息的交流日益广泛，现代大众传媒和网络的普及又使得学生接受信息的渠道畅通无阻。网络所具有的高度的互动开放性、自主选择性、超前性和虚拟性的特征，使得青少年学生的价值观和道德观表现出价值主体自由化、价值导向多元化、价值目标模糊化、价值实现手段虚拟化等特征。这必将加剧传统学校德育的封闭性与日新月异的社会变革之间的矛盾，加大教育者与受教育者思想观念上的落差，长此以往，会让学生感到困惑和迷茫，直至对学校德育产生怀疑，最终导致教育作用的丧失。

**大学该教而没教的两件事②**

第一，教你如何与别人相处，但没教你如何与自己相处。

① 高向东，罗翰书. 对当前中小学德育工作问题的几点思考[J]. 吉林教育科学，2000(6).

② 龙应台. 大学该教而没教的两件事[M]. 青年文摘，2008(11)

合群，曾经是我们从小到大“德育”的核心。个人在群体中如何进退，贯穿整个儒家思想，身处一个习惯群聚的社会，在行为举止上，我们喜欢热闹，享受呼朋唤友的欢乐；在思想判断上，我们用“集体公审”或者“拉帮结派”的方式思考事情；在时间分配上，我们的学习表塞满课程和活动；在空间配置上，我们无时无刻不在与群体“相濡以沫”。独思的时间，独处的空间，不在我们的课程设计里。

把这个问题说得最透彻的，我认为是清华大学校长梅贻琦。他在 1941 年就指出当时的大学课程设计是有问题的，因为课程以“满”为目标，不给学生“独思”的时间。

在你们医学院四年或七年的学习过程中，诸位想必学到了各种技术，但大学课程不容许学生有时间进行个人修身的“独思”。试想，一个不懂得“观察、欣赏、沉思、体会”的人，可不可能是一个好的医生？或者说，会是一个第几流的医生？

“慎独”，其实就是在孤独、沉淀的内在宇宙里审视自己在环境中的处境，剖析人我之间的关系，判别是非对错的细微分野；“慎独”是修炼，使人在群体的沉溺和喧闹中保持清醒。这，大学教了你吗？

美国纽约市市长布伦伯格是纽约市立大学今年毕业典礼上的演讲人，他送给毕业生的“金玉良言”是：“成功的秘诀其实很简单，就是，你要比别人能打拼。如果你比办公室里所有同事都早到，都晚退，而且一年 365 天没请过一天病假——你就一定会成功！”

他举自己的父亲作为典范：“我父亲就是这样，他从早干到晚，一周 7 天，一辈子从不休息，干到最后一刻，然后跑到医院挂号，就地死亡。”

我看了报纸对这段“金玉良言”的报道，不太敢置信，心想：会不会这位老兄意在反讽，却被居心不良的媒体拿来做文章？于是我找出他演讲的现场录像，从头看到尾，发现：老天，他真是这么说的，而且极其严肃。

我想，如果你是以纽约市市长这种哲学来培养自己的，我会很恐惧有一天落在你的手里。医生被称为医“生”而不被称为医“死”，是因为，他必须对“生”有所理解。

第二，教你如何认识“实”，但没教你如何认识“空”。

我不知道在你们医学的制式教育里，有多少文学的培养？你们全都在摇头，表示没有。我认为，文学应该是大一必修课程。文学，应该是所有以“人”为第一对象的学科的必修基础学科之一，因为文学的核心作用，就是教你认识“人”。

加缪的小说《鼠疫》从一个医生的角度描写一个城市由于爆发瘟疫而封城的整个过程。瘟疫传出时，锁不锁城，有太多的重大决定要做。是什么样的训练，使一个卫生官员作出正确的决定？是什么样的人格，使一个医生本可以走，却决定留下，不惜牺牲？是什么样的素养，使一个医生知道如何面对巨大的痛苦，认识人性的虚伪，却又能够维持自己对人的热忱和信仰，同时保持专业的冷静？

加缪透过文学告诉你的，不可能写在教科书里。多少人读过卡夫卡的《变形记》？你的医学课本会告诉你如何对一个重度忧郁症患者开药，但是，卡夫卡给你看的，是这个忧郁病患比海还要深、比夜还要黑的内心深沉之处——医学的任何仪器都测不到的地方，他用文学的 X 光照给你看，心灵的创伤纤毫毕露。

是的，文学，是心灵的X光。它照得到"空"。

### （二）理想化的德育目标与世俗化的社会生活之间的脱节

学校德育目标的设定应遵循学生的年龄、心理成长特点与道德发展的客观规律，要有层次性，体现出阶段性的特点。然而，长期以来，传统学校德育目标不是从人的现实交往需要出发来制定符合学生道德发展水平的道德目标，而是从理想主义出发，把人理想化、神圣化，认为"人皆可以为尧舜"，要求人人都成为圣贤君子，体现了德育目标的理想化。理想化的德育目标虽然可以鼓舞人们的热情，树立崇高的榜样，但由于目标远离实际，脱离了学生对道德知识的理解和道德发展水平的实际，忽视了学生的思想状况和内在需求，使得学校所传授的道德知识难以解释和应对现实生活中不断涌现的行为失范、观念混杂、社会风气日下等社会现象，更难以解决青少年学生因学校教育与社会现实的脱离及其矛盾而产生的道德困惑。当他们踏上社会时，因发现学校德育的理想描述与纷繁复杂的社会环境相差甚远而产生诸多的不适应，精神上的焦虑和彷徨，很自然地觉得学校德育的虚假性。道德教育应着眼于学生现有的道德水平和年龄特征有针对性地进行，才能有成效。传统德育那些纯而又纯，高而又高的理念与学生的实际存在一定的差距，在实际操作中，往往出现了"小学生进行共产主义教育、中学生进行社会主义教育，而大学生却进行做人教育"的本末倒置的现象。

随着改革开放的进一步推进，现代化的进程加快了我国社会生活变迁的步伐。日益丰富的商品，快速多变的时尚、大众传媒的普及、生活节奏的加快，使得人们的价值观、道德观呈现出多元化倾向，人们更加关注自身利益，关注身边的现实生活，而对高远的道德理想、道德关怀持冷漠态度。德育目标中不合实际的求美、求善成分太多，理想主义色彩太浓，"超前"意识太强，显然不适应现实社会的事实，与当今的"现实"衔接产生脱节，其结果出现了德育与社会的发展和变革分离，德育与受教育者的自我实践分离，德育与学生的心理发展和思想需要分离，基本的社会公德教育与高层的道德理想分离，德育与社区、家庭影响分离，这种种分离证明过于理想化的德育已经与快速变迁的社会实践严重脱节。

#### 湖南小学生确因不满座位摆放跳楼身亡①

12岁的小吴是娄底新化实验小学六年级学生，马上就要小学毕业了。昨天是班里的毕业典礼，小吴还是主持人。然而谁都没有想到，就是在这一天，小吴竟然在学校跳楼身亡。

在家长和同学眼里，小吴是一个活泼开朗的孩子。当天出门上学时，因为要主持毕业典，小吴还问父母穿哪身衣服好看，心情非常好。这样一个孩子，为什么会突然跳楼自杀呢？教室里的监控还原了当时的情况。

早上8：20，学校开始上课，此时教室里的座位是"回"字形。因为当天下午要举行毕

① http://news.eastday.com/s/20160626/u1a9474078.html

业典礼，所以前一天，小吴和几名同学主动将座位摆成了这样。但是还有一天的课要上，老师讲课不方便，于是要求同学们复原。也许是想起昨天摆放座椅的辛苦，小吴对座位复原不满，一直没有动，座位依然保持原样。于是两位女同学帮他搬了桌子，但是小吴拒绝搬动椅子，可以看到，他的身体在过道上，并没有在桌子后面。

小吴抽泣起来，旁边两位女同学对他进行了安抚。此时老师也开始上课，可谁都没有想到，8：55分，小吴突然一拍桌子，站起来冲出了教室。就这样，全班同学和老师眼睁睁看着小吴翻过4楼的栏杆跳了下去。之后老师和同学开始冲出教室。

事情发生后，学校迅速拨打了110、120，民警和医生第一时间赶往事发现场。不幸的是，小吴最终因为伤势过重抢救无效死亡。家属认为，小吴不会无缘无故情绪崩溃，他们质疑老师当时有责备小吴的情况。对此，当地公安进行了调查。

花季少年为什么会选择这样的方式去结束自己的生命？这样的事件令人深思。长沙一七九医院心理科主任李永超介绍，青少年在面对重大事件比如考试、毕业等，会产生比较大的心理负担。这样的压力得不到排解，就会积累到一定程度，以这种极端的方式爆发。

如果当时老师在发现小吴情绪异常后，能够及时上前安抚，让小吴觉得自己是受到重视和关心的，那么也许悲剧就不会发生。因此这里提醒家长和学校要及时关注孩子的心理状态，并进行疏导。

### （三）知性化的德育内容与物化的德育对象之间的对立

当追求知识成为一种客观时尚，科学被引入生活世界后，人民出于对科学的顶礼膜拜认为，包括道德、人生在内的一切社会问题都可以通过科学加以解决。于是道德问题被高度简化为纯粹的知识问题。就学校德育来说，它的目的不再关注青少年个体的生命体验和内在精神的发展，而是强调道德知识、规范和条例的灌输，常常将道德知识的传输当成道德教育的全部。于是，学校德育也逐步演变成为对道德知识的教学与灌输，学生成为接受道德规范与条例的容器，成为一个美德袋。极具生命活力的道德活动蜕变为盲目的对规范与守则的遵从与机械呆板的行为操练。在学校德育中，许多人总是误把规范当成道德，认为道德就是遵守规范，德育就演变成了遵守规范的教育，这与为什么青少年在调查问卷中表现出较高水平的道德意识与觉悟，却对现实中的道德价值观模糊乃至行为失范的两面性不无关系。将德育混同智育当作“知识”传授，课堂讲读成为德育的主渠道，德育主要依靠德育课程的设置。并且在智育化的德育中，把道德知识当作客观世界的真理，要求学生去记忆和掌握。虽然，学生对各种思想政治要求、道德规范谙熟于心，但却“知其善而不为，知其恶而为之”。道德知识因失去了和学生自身生活经验的联系，对学生而言，成为处于另外一个世界中的冷冰冰的教条。将道德仅视为外在的纲常礼仪与行为规范，把德育变为知识的灌输和琐屑的行为训练和消极防范，这种教条式的学校德育，使学生受到来自多方面不应有的限制和束缚，其结果是培养出一批批缺乏独立性、主动性和创造性，缺乏自主自律能力，缺乏进取精神，盲目从众和循规蹈矩的人。这也正是现代德育的最大失误所在。

知性化的传统德育以道德知识及其学科为载体，德育内容的知识化和科学化消解了道德教育的实践性，造成了学生道德知识与道德实践的相互脱节。学生既被视为科学认知的主体，同时也被看作是科学认知的对象，其道德的生命与情感往往被忽视而其道德意识发展便被认为具有客观规律性。无视学生的道德需要，不重视学生的道德体验、感悟与实践环节，排斥学生的道德情感、意志等非理性因素，最终只能造成德育对象的物化，学校德育也因此成为无人的教育。事实上，学生中的种种道德困惑以及所表现的非道德行为正是我们教育中所存在的“非人化”的教育所致。

### 中关村二小霸凌事件思考：关注孩子成长，远离校园霸凌①

2016年11月24日，就读于中关村二小的一男孩被同学扔进厕所垃圾筐，尿和擦过屎的纸洒了孩子一身。12月10日，中关村二小发表声明，并表示将对该事件进行积极努力协调，力争达到多方认可的结果，让教育问题回归校园进行处理。

之后，事件持续发酵，一篇题为《每对母子都是生死之交，我要陪他向校园霸凌说NO》的文章在网上传播，文中作者声称自己是位母亲，儿子是中关村二小的学生，刚满10岁，在学校遭遇了校园霸凌，并因此患中度焦虑、重度抑郁。

就在网友纷纷指责学校声明的态度生硬，对文中男孩和母亲表达关心之时，舆论又出现反转，有同班其他“家长”发微信朋友圈说，此事另有隐情：男孩母亲曾是文案工作者，文笔了得，用文章左右舆论，受欺负的学生从小练习空手道，并非文中形容的形象，事件原为孩子之间的课间打闹。

事件的反转，让人分不清谁才是受害者，但不管真相如何，孩子的伤害是客观存在的。心理学家指出，孩子受到校园暴力之后留下的心理阴影影响着孩子的一生！

据媒体报道，2016年全年，全国仅经媒体报道的影响较大的校园暴力事件就有87起，共约致21人死亡，98人受伤。中关村二小霸凌事件再次提醒我们思考，是什么让小小年纪的他们就如此暴力？

其背后的原因，必然是盘根错节的，家庭学校社会都难辞其咎，但笔者认为，首当其冲的是家庭教育的缺失。古语有句话“养不教，父之过”，家庭是孩子们的第一成长地，是他们的第一所学校，然而现代社会生活节奏快，家长工作压力也相对较大，不少家长把子女交给了老一辈带，甚至留在老家，隔辈疼爱造成孩子性格缺陷的问题也是引人关注的，对这类家庭而言，父母责任何在？养育孩子的观念不应该停留在让孩子吃饱穿暖的层面上，父母严重忽视了孩子们的内心需求，更忽略了与孩子们的交流。孩子每天在学校发生了什么，遇到了什么困难没有及时疏导，长期积累就容易出现心理问题，形成不健全的人格，或者缺乏安全感，或者暴力倾向。

以身作则，是我们常谈的词，然而又有多少父母做到了呢？很多父母面对社会的大环

① http://news.cpd.com.cn/n3573/c36026409/content.html?_t_t_t=0.36849046910980465

境，不自觉地把负面情绪或者不良习气带回家，传染给孩子，使他们在成长的过程中产生人格障碍。在现实生活中我们也经常能看到孩子之间的争执，因为家长的袒护，最后变成了家长之间的争执。从不少校园暴力事件中，我们发现，不少有暴力倾向的孩子，其父母在家庭教育中也经常对他们挥舞拳头，久而久之，孩子便认为暴力代表着权威，学会了用暴力解决问题。而那些受欺凌的孩子，其父母在家庭教育中往往对他们要求严格，过度批评孩子，让孩子觉得自己处处不如别人，性格也内向、自卑。

校园霸凌事件的发生，应该让家长们静下来，重新思考怎样才是对孩子最好的教育方式，毕竟培养健全的人格是孩子成长最基本的要素。

对于学校而言，长期以来，我国的教育偏向知识传播，学校的升学率逼迫着老师们一味地重视学生们的学习成绩，师生之间的交流往往"看成绩"，这导致了一些学生"怕老师"，有事情不愿意与老师交流，使老师忽略了"霸凌事件"的萌芽阶段，缺少了应对和引导校园暴力的观念。于此可见，设立专门接受校园暴力投诉的部门也是治理校园暴力的落脚点。

霸凌与被霸凌，对孩子来说都是伤害，这决不是一个过分的玩笑！虽说我们无法杜绝校园霸凌，但面对校园暴力，不管是家长还是老师，都应该承担相应的责任。学校也应该密切配合家长，教育未成年人树立正确的法律常识。我们不希望自己的孩子成为校园霸凌的受害者，更不希望自己的孩子成为校园霸凌的施暴者，让我们多关注孩子成长，远离校园霸凌。

### （四）无人化的德育方法与学生生命实践的背离

无人化的学校德育方法主要是指德育的方法和手段单一，德育活动中无视青少年学生生理特点和生命实践的倾向而言的，其突出表现之一是对生命本身的忽视。在方法上，采取简单的注入式、灌输式，以道德理论传授代替道德人格和道德判断、道德选择能力的培养；在手段上，局限于传统的面对面的谈心，常常以政治教育、法制教育来代替道德教育，以说服教育和讲道理强制性地使对方自觉服从或相信。在这样的道德教育中，"教师的目标是不给学生的天性、学生的自主生活活动留下任何东西，而是压抑学生的全部自然冲动，机械操练学生的活力使之归于完全的平静，使学生的整体处于持续而痛苦的紧张状态之中……"[①]显而易见，这种非生理化的灌输式的德育，一方面无视学生的兴趣和需要，以居高临下的教育立场，必然造成受教育者对所授道德规范的排斥和抗拒；另一方面也与生活本身无关。简单化、教条式的学校德育忽视了教育对象的主体能动性，会引起德育对象对教育内容与教育行为的排斥，不能纳入学生已有的认知结构、经验系统中，对于学生的生活世界不具有现实意义，对学生的生活世界也就产生不了任何的积极作用。而道德情感、道德信念和道德行为的形成远比一般知识传授更为复杂，"道德灌输"最多只能是灌输某些道德知识，而无法解决道德情感、道德信念和道德行为等更为深层的东西，自然收不到良好的教育效果。这也是它难以取得教育实效的重要

① W・F・康纳尔.二十世纪世界教育史[M].孟湘砥，胡若愚，译.长沙：湖南出版社，1991：204.

原因之一。

学校德育方法“无人化”的另一个表现是“忘我”的教育。即当集体利益与个体需要之间、集体决定与个体尊严之间处于冲突状态时，道德即被理解为“为集体或国家着想，为集体或国家付出，集体和国家高于个人”。如此一来，道德归根到底成了“异己”之物，道德教育也成为一种“忘我”教育。毋庸讳言，我国数十年来的学校德育，从整体上说，常常是不自觉地建立在道德“忘我论”基础上。即强调一个人必须为集体或国家牺牲自己，必须把集体和国家的利益置于自己的利益之上。在忘我论支配下的道德实践中，每个人就不再关心自己了，集体是个人必须珍爱的对象，必须无条件服从的对象，必须随时准备为之而牺牲的对象，也是个人必须依赖的对象。

然而，当前社会主义市场经济体制为个人主体性的发展提供了广阔的空间，个人的主体性日渐突显；市场经济促进了人们自由、平等、竞争和利益观念的形成，使得个人的主体意识不断加强；市场经济还促使个人的能力和个性向着个体化方向生成和发展，塑造出丰富多彩、具有彼此不同才能与个性的个体。在这种新形势下，人的主体意识得到唤醒.对强制性的教育方式越来越反感。喜欢能结合他们自身实际问题，尊重他们个性，引导性和潜移默化式的教育方式。同时，人们获取信息的渠道也多样化了，尤其是网络的发展，使信息来源更加复杂化，价值取向更加多元化，人们对各种信息有了更多的选择性。这种“强制”“管制”方式与人的自由选择发生了矛盾，必然对“无人化”的学校德育带来剧烈的冲击。面对社会变革及学生思想道德变化的现实，学校德育的方法应有所创新，将封闭的、限制性的德育，转变为开放的、发展性的德育，在鲜活的个人生命实践的基础上实施德育，使每个受教育者真切地产生对德育工作的信任和依赖。

处在社会转型中的学校德育该何去何从，是每一个道德教育理论与实践工作者必须直面的问题。在我国，20 世纪 90 年代以来，一个最突出的变化就是由计划经济转向市场经济，这使得原计划模式中，社会经济、政治、文化三者之间高度同质整合的关系，在很大程度上被打破，出现了多种经济成分、多种政治因素以及多种文化价值取向并存的局面，由此而带来的道德资源的亏空、生活伦理秩序的混乱、道德观念一致性的丧失等，都使得与原社会经济、政治、文化相适应的教育模式在当下失去了魅力与效力。当今和谐社会建设，不仅使得道德建设必然地成为其道义基础，而且追求道德教育的内在和谐也必然地成为其内在要求。那么，如何适应这样一个时代，已成为我们进行道德教育理论研究与实践探索不得不认真思考的重要问题。

**“以暴制暴”比“刺头”学生被殴更可怕！①**

12 岁的晓雷经常逃学，其所在文武学校的老师竟安排 6 名学生 24 小时看管他。不料，看管时，这些“习武”的学生用木棍殴打晓雷致轻伤。日前，房山法院判决学校支付晓雷 3 500 余元赔偿款。（11 月 14 日《京华时报（微博）》）

因频繁逃课，晓雷的教练郑老师指使小强等 6 名学生轮流看管晓雷，没想到这些学生

① http://news.163.com/13/1115/00/9DMATHUR00014AEE.html

对晓雷拳打脚踢并用木棍殴打。“刺头”学生难管教，这个可以理解，但这种“以暴制暴”简单粗野的教育方式，无疑让人对校园教育和管理感到担心和后怕。

据调查，“刺头”学生难管教，多半与家庭或个人性格特征有关，或因家境富裕过于溺爱，或家庭暴力不断，或父母离异。在此情况下，学校应该有针对性地施教，理应给予更多的关爱，让他们认识自己的缺点不断改正自己。家长送其到学校受教育最终的想法肯定也是让其变懂事，而这种“以暴制暴”的教育方式无疑是愚蠢的，因为它不但不能让学生认识错误，改正自己，反而会使学生变本加厉，暴力会让他们厌恶，甚至会使自己滑进犯罪的泥潭中无法自拔。

某种意义上说，暴力给青少年造成的危害，远不止皮肉的创伤，更严重的是会造成孩子们心灵的扭曲。如果任由这种势头发展下去，无疑会在青少年中造成一种不良的暗示：邪恶比正义更有力量，武力比智力更有价值。这是相当危险的。兰州大学心理学副教授牛芳老师分析说，遭受暴力伤害对未成年人的成长具有很大的影响，中小学学生一般年龄较小，面对暴力威胁往往不知道如何应付，不知道怎么样保护自己，很容易受到身体和心灵上的伤害。“校园暴力在个别地方屡禁不止甚至逐步升级，学校的失误不可忽视。毕竟，学校是校园暴力的集中地，最有条件对它在第一时间内作出反应。为此，学校必须对自己的失误真诚反省，勇敢承担起自己应付的责任。”

“法庭上，学校的代理人称，晓雷有不良瘾癖，曾9次转学，难以管教，负责看管的学生只是用塑料棍打了他的手心。而晓雷的伤系黄先生长期采取的殴打教育所致，与校方无关。”不少存在校园暴力的学校都在不同程度上“讳疾忌医”，尽管他们发现了校园暴力在身边的存在，也认识到了其危害性，但出于“家丑不可外扬”的思想，不愿向学生、家长和社会承认自己的错误，更不愿采取相关措施，这样无异纵容了“暴力”施教的“空间”。

如今，我们正处在一个社会结构急剧变动的时代，传统的道德、理想在不断地被解构，整个社会的价值观走向多元。“以暴制暴”的教育方式无疑是阻碍校园健康建设肌体上的一个毒瘤，其有毒细胞吞噬着无数健康的心灵。对此，我们必须采取切实可行的行动，集中力量来一场围剿校园“江湖”，铲除校园暴力的“战争”。

**（五）大数据时代的学校德育机遇与挑战并存**

随着大数据时代的到来，人类在收集、存储与利用数据方面的能力将有很大的提高，教育更加依赖于数据来把握规律，这将对传统中定性模式的德育工作产生巨大的冲击。据中国互联网信息中心于2015年2月3日发布的《第35次中国互联网络发展状况统计报告》(以下简称《报告》)显示，“截至2014年12月，我国网民规模达6.49亿，全年共计新增网民3 117万人，互联网普及率为47.9%，网民中学生群体占比最高，为23.8%”。[①] 互联网给人类社会带来了翻天覆地的变化，改变了我们的生活、工作及学习方式。随着云时代的来临，计算机网络技术的广泛运用，其背后所蕴藏的海量数据信息也逐渐走进人们的视野中，大数据时代应运而生。

① http//news.mydrivers.com/1/381/381898.htm，2015-02-03.

正如克里斯·安德森所言:“数据爆炸使得科学的研究方法都落伍了”①

传统德育工作中用定性、直觉与经验判断的因果关系,将被能够实现相关预测的大数据所取代。因此,大数据时代对传统学校德育工作中的经验式思维、说服式讲授与单一化评价等方面的挑战是显而易见的。

大数据时代,网络新媒体每时每刻都在更新数据信息,内容涵盖了社会、经济、政治和科技等各方面,地域横跨美、日、英、俄等各个国家,学生能够即时查阅大量信息,开阔了思维和视野,体味社会百态,实现和世界的零距离交流。如 2015 年 3 月 11 日,上海司机拖死交警一事在发生不到 6 个小时的时间里,网络上便出现了对该事件的详细报道以及 9 万余条评论,学生在浏览新闻的同时,实则是在阅读一个真实的道德案例,通过文字、图片甚至是视频共同呈现的案例会比传统的教师讲授更加深入人心,更有说服力。而评论中的各种观点也会给学生带来启发,帮助他们形成正确的人生观、价值观。

同时,大数据时代,不同类型的文化在网络上交汇、碰撞,网络非主流文化以其新奇另类、大胆自由的表现形式成为青少年热衷追捧的对象。网络信息传播的开放性决定其内容的不可控性,火星文、炫富和恶搞等一系列非主流文化有强烈的视觉刺激和情感叛逆等特点,营造出的虚幻氛围使人得以释放压力,逞一时之快,但同时也让自制能力较弱的青少年儿童难以认清虚拟世界与现实世界的差距,混淆了原有的价值观念,易在道德十字路口迷失自我;一些发达国家则利用网络信息平台,散布不实历史,宣扬他们的民族习惯、文化理念,导致很多学生出现盲目追捧外族文化,而冷落我们本民族的传统文化的现象。儿童的心智判断能力参差不齐,面对良莠不齐的数据信息内容,他们难以抵制好奇和诱惑,对树立积极向上的社会主义价值观产生消极影响。

哈佛大学社会学教授加里·金说:“这是一场革命,庞大的数据资源使得各个领域开始了量化进程,无论是学术界,商界还是政府,所有领域都将开始这种进程。”②大数据时代正以势不可当的姿态席卷社会中的各个领域,学校德育身在其中,老师、学生在每天的工作和学习中无时无刻不在生产着各种各样的数据,当这些数据累积到一定级别,通过一定的技术分析处理,我们便可以从原本沉睡的数据中获取有价值的信息,或是总结规律,或是发现问题。大数据在学校德育方面的拓展充满机遇,同时也面临着前所未有的挑战。

### 莫让动画片伤了孩子

动画片是孩子喜闻乐见的电视节目,但一些充斥暴力镜头的动画片却给孩子带来了负面影响。近日,江苏两名儿童被同村另一名 9 岁男孩绑在树上点火,严重烧伤,原因竟是模仿动画片中灰太狼烤羊的情节。

在咨询中,不少家长都提到,孩子经常说一些诸如“我想打死你”之类的暴力话语,有

---

① http://news.xinhuanet.com/finance/2013-07/26/c_125066639.htm.2013-07-26.)

② 吴志荣.大数据时代的重要命题.上海师范大学学报,2013,05.

的孩子甚至对家长或小伙伴动辄打骂。孩子们到底怎么了？“我觉得是电视看多了，游戏玩多了”，李女士说。现在动画片以及游戏里，充满了暴力的语言和镜头，孩子难免会模仿。“《疯狂原始人》《变形金刚》等动画片一听名字就知道很暴力。《喜羊羊与灰太狼》里面，红太狼成天拿平底锅打人的镜头，被许多孩子模仿。可他们并不知道平底锅砸在脑袋上不仅仅是疼。还有《猪猪侠》，几乎每集都要打架。”

中国传媒大学对北京地区收视环境进行调查时发现，以暴力内容为主的动画片占全部的36.5%，其中的“加害者无理、受害者无辜”的“非正义”暴力占35%。现在不少动画片都存在成人化、低俗、暴力的现象，对孩子的心理影响很大。国外研究表明，暴力游戏和动画片会给孩子带来更大压力，并让他们感到非常紧张，进而影响到睡眠。还有研究发现，暴力动画片会影响孩子的人生观、价值观，甚至让孩子变得冷漠。

暴力动画片对孩子的心理影响与其本身的不良导向、孩子的心理发展以及家庭教育有关。首先，模仿是孩子的天性。美国心理学家班杜拉曾于1961年做过一个经典的心理学实验——波波玩偶实验。研究发现，孩子们不仅会模仿成人去殴打、拍击、辱骂，还会创造性地运用自己的方式去攻击。通常，3岁以上的小孩就具有一定模仿力。因此，孩子会潜移默化地学习动画片和游戏中的行为。其次，孩子的认知能力处于发育中，对事物缺少批判能力。孩子会觉得暴力镜头很好玩，意识不到它有什么不对或者危害，甚至认为这是“勇敢”的体现。最后，孩子总是沉浸在虚幻的世界里，脱离现实生活，感受不到现实生活中的温暖。此时，家长如果又对孩子不闻不问、放任自流，很容易让孩子变得冷漠。

当然，动画片并非一无是处。好的动画片能激发孩子的学习能力和想象力，家长要做好引导。首先，家长要在发现孩子的暴力和冷漠倾向时，及时进行正面引导；根据孩子的年龄选择适当的动画片，比如《小熊维尼》《聪明的一休》等；和孩子一起看动画片，跟孩子讨论动画片的情节人物，帮助孩子识别善恶。其次，影视工作者要给孩子创造健康的媒介环境，有伤害性的镜头不要在片中过多暴露，尤其是容易导致孩子模仿暴力行为的镜头应该直接删掉。西方儿童看的动画片在投放市场前，必须通过行业委员会的审核。美国就针对不同年龄段进行分级设置。比如经典动画片《猫和老鼠》在美国是严禁6岁以下儿童观看的，因为片中有把猫尾巴砍断、把炸药放到猫嘴里这样的镜头。

## 三、传统道德的现代转型

一个国家、民族道德的产生与这个国家和民族的政治经济、自然环境和文化氛围有着密切的关联。并且一旦这种道德传统形成，它便会有一定的历史继承性。经过历史积淀而形成的道德传统，总会在历史之中找到它的渊源。“道德传统成为新道德形成和发展的现实历史基础，即使是具有崭新思想内涵的新道德，也只有从本民族的道德传统中找到‘思想支撑点’，才有益于新道德的普及、推广和提高。”①

① 王正平. 中国传统道德论微探[M]. 上海：上海三联书店，2004：7.

从一般意义上看，传统道德是过去的历史中发展出来的一个价值系统，它是一个民族发展的全部历史积淀，是一个民族精神的集中体现和延续，是一种活着的民族精神的生命体。传统道德，"传"在"统"前，是指道德在一个人们共同体（如民族）的社会成员中作接力棒似的纵向交接的过程。这个过程因受生存环境和文化背景的制约而具有强制性和模式化要求，最终形成道德的传承机制，使传统道德在历史发展中具有稳定性、完整性、延续性等特征。传统道德绝非纯粹外在于我们的抽象的思维中，任世人招之即来而挥之即去。作为历史的积淀，它深深地存留于现实世界之中，今日之传统便是过去的现实，今日之现实即为明日之传统。世界各国现代化的经验表明，任何国家都不可能走完全抛弃民族文化传统的全盘西化的道路。

中国现代化的发展不能回避传统，任何时代的道德建设都不是凭空产生的，都与传统道德有着千丝万缕的联系。因此，我们应以一种新的思维方式重新认识传统道德并对之进行有效的改造和超越。中国传统道德不仅是现代学校德育转型不可逾越的前提和基础，也应是现代学校德育的内容来源。在现代学校德育的发展过程中，我们要把中国传统道德这一历史前提和资源转化为现代德育改革的"活水源头"。

**（一）优秀传统道德的历史功效**

中华民族是素以崇尚道德著称的诗礼之邦，其博大精深的中华伦理道德文化成为人类文明发展史上不可或缺的精神财富。中国传统道德精神是中国文化传统的核心，也是中国道德教育深刻蕴含的精髓。虽然这些传统道德思想产生于遥远的过去，在其发展过程中又带有鲜明的封建社会的色彩，但作为一种社会意识形式，其中一些道德思想至今仍闪耀着文明、进步的光辉。因此，中国 21 世纪的学校道德教育仍需以积极态度弘扬中国优秀传统道德。

在全世界面临道德危机的今天，中国的传统道德越来越引起人的普遍关注。1992 年 5 月，由中国教育国际交流协会、中国联合国教科文组织全国委员会等单位联合召开的"东方传统伦理道德与当代青少年教育国际研讨会"，有来自 12 个国家和地区的 100 多名代表参加了会议，他们对东方传统伦理道德在当代青少年道德教育中的意义和作用交换了意见。在开幕式上，中国教育国际交流协会会长黄辛白说："东方传统伦理道德源远流长，博大精深，它的精华不仅在几千年历史中光辉灿烂，在当代也已经和正在受到亚洲和全世界范围日益众多的国家、人民的重视，在社会上，特别是在青少年的教育中发挥重大作用。"香港树仁学院胡鸿列博士在《中国传统道德对现代教育之启示》一文中说："香港树仁学院的创立，即以树立中国'仁'的精神宗旨，除发扬我国传统的'仁'的意义外，还要培养出以仁爱为怀的学生，为社会国家服务。20 多年来我们坚守岗位，不屈不挠地努力，就是希望将中国及传统道德在海外加以发扬，并深信能挽救今日西方社会道德崩溃的危机。21 世纪教育应特别着重品德教育，要以中国优良的传统道德作为品德教育的中心。"①

中国优秀的传统道德文化发端于先秦时期，经过两汉经学、魏晋玄学、隋唐佛学、宋明理学等各种不同学术文化思潮的洗礼、激荡、筛选、陶铸，而不断得到丰富发展，成为世界上最有特色的道德文化体系。在世界的现代化进程中，中国传统道德文化越来越受到广泛的关注，不仅

① 胡鸿列. 中国传统道德对现代教育之启示[J]. 教学与研究，1994(3).

因为它是东亚文明的标志，更因为它对西方的文明也有重要的影响。西方一些学者在反思西方文明的局限性时曾呼吁"光明自东方来"，当代西方社会需要用儒家传统道德来医治。这表明儒家的传统道德，尤其是中国优秀的传统德育文化对于抑制极端个人主义、拜金主义，转变社会风气，保证社会和谐、有序地运转，具有独特的精神价值，并且产生巨大的道德力量。

**（二）优秀传统道德的当代价值**

传统是历史的积淀、现实的基础和未来的参照。在中华民族源远流长、丰富多彩、博大精深的伦理文化遗产中，很多优良传统直到今天仍然有强大的生命力，它是中华民族宝贵的精神财富。中国的社会主义道德绝对不能脱离中国传统道德而产生，它必须是，而且应当是对中国历史上优秀传统道德的继承和发展。我们讲社会主义道德，必须和中华民族传统的伦理道德结合起来，这样才会有民族的语言、民族的形式和民族的情感。我国传统伦理道德中有许多东西可以给我们很好的启发。如中国传统道德注重提倡人伦价值，强调每个人在人伦关系中的权利和义务。一个人既然在社会中生活，就必然会同各种人发生不同的社会关系，担任不同的角色，强调个人在不同关系中所应遵守的道德义务，这对于社会稳定，是有重要作用的。在人伦关系中，古人特别重视"孝悌"。"孝"乃人伦之始，是人类相生相养的自然情感，是中国古代社会最基本的道德规范。"父慈子孝"是中华民族传统人伦关系中最重要的要求。古人认为，只有对父母敬重的人，才有可能为国家尽忠，把"孝敬父母"作为立德的一个重要方面。"悌"是"孝"的扩展。孔子要求"弟子入则孝""出则悌""友于兄弟"，并认为"四海之内皆兄弟也"。古人讲"孝悌"，同时推而广之，主张"老吾老以及人之老；幼吾幼以及人之幼"，提倡社会的普遍的敬老爱幼之风。中华民族这种特有的父慈子孝、兄友弟恭、夫和妻柔，以及由此而派生出来的扶弱济困、尊老爱幼的传统美德，不仅使千万个家庭和乐融融、充满温馨，而且对于维护社会公德，建设精神文明，促进国家长治久安和团结稳定，都具有重要作用。

中国传统美德是建立现代新道德体系的思想材料。建设现代新道德体系的过程，实际上就是根据时代精神的要求，对传统道德加工改造的过程。离开传统道德，是不可能建立起社会主义新道德的。中华民族在几千年的历史发展中形成的许多具有广泛社会性和强大感召力的优秀道德思想、道德规范，已经成为中华民族共同的精神财富。在人类历史的优良传统中，中华民族传统美德是个十分丰富的思想宝库。今天我们所倡导的社会主义道德原则和道德规范，都可以从这个宝库中找到自己的思想渊源。要适应社会主义现代化建设发展的需要，再造新的道德原则和道德规范，也可从这个宝库中找到必要的思想资料和表达方式。弘扬传统美德是现代新道德体系建设的题中应有之义。

**（三）传统道德教育与现代学校德育的关系**

由于处于社会转型时期，在社会主义市场经济体制建立完善过程中，开放的市场经济导致了多种价值观和道德观的相互冲突与交融的现象。价值观念多元的局面使人们产生一种无所适从、无所皈依的迷茫状态，而对于大多数的青少年学生来说，他们更是处于被社会抛弃的角落，在失去价值观指导的情况下，表现出了惶恐不安、焦虑、冷漠、喜欢幻想、反复无常、无所适从等心理障碍，由此带来了青少年群体普遍的道德滑坡，引发一系列的社会问题。正如有学者指出的："处于文明转型时期的中国正在出现普遍的道德失范现象，处于传统和现代的夹缝之中的中国民众正在经历着文化价值观念的剧烈冲突：个体主体意识与整体主义（集体主义）、功利主义、拜金主义同传统'正谊明道'的超功利主义、享乐主义、消费主义与传统节俭美德，技术批判理性与启蒙理性，后现代文化与工业文明精神，等等。显而易见，世纪之交的中国社会不可避免地要经历一次深刻的价值重建和文化转型。"[①]在社会主义市场经济条件下，青少年学生出现了信仰危机、价值偏失、道德淡漠等问题有客观的、外部环境等多方面的原因，但从另一个角度来说，他们也的确非常尖锐地在证明着学校德育的失误，其中也包括对传统道德精神资源的忽视。

当前，世界各国各地区越来越重视本民族精神的继承和弘扬，出现了一种注重传统、回眸寻根的新态势。世界各国普遍在学校德育中将"植根民族文化传统，培养国家意识和爱国精神"作为学校德育的重要目标。日本1989年全面修改学校教育指导要领，其中最大的特点就是提出了培养国家意识和爱国精神。强调培养既具有民族特点和传统，又具有现代意识和国际竞争能力的新人。新加坡一直强调以弘扬民族文化传统抵制西方文化的消极影响。世界一些经济发达国家的经验已证明，通过追溯本国优秀民族传统文化和优秀传统道德，用以激励本国人民的爱国主义精神，培养本民族的优良素质，是实现富国强民、自立于世界民族之林的重要国策。

中国古代的教育史就是一部德育史。传统文化中所蕴含的丰富德育资源，为当代学校德育的发展提供了深厚的内源性发展动力。传统道德中的优良美德，如爱国、正义、礼貌、孝敬、谦让、敬业、奉公、自强等，都是极其适用和有效的教育材料，容易唤起青少年潜意识中的道德情感，对于培养青少年学生的理想道德情操具有积极意义。实践已经证明，在学校道德教育过程中，越是重视民族精神的培养与教育，该国的学校道德教育的成效就越大。这种重视本民族传统文化教育的共同意识，已成为当今世界各国各地区学校道德教育的核心内容和重要目标之一。因此，重新审视中国传统道德文化的时代意义，认识、整理、研究和利用我国优秀的传统道德资源，加强中国传统道德的教育，应该成为现代学校德育的重要组成部分。学校德育从我国历史长河中发掘教育资源，弘扬我国传统和优势，事关国家和民族的命运，"保持和发展本民族文化的优良传统，大力弘扬民族精神，是关系到广大发展中国家前途和命运的重大问题"。

## 四、开发中国传统德育思想的基本原则

中国传统德育思想是中华民族世代积累的关于做人、育德和培养优秀人才等的智慧结晶和经验总结。由于历史的积淀，不少中国传统德育思想不可避免地打上深刻的历史烙印，成为过时了的东西，表现为一种巨大的保守力量，但其中包含的精华部分，往往能够超越时空的界限，成为构建社会主义新德育的资源或基础，对于巩固中国的伦理道德型文化模式、加强中华民族的凝聚力起了十分重要的作用。因此，在中国传统德育思想的现代转化过程中，我们需坚持如下原则，赋予传统德育资源以新的生命，创造出具有民族特色和体现时代精神的社会主

① 衣俊卿.论社会转型时期的生存模式塑造[J].北方论丛，1995(4).

义新德育。

（一）尊重传统德育资源与发掘传统资源紧密相连

尊重传统德育资源主要体现在对传统德育资源的发掘整理上，其关键在于发掘出传统德育资源的当代价值。我国的传统德育资源，不仅为我们民族在历代的文明进步中作出过不可磨灭的贡献，而且在今天的社会主义精神文明建设中仍有着不可忽略的现实价值。如，古代圣贤所提倡的"天下为公"的无私奉献精神、"自强不息"的开拓精神、"见利思义"的道德价值取向、"精忠报国"的爱国主义精神、"居安思危"的民族忧患意识、"仁者爱人"的人道主义精神、"勤俭节约"的生活方式、"崇尚自然"的朴素情怀，等等，不仅在封建社会受到政治家、思想家甚至平民百姓的重视，到了今天，仍闪烁着智慧的光芒。传统德育资源的现实价值，不仅表现在国内的精神文明建设方面，还表现在它对当今人类文明进步的新贡献方面。中国传统德育资源内容丰富，义理宏深，其发掘整理必须坚持马克思主义批判继承的总方针，有计划、有步骤、有选择地开发传统德育资源，挖掘蕴涵其中的时代价值，为社会主义新德育建设服务。

（二）实现继承传统与诠释现代的共融

中国传统德育思想是传统历史文化的遗存。无论在历史上还是在今天，它都显现出一种两重特性——糟粕与精华并存。只有通过对传统德育资源的发掘、整理、分析和甄别，作出现代性的诠释，而不是简单照搬照套，才能最终做到继承和发扬传统德育思想的精华，既源于传统又超越传统，最终实现传统与现代的共融，并为现代服务。这就要求我们，首先，对甄选出的优秀传统德育思想做好现代诠释。发掘优秀传统德育资源中所包含的具有积极意义的东西，予以发掘提炼，并赋予其符合时代要求的新涵义，才使它有可能与现实衔接起来。其次，切实找准传统德育资源与当代德育思想的结合点。传统要与现代实现有机结合，首要的条件是两者必须具有结合点。所谓"结合点"，指的是被结合的双方具有共同点、相融点。有了共同点、相融点，才能实现两者结合。例如，中国传统德育中既强调人在终极价值意义上的自我作主，又强调人与大自然的和谐一体，表现了明显的生态伦理倾向。这种道德价值观念足以供当今时代其他终极关怀价值系统借鉴。此外，以儒家道德伦理为核心的传统德育，强调修身为本、修己爱人、自省慎独、见得思义、见义勇为、敬业乐群、和而不同等道德规范，也对于建立一个有高度文明的现代化社会有着重要的借鉴意义。再次，深入挖掘传统德育资源的时代价值。在传统德育的现代转换过程中，必须把重点放在其现实价值上，总结、提炼、发掘包含于其中的时代价值。如，主张道德原则与自然规律相一致，强调人与自然的和谐，从"自然无为"出发直接建构了人与自然生态的伦理规范。这些道德遗产，是我们当今解决人类自酿的生态危机的重要理论资源，也是现代经济可持续发展的重要前提。

最近一段时间，围绕传统文化教育中《三字经》等经典可否删节的问题，社会上展开了热烈的讨论。这个现象反映出，随着各级教育行政部门主导的经典教育和民间读经活动的逐渐开展，经典教育实践也不断提出一些理论问题，值得我们不断加以总结和思考。当代课堂究竟怎样面对传统经典，我们是不是可以删改经典，如何对待经典与当代不相容的内容，让孩子阅读经典预期怎样的收获等一系列问题，都需要认真加以讨论。

## 当代课堂怎样面对传统经典[①]

经典具有不朽价值，阅读经典不可或缺。中国历来是一个在文化上崇尚理性、重视教化的国度，以儒家为正统的官方指导学说，一贯倡导开启民智、兴办教育，配合着“选贤与能”的科举制度，使教育发达、人才兴盛。在这种文教发达的背景下，产生的历史文献是世界各国中最多的。而在浩如烟海的传统文献中，则较少涌现出经过历史选择和检验的文化经典。这些经典是古人思想与智慧的结晶，承载着先民的生活常道与实践经验，传达着前人的文化心理和思维。经典教育意义广泛，切忌功利化取向。倡导和鼓励青少年阅读经典的一个重要理由，在于经典教育具有广泛的意义，预期的收获是多面而非单一的。对此，古人早有论述。孔子指出学《诗经》有审美、认识、教育等多方面的作用，学习《易经》有文学、修身、制器、卜筮多方面的作用，学习者可以各取所需。

我们现在鼓励青少年学习传统文化经典，同样是基于传统文化经典能带给孩子们多方面的收益。他们可以从中提高语言文字修养，可以加深对历史与传统的理解，可以继承人们的基本生活价值观，可以加强道德修养和文化教养，可以培养爱国主义文化情感，可以在多元文化迅速融合的时代找到文化认同。经典可以为他们提供“源头活水”，成为创造力的源泉，等等。

然而，在实际的经典教育实践中，往往充斥着一些十分功利化的取向，让经典教育仅仅服从某一方面的需要，而忽略经典教育的整体价值。例如，只注重经典教育中的道德教育作用，把经典教育视作道德灌输的手段和替代品。经典教育无疑可以发挥德育的功能，但仅从这一角度来要求和看待经典教育，难免会简单、片面。

经典也有缺陷，经典教育不是盲从经典、盲信经典。经典虽曾经历大浪淘沙般的历史洗涤，具有不朽的文化价值，但经典并非绝对完美无缺，也有作品的时代局限性和作者的个人局限性。

在经典教育实践中，当经典的局限性和经典教育的当代性与现实性相遇时，一直颇受争议的是直接删改经典的方式。例如，有些教育行政部门要求不能将经典中不合时宜的内容直接带进课堂。这些来自教育行政部门的忧虑也并非全无道理：让一些年龄尚小的儿童学习经典，他们尚无足够的辨别能力，经典中一些过时的内容，会对他们带来负面影响。如果不采取一些手段加以解决，经典教育会遇到很大阻力，甚至会难以推行、半途而废。删改经典总是有些不得已而为之的理由，经典教育实践提出的问题总是要解决的。

长期以来，我们在教育领域，习惯于灌输式教育，只教给学生正确的东西，而让他们远离错误的东西；热衷于教给他们正确无误的知识，而不是教给他们保护自我和认识社会、进入社会的能力。我们很容易把这样的思维定势运用到对待经典教育方面，只希望青少年儿童接触经典中有积极意义的内容，不要接触那些消极的过时的内容。

① 彭永捷. 中国教育报[N]，2011－01－17.

解决经典教育实践中历史性和时代性矛盾的问题,我们要有一些新的思路。经典中有些过时的内容,并不妨碍我们完整地阅读和理解经典。经典教育中需要我们加强的是培养学生正确看待经典的态度:我们尊重经典、重视经典,但绝不迷信经典、神化经典。

在这方面,前人同样为我们树立了学习的榜样。对于《尚书》记载的史实,孟子谓“尽信书,则不如无书”;鲁迅曾说过,一定要求完美的书才能读,那么配读的书是没有的。在读经典的时候,可以加以必要的辅导,让学生了解经典中体现的一些观念、做法、习惯,是历史的产物,适合那个时代的需要,和我们今天的生活可能没有直接的关系。我们可以告诉学生,并非阅读什么,就意味着提倡什么、接受模仿什么,我们只提倡经典中在现在仍有积极意义的内容,而那些已然过时的内容,只是我们需要了解的传统的一部分。在以经典教育促进德育方面,古人把“仁、智、勇”当作“三达德”,不仅重视爱心的培育,还重视判断是非的能力和实践道德的勇气培养。这同样值得我们在经典教育实践中好好地借鉴。

理论研究和师资培养,是开展经典教育的基础工作。在目前开展的经典教育中,普遍重视经典教育教材的编写,这适合了经典教育的需要。与此同时,还有一些工作也需要及时开展或加强,服务和促进经典教育实践。一是理论研究。应当不断总结和研究经典教育实践中提出的问题,加强对实践的指导。二是师资培养。缺乏受过系统训练的师资,是经典教育中面临的普遍性问题。“将弘扬中华民族优秀传统文化纳入教育全过程”,仍有待于从教育体制上加以具体化,从而为经典教育师资的配套提供体制保证。

## 五、中国传统道德资源中的优秀德育思想

中国传统德育思想博大精深,源远流长,是中国传统道德文化的精髓与富有生命力的部分。它主要起源于先秦,以儒家伦理道德思想为主体,兼收墨、道、法、佛等各家思想,经过几千年的演变、发展,逐渐形成了一整套较为完备的伦理道德教育思想体系。中国传统德育思想有其所具有的不可替代的独特价值,是当前我国道德文化建设的精神资源,也是现代学校德育的重要资源和有机组成部分。

### (一) 重视德育的地位,强调以德为主,德智相辅

我国传统德育文化中蕴含着许多优秀的德育思想,重视德育的地位,在历代统治者、百姓和教育家那里是一种共识。这种共识不仅停留于诏诰教喻、理论探索或口头训诲,而且也付诸不同层面的实践中。

我国古代社会不论是在奴隶社会还是在封建社会,德育一直受到历代君主的高度重视。自从独立的学校教育形成以来,伦理道德教育就是学校教育的重要内容。各朝代的教育政策都把德育放在首位、以灌输伦理知识、进行道德训练作为中心任务和主要内容。同样的,我国古代的历代教育家也都重视学校德育,他们从理论与实践的不同角度出发,论述了德育的地位和作用。

孔子是我国教育史上第一个把德育置于首要地位的教育家。他认为,应该先履行道德义务,“行有余力,则以学文”是指在学会做人即达到德要求的基础上学习文化科学知识。所以孔

子强调以德育为基础的思想是很鲜明的。曰:“为政以德,譬如北辰,居其所则众星共之”“为政以德”,德为政本,体现在学育上,必然是“以德主教”,把德育放在一切教育的首位。又说“道之以政,齐之以刑”,他强调伦理教育、品行修养是第一位的,并把德育作为学校教育的基本内容。在孔子的教育思想体系中,德育乃核心和本质。

其后的思孟学派继承了孔子的这思想,更加重视德育。《大学》开篇便写道:“大学之道,在明明德,在亲民,在止于善。”董仲舒也提出“德日起而有大功”,意思是只要加强思想政治教育,就可以起速效。延续下去,就形成了历代统治者都重视德教的教育传统,形成了我国传统文化以德主教的教育观。古代的教育家不主张孤立地进行思想道德教育,他们强调以德为主,德智相辅,道德教育与文化知识教育同时进行,并把思想道德教育放在文化知识教育之先。孔子在《论语》中提出“子以四教:文、行、忠、信”,并在实施教学时,分“德行、言语、政事、文学”四科,思想品德修养被贯穿在各种学科中讲授。韩愈说:“师者,所以传道授业解惑也。”即一个教育者的职责首先是“传道”(思想道德教育),其次才是“授业”(传授业务知识)和“解惑”(解决疑难问题)。王夫之提出“好学”“力行”“知耻”三个步骤,特别强调“知耻”是做好“好学”和“力行”的动力。

在古代的社会里,除帝王统治阶级和教育家们重视德育外,普通的百姓也十分重视德育。从历代诸多“家训”“家规”“诫子书”“训子语”等都可以发现古代民间百姓对德育的重视。孟母三迁其居以使其子从小学习礼仪的故事,成为脍炙人口美谈;东汉郑玄以自己“博稽六艺”,志在“念述先圣之元意,思整百家之不齐”为例,训诲儿子“敬慎威仪,以近有德”;岳母刺字,对岳飞进行爱国、精忠报国的教育;顾炎武嗣母王氏,太平之际勉子关心社稷百姓,国难当头诲子持志守节,鼓舞着顾炎武发出“天下兴亡,匹夫有责”之雷鸣,高扬“君子之为学,以明道也,以救世也”的经世致用的一代新风。

**(二)追求天人合一,人际和谐的道德理想**

追求天人合一,人际和谐是中国传统德育文化和人文精神的精髓,是古人用以处理人与人、人与自然、人与社会之间的矛盾,实现人道与天道会通合一所秉承的道德理念。

最早提出“天人合一”思想的是孟子。他说:“尽其心者,知其性也。知其性,则知天矣。”(《孟子·尽心上》)意思是说,充分觉悟、发掘、扩展人的本心,就能认识自己的本性;认识了自己的本性,就能够进而把握天的本质。在孟子看来,天与人在本质上具有内在的共同性和统一性。天具有完善的本性,因而人也具有完善的本性。孟子又说:“亲亲而仁民,仁民而爱物。”(《孟子·尽心上》)我们爱自己的亲人,进而爱周围的人、人类,爱自然万物。通过爱心的推广,将人的精神提升到超乎寻常的人与我、物与我之分而达到“天人合一”的境界。中国传统道德思想一方面肯定人在自然天地中的重要地位,把“人”看作是与天地自然并存共荣的重要实体;另一方面,也肯定人与自然天地存在的不可分割的统一关系,即“天人合一”“天人合德”。

中国古代思想家从认识“人”与“天”之间不可分割的依存关系开始,逐步认识“天人合德”,发现“人道”与“天道”,即人的道德与自然规律之间存在着某种不可分割的内在联系。在人与自然的关系上,强调把天、地、人看成一个统一、平衡、和谐的整体,认为天道与人伦是一致的,强调“万物并育不相害”,人应“与天地合其德,与日月合其明,与四时合其序”,万物与我为一体，把人的存在融入宇宙之中，达到“民胞物与”“浑然与物同体”的理想境界。在个人与国家、群体的关系上，强调群己合一，认为人是人的个体与群体相统一的产物，个人不能离开群体，群体也不能离开个人。在群己合一基础上，更注重群体的利益和尊严，要求人们以群体为最高价值取向，提出“公忠体国”“贵和乐群”“大公无私”强调个人利益服从家庭、宗族和国家利益。在处理社会人际关系上，以“和”为终极标准，要求按照“和”的目的来序定伦理。中国古代基本的人际关系即君臣、父子、夫妇、兄弟、朋友五伦，每伦都有自己特殊的规范与要求。做到君君、臣臣、官官、民民、内外、上下都各安本位，一团“和气”，彼此都有序而统一，共同维系着人际关系的和谐。

**（三）以仁爱为核心内容，推己及人**

“仁爱”是中国古代最重要的道德要求，“仁”的概念，古已有之。孔子提出了以“仁”为核心的道德学说体系，就是“仁学”。从此，“仁”就成为最基本的、最高的道德要求，它既是最重要的道德规范，也是一切其他道德规范的根本，包含了仁、义、礼、智、孝悌、忠信、宽、惠、勇、直等道德要求。孔子对仁作了多方面的阐述。《论语》中“仁”就出现了 109 次之多。从《论语》中可以看出孔子认为“仁”在道德意义上主要有三个方面的规定性：其一，“仁者，爱人。”（《论语·颜渊》）所谓“仁”者，就是在处理人与人之间关系中要有爱心，爱心是一切德性的始端；其二，“仁”在道德领域的另一个规定性是“孝悌”，“孝悌也者，其为人之本与”（《论语·学而》）；其三，“仁”是指的“忠恕”，强调宽以待人，推己及人，“其恕乎，己所不欲，勿施于人。”之后，孟子说“仁者爱人”（《孟子·离娄下》）；韩愈说“博爱之谓仁”（《原道》）；朱熹则说仁是“爱之理，心之德”（《四书集注·论语集注》），都是说明“仁”的核心精神就是“爱人”。所以“仁”与“爱”相联，叫“仁爱”。中国传统道德的核心价值理念是“仁爱精神”，它内隐他人与我价值相同的人本主义思想，集中体现在“仁者爱人”“仁政”和“泛爱万物”的道德理念。

对于“仁者爱人”，儒家主张分别亲疏远近，从最亲近的人，即父母兄弟开始，逐步推广扩大到其他；而在不同的人际关系上，对不同的人，仁爱也就有不同的内容和不同的表现，由此就有不同的道德规范。如对父母要孝，对兄长要悌，对朋友讲忠信等等。仁爱不仅是对个人的最高道德要求，古人还把它当作一种施政原则和社会理想，主张把仁爱精神灌输到施政中去，实行“仁政”，经过仁政教化，使全社会人人都自觉接受仁道，躬行仁道，以达到理想的大同世界。《礼记·礼运》上载孔子说：“大道之行也，天下为公，选贤与能，讲信修睦。故人不独亲其亲，不独子其子；使老有所终，壮有所用，幼有所长，鳏寡孤独废疾者皆有所养。”仁爱精神再进一步扩展，也扩展到对物，对自然界。孟子说“亲亲而仁民，仁民而爱物。”（《孟子·尽心上》）张载说“民吾同胞，物吾与也。”（《正蒙·乾称》）都是说对自然界、对物也要看作人类的朋友，采取爱护、爱惜的态度。这对于今天我们提倡保护自然环境、保护野生动物，也有积极意义。

儒家文化为知识分子所设定的“修身、齐家、治国、平天下”的道德理想或者说社会理想中，贯彻始终的线索仍然是人，而且是进行道德修养的人。首先，将一个完满的道德之身施之于家，建立一个充满伦理温情的家庭或家族伦理秩序；然后，投身于政治，建立一个人人内怀政治伦理心态的完善的政治秩序；最后，通过实现其“治、平”的理想，从而使自己的人生境界和道德境界得到提升。

### （四）躬行践履，自觉自省的道德修养方式

中国传统德育从来就有注重道德践履的传统。躬行践履，就是在道德教育中强调亲身实践、身体力行。在先秦诸子中，墨子及其门人以富有道德实践精神而著称。墨子认为，“言必信，行必果，使言行之合，犹合符节也，无言而不行也”（《墨子·兼爱下》）。“士虽有学，而行为本矣。”（《墨子·修身第二》）强调言行一致，行重于言。儒家历来倡导道德践履。孔子评价一个人是否有德行，不仅凭其言谈，更要看其行为，“听其言而观其行”（《论语·公冶长》），考察其言行是否一致。朱熹也认为，“为学之实，固在践履，苟徒知而不行，诚与不学无异，然欲行而未明于理，则其践履者又未知其果为何事。”（《朱文公文集·答曹可元书》）王夫之也提出道德教育必须在生活实践中进行，主张“君子之学，力行而已”（《四书训义》卷九）。躬行践履不仅是道德修养的必经环节，也是道德品质形成的标准。

中国传统道德认为人性之中具备了道德的一切要素与可能，因而“为仁由己”，只要安伦尽分，反躬内求，便是道德的完成，由此形成向内探求的主体性道德精神，其集中体现便是以自觉自省为特征的道德修养。孔子认为，要想达到“仁者”的理想境界，关键在于个体的内心自觉，“我欲仁，斯仁矣。”（《论语·述而》）他把这条原则称为“为仁由己”，要求人在修己求仁时表现出主动性。孟子继承并发展了孔子关于“内自省”的观点，提出了一个比较完整的道德修养理论。孟子认为，善性是人自身所固有的，“君子所性，仁义礼智根于心。”（《孟子·尽心上》）“仁义礼智，非由外铄我也，我固有之也。”（《孟子·告子上》）这样，人在自身道德价值实现上，只要发挥自我主动的存心养性的修身功夫，就可以成就理想人格。



**改变自己从小事做起①**

为学贵慎始。清代文学家刘善在《习惯说》一文中讲述了一件非常耐人寻味的事。他住的一间房子里“室有洼，径尺，浸淫日广。每履之，足苦踬焉。即久而遂安之。”屋内有坑，每步走到那儿，脚总要被绊一下，不自在，难受。然而时间久了，习以为常，没什么感觉了。后坑填平，刘善“复履其地，蹶然以惊，如土忽隆起者”，“已而复然，日久而后安之”。坑填平，刘善走在上面反倒被绊了一下，吓了一跳，好像屋里地面忽然高出一块，过了一会儿，走在这里仍然是这种感觉，时间久了，也就习以为常了。于是他感叹地说：“习之中人甚矣哉！”习惯一旦养成真厉害啊！

这个故事给我的启发至少有以下几点：一是习惯具有巨大的惯性，一旦养成，就成为人的自然而然的心理状态、行为状态；二是习惯可以改变；三是“养成”与“改变”的条件都是时间一“久”，要长时间的，坚持不懈。

### （五）修己安人，内圣外王的德育模式

把个人担当的社会责任与个人道德的自我完善统一起来，主张以修身的精神而齐家、治

① http://blog.sina.com.cn/s/blog_498d857d0100aho1.html

国、平天下，实现内圣与外王的有机统一是中国传统德育思想的最高要求。

孔子最先提出“修己以敬，修己以安人，修己以安百姓”的思想，初步奠定了儒家内圣外王的理论基调。孟子继承了孔子的修己、正身、克己等思想，又提出了“修身”和“养性”等内圣方面的思想观念，“存其心，养其性，所以事天也。殀寿不贰，修身以俟之，所以立命也。”(《孟子·尽心上》)荀子侧重发展了隆礼贵义的外王方面，至《大学》则以孔子思想为基础，综合孟荀两家思想，着重阐述了个人道德修养与社会治乱的关系，提出了内圣外王的理论。“大学之道在明明德，在亲民，在止于至善”的“三纲领”，“格物、致知、诚意、正心、修身、齐家、治国、平天下”的“八条目”，“壹是皆以修身为本”都反映出儒家强调的“把自我内在的反省与修养加以扩大，变成一种外在的普通的道德责任和义务”①的过程。通过格物致知、诚意正心的环节涵养自己的德性，培养内圣的人格；通过修身的环节，齐家、治国、平天下，从而实现自己，达到外王之学。这个模式描述了一个由内圣而外王的人格递次生长、实现的步骤和过程，也规定了道德教育、人格造就的具体途径。整个思路就是由个体德性出发，经社会伦理，最后达到二者统一的内圣外王的价值取向与伦理精神原理。这种内圣外王的德育模式实际上把内在的德性、外在的伦理、现实的政治贯通一体，使内圣与外王相贯通、伦理和政治相统一，是一个内外一体、伦理和政治合一的模式。

## 第二节　传统学校德育的继承与创新

### 一、中国传统道德概念的现代解读

中国古代文化向有崇尚道德的传统，道德是中国传统哲学系统中的一个核心范畴。它既被视为一个普遍联系的信息系统，又被视为一个具有多层次、多结构的整体结构。考察传统道德概念的内涵，道德并非仅仅是纯粹的外在规范条例约束的设计，其实质上是一种涵括自然、社会与人生的多层面、多维度的动态生存方式。

#### （一）传统“道德”概念的历史考察

1. “道”、“德”的出现

从词源上考据，“德”字先于“道”字出现，最早出现于殷墟甲骨文中，“道”字的首次出现则是在甲骨文之后的金文里。“道”原指人物所行的道路，后引申为万物的本体或事物运动、变化与发展所必须遵循的普遍规律和准则。“德”和“得”意义相近，指万物循“道”而产生、发展所遵循的特殊规律及所得的特殊性质。对于“道”的认识修养而有得于己，亦被称之为“德”。故而“德，得也，得道之谓也”的解释，表明“道”与“德”的基本关系即“德”就是自得于“道”，“道德”即是对“道”的体悟和理解而有所得。因此，要真正地理解“道德”，必须有待于“道”的阐明而后方能体道得道，方能有所得。所以我们姑且不因“德”字的早出现而先论“德”，而是首先来讨论“道”的概念。

中国古代的甲骨文中没有“道”的原形，“道”字作为一个相对成熟的文字首先出现于金文

---

① 陈谷嘉，朱汉民. 中国德育思想研究[C]. 杭州：浙江教育出版社，1998：27.

中。“道”字在西周时期的铜器铭文中写作，，，，，由表示头颅的“首”字形和与运动相关的“行”字形、、组成。有时表示脚的“止”或表示手的“又”也出现在该字中。“止”与“行”的左边部分相合，便成偏旁“辶”的原始形式“辵”。这便是现代汉语中“道”的起源。[①] 从“道”的造字来看，它指的是一种动作，与走路的具体行为相关。段玉裁《说文解字注》：“首者，行所达也。”指人和物所经行的通达一定地点的道路。《说文》解释说：“行，人之步趋也”，“止，下基也，象草木出有址，故以止为足。”止就是足，象人之足踩于土地上面。由此看来，“道”字的几个组成部分均与行走道路有关。故《说文》又说：“，所行道也。从辵首，一达谓之道。”“道”解释为“一条通达的大路”。这是“道”字的原义。金文“道”字中央部分为表示头颅的“”，“首”字的下部从“目”字，因此“道”最初意义在指人、物所行走的道路时，为了使其成为一条通达的道路，还需行路者用心判断，才能确定该走的是直通的路。“道”由此也引申为一条指导人们行为道路方向的原则。道的这一原始意义一直保留下来，由人、物必行之路，进一步发展引申为人、物所必遵从的规律，必恪守的原则以至于整个社会、自然之运行秩序和规律等。

“德”字在甲骨文中的最初字形有、、，从“”(直)、“”(行)或“”(彳)，而无“心”符。甲骨文学家对卜辞中的“德”的解释诸家不一。罗振玉说：“……德，得也，故卜辞中皆借为得失字，视而有得。”即“德”为“直”与“行”二字合一体，取直视前方而行走之义。而直视前方者，心中又常有所期待，故“德，得也。”孙诒让释为“直，正见也”；商承祚认为，左边“”有行走的意思，右边是“”为“直”字，而直字从目、从丨，象目光凝视成一线直视之形。故“”从“”者，意为直行而正之义；叶玉森认为，卜辞中的“”字即“循”字，同“巡”，有循行、了解情况、行视的意思。如《庄子·大宗师》谓古之真人“以德为循”，就是直接将“德”作为“循”，此“循”即“顺”也。[②] 因此，认为“德”字从其字形从直、从行上判断，它的本义为直行，是指一种具体动作，与走路或巡视道路的行为有关。金文与卜辞甲骨文中“德”字符略同，只是增加一“心”符，其字形就即呈现“德”字的前期形式、、。值得注意的是，“心”符的出现是甲骨文中所没有的，这对于理解“德”在历史演变中意义的变化至关重要。《说文解字》中释“德”为：“德，升也。从彳，悳声。”又释“悳”为：“外得于人，内得于己也。”段玉裁注：“外得于人，谓悳泽使人得之也。内得于己，谓身心所自得也。”郭沫若也认为，“德”字照字面上看是从徝(古直字)，从心从直，意为“德”系发现于心中，正见于心，端正心思。这便是《大学》中所说“欲修其身者先正其心”之义。[③] 带有“心”字符的“德”需要人亲自去看、亲身去体悟，所以就有了“自得于内谓之德”的说法。另外，因为“德”字的造字本义是直视而行，故而一切正直的行为即可称为有“德”。《周礼·地官·师氏》：“敏德以行本”，郑玄注：“德、行，内外之称。在心为德，施



① 艾兰. 水之道与德之端：中国早期思想的本喻[M]. 上海：上海人民出版社，2002：75—76.
② 崔大华. 儒学引论[M]. 北京：人民出版社，2001：8.
③ 易连云. 重建学校精神家园[M]. 北京：教育科学出版社，2003：128.

之为行。”[①]正所谓“外得于人，内得于己”。可见，行为正直称作“有德之行”，而德者，即正直之行为也。上述考证，使我们看到，“德”不论从形体上，还是造字的本义上，都表示人的一种动作、行为，均与“心”有关，即在心中确立正直的准则，加强人身心的修养与体悟，以至于“有德”。

2. “道”、“德”分用

在先秦文献中，“道”与“德”多分开使用。“道”的最初含义是指道路，如《易经·履卦》说：“履道坦坦。”意为行走的大路平坦坦。而德的本初意义为人的一种动作、行为，如《尚书》中说：“无若殷王受之迷乱酗于酒德哉。”随着人的自我相对独立于自然天地之外的意识逐渐加强，“道”与“德”的含义也逐渐引申。“道”的含义从行走之路引申为轨道、法则之意，“道”为事物运动变化的规律及人的行为原则和规范。如《左传》中子产说：“天道远，人道迩，非所及也，何以知之？”意谓行星运行的轨道与人事变动的法则一远一近，互不相干，人不会通过天道知晓人事。“德”的含义也在最初的直视而行的基础上，加入心的参与和领悟，进一步发展为一切正直的行为，所以也就有了“自得于内谓之德”的说法。

3. “道”、“德”之间产生联系

《国语·晋语》中“天道无亲，唯德是授。”第一次在“道”与“德”之间建立起一种内在的联系。晋厉公六年（公元前575年），范文子率晋军在鄢陵打败楚军后，针对晋厉公的“无德而功烈”说：“吾闻之，天道无亲，唯德是授。吾庸知天之不授晋且以劝荆乎？”在这里，天道和人道通过德这一中间环节被联系起来。人们认识“道”，遵循“道”，内得于己，外施于人，就是有“德”。《国语·周语》又说“夫正，德之道也；端，德之信也；……道正事信，明令德矣。”是说，正直，是达到文德的途径；取正道，讲究诚信，也就达到了善美的文德。“道”与“德”之间产生联系后，其发展开始并不是平行的、并列的，而是保持着特殊的逻辑关系，既密切相联又有层次之分。“道”与“德”的关系具体表现为：

（1）道之与德无间：“道”与“德”的内在一致性

老子以“道”为天地万物的本体，它体现于万物之中，涵养万物，促成万物，使万物得以自然生息。而“德”是体现于具体事物中的“道”，是道的功能的体现。所谓“道生之，德蓄之”，是说万物由“道”而生，“德”则是万物出生后靠本性生长。因此“道”与“德”是相通的，“德”是“道”的外化，“道”是“德”根本。《管子·心术上》管子认为：“德者道之舍，物得以生生。”道产生德并寓于德，物得道后便可生生不息，人得道后便是有德之人。因此“德之中有道，道之中有德”如同“阳中有阴，阴中有阳”，[②]是互含而不能分割的。在事物的发展过程中，一切物都由“道”所形成，内在于万物的“道”在一切事物中表现它的属性，亦即表现它的“德”。因此，没有道，万物无所从出，没有德，万物也没有自己的性质。

（2）德者，得道之谓也：“道”与“德”的内在转化

“道”在传统道德哲学中还与“德”同义，就是指人们遵从客观规律的生活准则或行为规范。“道”作为规律，是世界万事万物产生、运动、变化、发展的内在根据或必然趋势，万事万物遵从

---

① 何新. 辨德[J]. 人文杂志，1983(4).

② 徐慧君，李定生. 文子要诠[M]. 上海：复旦大学出版社，1988：21.

于“道”，并合“道”而行的品性就称为“德”。人作为万事万物的一种，同样由“道”创生并决定，也必须合“道”而行。《老子·二十一章》老子说：“孔德之容，唯道是从。”就是老子在推举“道”的同时，又凸现“德”，认为“德”即“道”在具体事物中的存在与显现。“德”与“道”之间是“体”与“用”的相互转化关系。

4. “道”、“德”连用

“道”“德”二字的连用始见于春秋战国时期。根据最早的文献记载，《左传》《论语》《墨子》《老子》《孟子》等先秦史书中，都多次单独使用“道”字与“德”字，但均没有“道”与“德”二字的连用之例。就目前所查文献而言，较早将“道”与“德”两个词合并在一起使用的是《周易·说卦》。“观变于阴阳而立卦，发挥于刚柔而生爻，和顺于道德而理于义，穷理尽性以至于命。”“道”与“德”二词并举为“道德”，是原于“阴阳”“刚柔”二词的相连并举，实际上为二词，并非现代之“道德”意义。老子的门人文子继承和发展了老子的“道”和“德”的学说，把“尊道而贵德”合起来讲，经常称之为“道德”，并在其《道德》篇中，将天地万物运动变化的内在规律及其法则之“道德”推广到社会人事，认为“非道德无以治天下。……夫道德者，所以相养也，所以相畜长也。”文子此处的“道德”为人类社会发展的规律。《文子》一书中多次使用“道德”一词，次数达31次之多，但多为“道”“德”二词并用，实际上仍然为“道”与“德”的分别涵义。文子之后的中国古代思想家也多次将“道德”连用，如《庄子》使用“道德”16次，《管子》中“道德”一词使用8次，《荀子》中，“道德”一词已出现11次，《韩非子》一书中，“道德”一词出现2次，《吕氏春秋》中，“道德”出现2次。[①] 这些“道德”涵盖了“道”“德”的所有涵义，具有丰富的内涵及层次性和结构性。“道德”的层次反映了古代思想家对于自然、人生和社会秩序与规律的把握和理解，同时也标志我国传统道德曾有的辉煌。这与单指“道德条例”的现代意义之“道德”实在是相差甚远。

### （二）中国传统道德概念的特点

1. 传统道德概念内涵丰富

中国传统道德丰富内涵与层次性，反映了中国古代思想家们对自然、人生、社会秩序与规律的把握和理解，具体层次如下：

（1）宇宙本根之“道德”

道生万物，道是天地万物的本原。德是指万物成长的内在基础，是道在万物身上的一种具体存在方式，所谓“物得以生之谓德”。因此，“道德”便可认为是“德”对“道”的一种理解和把握，是天地万物生成与运动规律，道德是宇宙万物产生和发展的普遍规律与最高准则。“天地之所覆盖，日月之所照明，阴阳之所煦，雨露之所润，道德。”(《文子·微明》)指出道德就是天地为什么被万物覆盖着，日月能够发光、照耀，阴阳调和，协调一致，雨露之所以滋润万物的总根源。中国传统思想文化给天以“生生之化”的道德意义，以道德秩序为宇宙秩序。宇宙本根之“道德”居于社会、自然现象之上、之外，看不见、摸不着，只能靠自己去揣摩、理解与把握。这是一种最高层次的道德追求，是对整个世界的超验的把握。

---

① 刘笑敢. 庄子哲学及其演变[M]. 北京：中国社会科学出版社，1988：5—12.

（2）秩序、规律之“道德”

人们凭着经验对事物存在的变化过程长期观察，逐渐意识到道德的变化过程皆循着某种特定的轨迹。这种轨迹便被指称为事物发展变化之规律与秩序，并在此基础上将“道德”区分为“天地自然之道德”与“人伦社会之道德”。“天地自然之道德”指自然界的运行规律；“人伦社会之道德”则指人类生活所依循的社会的组织原则和运转规律等。“圣人为法国者，必逆于世，而顺于道德。”（《韩非子·奸劫弑臣》）圣人要以法纪治理国家，必然与世俗相违背，而顺应社会发展的规律。“夫礼，天之经也，地之义也，民之作也。天地之经，而民实由之。则天之明，因地之性，生其之气，用其五行，……为君臣上下以则地义。为夫妇外内，以经二物。……礼，上下之经，天地之经纬也，民之所以生也。”《左传·昭公二十五年》中郑太子叔（游吉）的这段话把天地与人事联系起来，从天地中寻找道德人伦的根据。寻找人道之根据则要上达天道。“尽其心者，知其性；知其性，则知天矣。”（《孟子·尽心》）天之根本性德含于人之心性之中，宇宙之根本也就是人伦道德的根源，人伦道德也就是宇宙本质的流行。

（3）规范条例与准则意义上之“道德”

当“道”关注的对象指向人的现实生活，它的表现形式就是具体的规范条例与准则。通过“德”对“道”的体会和外化，“道德”便成为调整人和人之间关系的一切行为规范与准则的总和。这也是在后来的发展过程中被视为道德的全部含义。《礼记·曲礼上》“道德仁义，非礼不成。”此所谓“道德”是指合乎儒家礼教之德行。在荀子那里，作为普遍规律的自然之道德与作为条例规范的人伦之道德被有机地统一起来了，儒家倡导的仁、义、礼、乐也被赋予了普遍的、绝对的真理性，成为古代中国社会人们生活所必须遵循的伦理道德修养准则。

从本体论层面上的万物产生和运动之自然之“道德”过渡到认识论层面上的社会发展与治国安邦之“道德”，再到实践论层面上的人伦礼仪之“道德”，反映了古代思想家对“道”的认识变化以及对“道”的这种变化予以不同的理解和领悟而盛德的过程，反映了中国传统文化中道德与内涵的丰富性、层次性的变化。

2. 源于生活的传统道德

马克思主义认为道德源于人类的生产劳动，也即是人类最基本的生活活动。道德源于生活，内在于生活，其目的是为了人们更好地生活。

中国传统道德产生的基始即是生活本身，最初的道德表现为与生活融为一体的风俗习惯。“道”“德”的最初意义都是指与人们日常生活中行走相关的一种具体行为动作，后来“道”与“德”在合而为一的演变过程中，逐渐扩大涉及整个人类的社会生活，并且直接关注协调人与自然、社会以及宇宙万物之间关系的生命活动。《老子》云：“道大，天大，地大，人亦大，域中有四大，而人居其一焉。”人立于天地间而与天地并称为“三才”。天地宇宙作为人的存在境域同时与人的日常生活息息相关。因此，作为贯穿“天、地、人三才”的“道”也不是脱离人的社会生活的抽象空洞之物，而是与宇宙万物的生长收获、社会生活的日用伦常、人生百味的酸甜苦辣密切相关，不可须臾相离的。子曰：“道不远人。人之为道而远人，不可以为道。”（《礼记·中庸》）说明了孔子之道对待生活的态度。“志于道，据于德，依于仁，游于艺”（《论语·述而篇》）正是基于此中生活理念的基础之上，传统儒家确立了与之相应的经典化的生活模式。以“道”

为理想的目标，通过"德"把对道德理想目标的追求与现实生活相结合，实现理想与现实的统一。与儒家追求一种伦常日用的世俗生活不同，道家以"天地与我共生，万物与我为一"为其基本生活信念。这既是一种教人去体认世界的伟大性，同时有鼓励人主动地去适应世界，并建立一种人与世界的和谐关系。人作为"四大"之一，只是自然界或宇宙万物的一种。那怎样才能使"四大"相互联系又互相融洽呢？道家提出"人法地，地法天，天法道，道法自然"的主张。正是基于此种理念，道家强调依据自然而生活，也就是依照人的本性和普遍的本性生活，才是合乎道德的生活。

中国传统文化中都肯定了道德源于生活的基本主张，这为当代中国道德教育回归生活提供了前提和基础。传统的道德包容了天、地、人三才之道，是人对多维度、多层次"道"的领悟与体觉在生活中的直接表现，因而最初的道德教育是以生活来示人以德，以生活来规范人的行为，而不是道德的说教，灌输道德的戒律。

3. 传统道德对生命意义的关注

牟宗三先生曾指出"中国文化在开端处的着眼点是在生命，由于重视生命、关心自己的生命，所以才会重德。"①中国传统文化中道德体系的形成是以"天之大德曰生"为最初始基的。传统道德内涵的层次性从一开始就使得道德不仅涉及人类的社会生活，而且直接把个体生命与人类生存于其间的自然环境及天、地、万物的活动联系起来，体现出中国传统道德对生命意义的关注。

马王堆汉墓出土的医书《十问》记载了尧和舜的一段对话："尧问于舜曰：'天下孰最贵？'舜曰：'生最贵'。"这明确地肯定了生命在我国文化传统中的深厚渊源。的确，在古代中国人的心目中，宇宙万物都是有生命的，承载万物的自然也是个生生不息、充满生机的有机体。老子说："有物混成，先天地生；寂兮廖兮，独立而不改，周行而不殆，可以为天下母；吾不知其名，字之曰道。"（《老子・二十五章》）道是天地混沌合一的整体之物，有着独立的生命，是宇宙万物的生命之源。在老子看来，世界是由道而产生，"道生一，一生二，二生三，三生万物。"（《老子・四十章》）道并非一个确定的"物"，而是一种永恒的力量、一种神奇的生命活力。借助于此种生命活力，世界在不断演化、变迁、更新。"道生之，德畜之。"（《老子・五十一章》）万物由道而生，由德而长，由此成就了如此丰富多彩、生气盎然的大千世界。同样《易传》中"天地氤缦，万物化醇。男女构精，万物化生。"描绘了宇宙开创时的图景。天为乾，为阳，为男；地为坤，为阴，为女。天地相感相应相合，万物由此生长发育。

儒家的精神内核中也将宇宙与人生、天地与德性贯通起来，并且在追求"内圣外王"之理想境地的日常生活中，最终达到人之自身完满的生命意义。"天地之大德曰生"（《易・系词下》），"生生之谓易"。（《易・系词上》）在儒家看来，天地间最大的德性就是"生生"。自然界中的一切事物都以生为意，以生为心，天生万物，人与天地万物一体。自然界有生命意义，人是天地所生，人的德性也是天地"生生之德"的体现，是自然界生命意义的实现。当儒家的生生之德性体现在日用伦常的生活之中时，也表现为对"仁"的追求。儒家的仁学是从亲情之爱开始的，孝又

① 牟宗三. 中国哲学十九讲[M]. 上海：上海古籍出版社，1997：43.

被认为是仁的真正起点。所谓"孝悌也者,其为仁之本与!"《论语·学而》一个人从降临到这世界的那一刻起,就是在生命的关怀中存在的。最先受到的是父母之爱,因此也报之以爱,就是亲亲之孝,也是儒家所提倡的亲情。而后从尊敬自己家里的长辈,从而推广到尊敬别人家里的长辈;爱护自己家里的儿女,从而推广到爱护别人家里的儿女,即"老吾老以及人之老,幼吾幼以及人之幼。"(《孟子·梁惠王上》)由近及远,这是人类生活的一个基本事实,是人类情感发展的自然过程。儒家以"亲情"原则作为仁的"发端处"必然要进一步展开,进而对全人类,对自然界的生物以及无生命之物都要充满爱。

由此可见,儒家道德思想从人与人之间的真情实感出发,本质上是一种生命关怀。至此,对生命意义的关注可以说从一开始就蕴涵在中国传统道德思想中。道德不仅是来自对自然界生命存在现象的直观体验,也直接表现为包括人类在内的自然万物在春、夏、秋、冬中的生长收获,新老交替、死生相续的生生不息。这种"生生不易之道"是宇宙万物的本体或始基,是生命的生长点和归宿点,也是我国传统道德产生、生长的基点。

4. 道德内涵不断僵化

传统道德在形成与演变的历史过程中,不仅涵盖了"道"与"德"的所有层次的涵义,而且在使用时还有名词与动词的不同应用,这与现代意义上专指规范条例的名词道德相差甚远。如《文子》中两次使用"德道"概念,"天有明不忧民之晦也,地有财不忧民之贫也,至德道者若丘山,嵬然不动……"(《文子·符言》),"圣人和愉宁静,生也,至德道行,命也。"(《文子·道德》)都是指获得道或达到至道后循道而行。"道""德"二词连用为"德道",说明"道德"指人在体道得道以后对"道"的一种把握和理解方式,是一种动态的转化过程。然而这一具有动态、丰富内涵的概念没有得到顺利发展,而是不断狭隘化以致僵化。汉代以后,董仲舒提出的"罢黜百家,独尊儒术"的文教政策结束了先秦百家争鸣的学术局面,使儒学成为封建统治思想的正统而得以一尊。自由争鸣局面的结束也中止了各家各派对"道"的各具特色的表述,道的丰富内涵被彻底扭曲,道德也成为一个名词,专指人们日常生活所需遵从的行为规范与条例。

**(三)传统道德的现代解读**

从以上传统道德的特点来看,中国传统道德应是存在于广泛的事物之中,而不是仅仅局限于人与人之间的社会规范与准则,是一个包罗万象的"大道德"概念或"泛道德"概念。传统道德的"大道德"或"泛道德"是指道德广泛地存在于天地万物、社会政治、思想观念、行为规范中,是人在体道得道以后,对"道"的一种把握和理解方式,是一种动态的转化过程。中国传统文化中"大道德"贯穿于天地间,实现了宇宙、自然、社会和人由内在而超越的贯通。道德即是人之所以为人的本质所在,又是社会之所以能够存在的规范,天地也以其不断创造、发育、培护出新的生机与活力而表现出了"道德"的最高形态——生生之德。儒家的八条目"格物、致知、正心、诚意、修身、齐家、治国、平天下"以"修身"为起点,目的在于"齐家""治国""平天下",就是把个体接受的道德教化或进行的道德修养融合在国家的治平和社会的发展中。《大学》开篇即指出"大学之道,在明明德,在亲民,在止于至善"。"明德""亲民""至善",即对己修养良好德性,对人亲爱人民,从而达到至善境界,就包含了我们今天德育中的品德修养、道德追求、政治思想等要求。传统"大道德"概念层次性的内容体现了先哲们对自然、社会、人生的理解和把握。从人与人相处的基本行为准则和规范，到人与社会相互关系中所具有的政治意识，再到人与自然和谐共处的思想意识，“大道德”概念内容体系的多层次性不仅体现了现代学校德育中思想教育、政治教育和道德教育等各类教育之间的相互关系，也说明了德育的阶段性、层次性和目的性与个体道德认知发展水平的各阶段相符合。然而这一具有动态、丰富内涵的“大道德”概念没有得到顺利发展，而是不断狭隘化以致僵化。汉代以后，董仲舒提出的“罢黜百家，独尊儒术”的文教政策结束了先秦百家争鸣的学术局面，使儒学成为封建统治思想的正统而得以一尊。自由争鸣局面的结束也中止了各家各派对“道”的各具特色的表述，“道德”的丰富内涵被彻底扭曲，“道德”也成为一个名词，专指人们日常生活所需遵从的行为规范与条例。

因而，今天我们重新审视传统的“大道德”概念，无论是以天、地变化为基础的自然观，还是人伦关系、礼仪规范为基础的社会观，都是动态变化的，都离不开个体的人的理解。这便是传统道德的灵魂所在，也是我们今天重新认识学校德育的起点。

## 二、现代学校德育的创新

通过对中西方传统文化中“道德”概念的梳理与考察，充分肯定传统文化中“道德”的多层次性内涵及其动态发展的关系，提出在新的历史时期应重新审视与理解传统文化中的道德内涵，以现代意义诠释传统道德，树立多维“道德”观，构建以“生命 · 实践”为基础的开放式、多层次、一体化、动态发展的学校道德教育体系。

### （一）树立多维“道德”观

西方传统道德涵盖了道德在协调个体与自然、社会及人生的和谐发展的生命活动中对“道”和“德性”领悟与把握的各个层面。对“道”与“德性”的多层次性的理解与把握必然决定“道德”内涵的多层次性。因而，人在领会与体悟道德时，因其生命参与的程度不同，这些道德智慧在个体身上也体现出不同层次的道德表现。因此，我们必须改变将道德单纯视为符合行为习惯的各种既定的条例规范，把道德教育的过程仅仅看作是对学生施加外部道德影响的过程的惯有思维方式，而是依据道德自身的丰富层次和变化的特点，树立多维“道德”观。即道德不仅仅是调节人与人、人与社会之行为规范，道德从根本上来说，更是人把握世界的一种方式，是基于道德内涵的多层次性，依据对道德的理解自下向上逐层提升的特点，以个人的心灵参与和参悟为基础，在自身需要发展的推动下自己创造的道德。多维“道德”观既有广泛性与基础性的特点，又有动态生长性特征。它的广泛性和基础性表现为道德即是对具体的行为规范的领会，同时又全面地涵盖了对与人类世界息息相关的整个自然与社会生态系统各种关系的理解和把握。它的动态生长性表现为人的生命是多层次、多方面的整合体，道德又是人自身对世界的一种精神的把握方式，因此，生命的生长性、道德的多层次性，必然决定把握方式的动态生长性。由此可见，新时期学校道德教育改革，应以动态发展的眼光审视道德，打破以静止不变的态度理解与灌输道德的惯用做法，转变道德教育对象“物化”倾向，以关注学生个体的生命体验和内在精神的发展要求为目标，重点在于培养学生对道德的领悟与道德思维能力，并通过这种思维不断地赋予道德以新的意义。学生作为自主的道德主体，根据已养成的道德思维，主动地理解和把握道德，并超越道德，在真正的内心体验中得到幸福和满足，并道德地生活。

这才是学校道德教育改革的发展趋势和方向。

（二）构建以“生命·实践”为基础的学校德育体系

中西传统道德最初都表现为人的某些具体的动作行为，是源于人们物质生活中的社会交往活动，是人们在生活中自发形成的。因此原初的道德是与生活融为一体的，是生活的本身。生活是人的一种生存状态，一种生命的存在形式，生活实践是生命的亲历和体验。因此，真正意义上的道德是以人的生命实践活动为源泉和基础的心灵或精神的活动。长期以来，人们将道德仅视为调节人与人之间、人与社会之间关系的外在的纲常礼仪与行为规范，是凌驾于个人生命之上的外在统治力量。道德从根本上被异化了，是一种无“生命”的道德，以此为基础进行的道德教育因无视人的生命，背弃了道德产生与存在的生命实践基础而沦为一种知识的道德教育，一种与人的生活相脱节的道德说教、道德知识灌输。人的道德是根据个人生命的经历、经验、感受和体验在实践中不断生成的，不是先验预设的，也不是外界灌输的。因此，道德教育不应是一种对学生进行外在的行为规范的灌输和行为操练，而是基于个体的生命的内在“体悟”基础上，教人珍惜生命、呵护生命的，并在生命实践活动中培养高尚的道德品质并养成良好的道德行为的教育活动。中西先哲们对道德的生命实践基础的各个方向的探索与论述，为我们今天全面理解生命、完善生命搭建了可作参考的探讨空间，同时也为我们重塑道德教育的“生命·实践”基础奠定了理论基础。学校道德教育必须从远离学生生命世界的格局中走出来，回归学生的真实生活，关注学生的生命世界。让个体生命在实践中主动调动自己的各种经验和体验，让道德知识活化和内化为个体生命发展的内在需要，从而实现道德从本质上为人的美好生活服务的目的，实现理想对现实的不断超越。因此对传统“道德”历史演变的考据遂成为对以“生命·实践”为基础构建学校道德教育体系提供了理论基础，而构建一个以“生命·实践”为基础的道德教育体系便具有了现实的意义。

（三）创建开放式、层次性、一体化的道德教育课程体系

现代德育学理论揭示说，好的道德应该是生命内在的要求，而不应该是游离于生命之外的东西。而就“道德”内涵的历史演变来说，道德的真正意义在于它所关心的是如何去过一种美好的道德生活，即教会学生去领悟道德，根据自身需要不断创造出新的道德，并道德地生活着。心理学家马斯洛认为，由于人的内在需求是一个开放性、多层次的主动追求系统，因此人的价值行为和生命存在境界的层次也呈现出差异。然而长期以来，许多人总是误把规范当成道德，认为道德就是遵守规范，道德教育也就演变成了遵守规范的教育，即采用一味灌输、简单说教和强制的办法，把关注“人心”对“天、地、人”之“三才之道”的领悟与把握，变成仅仅是对“行为规范”的遵从。青少年学生也在既定规范条例的约束下，在学校教育和家庭教育的压制下，逐渐被改造、训练成为“一味顺从的学生”，这是与道德产生的本义及道德教育原理背道而驰的。我国目前正处在改革开放的关键时期，开放的社会必然需要有开放思想、道德与之相适应，因此建立开放式、多层次的学校道德教育课程体系势在必行。开放式的道德教育不是以封闭和禁锢学生的头脑、培养“顺从式学生”为目的，而是培养学生养成面对复杂的道德情景时，独立表达自己的选择愿望、遵从自己的选择权利，自愿承担自己的选择后果的能力。其次，开放式道德教育希望学校以开放、包容式胸襟，在学生作自主选择时给予必要、有效的“理智指

导”。同时学校和教师还必须转变传统道德教育观念中“批评、训导式”的说教模式为“分析、指导式”，即改变以相应的奖惩来要求学生、评判学生，为指导学生对各种道德取向作出相应的分析和评判，根据个人道德状况，自主、合理地选择并形成真正符合时代要求的道德品质。再次，开放式教育还应以开放的心态冲破传统道德教育的封闭的缺陷，去领会中国传统文化中对于道德的真知灼见，展示传统道德丰富的一面，并以开放的态度对待业已发生的因现实社会变革而带来的道德上的变化。① 同样，多层次的德育课程体系就是从学生的思想、道德、心理等方面的实际出发，将一元化的德育目标分成若干个层次，即对各年龄阶段和教育阶段确定不同层次的具体目标和教育的起点，依次选择相应的具体内容、方法和途径，再把各阶段各层次的德育目标和措施整体地衔接起来逐步提高，从而构建层次性、一体化的德育内容体系。由于每个学生的家庭所处的社会地位、经济文化状况、所受教育不同以及个人主观因素的差异，在思想发展和对自己的要求上也必然呈现出多种情况，不能强求一律。因此，德育目标层次化，有利于突出各年龄阶段和教育阶段的教育针对性，有利于促进个体更全面和充分地发展。

**（四）建立内涵丰富、多层次的道德教育内容体系**

现代道德教育的缺陷之一，就是未能形成道德教育内容的层次性体系。学校道德教育从小学到大学一直停留在单纯的教学和灌输道德规范与教条上，其结果是使道德生活和道德教育成为仅仅局限于一种浅表层面的日常生活的游戏规则的确立和操练，而缺乏在道德形成过程中的自主性，缺乏深层次的价值皈依。传统“道德”在其历史演变过程中呈现出的动态发展和多层次性特征，给我们以启迪，即现代学校道德教育，应参照“道德”演变的规律与特征，建立内涵丰富、多层次的道德教育内容体系。这种体系的层次表示为：个人的道德→社会的道德→自然的道德。个人的道德，就是在最低限上建立起最起码的文明习惯，是人与人相处的基本行为准则和规范；社会的道德就是合理解决人与社会之间相互关系所遵循的原则和准则；自然的道德即是当今时代对于人们在发展社会的同时也须“善待自然”而提出的强烈要求。学校道德教育既应有最基础的规范训练的内容，同时又必须包括“对社会的道德”与“对自然的道德”这两大范畴。即教育学生如何正确处理个人、社会与自然的关系，实现与人类生活密切相关的整个自然与社会生态系统的和谐发展。道德教育内容体系的多层次性不仅体现了道德教育的阶段性、层次性和目的性，与个体道德认知发展水平的各阶段相符合，而且更使得个体在不断发展和完善自身的各种道德过程中，得到一种自我发展、自我肯定、自我完善的满足。

**（五）强调道德教育过程中个体的动态参与**

道德本质上是人存在的一种方式。在中国传统文化中，道德就是基于对“道”精神的领悟之上，个体对于人伦之道、社会之道与自然之道极具主观色彩的理解和把握。“道德”即是“得道”，它们既是个人在体悟道德过程对人伦规范的遵循，又是个人对人生智慧的创造，因而表现为个体生命的主动参与。同样在西方的传统道德观念中也极大地体现了个人作为道德体验的主体，在德性的养成过程中所表现出来的动态参与的主体意识。因此，我们理解道德教育的本性时，就可以认为道德教育即是把握人伦规范、传授人生智慧。道德教育不仅仅是强制性地

① 易连云. 重建学校精神家园[M]. 北京：教育科学出版社，2003：189.

要人们接受那些行为规范，而是培养人的一种智慧，一种对于道德的领悟与思维的能力。这种智慧、这种对于道德的领悟与把握不是仅仅把外在的规范告诉给受教育者之后，就会变成他的美德，而是需要个体意识的参与、个体根据自身的个性去形成道德选择的内在动力和能力。因此，真正意义上之道德教育首先必须确立道德活动中个体的主体参与和自主活动，培养学生理智和思维的参与，主动地理解和把握道德，并超越道德，进而把对“道德”的理解由服从、适应的层面提升到自主、创造、超越的层面，真正实现人们在驾驭“道德”的基础上，去追求一种理想的精神境界与行为方式，实现对现实的超越。①

**（六）学校德育过程中教师的角色转换**

变知识的传授者与管理者为学生发展的引导者和促进者，成为新课程改革对教师的新的要求。“向学生学习”成了一个亮点。在学校德育过程中尤其如此。现代社会中教师已经不再像传统教育中那样被视为道德的绝对权威。事实上，在道德认识的发展上，教师和学生被置于同等地位。如前所述，在“以人为本”的新的教育理念之下，整个社会需要认识与理解教师作为一个具体的人的属性以及教师劳动的特殊性，还教师以真实可感的人生，让教师充分感受到人的生命的丰富与现实生活的充实，并进而去真切地感受和理解儿童的成长。同时，教师又不可放纵自身，将自己完全等同于常人，不再进行与时俱进的道德要求，完全陷入“世俗化”的人生并进而淡忘了肩上的道德责任。新课程改革中，教师道德的建设问题比过去显得更为重要。道德作为人对世界的一种精神把握，反映的是人对自然、社会、人生的理解。而今，将学生的学习与其他社会生活紧密相联，就更需要教师展示出对整个世界的真实理解。因而教师道德建设中首先要解决的是诚信问题。具体说，就是教师自身是否相信自己所教的思想与原则并自觉遵守的问题。其次，教师作为一个比学生更成熟的个体，尤需以自己的经验向学生阐明现实生活中道德标准的多元与非确定，以及由此产生的道德选择的复杂性，努力培养起学生良好的道德思维能力，提高学生的道德判断力与正确选择道德行为的能力，以免使充满智慧的学校德育变成简单的道德行为操练。

## 问题思考

1. 孔融让梨的故事在中国几乎是人人皆知。大家都认为这是一个爱幼谦让的典范，是一个道德的范例。然而，如果我们在肯定孔融拿了小的梨的行为后，在不同的情况下，孔融是否还有别的可选择的做法？

2. 一个关于现代大学生的故事：某大学生在上学期间共花去六万多元。而该大学学生正常学习、生活的费用只需二万五千元即可。这个学生在学校生活极为奢侈，花钱如流水，每每写信回家的目的就是要钱，而且是千方百计地索取。而该学生的父母四年以来一直靠卖血挣钱支撑儿子完成学业。当其父亲知道实情，“大义灭亲”地将儿子告上法庭时，面对记者的询问，儿子却反咬一口“天底下怎么会有这样的父亲？竟然将自己的亲生儿子告上法庭！”

讨论：你是如何理解这则故事的？

---

① 易连云. 面向学校德育的言说[M]. 北京：人民出版社，2015：93

3. 尊老爱幼是中国的传统美德，然而"南京彭宇案"和"河南小伙子扶起跌倒老太被判7.9万事件"彻底颠覆了人们对这一美德的看法。面对着社会转型时期道德文化的剧烈变迁，如何做好传统德育的现代转型？这是我们迫切需要解决的问题。

## 拓展阅读

1. "面临着一个即将到来的新世纪，中国的教育工作者都在认真思索：今后的改革之路怎样走？我们怎样才能笑着向昨天告别，满怀着新的希望和信念，迈着坚定的步伐走向明天？"

——叶澜《新基础教育改革》

2. "林乃树林的古名。林中有路，这些路多半突然断绝在杳无人迹处。这些路叫做林中路。每人各奔前程，但却在同一林中。……

林业工和护林人识得这些路。他们懂得什么叫做在林中路上。"

——[德]海德格尔《林中路》